Rainer Buske

AF210511

Eine Reise ins Innere der Bundeswehr

Wundersame Geschichten aus einer anderen Welt

Eine Reise ins Innere der Bundeswehr

Wundersame Geschichten aus einer anderen Welt

Rainer Buske

2016

Carola Hartmann Miles-Verlag

CIP-Kurztitelaufnahme der Deutschen Nationalbibliothek:

Rainer Buske: Eine Reise ins Innere der Bundeswehr. Wundersame Geschichten aus einer anderen Welt, Berlin 2016

Carola Hartmann Miles-Verlag, Berlin 2016
ISBN 978-3-945861-25-7

© Carola Hartmann Miles-Verlag,
George-Caylay-Str. 38, 14089 Berlin
(email: miles-verlag@t-online.de; www.miles-verlag.jimdo.com)

Herstellung: Books on Demand, Norderstedt
Titelbild: Rainer Buske

Inhalt

Vorwort

Ich habe lange mit mir gerungen, ob ich dieses Buch überhaupt schreiben soll. Letztendlich wollte ich keine Autobiographie abliefern, doch ist augenscheinlich und unvermeidlich genau das geschehen, zumindest ein stückweit. Ich musste sicherlich einen schmalen Grat beschreiten, denn schließlich schreibe ich über mein komplettes Berufsleben. Das sind gut 40 Jahre an einem Stück, also fast die Hälfte meines Lebens (ich musste meiner Ehefrau versprechen, wenigstens 90 Jahre alt zu werden). Insofern hat dieses Buch natürlich autobiographische Züge, das lässt sich nicht vermeiden. Mir liegt aber viel mehr daran, über die Bundeswehr zu schreiben, und zwar von innen heraus. Der Leser erhält einen Einblick, sozusagen „aus der Praxis für die Praxis", um den ersten der unvermeidlichen Spezialausdrücke zu gebrauchen, die beim Bund gang und gäbe sind.

40 Jahre und 5 Monate aktiver Dienstzeit überbrücken de facto zwei wesentliche Epochen der Geschichte der Bundeswehr. Ich diente mehr als die Hälfte meiner Dienstzeit zur Zeit des Kalten Krieges, der Vorneverteidigung und der allgemeinen Wehrpflicht. Der Leser erhält daher Einblicke, wie die damalige Zeit tatsächlich war. Viele Menschen, vor allem Jugendliche, können mit innerdeutscher Grenze, mit dem Schießbefehl, aber auch mit Volltruppenübungen im freien Gelände heute nichts mehr anfangen. Für mich waren dies prägende Rahmenbedingungen, die mir auch heute noch sehr gegenwärtig sind. Meine zweite Hälfte der aktiven Dienstzeit wird bestimmt durch die deutsche Wiedervereinigung, durch den Wegfall der Wehrpflicht und natürlich auch durch einen Aufstieg auf der Karriereleiter, der eine andere Perspektive mit sich bringt. Alles in allem findet der Leser eine Dokumentation über eine Zeit vor, die für die sich verändernde Bundesrepublik Deutschland bezeichnend sind.

Ich bin Zeitzeuge, habe alles so erlebt, wie es geschrieben steht, wenngleich ich meiner Natur folgend das eine oder andere leicht übertreibe. Das Buch ist zugleich aber auch ein Stück Geschichte, denn in den letzten 40 Jahren hat sich nicht nur die Bundeswehr gewandelt.

Vor allem aber lädt das Buch zum Schmunzeln ein. Die Bundeswehr ist eine einzigartige Großorganisation, die manche Vergnüglichkeit kreiert, die so in anderen Organisationen nicht vorkommt. Beim Bund ist alles anders, das stimmt uneingeschränkt. Der Grund sind die handelnden Personen, die Soldaten aller Dienstgradgruppen als auch die Zivilangestellten. Ich war einer von ihnen und nehme mich daher bei den Lästereien, die Sie, sehr geehrter Leser, in großer Vielfalt auf den nächsten Seiten antreffen werden, nicht aus. Die Geschichte, die ich hier niederschreibe, dreht sich letzten Endes vor allem um Menschen. Es sind dies Vorgesetzte und Untergebene, die mich in meiner Dienstzeit begleitet haben.

Ich nehme in diesem Buch bewusst so gut wie keinen Bezug auf diejenigen Auslandseinsätze, an denen ich persönlich teilgenommen hatte. Zum einen passt das Erlebte im Kosovo und in Afghanistan schlecht zum Grundtenor dieses Buches. Zum anderen habe ich wenigstens einen Großteil des dort Erlebten in einem anderen Buch bereits zusammengefasst und veröffentlicht („Kunduz – Ein Erlebnisbericht über einen militärischen Einsatz der Bundeswehr im Jahre 2008"; Miles-Verlag, Berlin, Februar 2015, ISBN 978-3-937885-82-7).

Ich habe meinen Entschluss, Soldat zu werden, nie bereut. Wäre es anders, hätte ich diese Seiten nie geschrieben.

Meine Einberufung

Wie so viele meiner Artgenossen kam ich zur Armee aufgrund einer Mischung aus Zwang (denn es gab zu der Zeit, anno 1974, noch die Wehrpflicht) und Freiwilligkeit. Letzteres lag daran, dass ich nach dem Abitur so schnell wie möglich finanziell unabhängig werden wollte. Da bot es sich an, mich für zwei Jahre zu verpflichten. Immerhin war das zeitliche Opfer begrenzt, und zwei Jahre sind nun einmal nur neun Monate mehr als die damaligen 15 Monate Wehrpflicht, die sowieso vor mir lagen. Dafür gab es aber ein ordentliches Gehalt, weit mehr als das, was mir als Grundwehrdienstleistender zustand. Ich lag bereits damals mit diesem Entschluss wohl nicht im Trend der Zeit. Von einer Wehrpflicht, die alle Bürger gleichermaßen betrifft, konnte selbst 1974 nicht wirklich die Rede sein. Wer nicht wollte, der brauchte auch nicht dienen. So wie ich meine Einberufung erlebte, war es wohl leichter, den Wehrdienst zu verweigern, als zum Bund gezogen zu werden. Es begann im August 1973. Ich wurde zur Musterung bestellt. Mein Gesundheitszustand war recht gut, ich war sportlich, nahm keine Drogen und hatte auch sonst keine wirklichen Probleme. Hätte ich welche gehabt, der Musterungsarzt hätte sie nie erkannt.

Zurück zu meinem Schicksal. Neben der ärztlichen Untersuchung wurde ich natürlich gefragt, was ich denn bei der Bundeswehr werden wollte. Als Kompaniechef pflegte ich meinen Soldaten die gleiche Frage zu stellen. Ein Witzbold gab an, er wolle General werden, wohlgemerkt ohne vorhandene Schul- oder Berufsabschlüsse. Ich jedenfalls wollte mich auf zwei Jahre verpflichten und peilte die Laufbahn des Reserveoffiziers an. Ein sogenannter Wehrdienstberater empfahl mir, der Jägertruppe und somit der Infanterie beizutreten. Ich hatte so meine Zweifel, ob diese Empfehlung Kennzeichen der Güte dieser Waffengattung war. Viel eher war wohl gerade ein immenser Bedarf an Offiziersanwärtern in der Jägertruppe vorhanden. Hätte ich mich anders entschlossen, so wäre unter Umständen vieles leichter gewesen. In der Truppe grassiert nämlich folgende Redewendung, die die Wertschätzung anschaulich wiedergibt: „Die Lords der Marine, die Herren der Luftwaffe und die Ferkel vom Heer".

Innerhalb des Heeres gibt es jedoch auch noch feine, aber mit besonderem Stolz vertretene Abstufungen. Ein Beispiel möge das manchmal übersteigerte Selbstbewusstsein der Aufklärungstruppe sein. Diese Truppe hat ihre Urväter in der Kavallerie und somit eine sehr enge Verbindung zu Pferden. Die Redewendung nimmt darauf Bezug:

„Zu allererst kommt der deutsche Kaiser. Danach kommt der Kavallerist. Nach dem Kavalleristen kommt das Pferd des Kavalleristen. Nach dem Pferd kommt der Liebe Gott. Nach diesem kommt gar nichts. Nach 'gar nichts' kommt die Infanterie!"

Da war ich nun gelandet, bei der tiefsten aller tiefen Niederungen, welche die Bundeswehr zu bieten hat, der Infanterie, und das aufgrund der besonderen Empfehlung einer ihrer Wehrdienstberater.

Im Nachhinein muss ich feststellen, und ich vertrete das auch ganz offen: Ich liebe die Infanterie, wenngleich ich heute als stolzer Panzergrenadier daherkomme. Ich erspare Ihnen die Definition zwecks Unterscheidung der Infanterie von den Panzergrenadieren, weil das viele Soldaten selbst nicht begreifen. Stellen Sie sich der Einfachheit halber vor, dass ein Infanterist auf einem Schützenpanzer fährt und nur im Bedarfsfall von diesem absitzt – herzlich willkommen bei den Panzergrenadieren! Infanteristen hingegen latschen zu Fuß bis die Füße qualmen!

Mit der Musterung war die Geschichte jedoch noch nicht zu Ende. Als Freiwilliger blieb mir der Weg zur Freiwilligenannahmestelle in Hannover nicht erspart (heute nennt man das wohl werbewirksam „Karrierecenter"). Dort wurden vor allem Intelligenz- und Reaktionstests durchgeführt. Interessant waren die Reaktionstests. Vor mir stand ein Kasten mit einer Glühlampe, einer Klingel und einem Lautsprecher, aus dem bei Bedarf das Geräusch eines Horns erklang. Meine Aufgabe war es nun, unter Zeitdruck das eine von dem anderen zu unterscheiden. Das Ergebnis wurde mir nie eröffnet. Ganz offenbar stellte man aber fest, dass ich mein Abitur zu Recht absolviert hatte. Für die Luftwaffe war ich nicht geeignet, denn ich bin Brillenträger, zur Marine wollte ich sowieso nicht. Das Gebimmel und Getute regte mich jedoch an, es vielleicht mit der Fernmeldetruppe zu versuchen. Ich sollte aber sogleich mit einem eisernen Gesetz der Armee vertraut gemacht werden: Einmal bei der Infanterie, immer bei der Infanterie. Und genau so kam es. Ich erhielt meinen Einberufungsbescheid im November 1973. Ich hatte mich am 02.01.1974 in Flensburg-Weiche bei der 5. Kompanie des Infanterieregimentes 381 zwecks Durchführung der Grundausbildung zu melden. Das Schicksal nahm seinen Lauf.

Der 02.01.1974

Wir schreiben das für mich einschneidende Datum des 02.01.1974. Ich trat meinen Wehrdienst an als sogenannter ROA, d.h. Reserveoffiziersanwärter. Damit war ich sogleich gebrandmarkt. Man muss das als Außenstehender verstehen. In einer damaligen Grundausbildungskompanie gab es nur wenige Vorgesetzte, die Abitur hatten, und eigentlich nur zwei, die Offiziere waren, nämlich der Kompaniechef und sein erster Zugführer. Da kommt dann so ein Grünschnabel daher, hat Abitur und droht auch noch, innerhalb von damals 21 Monaten so gut wie alle Dienstgrade der Kompanie zu überflügeln. Diesem Überflieger galt es zunächst, genauer auf die Finger zu schauen.

Zum besseren Verständnis für Laien sei hier nur kurz darauf eingegangen, dass ein ROA damals innerhalb von 21 Monaten zum Leutnant befördert werden konnte. Die Masse der Unteroffiziere einer Kompanie erreichten diesen Dienstgrad und die damit verbundene Gehaltserhöhung jedoch niemals. Welcher Rekrut nun ROA war, ging ganz einfach aus den Personalbögen hervor, die jedem Kompaniechef und seinem Kompaniefeldwebel vorlagen.

Ich jedenfalls spürte sofort, dass andere – nämlich meine Vorgesetzten – mich als etwas „Besonderes" ansahen. Beim Eingangssporttest „spornten" mich dieselben Herren besonders an, die beim Stubendurchgang meinem Bettenbau und meiner Spindordnung besonderes Augenmerk widmeten. Da man mit jungen und ahnungslosen Rekruten auch so seinen Schabernack treiben konnte, bot sich ein ROA schon alleine deswegen für ihre Späße an, weil die Möglichkeit hierzu mit wachsender Beförderung desselben nur von kurzer Dauer war. Feste mussten daher gefeiert werden, solange hierfür noch die Möglichkeit gegeben war. Das dachte auch mein Gruppenführer. Am zweiten Tag hatte er die Eingebung, mir zu befehlen, mich beim Spieß wegen irgendeiner Lappalie zu melden. Ich Idiot fragte (was man sowieso nie machen sollte), was denn ein Spieß sei. Mit fassungslosen Augen meinte mein welterfahrener Unteroffizier, einem blöden Abiturienten zu erklären, worin der Unterschied zwischen einem Spieß und einem Menschen liegen würde. Der Spieß sei der Kompaniefeldwebel, die Mutter der Kompanie, der eigentliche Boss der Bosse, nach dem lieben Gott der Inbegriff der Weisheit.

Mein nächster Fehler war, eine zweite Frage zu stellen, gab ich doch damit dem armen Unteroffizier zu verstehen, dass sein Redeschwall meine

Logik nicht durchdrang. Ich fragte also noch braver und dümmer als erstes, wie denn erstens dieser Übermensch heißt und zweitens, und wie ich ihn erkennen würde. Der Unteroffizier konnte ob dieser Ignoranz und unfassbaren Blödheit kaum noch seine Haltung bewahren. Hatte dieser Rekrut doch vorgegeben, Abitur zu haben und weiß nicht einmal, was ein Spieß ist! Was lernt die Jugend von heute eigentlich noch auf der Schule? Egal – der Spieß hieße Hauptfeldwebel Daimler, säße im Geschäftszimmer und wäre an der gelben Kordel zu erkennen, die über seiner rechten Schulter zu hängen pflegte (Namensschilder trug man damals noch nicht). Ob ich diese Trivialitäten denn endlich verstanden hätte? Ich hatte und sah zu, dass ich mich auf den Weg machte. Ich trat in das Geschäftszimmer ein und sah in einem Nebenzimmer einen schwergewichtigen Mann, der tatsächlich eine gelbe Schnur über der rechten Schulter trug. Ich klopfte an die Tür, trat ein und sagte:

„Guten Tag, Herr Hauptfeldwebel Daimler, Jäger Buske meldet sich wie befohlen!!"

Ich glaubte, alles richtig gemacht zu haben und konnte nicht fassen, welche eruptiven Reaktionen mein scheinbar harmloser Auftritt beim Vertreter Gottes in einem Kompaniegebäude hervorrufen sollte. Der Mann, der angeblich Spieß war, zuckte in sich zusammen, als ob er einen Stromschlag erhalten hatte. Sein kräftiger Nacken spannte sich unter dem Druck seiner Muskulatur, eine Vene, die auf seiner Stirn stand, pochte wild unter einem Anfall von Bluthochdruck. Seine stämmigen Hände drückten den Oberkörper langsam nach vorne. Augen, die auf der einen Seite ungläubig und fassungslos, zugleich aber auch stahlhart waren, fixierten mich und nagelten mich dort fest, wo ich stand. Mit bebender Stimme fauchte er mich an:

„Merken Sie sich eines ein für alle Mal, Herr Jäger Buske, mein Name ist Benz, nicht Daimler, Benz, haben Sie das verstanden?!!"

In dieser Sekunde dämmerte es auch mir so langsam, dass all das, was ich in der Schule zwölf Jahre lang gelernt hatte, kritisches Denken, Logik etc. angesichts der Gepflogenheiten in der Armee nur bedingt Geltung haben sollte. Immerhin konnte ich lesen. Am nächsten Morgen „las" ich auf dem Revierreinigungsplan, dass ich die Latrinen zu reinigen hatte.

Bekanntlich sieht man sich im Leben ja mindestens zweimal. So traf ich Jahre später Hauptfeldwebel Daimler alias Benz wieder. Er war noch immer Spieß, ich jedoch mittlerweile Oberleutnant in einer anderen Einheit.

Er sah mich nicht, also brüllte ich über den Exerzierplatz mit Kommandostimme:

„Hauptfeldwebel Daimler!"

Der Arme zuckte zusammen, konnte jedoch seine militärische Erziehung nicht verbergen. Bevor er erste Zeichen seiner bekannten Anfälle zum Besten geben konnte, knallte er die Hacken zusammen und nahm Haltung an. Schließlich hatte ihm jemand einen Befehl gegeben, und das auch noch laut (Lautstärke ist vielerorts wichtiger als der Inhalt, doch davon später). Dann fing seine Vene wieder an zu pochen. Zu seinem großen Pech erkannte er meinen Dienstgrad, obwohl er mich persönlich nicht einzuordnen vermochte. Dann fiel der Groschen, wenn auch langsam. Zu seiner Ehrenrettung sei erwähnt, dass er dann doch herzhaft lachen konnte, obwohl es etwas gequält klang. Mir war das Ganze ein innerer Parteitag mit Flaggenparade und Vorbeimarsch.

Die Einkleidung

Kaum meldet man sich zum Grundwehrdienst, schon versuchen alle Vorgesetzte aus einem Zivilisten einen Soldaten zu machen. Das fängt beim Haarschnitt an. Runter mit der Matte. Die Haare dürfen nicht auf den Hemdkragen stoßen. Die Ohren müssen frei sein. Die Mähne darf nicht ins Gesicht fallen. Trägt man eine ABC-Maske, dürfen Haare, der Bart und die Koteletten nicht zu sehr wuchern, weil sonst die Dichtigkeit der Maske Schaden nimmt. Kurzum, gemessen an der Haarmode der späten 60ziger und frühen 70ziger Jahre – Flower-Power eben – waren der Barras und seine Haartracht eine einzige Katastrophe! Alles Jammern half halt nichts, und ich fügte mich meinem Schicksal. Dabei war ich doch noch 1972 so stolz gewesen, als ich von einem Schüleraustausch aus England mit Hippie-Mähne und verdrecktem Sonnenhut Marke „Vietnam" (angeblich mit originalem Einschussloch – das war wichtig, damals!) nach Hause zurückkehrte. Meine Eltern waren entsetzt. Umso entsetzter sie waren, desto besser fühlte ich mich! Spätpubertäres Verhalten eines aufmüpfigen Jungen, den sie doch einst gut angezogen und wohl erzogen nach England geschickt hatten. Und nun das!

Solche Ansinnen vermag die Bundeswehr im Keim zu ersticken. Da ich von der ersten Sekunde an nur angebrüllt wurde, verhielt ich mich wie jeder eingeschüchterte Mensch: Ich hielt die Schnauze. Nachdem die Haare der dienstlichen Notwendigkeit geopfert wurden, war meine Kleidung dran.

Zivilklamotten gehörten fortan in den Koffer, denn in dem kleinen Spind passten sie oftmals gar nicht hinein. Der Koffer gehörte in meinen Pkw. Ich verfügte seinerzeit über mein erstes Auto, einem Fiat 770 S. Ein Traum von einem Auto, zumindest nach meiner damaligen Vorstellung. Es war eine Schrottkarre, aber das kümmerte mich nicht. Er war meiner, mein ein und alles. Entschlossen bediente ich alle 28 PS, die auf der Hinterachse arbeiteten, um meinem Gefährt die wahnsinnige Geschwindigkeit von 105 km/h zu entlocken. Mit dieser Karre fuhr ich also nach Flensburg, nur um den Wagen vor Ort als Kofferbehälter abzustellen. Am zweiten Morgen wurden wir zur Einstellungsuntersuchung in den Sanitätsbereich geführt. Mir ist diese Untersuchung nicht in Erinnerung geblieben, was eigentlich bereits alles über die Qualität derselben aussagt.

Dann wurden wir auf die Ladefläche eines MAN-5-Tonners verfrachtet. Dieses altertümliche Gefährt fuhr uns dann zur Kleiderkammer. Diese gehört der Standortverwaltung an, kurz StOV. Bei der StOV arbeiten Zivilangestellte, und die sollten uns nun einkleiden. Alles war perfekt organisiert. Als erstes erhielt ich einen Seesack und dann einen Rucksack. Von Station zu Station wurden wir geschleust. Auf einem Zettel, der sogenannten Bekleidungsstammkarte, wurde haarklein notiert, welche Ausrüstungsgegenstände mir zustanden, und welche ich bereits erhalten hatte. Ich konnte damals noch nicht ahnen, dass diese Karte eine Art Vertrag war. Denn verlor ich einen Gegenstand, dann waren halt nicht Vater und Mutter da, die den Schaden ersetzten. Nein, ich selber wurde zur Verantwortung herangezogen, indem ich für den Verlust blechen musste. Das ist für einen jungen Mann, der bislang in der Komfortzone des Elternhauses sein Dasein fristete, eine neue und oftmals heilsame Erfahrung. Jedenfalls konnte ich es nicht fassen, was auf einmal alles in meinen Seesack eingepackt wurde. Noch weniger konnte ich mir vorstellen, dass diese Ausrüstung auch nur ansatzweise in meinen kleinen Spind passen sollte. Am wenigsten konnte ich mir vorstellen, diese Klamotten auch tatsächlich zu tragen.

Wie man sich doch irren kann! Schwierig wurde es bei der Schuhwahl und der Kopfbedeckung. Der StOV-Mitarbeiter hatte einen erfahrenen Blick für die Passgrößen, aber bei den Schuhen hilft nur, diese auch tatsächlich anzuprobieren. Ich verfüge nun einmal über Knick-, Senk- und Spreizfüße im Verbund mit einem Überbein. Daher passten meine Füße in keine der mir angebotenen Gamaschenstiefel hinein, die ebenso hässlich waren wie sie sich als vollkommen untauglich erwiesen. Also erhielt ich als einziger

Rekrut Schnürstiefel, wie sie Jahre später Standard wurden (nachdem sich mehre Generationen von Soldaten in den lächerlichen Gamaschenstiefeln die Füße ruiniert hatten). Mein Gruppenführer erkannte natürlich sofort, dass ich bessere Treter an meinen Füßen trug und versuchte mich zu überreden, ihm gegen ein kleines Entgelt die Schnürstiefel zu überlassen. Schwarze Schafe gab es eben bereits anno 1974 in der Bundeswehr. Ich jedenfalls zog mit meinen Stiefeln glücklich ab. Ich erhielt zudem eine besondere Schuhcreme, denn die Stiefel wären angeblich im Infrarotlicht des bösen Feindes nicht zu erkennen, vorausgesetzt man verwendet die mitgegebene Schuhcreme. Mir kamen kurzzeitig Visionen, in denen der böse Feind Soldaten in seinem Infrarotlicht erspäht, die augenscheinlich ohne Füße auf die Welt gekommen sind. Ich wagte aber nicht, diesen Unsinn zu hinterfragen. Die Schuhcreme hat, dessen bin ich mir sicher, im Verhältnis zu handelsüblicher Schuhcreme vom Aldi-Markt ein Vermögen gekostet. Aber über den Sinn und Unsinn des Beschaffungswesens der Bundeswehr wollte ich mich schon damals nicht näher auslassen.

Weiter ging es zur Abteilung Kopfbedeckung. Als Rekrut erhielt man damals ein feldgraues Schiffchen. Das ist eine lächerliche Kopfbedeckung, die zu nichts Gutem im Stande ist. Das Ding sitzt schief auf einem nahezu kahl geschorenen Kopf und ist ganz einfach hässlich. Das Schiffchen wird zwar bei der Luftwaffe auch heute noch getragen, sieht selbst bei Piloten noch hässlich aus, aber die Luftwaffe war und ist ja schon immer etwas Besonderes gewesen. Ich hasste dieses Teil. Denn vor allem war man in der Kantine sofort als Rekrut erkennbar. Alle „erwachsenen" Soldaten trugen das Barett, wir jedoch das blöde Schiffchen. Ein Soldat erhält noch zwei weitere Kopfbedeckungen. Da ist zum einen die Mütze für die Ausgehuniform. Die sieht modischer aus, wenngleich manch ein Mützenträger daherkommt, als ob er eine Pizza auf dem Kopf trägt. Mir gefiel die Mütze weit besser. Das sollte bei der dritten und letzten Kopfbedeckung aber vollkommen anders sein. Der StOV-Mitarbeiter hielt mir einen Kochtopf entgegen und meinte genauso lapidar wie souverän: „Passt!" Gemeint war der Stahlhelm. Der damalige Stahlhelm passte überhaupt nicht. Er scheuerte auf der Kopfhaut. Tatsächlich habe ich den Stahlhelm im Verdacht, an meinem Haarausfall nicht ganz unschuldig zu sein. Dort, wo der Stahl des Helmes auf meine Kopfhaut traf, rubbelte und kratzte er unaufhörlich. Dieser Gewalteinwirkung konnten meine Haare leider nicht standhalten, und ich bekam unaufhaltsam eine Glatze. Dann verfügte der Stahlhelm nur über einen einfachen Kinngurt (den US-Soldaten in Hollywood-Filmen gerne so lässig offen tragen!). Es war mir ganz einfach nicht möglich, den Stahlhelm so auf meinem Kopf zu befestigen, dass er bei dem Versuch, mich hinzulegen und Deckung zu suchen, nicht doch mit beachtlicher Gewalt auf mein Nasenbein stieß. Das ist ganz schön unangenehm. Als Brillenträger wird es noch schwieriger. Die Kante des Stahlhelms stieß ständig von oben auf das Brillengestell, und schon konnte ich nichts mehr sehen. Das ist vor allem beim Schießen eher unzweckmäßig. Oberschlau, der ich damals zu sein glaubte, fragte ich daher den StOV-Mitarbeiter, wie lange es denn dauern würde, bis dieser Stahlhelm so aufgetragen war, dass ich auf einen neuen, moderneren und weit komfortableren Helm hoffen durfte? Der StOV-Mitarbeiter glotzte mich fassungslos an. Deutscher Edelstahl, Marke Krupp? Bis der aufgetragen ist, haben mich die Maden längst aufgefressen! So jedenfalls blickten mich seine Augen an, und mein Gruppenführer sagte mir sinngemäß, ich solle die Klappe halten und zusehen, dass ich meine Ausrüstung verstaue.

Das nächste Problem stellte sich in meiner Stube ein, in der ich mit weiteren sieben Kameraden mein Dasein fristete. Die Betten waren aufeinander in Dreierpaketen gestapelt, und ich schlief im dritten Stock. Uns allen stand jeweils ein kleiner Spind zur Verfügung, der vielleicht 60 cm breit und zwei Meter hoch war. In diesem Spind befanden sich ein Wertfach, das abschließbar war, und ein Verpflegungsfach, in dem das Kochgeschirr und das Essbesteck nebst der Butterdose ihren Platz fanden. Alles andere wurde in dem Spind aufgehängt oder hineingelegt. Es überstieg mein Vorstellungsvermögen, wie all die Klamotten in diesen Spind hineinpassen konnten. Klar, wenn ich das so lösen würde, wie ich es von zuhause kannte, dann funktionierte das. Alles zusammenknüllen und auf einen Haufen schmeißen. Dann passt es vielleicht. Den Zahn hat mir mein Gruppenführer schnell gezogen. Hemden wurden auf DIN A 4-Größe exakt gefaltet und übereinander auf Naht gestapelt. Hosen wurden gefaltet, gepresst und zusammengelegt, dass es eine Freude war. Und Schwupps, schon verschwand alles auf wunderbare Art und Weise in dem Spind. Ich ahnte natürlich, dass meine Vorgesetzten diese magische Ordnung bei Stubendurchgängen akribisch überprüfen würden. Von daher sah ich mich vor die Herausforderung gestellt, endlich in meinem Leben ein Mindestmaß an Ordnung einzuführen, wollte ich Ärger vermeiden. Auch dies ist sicherlich eine heilsame Erfahrung.

Der Bettenbau war als nächstes dran. Zuhause, da habe ich mein Bett insofern gebaut, indem ich die Bettdecke lässig auf das Bett geschmissen hatte. Mutter wird schon aufräumen! Hier nun wurde daraus eine Wissenschaft gemacht. Ich konnte mir beim besten Willen nicht vorstellen, worauf man bei dem Bettenbau so alles achten musste. Das Bettlaken musste makellos gespannt werden. Keine einzige Falte durfte zu sehen sein. Eine Wolldecke reichte als Decke, die jedoch in die Bettdecke hineinpassen musste. Das funktioniert nur dann faltenfrei, wenn man eine blitzsaubere Technik verwendete, die mir lästig war. Die zweite Wolldecke musste so auf die Bettdecke gelegt werden, dass der Schriftzug „Bundeswehr" mittig platziert sichtbar blieb. Wehe dem Rekruten, der eines dieser Merkmale unbeachtet ließ! Zusatzdienst war dann meistens garantiert. Ich war oft ein hierfür besonders geeigneter Kandidat, bis ich lernte, mich zu benehmen. „Lernen durch Schmerzen", ein weiterer der unendlich vielen Wahrheiten, die bei der Bundeswehr gang und gäbe sind.

Dann wurde uns gezeigt, wie man einen Alarmstuhl baut. So etwas kannte ich nun von zuhause wirklich nicht. Einen Stuhl bauen für einen Alarm? Was soll dieser Blödsinn denn? Schnell wurde mir klar, was passiert, wenn der Unteroffizier vom Dienst mit seiner Trillerpfeife pfeift und „Alarm" schreit. Wenn man nicht in Windeseile in seine Klamotten kommt, dann ist man einer der Letzten, die vor dem Kompanieblock antreten. Das ist ausnahmslos immer eher nachteilig. Also baut man den Alarmstuhl so, wie es vom Gruppenführer gezeigt wurde. Die Jacke, das Hemd, die Hose, die Strümpfe und die Schuhe werden so auf dem Stuhl, auf seine Lehne oder unter dem Stuhl abends vor dem Schlafengehen aufgehängt / hingestellt, dass man quasi aus dem Bett springend sofort in die Hose schlüpft, dann in einer fließenden Bewegung zuerst das Unterhemd und danach die Uniformjacke anzieht, um sich dann den Strümpfen und den Schuhen zu widmen. Alles in allem schaffte ich es sehr schnell, nach weniger als drei Minuten in voller Montur bei Alarm vor dem Kompanieblock zu stehen. Wenn man sich vorstellt, dass zeitgleich sieben verschlafene Gesellen sich in einem sehr beengten Raum abquälen, schnellstmöglich in ihre Klamotten zu kommen, dann ist das schon eine beachtliche Leistung. Meine Eltern wären stolz auf mich gewesen und hätten mich nicht wiedererkannt. „Ziel erreicht", hätte mein Gruppenführer gesagt.

Stubendurchgang

Nach meiner Grundausbildung wurde ich nach Hamburg-Wentorf in das Panzergrenadierbataillon 162 versetzt. Man war der Ansicht, dass ich in der 3. Kompanie am besten aufgehoben wäre. Ich konnte damals nicht wissen, dass ich insgesamt 14 Jahre in Wentorf bleiben und Jahre später selber Kompaniechef der 3. Kompanie werden sollte. Zu allem Überfluss blieb der Spieß derselbe. Dieser nun verstand es, Haarappelle durchzuführen. So widerfuhr es auch mir, nachdem ich mich aus Flensburg kommend bei ihm meldete. Später, als Kompaniechef, verstand ich mich mit ihm in einer Art und Weise, die nur als hervorragend beurteilt werden kann. Vielleicht lag es auch daran, dass er mit seinem Kompaniechef einen Haarappell nicht durchzuführen wagte. Damals nervten sie mich jedoch gewaltig!

Das Erste, was mir an dieser Kompanie auffiel, war ein Unteroffizier, der mit einer blutenden Platzwunde am Kopf die Treppen herunterlief. Das Zweite war ein junger Soldat, der mit einem Spaten in der Hand hinterherlief.

Was war passiert? Der Unteroffizier hatte nichts Besseres zu tun, als beim Stubendurchgang dem jungen Soldaten zu beweisen, dass dessen Spind nicht seinen Sauberkeitsansprüchen entsprach. Er zog sich weiße Handschuhe an und wischte mit der behandschuhten Hand über das Dach vom Spind. Das Wunder geschah – der Handschuh war staubbedeckt! Der Unteroffizier hielt die behandschuhte und staubbedeckte Hand dem Soldaten vor die Nase, pustete ihm ins Gesicht und fragte: „Sehen Sie mich noch?" Der Soldat griff wortlos in seinen Spind, holte seinen Spaten hervor und schlug dem Unteroffizier auf den Kopf. Als dieser zu Boden ging, fragte er ihn: „Hören Sie mich noch?" Diese Art von „Notwehr" kostete den Soldaten 21 Tage Arrest. Verdient hatte er sie. Der Unteroffizier jedoch hätte gleich in die Nachbarzelle eingebuchtet werden müssen. Gott sei Dank sind derartige Exzesse die absolute Ausnahme.

Die Hölle von Bimöhlen

Bimöhlen ist ein kleines Kaff in Schleswig-Holstein ganz in der Nähe von Bad Bramstedt. Die 3. Kompanie des Panzergrenadierbataillons 162 war damals noch eine Jägerkompanie, ausgestattet mit Mannschaftstransportwagen. Kaum hatte ich mich aus Flensburg kommend gemeldet, wurde mir ein Zug zugewiesen mit einem charismatischen Oberleutnant als Zugführer.

Der führte nach Gutsherrenart. Nach Dienstschluss sammelte er seine Heerschar, der es verboten war, sofort nach Hause zu fahren. Vielmehr rückten wir in den Besprechungsraum ein, um mit unserem Oberleutnant noch ein paar Dienstabschlussbiere zu trinken und markige Lieder zu singen. Letztere waren oft nicht stubenrein, und manch ein Stück hätte sich sicherlich auf einer indizierten Liedseite wiedergefunden. Für einen jungen Kerl, wie ich es damals war, erlebte ich berauschende Tage. Denn eines konnte dieser Oberleutnant mit Sicherheit: Begeisterung entfachen. Wir wären für ihn durch das Feuer gegangen. Sein persönliches Zuhause in Wentorf nannte er seinen Gefechtsstand. Er fuhr auch nicht mit seiner Familie in den Urlaub, sondern verlegte in einen neuen „Einsatzraum", um dort seinen neuen Gefechtsstand aufzuschlagen. Ein wenig durchgeknallt war das schon, aber wir fanden es gut. Der Oberleutnant hatte so seine eigene Art, für Zucht und Ordnung zu sorgen, und nicht jede Maßnahme war im Einklang mit den gesetzlichen Bestimmungen. Das störte aber niemanden. Wo kein Kläger, dort ist eben auch kein Angeklagter.

Zu dieser Zeit, Anfang der 70ziger Jahre, führte die Bundeswehr noch Übungen im freien Gelände durch, und zwar mit Volltruppe. In Schleswig-Holstein hießen diese Übungen entweder BOLD GUARD oder BRISK FRAY. In beiden Fällen fanden die Übungen jeweils im Herbst statt und das aus einem guten Grund. Die Erntezeit war vorbei, die Felder abgeerntet, so dass der Flurschaden vergleichsweise gering blieb. Dennoch warnte der Rundfunk immer wieder aufs Neue, dass während der Manöverzeit mit militärischem Verkehr allenthalben zu rechnen sei. Es gab Unfälle mit Zivilfahrzeugen, die leider nicht immer glimpflich ausgingen. Für uns Wentorfer hieß das immer zuerst einmal, in einen Verfügungsraum zu verlegen, um uns dort für unseren nächsten Auftrag vorzubereiten. Ein Verfügungsraum ist zumeist ein Waldstück, in dem man mit allen Ketten- und Radfahrzeugen unterzieht. Gefechtsstände richteten wir mit besonderer Vorliebe auf Bauernhöfen in Scheunen ein, weil diese warm und trocken sind. Zudem braucht man keine Fahrzeuge tarnen, weil mit Schließen des Scheunentores jedes Fahrzeug vom Erdboden verschwindet. Manch ein Bauer hat sich hierdurch eine goldene Nase verdient, weil er wusste, dass Flurschäden durch Verwaltungsbeamte der Bundeswehr vor Ort meist fürstlich entlohnt wurden. Es kam schon mal vor, dass der Bauer einem Panzerfahrer den Hinweis gab, beim Rausfahren doch mal kurz die linke Kette des Panzers anzuziehen, und schon war der Stützpfeiler der Hütte kaputt. Kein Problem, der Dukatenesel folgte uns auf den Fersen, der die Zeche prompt bezahlte. Die Bauern verpflegten uns meist in geradezu aufopferungsvoller Art und Weise. Spiegeleier und Bratkartoffeln gab es in Massen. Das Verhältnis zwischen Truppe und Bevölkerung war halt ungetrübt. Man kannte sich und sah den Sinn dieser Übungen ohne jeden Zweifel ein. Denn es herrschte noch die innerdeutsche Teilung, und die Grenze zur DDR und damit zum Warschauer Pakt war nicht weit weg. Viele ältere Menschen kannten die bitteren Erfahrungen des II. Weltkrieges aus eigener Anschaunahme. Der Einmarsch des Warschauer Paktes 1968 in die Tschechoslowakei war noch nicht lange her. Wir befanden uns auf dem Höhepunkt des Kalten Krieges. Die Alliierten entsandten Militärbeobachter zu diesen Übungen. Der Anblick der „sowjetischen Militärmission" als lästige Beobachter unserer Aktionen war uns allen vertraut. Wir haben diese Burschen kaum ernst genommen. Heute ist es nicht mehr vorstellbar, welchen Aufwand die Bundeswehr betrieben hatte, in einem Kriegsfall das Territorium gegen den Angriff russischer Panzerhorden zu verteidigen. Wer ein geübtes Auge hat, der erkennt bis heute noch ehemalige Sprengschächte und andere vorbereitete Sperren, die im Allgemeinen auf Brücken oder entlang von Engstellen geplant und baulich vorbereitet worden waren. In deren Nähe gab es immer gut versteckt kleinere Silos oder Unterstände, in denen die Sprengmunition lag, die im Alarmfall von sogenannten Wallmeistertrupps (d.h. Pioniere) genutzt wurden, um die Sperren scharf zu schalten. Schleswig-Holstein war durchzogen von Sperren dieser Art, deren Dichte und Anzahl mit der Nähe zur innerdeutschen Grenze deutlich zunahm. Heute weiß kaum ein Jugendlicher, wie es in den 70ziger oder 80ziger Jahren in Deutschland aussah. Damals war das Allgemeingut. Ein Jeder wusste um die Existenz dieser Sperren, ohne die an eine funktionierende Vorneverteidigung nicht zu denken gewesen wäre.

Den Oberleutnant habe ich Jahre später dann erstaunlicher Weise bei zwei verschiedenen Ereignissen wieder getroffen. In meiner Zeit als Rüstungskontrollstabsoffizier bei S.H.A.P.E.[1] in Mons / Belgien kündigte sich die Zuversetzung eines Oberstleutnants an, der in bisheriger Verwendung deutscher Verbindungsoffizier in Rammstein bei einem US-Korps gewesen war. Es handelte sich um meinen ehemaligen Zugführer von Bimöhlen. Ich wurde als sein „militärischer Sponsor" eingeteilt. In dieser Funktion sollte ich ihm und seiner Familie helfen, den überaus bürokratischen Ablauf des

---

[1] S.H.A.P.E. = militärisches Oberkommando der NATO in Europa

In-Processing bei S.H.A.P.E. zu meistern. Hierzu gehörte auch, ihm bei der Wohnungssuche behilflich zu sein. Ich nahm telefonisch mit ihm Verbindung auf. Er konnte sich an mich natürlich nicht mehr erinnern, lachte aber herzlich, als ich ihm von Bimöhlen berichtete. Er wollte Off-Post wohnen, d.h. in einer Mietswohnung in Mons. Ich versprach, mich nach einer solchen umzusehen. Das war insofern eine Herausforderung, als dass in Mons nur und ausschließlich Französisch gesprochen wird, ich aber bis auf magere Schulkenntnisse der französischen Sprache kaum mächtig bin. Wir blätterten Kleinanzeigen in lokalen Zeitungen durch, verstanden aber kaum ein Wort, noch konnten wir die Vielzahl der üblichen Abkürzungen verstehen. Ein Mietobjekt versprach jedoch Erfolg. Ich rief die Vermieterin an und begrüßte sie mit dem einzigen Satz, den ich einigermaßen unfallfrei auf Französisch sagen konnte: „Bon jour Madam, parlez-vous Anglaise où Allemande?", was übersetzt heißt „Guten Tag, gnädige Frau, sprechen Sie Englisch oder Deutsch?" Die Antwort war niederschmetternd, denn sie verneinte. Damit war das Gespräch sofort beendet. Wir haben die Wohnung nicht bekommen. Das alles focht meinem ehemaligen Zugführer nicht an. Er nahm sich irgendeine Bude und meinte, seine Ehefrau würde in Kürze nachziehen. Statt der Ehefrau erschien eine junge Amerikanerin, die er aus Rammstein kannte. Die Beiden gingen äußerst persönlich miteinander um. So trug sie seine Brieftasche und Ähnliches mehr. Ein Jahr später war Ehefrau Nummer 1 geschieden, und die Amerikanerin firmierte fortan als Ehefrau Nummer 2. Ob sie heute noch verheiratet sind, weiß ich natürlich nicht. Es geht mich auch nichts an.

Meine zweite Begegnung mit dem ehemaligen Zugführer erfolgte in Hagenow. Er war der erste Bataillonskommandeur des Panzergrenadierbataillons 401 nach der Wende, der erste Wessi, der ein Ostbataillon führte. Ich war einer seiner Nachfolger in dieser Verwendung und staunte nicht schlecht, als ich sein Portraitbild an der Ehrenwand des Bataillonsstabes sah. Heute hängt mein Bild unweit des seinigen. Der ehemalige Funker und sein Zugführer gemeinsam in friedlicher Eintracht eingerahmt an der gleichen Wand. Auch davon konnte ich inmitten des Flusses bei Bimöhlen stehend nicht wagen zu träumen.

Der Goldresi

In der 3. Kompanie war ein weiterer Zugführer ein Leutnant. Er war ein gutmütiger und frohgelaunter Geselle, zu Späßen zu haben – solange sie nicht auf seinem Rücken ausgetragen wurden. Was jedoch geschah.

Die Kompanie hatte nicht nur Frischlinge wie mich zu verzeichnen (sogenannte „Rotärsche"), sondern auch Kameraden, die kurz vor der Entlassung standen. Diese hießen „Reservisten" oder kurz „Resis". Sie genossen einen höheren Status als die „Rotärsche", weil sie die Wehrdienstzeit fast hinter sich hatten. Das ließen sie jeden anderen spüren. Dabei unterschied man die „Resis" auch noch untereinander, je nachdem wie viele Tage sie noch zu dienen hatten. So entstanden die „Goldresis" (unter 90 Tagen Restdienstzeit), „Silberresis" (180 Tage Restdienstzeit). Goldresis nahmen sich die meisten Freiheiten heraus. Mit solch einem Burschen bekam es der Leutnant zu tun.

Beim morgendlichen Antreten stellte er ihm irgendeine Frage. Der Goldresi antwortete: „Jawohl, Herr Oberleutnant." So viel Beflissenheit war wie Honig auf der Seele des Leutnants. Mit einem wohlwollenden Lächeln auf den Lippen antwortete der Leutnant, der sich schlagartig in der Stimmung einer schnurrenden Katze befand: „Das schmeichelt mir aber gewaltig. Leider bin ich noch nicht befördert worden. Wie heißt es also richtig, Herr Obergefreiter?" Dieser war nicht auf den Mund gefallen. Unter ohrenbetäubendem Gelächter aller Soldaten antwortete er: „Jawohl, Herr Fähnrich!". Dieser Dienstgrad kam einer Degradierung unseres armen Leutnants gleich. Aus der schnurrenden Katze wurde innerhalb einer Sekunde ein explodierender Vulkan.

Neuer Kompaniechef gesucht

Als noch sehr junger Offizier (ich war gerade zum Leutnant befördert worden) versah ich meinen Dienst als Zugführer in einer Jägerkompanie. Ein Zug umfasst ca. 30 Soldaten. Jäger wiederum sind Infanteristen, gehen also meistens zu Fuß. Nichts lag da näher, als hin und wieder ein Ausbildungsbiwak durchzuführen. Inmitten der herrlichen Natur bei glühender Hitze im Dreck buddeln und sich wohlfühlen. Nach getaner Tagesarbeit dann ohne zu duschen den Abend ausklingen lassen, am Lagerfeuer sitzen und danach in das Zweimannzelt zu krabbeln. Herz, was willst du mehr!

Mein Kompaniechef war ein merkwürdiger Kauz. Als Langläufer war er eigentlich für die Jägertruppe wie geschaffen. Leider hatte er außer Langlauf nichts im Sinn. Er empfing mich und andere in der Kompanie mit den Worten, wir sähen nicht wie Männer aus, in seiner Kompanie würden die Haare so lang getragen, wie er sie selber trug. Der Mann führte mit Vorbild. Seine Haare waren zottelig lang, reichten ihm deutlich über die Ohren und weit in den Kragen hinein. Seit dem Augenblick ging in der Kompanie niemand mehr zum Frisör. Dieser muss sich beim Bataillonskommandeur offenbar über den Einnahmeverlust beschwert haben. Wenig später kontrollierte jedenfalls der Bataillonskommandeur persönlich jeden Soldaten der Kompanie und untersagte den Wochenendausgang, bevor nicht jeder einzelne eine vorschriftsmäßige Haartracht trug. Unserem Kompaniechef drohte er eine disziplinare Würdigung an, die dieser in Kauf nahm. Kurz gesagt, das Verhältnis zum Bataillonskommandeur war etwas gespannt. Leider hatte mein Kompaniechef auch noch einen Hang zur Faulheit. Er liebte es, in den Tag hineinzuleben und saß zu gerne in seinem Zelt, das mit Turnhallenmatratzen komfortabel ausgestattet war. Gewöhnlich schlief er lange und ausgiebig. Dann machte er Yoga und spielte etwas Gitarre, während wir Zugführer schleunigst zusahen, aus dem Biwak mit unseren Soldaten in das Gelände zu verschwinden. Es drohte nämlich die Gefahr, dass das Vorbild unseres Kompaniechefs nicht nur in Sachen Haare auf unsere Soldaten abfärbte.

Bei dem Versuch, in das Gelände abzumarschieren, hielt auf einem Male ein Dienstwagen mit einer Standarte vor meinen Soldaten. Dienstwagen mit Standarte verheißen nie etwas Gutes, dieser auch nicht! Mein Bataillonskommandeur entstieg dem Gefährt, ganz offenbar übel gelaunt. Ich machte eine brillante Meldung, sehr zackig und vorschriftsmäßig. Er wollte nur wissen, wo er meinen Kompaniechef finden könnte. Ich war von Loyalitätskonflikten hin- und hergerissen. Ich hätte ihm sagen können, dass der Kompaniechef zur Erkundung sei (stets eine willkommene Ausrede für den Fall, dass man sich verpieseln will). Doch dafür war der Kommandeur zu schlau. Er hatte Blut geleckt, und meine Falschmeldung hätte auch mein Blut gekostet. Also zeigte ich auf das große Zelt, aus dem der Klang einer Gitarre erscholl. Der Kommandeur dankte und hielt zielstrebig auf das Zelt zu, wobei seine Schritte immer schneller wurden. Ich befahl Laufschritt, nur schnellste Flucht konnte mich davor retten, in den Untergang mit hineingezogen zu werden, der nun unweigerlich kommen musste. Aus 500 m Entfernung konnte ich jedes Wort des Bataillonskommandeurs ganz genau hören. Der Mann hatte ein beachtliches Organ. Er führte keine Unterhaltung mit unserem Kompaniechef. Es war eher ein Monolog, sehr laut und sehr lang. Komischerweise erstarb das sonst so schön anzuhörende Gitarrenspiel augenblicklich. Wenige Tage später erhielten wir einen neuen Kompaniechef.

Am allermeisten wurmte den Bataillonskommandeur aber, dass mein Kompaniechef mit seinem Privatwagen sämtliche Bestimmungen der Straßenverkehrsordnung permanent durchbrach. Als Auto benutzte er einen englischen Sportwagen, der als Cabriolet ausgelegt war. Fuhr er abgeplant, dann war das Auto so flach, dass es ohne Probleme unter dem geschlossenen Schlagbaum des Wachpostens an der Kaserneneinfahrt durchfahren konnte. Bei gutem Wetter konnte man dann gegen 07.30 Uhr das Schauspiel verfolgen, dass der Wachposten an seinem Schlagbaum stand und mit seiner Winkerkelle meinem Kompaniechef ein Haltezeichen gab. Anstatt anzuhalten, brauste er einfach unter dem Schlagbaum durch. Alle Ermahnungen durch den Kommandeur halfen nichts. Der jedoch ersann Abhilfe. Er ließ einfach einen dünnen Draht unter den Schlagbaum spannen. Am nächsten Tag brauste mein Kompaniechef heran, der Wachposten zeigte vergebens seine Winkerkelle, und fortan fuhr mein Kompaniechef ohne Windschutzscheibe weiter. Der Draht rasierte die Scheibe knapp oberhalb des Kopfes von meinem Hauptmann einfach ab. Mein Kommandeur hätte ihn genauso gut umbringen können. Er tat es nicht, erreichte jedoch, dass mein Kompaniechef fortan an der Wache anhielt!

Reptil, mit 14 Buchstaben: zweiter Buchstabe "Lapperschlange"

Das Ausbildungsbiwak ging trotz des Desasters auch ohne unseren Kompaniechef weiter. Wie auf fast allen Übungsplätzen, so wurden auch für diesen Aufenthalt alle Soldaten mehrfach belehrt, wie sie sich in der Natur zu verhalten hatten. Dazu gehörten mehr denn je Umweltschutzmaßnahmen. Natürlich werden die Soldaten auch auf Gesundheitsrisiken hingewiesen. Das Verhalten zur Vermeidung von Hitze- oder Kälteschäden gehört ebenso dazu wie die Anleitung zur vernünftigen Hygiene unter feldmäßigen Bedingungen. Ganz besonders wurden wir jedoch gewarnt, dass die giftigste Schlange in Norddeutschland die Kreuzotter sei. Einmal gebissen, musste der Betroffene schleunigst in das nächste Krankenhaus gebracht werden. Wir Vorgesetzten machten daraus unsere Späßchen, wofür ich mich im

Nachhinein noch schäme. Wir erzählten unseren Soldaten nichts von Kreuzottern, sondern vielmehr von Klapperschlangen, die noch viel giftiger sind, allerdings nur in Nordamerika vorkommen. Das mit Nordamerika haben wir leider verschwiegen.

Unabhängig davon hoben meine Soldaten brav Latrinen aus, um auf den Donnerbalken ihre Notdurft zu verrichten. Das ist ein ernstzunehmender Beitrag zum Umweltschutz. Man stelle sich einmal vor, 100 Soldaten verrichten ihre Notdurft vierzehn Tage ungehindert in das Gelände, was für ein Schweinkram. Meine Soldaten taten das nicht. Sie gingen brav auf den Donnerbalken. Einer von ihnen war besonders ängstlich. Er fürchtete sich vor Reptilien, ganz besonders vor Schlangen und noch mehr vor Klapperschlangen. Vorsichtig durchsuchte er stets seinen Schlafsack, bevor er sich reinlegte. Ein Rascheln im Gebüsch ließ ihn auf den Angriff einer Horde Klapperschlangen schließen. Alle Angst half jedoch nichts, wenn er dringend aufs Klo musste. Also schlich er zum Donnerbalken, untersuchte ihn gründlich, setzte sich hin und verrichtete sein Geschäft.

Eines Tages beobachteten wir ihn bei dieser Prozedur. Urplötzlich schoss er hoch, lief schreiend auf uns zu, seine Hose hing noch zwischen seinen Knien. Er rief hysterisch: „Ich bin gebissen worden, ich bin gebissen worden!" Wir spielten das Spiel zu Ende. Als ranghöchster anwesender Vorgesetzter befahl ich den Soldaten zu mir und untersuchte den Schlangenbiss. Tatsächlich war ein kleiner roter Punkt am Hintern zu sehen. Einer meiner Kameraden informierte den Arzt, der auf das Spiel einging. Mit einer Trage wurde der „Todeskandidat" zum Sanitäter gebracht, der sofort einen Klapperschlangenbiss diagnostizierte. Der arme Kerl wäre fast ohnmächtig geworden. Tatsächlich hatte er sich auf dem Donnerbalken einen Holzspan in den Po gejagt, daher der „Einstich". Wir haben ihn dann aufgeklärt und ihm ein Bier ausgegeben. Seitdem hatte ich bei ihm verschissen, er glaubte mir kein Wort mehr. Verstehen konnte ich ihn gut, vorbildlich war mein Verhalten sicher nicht.

Was geht Sie das eigentlich an?

Als junger und aufstrebender Mensch, der einigermaßen normal veranlagt ist, kann es nicht ausbleiben, dass man auch für das andere Geschlecht Interesse zeigt. Bei manchen Männern soll diese unheilvolle Entwicklung sogar in der Ehe enden, bei wenigen sogar mehrfach. Zu letzteren zähle ich. Als junger Leutnant war ich sagenhaft verliebt und dabei, mich über eine Verlobung in das Abenteuer Ehe zu stürzen. Eheschließungen werden vom Dienstherrn gerne gesehen, geben sie doch dem Soldaten Halt in seinem Leben, auch und gerade im Beruf. Allerdings endet hier auch meistens das Interesse an der Ehefrau seitens des Dienstherrn. Wie selbstverständlich erwartet man, dass die Familie brav mit umzieht, wenn der Ehemann versetzt wird. Nicht umsonst hat die Bundeswehr eine überdurchschnittlich hohe Scheidungsrate. Irgendwann hatten dann die Ehefrauen die Nase voll. Eine Abordnung zog demonstrierend zum Verteidigungsministerium und schlug auf den Tisch. Seither haben sich manche Dinge geändert, wenn auch nicht grundlegend. Der Mann führt den Krieg an der Front, die Frau führt den Krieg zu Hause.

Von diesen Zwängen war meine damalige Freundin noch unberührt. Wir genossen unser Dasein in vollen Zügen. Leider war ich gezwungen, an mehreren Wochenenden Bereitschaftsdienste abzuleisten. Ich durfte die Kaserne nicht verlassen und hing oft gelangweilt herum. Unterbrochen wurde diese Eintönigkeit durch Bereitschaftsalarme, die meist nur der Überprüfung der Ausrüstung und der Anwesenheit galten. An einem Samstag erschallte der Alarmpfiff bereits recht früh am Morgen. Fälschlicherweise glaubte ich mich für den Rest des Tages in Sicherheit. Ich rief also meine Freundin an und bat sie, mich in der Kaserne zu besuchen. Da Damenbesuch grundsätzlich nicht verboten war, stand einem vergnüglichen Nachmittag nichts im Wege.

Leider hatte ich die Rechnung ohne den Wirt gemacht. In diesem Falle erschallte der Alarmpfiff erneut ca. zehn Minuten vor dem Eintreffen meiner Freundin. Ich stand also in voller Kampfausrüstung vor dem Kompaniegebäude und ließ gerade die obligate Überprüfung meiner Ausrüstung über mich ergehen, als meine Freundin um die Ecke schaute. Sie erblickte eine Horde Männer in Oliv, deren Augen eindeutig zu erkennen gaben, wie willkommen diese auch optisch nette Abwechslung des dienstlichen Einerleis angenommen wurde. In Panik rannte sie in das Kompaniegebäude und versuchte, auf meine Stube zu flüchten. Ein allgemeines Gejohle und einzelne Pfiffe begleiteten sie dabei. Da niemand dieses weibliche Wesen mit mir in Verbindung brachte, rannte mein Kompaniechef dem Eindringling hinterher. Im Treppenhaus hörte ich ihn brüllen: „Was machen Sie denn hier?". Angriff ist meist die beste Verteidigung, besonders für eine in die Enge getriebene Frau. Meine Freundin schnauzte zurück: „Das geht Sie überhaupt nichts an, wer sind Sie eigentlich?". Mein Kompaniechef versicherte ihr etwas kleinlaut, dass er der Kompaniechef sei und diese Sache ihn tatsächlich anzugehen habe. Wenig später kam der Ruf durch das Kompaniegebäude: „Leutnant Buske, sofort beim Kompaniechef melden!". Was meinen Sie wohl, was ich mir anhören musste. Das Problem war jedoch weniger mein Kompaniechef, der mir zum wiederholten Male erklärte, dass ich ein Idiot sei. Das Problem war meine Zukünftige, die sich so in ihre Wut über den Flegel hineingesteigert hatte, der angeblich auch noch Kompaniechef sei. Und im Übrigen hätte ich an allem Schuld. Ich hätte sie warnen sollen. Am besten wäre es, wenn ich sofort zum sogenannten Kompaniechef gehen würde, um ihm auf der Stelle die Leviten zu lesen.

Glauben Sie mir, der wunderschöne Nachmittag war dahin. Was ich auch tat, ich saß zwischen den Stühlen. Ich tat aber das Naheliegende. Ich versuchte, meiner Freundin einen Vortrag über Vorgesetztenverhältnisse und Dienstgradunterschiede zu halten. Wie Sie sich sicher denken können, war dieser Versuch zum Scheitern verurteilt.

Vom nervösen Wachsoldaten

Es gibt wohl in jedem Leben von militärischen Vorgesetzten Augenblicke, in denen er total verzweifelt ist, weil etwas unvorstellbar Blödes passiert, wofür man obendrein auch noch verantwortlich gemacht wird, ohne eigentlich etwas dafür zu können. In diesem Falle ereilte mich „Murphy's Law" als Wachvorgesetzter.

In meiner grandiosen Laufbahn konnte es nicht ausbleiben, dass ich als Fahnenjunker auch einmal Wachhabender war. Dieser Job stellte schon immer eine Art Ehrenaufgabe dar, hing doch von der Wache stets das Wohl und Wehe von Soldaten ab. Heute nun, in Friedenszeiten, wird der Wachdienst leider oftmals mit „Gammelei" verglichen. Der Job gilt dann als erfüllt, wenn nichts passiert. Das kann auf die Dauer ganz schön langweilig werden. Oft verführt es einzelne Wachsoldaten, Unsinn anzustellen. Die daraus resultierenden Wachvergehen werden auch heute noch richtigerweise drakonisch bestraft. Meine Wachsoldaten hingegen zeichneten sich durch Übereifer aus, der zusammen mit einer Portion Angst zur Katastrophe führte.

Meine Wache wurde für 24 Stunden in einem Munitionsdepot eingesetzt. Diese sind im Allgemeinen etwas abseits gelegen. Niemand kommt vorbei, kein Lärm, kein gar nichts. Eine Doppelstreife läuft ständig nach einem genau vorgegebenen Plan. Da gerade mal wieder irgendein Terrorist in Deutschland einen Industriellen entführt und gemeuchelt hatte und die Polizei bei ihren Ermittlungen Flugblätter fand, die auf Überfälle auf Bundeswehrmunitionsdepots hinwiesen, belehrte ich meine Soldaten, ganz besonders aufzupassen.

Vor allem musste ein Eindringen von außen in das Depot verhindert werden. Jeder Wachsoldat trägt eine Waffe und scharfe Munition. Für deren Einsatz gibt es klar umrissene Regeln, die auch bei Polizei und Bundesgrenzschutz Anwendung finden. Der Schusswaffengebrauch muss vorher angekündigt werden. Zunächst hat der Wachsoldat einen vermeidlichen Straftäter anzurufen „Halt, stehen bleiben!", danach erneut anzurufen und den Schusswaffengebrauch anzukündigen „Halt, stehen bleiben, oder ich schieße!", dann einen Warnschuss abzugeben und erst dann gezielt zu schießen. Immer wieder unterrichten wir unsere Soldaten, wann und wie in Friedenszeiten von der Schusswaffe Gebrauch gemacht werden darf. Zu schnell geschieht Unheil, und der Soldat (und sein Vorgesetzter) stehen vor dem Richter.

Meine Soldaten kannten die Bestimmungen ganz genau. Auch war ihnen die terroristische Bedrohung nur zu bewusst. Leider war es dunkel, man konnte nichts sehen, dafür aber umso mehr hören. Dabei unterschätzen Menschen immer wieder ihr Gehör. Sie glauben ja gar nicht, welche Geräusche man nachts wahrnehmen kann. Noch mehr unterschätzt man aber seine Phantasie, die gerade im Dunkeln ihr Eigenleben führt. Meine Wachsoldaten waren sehr phantasiebegabt, besonders, weil sie Angst hatten. Hinter jedem Busch witterten sie einen Terroristen, der es nur auf sie abgesehen hatte. Sie funkten mich ständig an und gaben Fabelmeldungen ab, die dennoch von mir eine Überprüfung verlangten. Ich versuchte sie zu beruhigen und sprach ihnen Mut zu.

Wenig später versagten offenbar ihre Funkbatterien. Nun vollkommen auf sich alleine gestellt, sahen sie auf einmal einen großen Schatten, der außerhalb des Zaunes hin und her wankte. Plötzlich schien der Schatten auf sie zuzugehen. Seine Augen funkelten bösartig. Mit zitternder Stimme „rief" der eine Wachsoldat: „Halt, stehen bleiben!". Das schien die dunkle Gestalt eher anzufeuern, denn auf einmal bewegte sie sich schneller auf den Zaun zu. Beide Soldaten luden ihre Gewehre durch und riefen im Chor: „Halt, stehen bleiben, oder ich schieße!". Der potentielle Meuchelmörder schien betrunken zu sein, er torkelte nun auch noch schnaufend weiter auf meine Helden zu. Ein Schuss krachte, danach war einen Augenblick Stille. Wenig später erschallten drei, vier Schüsse, dann war Ruhe. Wie ein Irrer raste ich mit dem Rest meiner Wache in Richtung der Schüsse, Waffen durchgeladen und entsichert. Irgendwo musste ein Überfall stattgefunden haben. Ich war in größter Sorge um meine beiden Wachsoldaten. Die Schüsse klangen vertraut, es mussten Bundeswehrgewehre gewesen sein. Das ließ hoffen.

Tatsächlich fanden wir unsere beiden Soldaten, etwas bleich um die Nase und sehr verlegen. Unmittelbar hinter dem Zaun lag ein riesiger Bulle, der aus drei oder vier Löchern blutete. Das Tier war mausetot, es rührte sich nicht mehr. Meine beiden Soldaten erzählten ihre Geschichte. Was sollte ich machen? Da sie in der Überzeugung gehandelt hatten, Terroristen abzuwehren, konnte ich ihnen noch nicht einmal einen Vorwurf machen. Auch hatten sie die Vorschriften eingehalten, nur leider war der Bulle nicht in der Lage, Deutsch zu verstehen oder über den Sinn eines Warnschusses nachzudenken. Ich machte Meldung beim Offizier vom Wachdienst, der mich ein Rindvieh nannte. Ich sollte besser auf meine Soldaten aufpassen. Am nächsten Tag hatte ich dann die zweifelhafte Freude, meinem Bataillonskommandeur zu erklären, warum Soldaten meiner Wache den preisgekrönten Zuchtbullen des ortsansässigen Bauers abgeschossen hatten. Dieser verlangte Schadensersatz von der Bundeswehr. Kurzzeitig wurde überlegt, mein Einkommen zwecks Schadensersatzes zu verringern. Dazu kam es dann doch nicht. Wenigstens einen Vorteil hatte die Geschichte: Ich brauchte nie wieder im Munitionsdepot Wache schieben.

Einstern-Rot in Bonnland

In meiner grandiosen Laufbahn gab es leider auch Momente, in denen mein berufliches Schicksal an einem seidenen Faden hing. Nicht umsonst wünschen sich Soldaten beim Abschied nur zu gerne „Viel Soldatenglück". Damit meinen sie, dass um Gottes Willen kein Vorgesetzter anwesend ist, wenn etwas danebengeht! Mir jedoch ging etwas reichlich daneben – und es waren reichlich viele Vorgesetzte anwesend, die sich ein Erste-Klasse-Urteil über meine Blödheit machen konnten.

Zur Erklärung sei hier nur kurz erläutert, wo ich mich befand. Die Bundeswehr unterhält in Franken ein kleines Dorf namens Bonnland. Dieses Dorf ist ein richtiges normales Dorf, mit Kirche, Kirchturm, Schule, Gastwirtschaft, Häusern, Höfen, Straßen und Kreuzungen. Im Unterschied zu anderen deutschen Dörfern ist es schon seit Jahren evakuiert, weil die Bundeswehr hier Orts- und Häuserkampf übt. Infanterieeinheiten wie solche, der ich damals angehörte, fuhren in der Regel einmal pro Jahr auf den

Truppenübungsplatz Hammelburg in der wunderschönen Rhön, auf dem sich unser Übungsdorf Bonnland befindet. Ein derartiger Aufenthalt dauerte im Normalfall zwei Wochen. Da Orts- und Häuserkampf so ziemlich das schwierigste Kriegshandwerk eines Soldaten ist (man denke nur an Stalingrad), werden zunächst nur die Ausbilder in die Tücken dieses Kampfes eingewiesen. Die Truppe reist meist drei Tage später an und hat sich erst einmal einem tagelangen Stationszirkel zu unterziehen, in dem der Soldat alles lernt, was er sinnvoller Weise im Häuserkampf zu machen hat, so er denn überleben will. Dazu gehören z. B. verschiedene Methoden, in ein Haus einzudringen. „Ganz einfach", würde der Laie sagen, „Tür aufmachen und eintreten, wenn es sein muss ohne vorher zu klingeln!" Leider gibt es da noch feindliche Soldaten, die genau das zu verhindern suchen. Auf alle Versuche, höflich zu klingeln und einzutreten, pflegen diese meist zu schießen! Also wird der „Eintritt" meist so durchgeführt, dass er erstens überraschend (ohne anzuklopfen) und zweitens schnell passiert. Hier hat es sich bewährt, ein Haus von oben nach unten frei zu kämpfen. Es ist eben leichter, Treppen hinunter statt hinauf zu laufen. Am leichtesten geht dieses, wenn man über den Dachfirst klettert, ein Loch in das Dach sprengt oder schießt, hindurch klettert und dann seinen Weg von Raum zu Raum nach unten freikämpft.

Ich war damals junger Leutnant und Zugführer. Selten habe ich so lachen müssen wie bei den verzweifelten Versuchen meiner Soldaten, ein Haus zu stürmen. Eine der Methoden, in obere Stockwerke einzubrechen, besteht in der Nutzung sogenannter „Schwalbenstangen". Im Grunde genommen handelt es sich hierbei um bis zu drei Meter lange Stangen mit ca. 10 cm Durchmesser. Jeweils ein Sturmtrupp bestehend aus einem Sturmtruppführer, zugleich der Gruppenführer, und bis zu fünf Soldaten nutzen eine Schwalbenstange. Der Sturmtruppführer steht an der Spitze der Stange, deren Ende glatt abgeschnitten ist. Er hält sich so gut er kann an der Stange fest, während seine Soldaten mitsamt der Stange Anlauf nehmen und ihren Führer ganz einfach die Wand hochschieben. So einfach ist es leider nicht. Der Sturmtruppführer muss im richtigen Zeitpunkt mit den Füßen breitbeinig an die Wand springen, während seine Kameraden von hinten kräftig schieben. Auf diese Weise „gestützt" läuft der Sturmtruppführer die Wand hoch, bis er zumeist im zweiten Stock in ein Fenster einbrechen kann.

Das Schicksal wollte es, dass der Sturmtruppführer eines meiner Sturmtrupps ein schmächtiges Kerlchen war mit dünnen Beinen und ebenso kraftlosen Armen. Nach eindeutigen Belehrungen, ihn ja ordentlich anzuschieben, legten seine Männer los. Leider beging der Truppführer zwei Fehler. Zunächst einmal sprang er zu spät ab, so dass seine Beine dem enormen Druck des „Schiebekommandos" nicht standhalten konnten, und er quasi an die Wand gedrückt wurde. Entscheidend aber war, dass er die Schwalbenstange nicht unter die Armachsel klemmte, sondern die glatte Schnittfläche an der Spitze der Stange benutzte, um sich mit seinen Händen daran festzuhalten. Nachdem also seine Beine den Dienst versagten, klatschte er mit seinen Händen in ca. 1,5 m Höhe an die Häuserwand. Aufgeschreckt durch sein Schmerzgeschrei, ließen seine Männer sofort die Schwalbenstange los, wodurch der Truppführer unsanft zu Boden fiel. Er beschimpfte und verfluchte seine Soldaten, die überhaupt nichts falsch gemacht hatten und nun umso mehr Kraft in den nächsten Versuch legten. Drei Versuche habe ich mir mit Tränen in den Augen angesehen, alle mit dem gleichen Ergebnis. Die Hände des Truppführers sahen aus wie Bratpfannen!

Auf einer anderen Station musste ein Schützentrupp von Raum zu Raum durch ein Haus hindurch angreifen. Ziel war es, zunächst einen Raum zu nehmen. Hierzu wurde ein Drei-Mann-Team gebildet. Der Truppführer befahl seinem ersten Schützen, die Tür einzutreten, der zweite sollte eine Handgranate schmeißen, wonach der Truppführer als erstes in den Raum stürmte, diesen so schnell wie möglich durchquerte, um an der gegenüber gelegenen Wand Stellung zu beziehen. Damit das Ganze richtig furchterregend aussieht, schreit der Truppführer seinen Kampfschrei und stürmt schießender Weise in den Raum. Das Prinzip war also allen klar, die Übung konnte beginnen. Der Truppführer gab seine Befehle. „Müller, Sie treten die Tür ein, Lehmann, Sie schmeißen eine Handgranate, ich stürme als erster in die Ecke hinten rechts, Müller folgt links, Lehmann sichert nach hinten! Fertig?". Das hört sich ganz professionell an, jeder hatte begriffen. Die Tür flog beiseite, eine Handgranate flog hinterher, es erschallte eine Detonation, worauf der Truppführer aufsprang, wild um sich schoss und mit einem ohrenbetäubenden Schrei in den Raum stürmte. Leider kam er nicht weit. Genau in der Mitte des Raumes lag ein Teppich, den er überqueren musste. Dieser verbarg einen Deckendurchbruch zu der unter dem Raum liegenden Etage. Immer noch schreiend rannte der Truppführer auf den Teppich, der zur Überraschung aller über ihm zusammenschlug. Sein Kampfschrei verhallte in der Tiefe. Gott sei Dank hatte er sich nicht verletzt. So gab es mehrere Einlagen, die diesen Übungsplatzaufenthalt angenehm gestalteten. Das sollte sich sehr schnell ändern.

Die Abschlussübung stand an, zu der auch der Brigadekommandeur angesagt war. Für mich als junger und unerfahrener Zugführer konnte das nichts Gutes bedeuten. Um nicht gänzlich ohne Hilfe zu bleiben, wurde mir ein erfahrener Feldwebel als Stellvertreter zugewiesen. Die Breite meines Gefechtsstreifens war jedoch so groß, dass ich mich dazu entschloss, meinen Zug in der Verteidigung zu zweiteilen. Funkgeräte hatten wir keine, und nur ich verfügte über eine Signalpistole. Mein Stellvertreter war bei Nacht zur Beleuchtung vollkommen auf mich angewiesen. Das sollte mein Verhängnis werden.

Zunächst jedoch erschien mein Brigadekommandeur. Uns allen war klar, dass er sich ganz besonders die Stellungen für die schweren Waffen ansehen würde, hier natürlich das Maschinengewehr und die Panzerfaust. Bis auf eine Panzerfaust war das kein Problem. Die letzte Stellung war jedoch so unmöglich, dass ich meinem Kompaniechef meldete, diese nicht einsetzen zu können. Mein Kompaniechef mochte das nicht glauben und ging mit mir den Gefechtsstreifen ab. Tatsächlich fiel ihm auch nichts Besseres ein. Dennoch musste eine Stellung gefunden werden, koste es, was es wolle. Er fand eine Strohscheune, aus der man wunderschön mit einer Panzerfaust wirken konnte. Leider haben Panzerfäuste einen kleinen Nachteil. Sie entwickeln beim Abschuss einen Feuerstrahl, der nach hinten ca. 10 - 20 m reicht. Ganz besonders trockenes Stroh, das mit Vorliebe auch noch in Scheunen gelagert wird, verwandelt so ein Feuerstrahl in einen Feuerball. Wir nennen diesen Strahl die Rückstrahlzone der Panzerfaust.

Ich wies meinen Kompaniechef empört darauf hin, dass mir der Brigadekommandeur zuerst die Beine und danach den Kopf abreißen würde, wenn ich es auch nur wagte, ihm eine derart unmögliche Stellung zu zeigen. Dieses war offenbar mein Problem, nicht jedoch das meines Kompaniechefs. Er meinte, ich solle dem Brigadekommandeur erklären, die Strohballen wären vor dem Entflammen durch nasse Decken geschützt! Mit diesem wohlgemeinten und außerordentlich hilfreichen Vorschlag ließ er mich stehen. Kaum war er um die linke Scheunenecke verschwunden, erkannte ich, um die rechte Scheunenecke herumblickend, den Wagen des Brigadekommandeurs, der vorfuhr und mich suchte. Ich eilte ihm entgegen und machte Meldung.

Vorgesetzte seines Kalibers scheinen in ihren Genen ein Chromosom zu haben, das ihnen mit schlafwandlerischer Sicherheit Schwachstellen aufzeigt. Sein Chromosom schien ihm zu sagen, dass er sich mal die Stellung der Panzerfäuste anschauen sollte. Mit den Worten „Weisen Sie mich einmal in Ihre Stellung ein!" nahm das Schicksal seinen Lauf. Ich erklärte ihm alles. Die Gruppenstellungen, die Sperren, Verbindungswege, Wechselstellungen, Stellungen der Gewehre und der Maschinengewehre sowie die Stellungen von zwei der drei Panzerfäuste. Mit sicherem Gespür fragte er, dass da doch wohl noch eine Panzerfaust fehlen würde. Mir blieb nichts anderes übrig, als ihn zur Scheune zu führen. Sein Gesichtsausdruck verhärtete sich sofort, als er das Stroh sah. Ich erklärte ihm, die Strohballen würde ich mit gewässerten Decken schützen. „Ich solle ihm nicht so einen Blödsinn erzählen", sagte er und wand sich dem Panzerfaustschützen zu. Direkt hinter der Waffe und damit in deren Rückstrahlzone stehend forderte er ihn auf, seinen Auftrag zu wiederholen. Der Panzerfaustschütze, ein Obergefreiter, drehte sich nur kurz um und erwiderte arrogant: „Verschwinden Sie aus meiner Rückstrahlzone!". Für mich war alles klar. Mich würde zumindest ein Kriegsgerichtsverfahren mit anschließendem Spießrutenlaufen, Kielholen und unehrenhafter Entlassung aus der Armee erwarten. Der General drehte sich zu mir um und meinte: „Die Stellung ist so ziemlich das Beschissenste, was ich jemals gesehen habe. Der Panzerfaustschütze ist jedoch hervorragend. Wenigstens einer, der sein Handwerk hier versteht". Mit dieser für mich so vorteilhaften Erklärung verschwand er in Richtung Kompaniechef.

Mit diesem Desaster war der Tag für mich jedoch noch nicht vorbei. Mit der Dunkelheit kam das Problem, dass wir keine Funkgeräte und nur eine Signalpistole hatten. Die Gefechtsübung nahm ihren Lauf. Aus Sicherheitsgründen hatte die Leitung, d.h. der Bataillonsgefechtsstand, folgende Leuchtzeichen befohlen, die von der Truppe **nicht** benutzt werden durften:

- Einstern (im Gegensatz zu Mehrstern handelt es sich um eine einzelne Leuchtpatrone) ROT für Übungsunterbrechung und
- Einstern GRÜN für Übungsfortsetzung.

Der Feind griff an, natürlich genau dort, wo unsere Schwachstelle war, nämlich bei meinem stellvertretenden Zugführer. Da er zwar einiges hören jedoch so gut wie nichts sehen konnte, brüllte er „Zugführer leuchten", denn wir hatten ja keine Funkgeräte, um solche Wünsche lautlos zu übermitteln. Ich reichte meine Signalpistole meinem Melder und befahl ihm

„Laden“. Er reichte sie mir geladen zurück. Ich fragte ihn, ob er rote oder grüne Patronen verwendet hätte? Als er verneinte, schoss ich. Eine wunderschöne rote Leuchtkugel stieg zum Himmel empor. Ich erkannte die feindlichen Angreifer, die diese Leuchtkugel als das verstanden, was sie war. Gemäß ihrer Bedeutung „Übungsunterbrechung“ hielten die Soldaten ihren Angriff an und warteten ab. Kurz darauf schoss die Leitung eine grüne Leuchtpatrone, worauf der Feind seinen Angriff sofort wiederaufnahm. Mein Stellvertreter rief erneut „Zugführer leuchten“, die Prozedur wiederholte sich, eine rote Kugel ließ alle Angriffsversuche ersterben, eine grüne Kugel schien die Angreifer wiederzubeleben. Dieses Missgeschick vollbrachte ich sage und schreibe noch dreimal. Die Methode war so wirkungsvoll, dass die Leitung sich gezwungen sah, die Übung abzubrechen.

Wir wurden zum Bataillonsgefechtsstand befohlen, wo der Bataillonskommandeur eine Übungsbesprechung abhielt. Ich drückte mich in die hinterste Ecke, um nicht erkannt zu werden. Tatsächlich wurde kein Wort über meinen Leuchteinsatz gesprochen. Als wir schon fast draußen waren, und ich mich schon in Sicherheit wähnte, fragte der Bataillonskommandeur: „Welches Arschloch hat da eigentlich immer Einstern ROT geschossen?“. Was soll ich sagen, ich hätte mich am liebsten in einer Erdspalte verkrochen. Manchmal frage ich mich, wie ich bei so vielen Pleiten und dieser unendlichen Pechsträhne überhaupt noch Karriere machen konnte?

Der Folterknecht

Ich war noch ein blutjunger und absolut unerfahrener Zugführer in einer Infanterieeinheit. Auch hatte ich nur eine verkürzte Ausbildung erhalten, weil ich ja zunächst noch Reserveoffiziersanwärter gewesen war. Nur dadurch war es mir möglich, nach bereits 21 Monaten Dienstzeit bereits als Leutnant einen Jägerzug führen zu können. Im Nachhinein wäre es von Vorteil gewesen, eine längere und fundierte Ausbildung zu erhalten. Vielleicht wäre ich dann professioneller vorbereitet gewesen. So gewann ich meine Erfahrungen eigentlich nur aus Negativerlebnissen, was nicht besonders motivierend ist.

In dieser Kompanie führte ein Kompaniechef, der außer Langlauf und langen Haaren nichts draufhatte. Er konnte mir daher auch nicht die Hilfestellung geben, der ich anfangs sicher bedurft hätte. Das Unteroffizierkorps hatte einen miserablen Ruf. Kurz bevor ich in die Kompanie kam, gab es eine Art Säuberungswelle, in deren Folge viele der alt eingesessenen

Unteroffiziere strafversetzt worden waren, weil sie Pflichten vernachlässigten und ihre Rechte erheblich missbraucht hatten. Dennoch verblieben einige in der Kompanie, von denen einer mein Stellvertreter wurde. Für ihn war ich ein Grünschnabel. Er meinte, mir nicht helfen zu müssen und suchte offen und arrogant die Konfrontation. Gab ich den Soldaten einen Befehl, revidierte er diesen in meiner Abwesenheit. Als ich das mitbekam, musste ich reagieren. Ich ging auf meine Stube, um nicht in der Öffentlichkeit einen Skandal heraufzubeschwören, rief einen Melder und schickte ihn zu meinem Stellvertreter mit dem Befehl, dass dieser sich bei mir umgehend zu melden hätte. Ich hätte diesen Befehl genauso gut einem Stein geben können. Mein Stellvertreter dachte gar nicht daran, dem Befehl Folge zu leisten. Er zwang mich daher, öffentlich vorzugehen. Ich ging zu ihm, befahl ihm erneut, mir sofort auf mein Zimmer zu folgen, anderenfalls würde ich ihn auf der Stelle vorläufig festnehmen! Er kalkulierte einen kurzen Augenblick lang, ob ich diese Drohung auch wahrmachen würde, glaubte dann offenbar aber doch, was er in meinen Augen sah, nämlich pure Mordlust. Unter vier Augen habe ich ihm dann gesagt, dass er wählen könne, Krieg oder Frieden, beides könne er haben, und beides könne ich wesentlich besser als er. Ich würde selbstverständlich den Vorfall dem Kompaniechef melden.

Das war meinem Stellvertreter vollkommen egal. Er meinte, die Konfrontation mit dem Kompaniechef scheue er nicht, er wäre auch bereit, in Gegenwart des Kompaniechefs seine Dienstgradklappen von der Uniform abzunehmen und auf den Tisch zu legen. Sein Größenwahn ließ ihn in die Falle tapsen. Vollkommen gelassen forderte ich ihn auf, genau das in meiner Gegenwart beim Kompaniechef zu tun! Er tat es natürlich nicht, dafür war er dann doch zu feige. Mein Kompaniechef wand sich wie ein Aal. Meiner Aufforderung, meinen Stellvertreter disziplinar zu bestrafen, wollte er nicht nachkommen. Später merkte ich auch warum. Er war abhängig von ihm, kutschierte doch mein Stellvertreter den Kompaniechef während zahlreicher Truppenübungsplatzaufenthalte mit seinem Privatwagen durch die Gegend, d.h. in die nächsten Diskotheken! Wenig später machte der Bataillonskommandeur dem Spuk ein Ende. Der Kompaniechef wurde abgelöst und mein Stellvertreter strafversetzt. Ich erhielt keinen neuen Stellvertreter, führte nunmehr meinen Jägerzug vollkommen alleine.

Diese Erfahrungen helfen mir heute, junge Offiziere einzuschätzen, die ihrerseits so ihre Anfangsschwierigkeiten haben. Mein Gott, wie groß waren meine Schwierigkeiten, und wie viele Fehler habe ich erst gemacht!

Einer dieser Fehler hätte mir beinahe das Genick gebrochen. Ich war gerade vom Einzelkämpferlehrgang zurückgekehrt, als meinem (neuen) Kompaniechef die Idee kam, ich solle doch mit meinen Soldaten Nahkampf- und Einzelkämpferausbildung durchführen. Ich tat das mit besonderer Begeisterung, die meine Soldaten aufrichtig teilten. Nur habe ich dabei überzogen. Bei Fallübungen verrenkte sich einer der Soldaten den Arm. Da ich auch noch Methoden demonstrierte, wie man Gefangene „verhören" könnte (die blödsinniger Weise damals auf dem Einzelkämpferlehrgang vermittelt wurden), ergab sich für den Bataillonskommandeur das merkwürdige Bild einer angeblichen Misshandlung von Untergebenen! Ich konnte nicht wissen, dass der Bataillonskommandeur ausgerechnet zu einem Zeitpunkt Zeuge meiner zweifelhaften Ausbildungsbemühungen wurde, als gerade eine Untersuchungskommission im Bataillon eintraf, die die Machenschaften in dieser Kompanie aufklären wollte. Während einer dieser „Verhördemonstrationen" erlitt einer meiner Soldaten auch noch eine kleinere Verletzung am Handgelenk, die eigentlich keine größere Bedeutung hatte. Es lag bestimmt auch keine Misshandlung Untergebener vor. Dennoch ist solch ein Delikt zu Recht wohl das schlimmste Vergehen, dessen sich ein Vorgesetzter schuldig machen kann. Seine ihm anvertrauten Soldaten sind das Wertvollste, was er besitzt. Ich nahm und nehme diesen Grundsatz sehr, sehr ernst. Damals rettete mich nur die Aussage des betroffenen Soldaten, der angab, er hätte an der ganzen Geschichte nichts Schlimmes gesehen und freiwillig mitgemacht. Da auch alle anderen Soldaten beteuerten, dass mich in ihren Augen keine Schuld traf, kam ich noch einmal mit einem blauen Auge davon.

Ich kann andere nur warnen. Ich hatte die Verantwortung und daher irgendwo auch Schuld. Solche Dinge sind unverzeihlich. Es spricht für meinen Bataillonskommandeur, dass er an mir festhielt, sonst wäre Ihnen dieses Buch wahrscheinlich erspart geblieben. Im Bataillon hatte ich aber meinen Spitznamen weg. Ich hieß fortan nur noch „Der Folterknecht". Was für eine zweifelhafte Ehre. Ich hätte gerne darauf verzichtet.

Das Meiermoor

Der Truppenübungsplatz Bergen Hohne, kurz Bergen genannt, liegt quasi vor der Haustür von Hamburg. Er ist zugleich einer der größten Truppenübungsplätze Europas. Nirgendwo sonst gibt es derart gute Schieß- und Übungsmöglichkeiten. Da wundert es nicht, dass vor allem norddeutsche

Verbände sehr oft nach Bergen verlegten, um dort zu üben. Nun hat dieser Platz so seine Tücken. Das Platzinnere ist reichlich zerschossen. Das liegt vor allem an der Anordnung der Schießbahnen. Diese sind an der Peripherie angelegt und zielen nach Innen. Dadurch schlagen alle Geschosse mehr oder weniger im Platzinneren auf, wodurch eine Art Mondlandschaft entsteht. Krater und Geschosseinschläge verhindern, dass die Vegetation ungehindert wachsen kann. Umweltschützer würden beim ersten Anblick dieser Landschaft vor Wut aufheulen, dies aber zu Unrecht. Obwohl das Gelände ziemlich verwahrlost aussieht, gedeiht Flora und Fauna im Allgemeinen recht ungestört. Das hört sich nach einem Widerspruch an, ist es aber nicht. Die Tierwelt ist reichhaltiger als anderen Ortes. Der Grund ist einfach. Die Viecher haben sich an die Ballerei gewöhnt. Wenn die verrückten Zweibeiner Krach machen, verziehen sich die Vierbeiner in Ecken, wo keine Geschosse aufschlagen. Hört der Lärm auf, kommen die Vierbeiner wieder heraus. Fast scheint es, dass die Tiere die Bedeutung roter Flaggen und roter Lampen genau kennen würden. Kaum sehen sie „Rot", machen sie sich davon. Sehen sie hingegen „Grün", kommen sie hervor. Nirgendwo sonst habe ich so viele Füchse, Dachse, Greifvögel und Schwarzwild gesehen wie in Bergen. Wildschweinrotten wissen z.B. ganz genau, wozu Männer mit gelben Kordeln da sind. Spieße bringen die Verpflegung auf die Schießbahn. Bundeswehrverpflegung schmeckt vielleicht nicht jedem Soldaten. Ein Wildschwein kann davon gar nicht genug bekommen. Laut grunzend brechen ganze Rotten mit ihren Frischlingen durch das Unterholz, wenn der Spieß die Verpflegungskiste öffnet.

Das Zielgebiet verfügt jedoch über nur geringen Bewuchs. Dadurch entsteht ein Übungsraum, der für Mitteleuropa vollkommen untypisch ist. Es gibt so gut wie keine Orientierungspunkte. Ortschaften, Kreuzungen, Telegraphenmasten fehlen vollständig. Es gibt auch keine Beleuchtung. Das führt dazu, dass Bergen bei Nacht vollkommen dunkel ist. Keine Straßenlaterne, auch kein Licht am Horizont, geben dem Soldaten den kleinsten Hinweis auf seinen Standort. Wenn es dann noch nebelig ist, verläuft man sich sehr schnell. Wer sich in Bergen noch nicht verfahren hat, der lügt oder war noch nie dort gewesen. Eine der schwierigsten Aufgaben ist es für Anfänger, eine Panzerkolonne bei Nacht und Nebel zu einem bestimmten Zeitpunkt von A nach B zu führen, denn Navigationsgeräte gab es zur damaligen Zeit noch nicht.

Genau diese Aufgabe hatte mein Kompaniechef mir erteilt, als ich kurz nach dem Studium als noch total unerfahrener Zugführer zum ersten Mal in Bergen war. Grinsend befahl er mir, die Kompanie zu übernehmen, quer über den Platz zu fahren, und mich punkt 01:00 Uhr an einem gewissen Ort von Süden kommend bei ihm zu melden. Ich fuhr los und hatte mich nach nur 1.000 Metern verfahren. Keine Karte konnte mich auf das vorbereiten, was ich antraf. Nebelschwaden waberten durch die Gegend. Jeder Treck sah aus, wie der vorherige. Keiner der Trecks war in der Karte verzeichnet. Waldränder verschwanden im Nebel. Kurz, ich war hoffnungslos verloren. Nun folgten alle anderen Panzer nach dem Prinzip des Hammeltriebes. Der Leithammel (ich) fuhr vorweg, alle anderen Hammel fuhren blind hinterher. Ich hielt oft an, schaltete den Motor aus, um mich vielleicht an Geräuschen zu orientieren. Der Nebel verschluckte auch diese. Dann stieg ich ab, nahm meinen Kompass und versuchte, Orientierungspunkte anzupeilen. Im Nebel gibt es nichts anzupeilen. So überkam mich das Gefühl totaler Hoffnungslosigkeit. Die einzige Rettung war, immer geradeaus zu fahren, bis ich auf die Platzrandstraße kam, die um den Truppenübungsplatz führt. Danach erst war eine Orientierung möglich. Ich fuhr, und fuhr, und hörte nicht auf zu fahren, mit der kompletten Kolonne im Schlepp. Gegen 02:00 Uhr traf ich endlich auf die Platzrandstraße. Ich bog links ein und versuchte anhand einer markierten Schranke herauszubekommen, wie ich weiterfahren musste. Leider stand genau dort mein Kompaniechef, der mich allerdings von der anderen Richtung her erwartete. Ich kam von Norden, nicht wie befohlen von Süden. Er grinste nur und sagte: „Na, Oberleutnant, ein klein bisschen verfahren, war wohl nichts. Das üben wir. Sie übernehmen jetzt die Kompanie, fahren wieder quer über den Platz und treffen mich beim Punkt XY um 04:00 Uhr!".

Das Leiden ging weiter. Nach 2.000 Metern wusste ich mal wieder nicht, wo ich war. So nahm ich leider eine Abbiegung, die mich direkt in das berüchtigte Meiermoor führte. Ich merkte meinen Irrtum natürlich zu spät. Der Panzer (und 3 weitere in der Kolonne) hatte sich bereits hoffnungslos festgefahren. Gegen 04:00 Uhr waren wir noch immer damit beschäftigt, die Panzer zu bergen, als mein Kompaniechef wutschnaubend am Funk von mir den Standort haben wollte. Ich gab die Koordinaten durch. Nach kurzem Zögern wurde mir befohlen, die Koordinaten zu kontrollieren. Ich tat, wie mir gesagt, und wiederholte die Koordinaten. Mein Kompaniechef rief daraufhin fassungslos über den Äther, das sei ja direkt im Meiermoor. Ich bejahte diese Befürchtung und fügte wahrheitsgemäß hinzu, ich säße nicht nur im Meiermoor, sondern ich säße mit meinen Panzern bis zur Wannenoberkante im Morast fest. Das war für meinen Kompaniechef zu viel. Soviel Dummheit, gebündelt in einer Person, war nicht mehr zu ertragen. Nie wieder brauchte ich eine Kolonne bei Nacht und Nebel durch Bergen zu führen. Das entspricht einem weiteren Grundsatz der Armee. Baust Du Mist, erhältst Du nie wieder einen Auftrag. Hast Du allerdings Erfolg, erhältst Du alle Aufträge. Anders ausgedrückt: Wer viel arbeitet, macht auch viele Fehler. Wer viele Fehler macht, wird nicht befördert. Also sollte man nicht arbeiten, um befördert zu werden.

Die lackierte Glatze

Als ca. 16-jähriger Jüngling wetteiferte ich mit der damaligen Mode und trug mein Haar so lang, wie es nur irgend ging. Zu der Flower-Power-Generation passte es nun einmal, dass die Unterschiede zwischen Mann und Frau rein äußerlich eher verwischten. Ich war unheimlich stolz auf meine Haarpracht, sehr zum Entsetzen meiner Eltern, die mich fast als Rauschgift konsumierenden Kiffer ansahen. Trotzdem ließ es sich hin und wieder nicht vermeiden, dass selbst ich zum Frisör gehen musste, denn irgendwann konnte ich zwischen meinen Haaren nicht mehr hindurchschauen. In diesem zarten Alter eröffnete mir mein Frisör unmissverständlich, dass ich mit ziemlicher Sicherheit im Alter von 18 Jahren eine Glatze haben würde. Damals war dies eine entsetzliche Prophezeiung, konnte ich mir doch nicht vorstellen, als Glatzkopf jemals eine Freundin kennenzulernen, was mit 16 ungemein wichtig ist! Das Schicksal meinte es dann doch nicht so schlecht mit mir. Zum einen hatte ich mit 18 immer noch viele und lange Haare, zum anderen lernte ich zur gleichen Zeit meine spätere Ehefrau kennen. Mein Führerscheinfoto erbrachte den eindeutigen Beweis, dass es um meine Haarpracht noch gut stand. Dennoch lief ich seitdem eher geknickt durch die Gegend, musste sich doch die Vorsehung aller meiner männlichen Vorfahren erfüllen, nämlich eine Glatze.

Dessen ungeachtet kam der Einberufungsbescheid und damit zwangsläufig ein Frisörtermin, der nichts Gutes erahnen ließ. Meine Haarpracht fiel dem Messer zum Opfer. So gesehen war dies das erste Opfer, das ich der Bundeswehr zollen musste. Es sollten noch viele folgen. Mit nun kurz geschorenen Haaren zeigte ich mich etwas verlegen meiner damaligen Freundin. Vor Lachen bekam sie sich überhaupt nicht mehr ein. Wenig später meldete ich mich bei der Bundeswehr. Die ersten zwei Wochen bekam ich keinen Wochenendausgang. Doch irgendwann durfte ich endlich die Heimfahrt antreten – in Uniform, versteht sich. Der Spieß belehrte uns, dass wir auch unter der eigentlichen Uniform Bundeswehruniformgegenstände zu tragen hätten. Das wurde auch noch kontrolliert. So zog ich also mit der modisch schicken Bw-Unterwäsche Marke „Liebestöter" zu meiner Freundin, die sich beim Anblick der dicken, baumwollenen und halblangen Unterwäsche beinahe umbrachte vor Lachen (an Liebe war zunächst nicht zu denken). Das stelle man sich heute einmal vor, wo ganze Gruppen von Soldaten in Lodderkleidung durch die Gegend ziehen und Vorgesetzte sich nicht trauen, diese Missstände in der Öffentlichkeit abzustellen!

Irgendwann ging aber auch das vorbei. Jedoch ließ meine Haarpracht zusehends nach. Stahlhelme, Baretts und andere Kopfbedeckungen forderten ihren Tribut. Meine Haare wurden weniger und das in einer dramatischen Geschwindigkeit. Ich musste mich wohl oder übel damit abfinden, dass ich meinem Vater rein äußerlich immer ähnlicher wurde. Als Zweiunddreißigjähriger wagte ich einmal in einer Diskothek um 2 Uhr morgens den Versuch, ein junges Mädchen zum Tanzen aufzufordern. Mit einem an Verachtung grenzenden Blick ließ sie mich abblitzen und meinte, sie würde nicht mit Kindern tanzen. Wutschnaubend brachte ich noch heraus, dass ich ja nicht wissen könne, dass sie schwanger sei. Diese Pleite wäre mir mit vollem Haar bestimmt nicht passiert. Den endgültigen K.O. versetzte mir jedoch einer meiner Gefreiten im Divisionsstab. Er hatte sich seine Haare in Punkermanier färben lassen. Das war für mich Grund genug, ihn zu necken. Vollkommen cool gab er zurück:

„Herr Hauptmann, uns unterscheidet lediglich eine Sache. Ich kann meine Haare färben, sie müssen ihre Glatze lackieren!"

Seitdem finde ich mich frei nach Loriot mit einer gewissen Glatzköpfigkeit ab.

Schützenpanzer nachziehen!

Ich hatte gerade mein Studium beendet und wurde meiner neuen Stammeinheit zuversetzt. Da ich damals ein reinrassiger Infanterieoffizier war (ein sogenannter „Jägeroffizier"), waren Panzer und Schützenpanzer für mich technische Wunderwaffen, deren Bedienung mir wohl für immer verschlossen bleiben sollte. Schützenpanzer gehören zu den Panzergrenadieren. Diese sind auch Infanteristen, sie bewegen sich jedoch überwiegend auf gepanzerten Fahrzeugen, die auch noch mit einer kleinen Kanone ausgestattet sind – eben Schützenpanzer. Ich war daher nicht wenig erstaunt, als man mich in eine Panzergrenadierkompanie versetzte, hatte ich doch vom Schützenpanzer Typ MARDER nicht die blasseste Ahnung. Für solche Notfälle ist die Bundeswehr bestens gerüstet. Ich wurde kurzerhand auf einen Lehrgang geschickt, um die Handhabung des MARDERS zu lernen. Der MARDER ist ein 37 Tonnen schweres Kettenfahrzeug mit einer 20 mm Bordmaschinenkanone, deren Handhabung recht kompliziert ist. Um sie zu bedienen, benötigt man Richtschützen, die hierfür eine Extraausbildung erhalten. Diese Ausbildung ist Vorbedingung für den Lehrgang, den ich besuchen sollte. Leider hatte ich niemals eine derartige Ausbildung genossen, ging also komplett unbedarft nach Munster zur Panzertruppenschule des Heeres. In der Schießinspektion angekommen, führte man gleich am ersten Tag ein Schießen mit dem MARDER durch, um die Kenntnisse aller Lehrgangsteilnehmer zu prüfen. Als ich an der Reihe war, antwortete ich auf den Befehl „Feuer" mit der Frage „Wo muss ich denn hier abdrücken?". Auf die fassungslose Antwort des Ausbildungsleiters „An den Richtklinken, wo denn sonst!" musste ich kleinlaut erwidern „Was sind bitte sehr Richtklinken?". Mit diesen Fragen hatte ich meine Ahnungslosigkeit eindrucksvoll genug unter Beweis gestellt, so dass man mir jeden Tag nach Dienstschluss einen Schnellkursus in Handhabung der Bordmaschinenkanone verpasste. Anderenfalls wäre ich wohl noch heute jeden Meter zu Fuß als „Jäger" gelaufen statt in einem Schützenpanzer als „Panzergrenadier" umherzufahren. Ich bestand die Ausbildung und konnte mich rühmen, einer der ersten Offiziere zu sein, der auf der damals neuesten Version, dem sogenannten MARDER 1 A 2, ausgebildet worden war.

Ich fuhr in meine neue Kompanie, in der mich mein Kompaniechef zunächst einmal allen anderen Dienstgraden vorstellte. Mein Stellvertreter als Zugführer war ein rothaariger Oberfeldwebel, der mich mit den Worten begrüßte: „Ich hasse Offiziere!". Da mein Kompaniechef nur grinste, antwortete ich: „Ich hasse rothaarige Oberfeldwebel!". Einer guten Zusammenarbeit war somit der Weg bestens geebnet. Mein Oberfeldwebel und ich hatten so manche Auseinandersetzung, die seine Bemerkung bei meiner Begrüßung eher zu bestätigen schien. Später haben wir uns gut verstanden und geachtet. In Bergen Hohne hätte ich ihn jedoch am liebsten umgebracht.

Unsere Kompanie sollte im Rahmen einer Gefechtsübung angreifen und hatte hierzu über eine Reihe von Teichen auf eine beherrschende Höhe anzugreifen. Ich machte den taktischen Fehler und entschloss mich, unter Feuerschutz meiner Schützenpanzer abgesessen, d.h. zu Fuß, die Höhe anzugreifen, was im Nachhinein Selbstmord war. Allerdings gab mir mein Stellvertreter weder einen besseren Ratschlag noch warnte er mich. Er dachte sich wohl, lass den Oberleutnant mal machen, ich zeige ihm schon, wie es richtig geht. Bei jedem abgesessenen Angriff ergibt sich früher oder später das Problem, dass man seine Schützenpanzer nachziehen muss, um die Feuerkraft und Beweglichkeit des Zuges aufrechtzuerhalten. Hierzu übertrug ich meinem Stellvertreter die Führungsverantwortung über meine drei Schützenpanzer, übernahm selber die Führung der abgesessen kämpfenden Panzergrenadiere und vereinbarte eine Reihe von Zeichen und Signalen, aufgrund derer mein Stellvertreter mit den Schützenpanzern nachzuziehen hätte.

Ich griff also forsch und voller Elan an und erreichte total ausgepumpt die beherrschende Höhe. Meine Soldaten und ich waren sicher einen Kilometer bergauf gerannt und dementsprechend erschöpft. Es galt die Schützenpanzer nachzuziehen. Ich ergriff mein Funkgerät und rief meinen Stellvertreter über Funk. Er meldete sich nicht. Ich schoss eine Leuchtpatrone in den Himmel, das Zeichen für ihn zu folgen. Er rührte sich nicht. Schließlich lief ich zu einer Stelle, wo ich ihn aus einer Entfernung von 1 km sehen konnte. Ich fuchtelte mit den Armen wie ein Verrückter. Ich sah seinen roten Haarschopf messerscharf, es war mein Stellvertreter. Er rührte sich nicht. Ich hätte einen Melder zurückschicken können, doch ich war so sauer, um nicht zu sagen hochexplosiv geladen, dass ich selber den vollen Kilometer zurücklief.

Ich brüllte ihn an, ob er mich denn am Funkgerät gehört hätte? Er hatte und bejahte die Frage. Ob er denn die Leuchtpatrone gesehen hätte? Auch das hatte er. Ob er mich denn gesehen hätte, wild mit den Armen rudernd? Auch das hatte er. Warum er denn dann nicht wie befohlen mit den Schützenpanzern gefolgt wäre? Er gab vollkommen gelassen zurück, dass sei so ein netter Anblick gewesen, wie ich als **Infanterieoffizier** den Hang hin- und zurückgelaufen wäre, diesen Spaß wollte er sich nicht entgehen lassen. Er mag sich königlich amüsiert haben, doch damit hatte er den Bogen bei weitem überspannt. Ich hatte Grund genug, ihn zur disziplinaren Würdigung beim Kompaniechef wegen Ungehorsam zu melden. Ich hätte mich mit Leichtigkeit der direkten Konfrontation entziehen und den Kompaniechef an meiner Stelle den Disput regeln lassen können. Hier war aber meine Ehre gefragt, hätte ich doch durch solch ein Verhalten bewiesen, dass ich nicht in der Lage war, mich persönlich durchzusetzen! Solche Fälle kann man auch subtiler und viel unangenehmer regeln. Er hat sein Verhalten bitter bereut. Es sollten noch so viele Gelegenheiten kommen, wo er als **Infanterist** bei scheußlichem Wetter beweisen konnte, wie weit und wie lange er trotz Blasen an den Füßen zu marschieren in der Lage war, während ich bequem im Schützenpanzer saß, so dass er den Tag verfluchte, wo er mich herausgefordert hatte. Er hat nie wieder einen zweiten Versuch gewagt, den hätte er nicht überlebt!

Ab Nummer 14 wird zurückgeschossen

Die herausragenden Erfahrungen meiner militärischen Karriere habe ich bei Gefechtsübungen gemacht, die im Gelände stattfanden. Hiermit meine ich solche Übungen, die mit allem Material und Personal unter kriegsmäßigen Bedingungen im freien Gelände stattfanden. Kein Simulator der Welt kann einem militärischen Führer die Situation vermitteln, die entsteht, wenn sich eine komplette Kolonne verfahren hat. Kein Computer kann die Gefühle simulieren, die entstehen, wenn Sie hilflos im Gelände stehen, und nichts klappt mehr. Erst wenn man sich aus verzweifelten Situationen wieder befreit hat (und das real auch sieht!), hat man die nötige Erfahrung, die aus einem durchschnittlichen einen guten Führer macht. Simulatoren können helfen, Betriebsabläufe zu lernen. Sie können jedoch nicht die Wirklichkeit ersetzen.

Während einer Gefechtsübung, die in Schleswig-Holstein jahrelang unter dem Namen BOLD GUARD alle zwei Jahre ablief, habe ich einige meiner wichtigsten Erfahrungen gewonnen. Solche Übungen fangen meist mit dem Anmarsch der Truppe an. Für die Bevölkerung ist das immer eine harte Prüfung. Es gibt Verkehrsstaus, Fahrbahnverschmutzungen und hin und wieder auch Unfälle. Ich jedenfalls war in dieser Übung als Kompaniechef einer Panzergrenadierkompanie bei Kellinghusen eingesetzt. Mein Auftrag war es, ein Panzerbataillon, das vor mir operierte, bei Nacht in einer Stellung aufzunehmen. Hierzu war es u.a. erforderlich, frühzeitig Verbindung mit diesem Panzerbataillon herzustellen. Dazu eignen sich in besonderer Weise Spähtrupps oder Verbindungskommandos. Mit einer derartigen Aufgabe ist eine Kompanie im Allgemeinen überfordert. Meist greift der

Bataillonsstab hier lenkend ein. Dennoch gelang uns die Verbindungsaufnahme recht ordentlich. Absprachen wurden getroffen, Erkennungszeichen (gerade bei Nacht lebenswichtig) wurden abgesprochen, Zeiten und Bewegungslinien festgelegt. Die Aufnahme bei Nacht ist eine der schwersten und gefährlichsten Situationen. Es gilt unter allen Umständen zu verhindern, dass der Feind schnell nachstößt. Die Koordination der Aktionen gestaltet sich deswegen besonders kompliziert, da der Feind über die Initiative verfügt und meistens nicht das tut, was man ihm unterstellt.

Unser Drama begann gegen 20:00 Uhr bei vollkommener Dunkelheit. Der Kommandeur des Panzerbataillons kam mit seiner beweglichen Befehlsstelle angefahren und hielt unmittelbar neben meinem Panzer. Er war vollkommen übermüdet und ausgehungert. Da traf es sich gut, dass mein Spieß gerade zum Verpflegen vorbeikam. Natürlich bekam unser Panzerkommandeur auch einen Schlag aus der Gulaschkanone, was seine Laune sichtbar aufhellte. Mein Bataillonskommandeur war nirgends zu sehen. Er hätte an den Ort des Geschehens hingehört, zog es aber vor, auf dem Bataillonsgefechtsstand zu verbleiben, was ein taktischer Fehler war, aber auf den Ausgang des Dramas keinen Einfluss hatte. Allerdings bog kurze Zeit später ein Jeep mit einer Standarte um die Ecke. Natürlich ließ es sich unser Brigadekommandeur nicht nehmen, die Aufnahme eines Panzerbataillons „live" vor Ort zu verfolgen. Da meine Kompanie die aufnehmende Truppe war, war ich als Hauptmann und Kompaniechef der gesamtverantwortliche Führer während der Aufnahme. Dabei spielte es keine Rolle, dass der Kommandeur des aufzunehmenden Panzerbataillons als Oberstleutnant den höheren Dienstgrad hatte.

Die Zusammenarbeit zwischen ihm und mir gestaltete sich auch wegen der gemeinsamen Verpflegung als unproblematisch. Kaum war der Brigadekommandeur angekommen, sahen wir an einer Waldkante eine Taschenlampe dreimal „Grün" leuchten – das vereinbarte Erkennungssignal! Erste Teile des Panzerbataillons trafen ein, in diesem Falle Radfahrzeuge der logistischen Komponente. So eine Aufnahme kann Stunden dauern. Das Panzerbataillon rauscht nicht in einem Zuge an uns vorbei, vielmehr dünnt es am Feind immer mehr aus und weicht portionsweise über uns in die Tiefe aus. Nachtruppen halten den Feind dabei auf Distanz (ein wahres Himmelfahrtskommando!). Die jeweiligen Kompaniechefs des Bataillons fahren dabei dicht an uns heran, melden ihre jeweilige Kompanie an, sagen uns Anzahl, Spitze und Ende ihrer Kolonne und melden sich auch wieder ab. Einer dieser Kompaniechefs kam vorbeigefahren und meldete: „3. Kompanie, 13 Fahrzeuge, 10 Kampfpanzer, 2 Schützenpanzer und ein Sanitätsfahrzeug, erstes Fahrzeug – jetzt" Tatsächlich, ein grünes Blinklicht bewegte sich auf uns zu. Wir alle zählten. Das 10., 11. und 12. Fahrzeug fuhr langsam vorbei. Leider kam nach dem 13. Fahrzeug noch ein 14., 15. und 16. Fahrzeug, der Alptraum für jeden Führer einer Aufnahmeoperation. Ab Nummer 14 befahl ich sofort „Feuer frei" auf alles was noch kam. Der Feind musste sich in die Kolonne heimlich eingeschlichen haben. Aus allen Rohren feuerten wir auf die Fahrzeuge, von denen im Krieg nur ein Haufen brennender Schrott übriggeblieben wäre. Wir hatten Pech. Tatsächlich hatte sich der Feind eingeschlichen. In diesem Falle handelte es sich um holländische Kampfpanzer, die den Feind simulierten. Leider fuhren diese Fahrzeuge nicht an Nummer 14-16, sondern an Position 8-10! Wir hatten also unsere eigenen Kameraden abgeschossen, während es dem Feind gelungen war, ungesehen durchzukommen. Was für eine Blamage vor den Augen meines Brigadekommandeurs.

Whisky Steinberg

Die Bundeswehr ist voll von zum Teil skurrilen Typen, Menschen mit liebevollen Macken, schrullige und verschrobene Exemplare, denen man nichts, aber auch gar nichts anhaben kann. Sie sind so liebevoll verrückt, genießen aufgrund dessen Narrenfreiheit, stellen den unvorstellbarsten Blödsinn an, doch niemand kann ihnen ernsthaft böse sein. So ein Typ war Whiskey Steinberg. „Whiskey" ist beileibe nicht der korrekte Vorname, denn welch Vater benennt seinen Sohn schon nach seinem Lieblingsgetränk (es sei denn, er ist Schotte). Es mag ein Spitzname und zugleich ein Hinweis auf seine Trinkgewohnheiten gewesen sein, denn trinkfest war er allemal. Es könnte aber auch die Abkürzung des ersten Buchstabens seines Vornamens nach NATO-Alphabet sein, denn er hieß Wolfgang, und das „W" übersetzt sich im NATO-Alphabet in „Whiskey". Wie auch immer, der Nachname ist korrekt. Er war hinreichend verrückt, zuweilen total durchgeknallt und der Schrecken aller Vorgesetzten. Whiskey war Hauptfeldwebel, und es darf verwundern, dass er es überhaupt soweit geschafft hatte.

Zunächst war er verantwortlich für das Pioniergerät des Bataillons. Für diesen Job war er wie geschaffen, denn niemand kontrollierte ihn ernsthaft. Dabei war für ihn Organisation und Materialverantwortung ein glattes Fremdwort. Die Gerätschaften, die er leibhaftig hatte, waren in einem erstklassigen Zustand, nur waren diese leider nicht unbedingt diejenigen, die er tatsächlich in seiner Bestandsliste nachzuweisen hatte. Wenn es aber darum ging, für irgendwelche Festivitäten das Unmöglichste zu besorgen, dann war er in seinem Element. Man durfte als Vorgesetzter nur nicht fragen, wie er diese kleinen und großen Wunder bewerkstelligte. Die Masse der Aktivitäten war mit Sicherheit „halbseiden", um nicht zu sagen illegal. Whiskey schacherte mit allem, was ihm unter die Finger kam, darin war er unübertroffener Meister.

Auch auf anderen Gebieten wusste er sich zu helfen. Für den Transport seiner Gerätschaften verfügte er über einen Lkw, den er für seine Bedürfnisse maßgeschneidert umbaute. Es war ihm ein Dorn im Auge, auf Übungen im Freien zu nächtigen. Das mussten zwar alle über sich ergehen lassen, doch Whiskey sann auf Abhilfe. Getreu dem Motto „Hilf Dir selber, dann hilft Dir der liebe Gott" baute er sich eine Art Gartenlaube, die haargenau unter die Plane des Lkw passte. Die Gartenlaube war vom Feinsten eingerichtet. Ein komfortables Bett mit schneeweißen Laken und Bezügen gehörte ebenso dazu wie ein Herd, ein Küchenschrank samt edlem Besteck und erlesenen Tellern. Als Organisationsgenie von Gottes Gnaden war es für ihn eine Selbstverständlichkeit, über Lebensmittel zu verfügen, die es sonst nur in der Gourmetecke besserer Kaufhäuser zu erstehen gibt. Solcherart ausgestattet zog Whiskey ins Gefecht. Kaum war der Verfügungsraum erreicht, zog er mit seinem Lkw unter. Am Fahrzeug war ein kleiner Hebekran angebracht, der natürlich nie und nimmer zu dem Fahrzeug gehörte. Aber für einen wie Whiskey war es ehrenrührig, auf dem Lkw zu schlafen. Also wurde die Plane kurzerhand zurückgeschlagen, und schon schwebte die Gartenlaube am Kran auf den Erdboden. Nun brauchte er nur noch die Tür öffnen und ebenerdig eintreten. Wenig später brutzelten die ersten Spiegeleier in der Pfanne. Der „Krieg" konnte beginnen. Wenn ich Whiskey suchte, folgte ich ganz einfach dem verführerischen Duft frisch gebratener Eier. Das klappte immer. Es störte Whiskey nicht im Geringsten, dass alle diese Aktivitäten strengstens verboten waren. Noch weniger bekümmerte es ihn, dass alle anderen ein anderes Schicksal teilten, nämlich Schlafen im klammen Schlafsack im Panzer oder im Erdloch und miserables Essen aus dem Blechnapf. Whiskey residierte wie ein König.

Doch Unheil nahte, und dies in der Form seines Bataillonskommandeurs, der ihn der Einfachheit halber hätte bestrafen können - eigentlich jeden Tag. Tatsächlich kam er auf die glorreiche Idee, aus Whiskey doch noch so etwas wie einen Soldaten, ja mehr noch, einen militärischen Führer zu machen. Also befahl er ihm, ab sofort einen Panzergrenadierzug zu führen. Das hieß vor allem, von heute auf morgen über 3 Schützenpanzer die Verantwortung zu tragen neben der 27 Mann, die zur Besatzung derselben gehörten. Menschenführung und taktisches Vermögen waren gefragt, kurzum Fähigkeiten, über die Whiskey beim besten Willen nicht verfügte. So stand er urplötzlich im Zentrum des Gewitters und durfte sich der ungehinderten Dienstaufsicht einer ganzen Batterie von Vorgesetzten sicher sein. Was der Arme als erstes machte, war, eine elektrische Herdplatte in seinen Panzer einzubauen. Irgendwie musste er doch die Versorgung mit seinen heiß geliebten Spiegeleiern sicherstellen. Einen Herd in den Lkw einzubauen, ist schon ein starkes Stück. Gleiches aber in einem Panzer zu tun, ist bar jedes Beispiels. Wenn nun der verzweifelte Kompaniechef Whiskey über Funk erreichen wollte, dann war niemand da, den Funkspruch entgegen zu nehmen, denn alle Soldaten futterten fleißig an ihren Spiegeleiern. In seiner Wut brüllte dann der Kompaniechef in den Äther „Whiskey, leg die Eierpfanne weg und geh an den Funk!"

Innere Führung, das zentrale Postulat zeitgemäßer Menschenführung bei der Bundeswehr, schien er nie verinnerlicht zu haben. Ich erwischte ihn einmal, wie er einen Soldaten einwies, als Wachposten in der Mittagspause auf das Gerät vor seiner Halle aufzupassen. Die Einweisung war kurz und überaus präzise: „Ich weg. Wenn ich wiederkomme und Gerät weg, dann Deine Eier weg", womit er bei „Eier" ausnahmsweise mal nicht die Spiegeleier meinte. Die Katastrophe ereignete sich dann schließlich auf einer Übung auf dem Truppenübungsplatz Bergen, im Zuge derer die Kompanie, der Whiskey angehörte, einen beherrschenden Berg angreifen sollte, den Sechsstücker Berg. Da der Kompaniechef richtigerweise davon ausging, dass Whiskey keinerlei Ahnung hatte, wie er ein derartiges Unternehmen durchzuführen hatte, machte er ihn kurzerhand zum stellvertretenden Zugführer und setzte an seiner Stelle einen befähigten Leutnant als Zugführer ein. Dieser sollte aufpassen, dass Whiskey kein dummes Zeug anstellte.

Die Panzer rollten dem Sechsstücker Berg entgegen, und Whiskey pennte gelangweilt im Panzer. Vom Geschehen rings um ihn herum nahm er überhaupt nichts wahr, so dass ihn der Befehl des Bataillonskommandeurs komplett überraschte „Zugführer ausgefallen, Stellvertreter übernehmen". Whiskey wusste nicht, wo er war, wo er hinsollte, wie die aktuelle Lage aussah, wo die anderen Panzer sich aufhielten – kurzum, er war von begnadeter Ahnungslosigkeit gepeinigt. Als die Übung vorbei war, hielt der Bataillonskommandeur schriftlich fest, dass die Kompanie das Szenario am

Sechsstücker Berg aufgrund des dilettantischen Führungsverhaltens von Whiskey nie überlebt hätte. Es ist dies die höfliche Umschreibung eines katastrophalen Urteils für die gesamte Kompanie, seiner Zugführer und vor allem des Kompaniechefs. Nur was hätte der arme Kerl denn anders machen sollen? Mit Whiskey als Zugführer war der Untergang vorprogrammiert. Doch das Ganze hatte noch ein Gutes für den am Rande der Verzweiflung weilenden Kompaniechef. Whiskey wurde sofort von allen Führungsaufgaben entbunden und wieder seinem Pioniergerät zugeführt.

„Willkommen in der Heimat", muss sich Whiskey gedacht haben, endlich wieder zuhause.

Wenig später stand eine Lehrvorführung an, die im freien Gelände stattfinden sollte. Vor höchsten Generälen musste das Bataillon mit Hubschraubern in der Nähe eines Klosters anlanden, um sich irgendwo in der Walachei zur Verteidigung einzurichten. Das Kloster, so wussten wir alle, war für uns „Out of Bounds", wir durften es nicht betreten. Nun galt es natürlich, Whiskey vor den neugierigen Augen der hohen Vorgesetzten zu verstecken, denn alleine sein Anblick hätte ausgereicht, die ganze Vorführung zum Scheitern zu verurteilen. Doch damit hatte man den Bock zum Gärtner gemacht. Typen wie Whiskey lässt man nicht unbeaufsichtigt in der Gegend herumlaufen, denn sie richten todsicher Katastrophen an. Die Katastrophe erschien in der Gestalt einer Nonne, die voller Aufregung zum Bataillonskommandeur rannte und sich bitterlich beschwerte, ihr und dem Kloster sei ein ausgewachsenes Schwein geklaut worden. „Kann gar nicht sein", beteuerte mein Bataillonskommandeur, „seine Männer würden nicht klauen." Dann nahm er mich beiseite. Ob ich mir denn einen Reim darauf machen könnte? Natürlich konnte ich, war doch sonnenklar, das konnte nur Whiskey gewesen sein. Und tatsächlich, als wir um die Ecke bogen, kam uns der herrliche Duft von frisch gegrilltem Schweinefleisch entgegen. Kurz darauf sahen wir einen monströsen Spieß, an dem über glutroter Holzkohle ein prächtiges Schwein darauf wartete, endlich gar zu werden. Whiskey lief vor Schreck Weiß an und stammelte nur „Das Schwein wollte auf den Spieß", doch alles Lamentieren half nichts. Ich bin mir sicher, dass er das Schwein bezahlen musste. Im Vergleich zu den Strafen, welche er bei formal korrekter Behandlung des Falles zu erwarten gehabt hätte, durfte er sich nicht beklagen. Irgendwie haben solche Schlitzohren einen oder mehrere Schutzengel, die den gröbsten Schaden von ihnen abwenden. Wäre er vor ein Truppendienstgericht gezerrt worden, dann hätte es nicht lange gedauert, und er wäre unehrenhaft aus der Armee entlassen worden.

Jahre später traf ich ihn wieder. Er war mittlerweile planmäßig in den Ruhestand gewechselt und nunmehr Reservist. Ans Leder ist ihm offenbar niemand gegangen. Er strahlte, als er mich wiedererkannte. Geändert hatte er sich natürlich kein Jota. Mit vor Freude rosarot angelaufenen Wangen und strahlenden Augen erzählte er mir von seinen Abenteuern. Im gleichen Atemzug gab er zu verstehen, dass heute ja alles langweilig geworden sei. Bei der kleinsten Kleinigkeit würden solch ehrbare Männer wie er auf der Stelle bestraft. Es macht wirklich keinen Spaß mehr, Soldat zu sein. Mir kamen die Tränen, und dennoch habe ich diesen Abend mit ihm um die Wette gelacht. Ich konnte ihm einfach nicht böse sein.

Das Desaster auf der Schießbahn 3

Eigentlich handelt es sich hier um zwei Desaster. Leider war ich in beiden Fällen als Leitender eines Gefechtsschießens auf der Schießbahn 3 Truppenübungsplatz Bergen maßgeblich dafür verantwortlich. Die Schießbahn 3 war seinerzeit die beste derjenigen Schießbahnen, die für Panzergrenadiere vorgesehen waren. Heute würde man milde über die Qualität dieser Schießbahn lächeln, weil es mittlerweile weit bessere und vor allem anspruchsvollere gibt. Damals schlugen wir Kompaniechefs uns aber um diese Bahn, denn nur hier trennte sich die Spreu vom Weizen. Da die Schießbahn so einzigartig war, zog sie zugleich die Dienstaufsicht an wie das Licht die Motten. Leitende durften sich der ungeteilten Aufmerksamkeit ihrer Vorgesetzten sicher sein, und zugleich wurde jede noch so dämliche Besuchergruppe über diese Schießbahn geführt. Manchmal trifft einen dieses Glück vollkommen unvorbereitet. So versaute es mir fast einen ganzen Tag, als ich einen Anruf erhielt, in ca. 30 Minuten würde ein norwegischer General vorbeikommen, und dem sollte ich mal zeigen, was Panzergrenadiere so können. Damit war ich in einer Zwickmühle, denn meine Schützenpanzer, die ich vorführen sollte, waren so gut wie alle defekt.

Es war dies einer jener Tage, wo man besser daran getan hätte, im Bett zu bleiben. Alles ging schief, und das Letzte, was ich gebrauchen konnte, waren Besucher. Besonders schlimm war der Schaden an einem speziellen Schützenpanzer. Seine Kanone war derart dejustiert, so dass er nur noch vor sich in den Boden schoss. Wir hatten auch keine Zeit mehr, den Schützenpanzer auszutauschen, denn das Abmunitionieren alleine hätte die restliche verfügbare Zeit aufgefressen. So arbeiteten meine Männer verzweifelt gegen die Uhr an der Justierung der maledeiten Kanone. Ich war hypernervös, tat aber das einzig Richtige: ich tat nichts und ließ meine Soldaten ihren Job machen. Wenn ich auch noch dazwischengefunkt hätte, wäre noch größerer Schaden angestellt worden. Zu meinem Glück verspätete sich der norwegische General, was uns schlussendlich rettete. Der Durchgang begann, und ich betete zum lieben Gott, er möge die Schützenpanzer durchhalten lassen. Man muss eben auch mal Glück haben, Soldatenglück nennen wir das. Die Schützenpanzer schossen und trafen wie die Verrückten. Ich konnte es nicht fassen. Der Norweger fuhr tief beeindruckt wieder ab, und schlagartig brach der Schießbetrieb zusammen. Nichts funktionierte mehr. Kein einziger Panzer war mehr in der Lage, auch nur einen Schuss abzugeben. Doch davon bekam niemand etwas mit.

So ist das nun einmal. Ohne Glück versagt auch der Tüchtigste. An einem anderen Tag verließ es mich aber beinahe. Erneut schoss ich auf der Schießbahn 3, die mittlerweile so etwas wie meine Leib- und Magen-Schießbahn geworden war. Dieses Mal hatte ich etwas ganz Besonderes vor. Ich wollte am Ende des Schießens unser Gefechtsschießen mit dem der Panzermörser koppeln und dies bei Nacht. Die Idee war, für unsere Panzerabwehrlenkrakete MILAN Vorfeldbeleuchtung mit den Panzermörsern zu schießen. Das ist zwar etwas kompliziert und nicht ganz einfach zu timen, macht aber höllischen Spaß. Natürlich, dieses Fressen wollte sich mein Bataillonskommandeur nicht entgehen lassen, so hatte ich einmal mehr Besuch. Die Schützenpanzer erreichten die letzte Stellung, ich schilderte Panzerfeind im Vorfeld, und schon saßen zwei Mann ab, die mit ihrer Panzerabwehrlenkrakete MILAN in Stellung gingen. Die Panzermörser schossen eine Leuchtpatrone nach der anderen, alles klappte hervorragend, nur die MILAN wurde zum Verrecken nicht abgefeuert. Ich hörte das Gemurmel der Aufsicht beim Schützen, die den Schützen verzweifelt zu überreden versuchte, endlich abzufeuern. Doch nichts half. Mein Bataillonskommandeur grinste mich nur noch herausfordernd an, doch ich konnte nichts unternehmen. Die letzte Leuchtpatrone erschien am Himmel und erlosch ungenutzt. Mir blieb das Herz stehen, Wut keimte in mir hoch. In diesem Augenblick, bei absoluter Dunkelheit, drückte der MILAN-Schütze ab, und die Panzerabwehrlenkrakete flog mit einem grellen Feuerschweif in die Dunkelheit davon. Doch der Schütze hatte unverschämtes Glück. Er war fast starr vor Angst und Panik. Daher die verspätete Schussabgabe. Als er dann doch noch auf den Auslöser drückte, ließ er sofort die gesamte Waffenanlage los. Im Normalfall hätte er mitrichten müssen, denn hierfür hatten die Panzermörser ja die Vorfeldbeleuchtung geschossen. Da wir aber nur über einen stationären Zielbau in Form eines Panzerwracks verfügten, fand die Rakete wie durch Zauberhand auch ungelenkt ihr Ziel. Nach knapp 10 Sekunden gab es einen grellen Trefferblitz verbunden mit dem ohrenbetäubenden Knall der Detonation. Schwein gehabt!! Mein Bataillonskommandeur meinte nur, dass er mir den Kopf abgeschlagen hätte, wenn die Rakete am Ziel vorbeigeflogen wäre. Also denn, erneut hatte ich Soldatenglück.

Etwas anders verlief es aber wenige Jahre später, als ich in der Konzeption des Schießens immer mutiger wurde. Mein Bataillonskommandeur hatte es sich in den Kopf gesetzt, die 2. Kompanie im scharfen Schuss zu besichtigen, ich sollte das Schießen leiten. Wie es so seine Art war, kaufte er hierfür alles ein, was es so gab. Flugs hatte ich zwei Spähpanzer LUCHS sowie zwei Kampfpanzer LEOPARD einzuplanen, die zu den insgesamt zehn Schützenpanzern hinzukamen. Eine derartige Streitmacht lässt sich auf der Schießbahn 3 nie und nimmer zeitgleich im scharfen Schuss beüben, also kauften wir noch kurzerhand die Nachbarbahn 3 b ein und übten portionsweise. Die Idee war gut, doch machte ich den Fehler, die Schießbahn 3 b nur oberflächlich zu erkunden. Ich dachte mir nichts Besonderes dabei, denn die Spähpanzer LUCHS, die ich für diese Schießbahn vorgesehen hatte, sollten ohne scharfen Schuss mit entladenen Waffen in einer bestimmten Phase des Schießens lediglich dorthin verlegen und beobachten. Der Führer der Spähpanzer beteuerte brav, er kenne die Bahn, alles sei in Ordnung. Mitten während des Schießens kam ein Vertreter der Kommandantur angerast und wollte von mir wissen, ob die Spähpanzer auf der Schießbahn 3 b zu mir gehörten. Ich bejahte und musste mir anhören, dass selbige mit fertig geladenen Kanonen verzweifelt nach Zielen suchten, die es Gott sei Dank nicht gab. Eine Schießerlaubnis für die Schießbahn 3 b hatte ich nämlich nicht.

Damit fing die Pleitenserie erst so richtig an. Ein Panzergrenadierzug nach dem anderen wurde treffenweise auf die Schießbahn 3 geführt, um jeweils einen Ausschnitt der gesamten Übung im scharfen Schuss zu absolvieren. War dieser Abschnitt beendet, dann blieben diese Panzergrenadierzüge ca. 400 m zurück, hatten aber strengstes Feuerverbot und mussten selbstverständlich Sicherheit an den Waffen herstellen. Insofern machte ich mir überhaupt keine Sorgen, als hinter uns der Panzergrenadierzug eines jungen Oberleutnants stand, der kurz vorher noch im scharfen Schuss gekämpft hatte. Die grünen Flaggen an seinen Türmen besagten eindeutig, dass er Sicherheit hergestellt hatte. Unmittelbar vor mir standen drei Schützenpanzer eines weiteren Panzergrenadierzuges, die wie wild um sich schossen. Links daneben standen die Kampfpanzer, die ihrerseits einen furiosen Feuerkampf hinlegten. Alles verlief bestens, bis auf einmal von rückwärts eine Panzerabwehrlenkrakete MILAN angeflogen kam, zwischen den beiden Kampfpanzern hindurchflog, um im Zielgelände ca. 1600 m vorwärts unserer Stellung zu detonieren, ohne je ein Ziel getroffen zu haben. Entsetzt blickte ich mich um. Alle Sicherheitsbestimmungen, die für das Schießen mit der MILAN gelten, waren augenscheinlich aufs Gröbste verletzt worden. Bevor der Vertreter der Kommandantur sein Wutgeschrei loslassen konnte, sah ich den Schützenpanzer des bereits geschilderten Oberleutnants, dessen Turmmaschinengewehr auf einmal zu rattern anfing. Am ersten Kampfpanzer, der neben uns stand, prallten die Geschosse kurz darauf an die Turmpanzerung. Gott Lob hatten die Panzermänner die Luken zu, sonst wäre Verheerendes passiert.

Sofort unterbrach ich das Schießen. Der Mann der Kommandantur heulte auf wie ein wundgeschossener Hund. So etwas hatte er noch nie in seiner gesamten Laufbahn erleben müssen. Alle waren in heller Aufregung, nur mein Bataillonskommandeur blieb ruhig wie immer. Nachdem mir von überall Sicherheit gemeldet worden war, befahl ich den unseligen Oberleutnant zu mir. Ich sprang vom Befehlswagen, fest entschlossen, den Oberleutnant auf der Stelle zu massakrieren. Mein Bataillonskommandeur kam mir zuvor. Ich erwartete eine Anschisskanonade schlimmster Prägung. Mit Sicherheit würde der Oberleutnant in den Erdboden gestampft werden. Sowohl das Schießen mit der MILAN, erstrecht aber das Schießen mit dem Turmmaschinengewehr, bei befohlener Sicherheit an allen seinen Waffen, waren ein Verstoß gegen Sicherheitsbestimmungen, wie sie schlimmer nicht sein können. Obendrein stellte sich die Frage, wo eigentlich der für diesen Panzergrenadierzug verantwortliche Sicherheitsoffiziere gewesen war? Schließlich passieren immer wieder Schießunglücke, die zu 99 % auf menschliches Versagen zurückzuführen sind.

Doch weit gefehlt. Mein Bataillonskommandeur fragte den Oberleutnant in aller Ruhe, warum er denn mit der MILAN geschossen hätte? Die Antwort war, er sah ein Ziel. Auf welcher Entfernung denn das Ziel gestanden hätte? Auf 2500 m. Wie weit denn die MILAN schießen könne? 2000 m. Also, lieber Oberleutnant, was lernen wie hieraus? Niemals auf ein Ziel schießen, das weiter entfernt ist als 2000 m! Mir fiel die Kinnlade herunter. Kein einziges Wort zu den Verstößen gegen Sicherheitsbestimmungen, kein

Wort zum Turmmaschinengewehr, kein einziges Wort an den Sicherheitsoffizier. Ich bin mir sicher, hätte der Oberleutnant auch noch getroffen, mein Bataillonskommandeur hätte ihn belobigt. Ich hatte die Schnauze gestrichen voll. Ich nahm ihn beiseite und bestürmte ihn, Klartext zu reden. Doch mein Bataillonskommandeur konnte nun einmal niemanden wehtun. Er war so lieb und herzlich, es bereitete ihm ganz offenbar körperliche Schmerzen, einem seiner Soldaten so richtig die Meinung zu blasen.

Es war dies eigentlich für mich nichts Neues. Ich hatte wiederholt als sein Stellvertreter darauf bestanden, dass der eine oder andere schon mal einen Rüffel verdient gehabt hätte. Doch er schaute mich immer entwaffnend an und beteuerte, er bräuchte die Männer doch, deswegen könne er nicht mit der gebotenen Härte gegen sie vorgehen. Doch hier auf der Schießbahn 3 war das Maß voll. Dann möge er eben das Schießen weiterleiten, ich könne jedenfalls die Verantwortung nicht mehr übernehmen. Soweit kam es dann nicht mehr. Der Vertreter der Kommandantur zog die Reißleine und unterband alle weiteren Aktivitäten. Das Schießen wurde beendet. Ich fuhr in die Unterkunft und verkroch mich wutschnaubend. Mein Bataillonskommandeur war hingegen glücklich und mit sich im Reinen. Was für ein herrlicher Schießtag! Es hatte ordentlich gekracht, Staub und Dreck flog durch die Luft, der Truppe hat es Spaß gemacht, und er war zufrieden. So einfach ist das.

Rivalität zwischen Bataillonskommandeuren

Sie glauben gar nicht, liebe Leser, welche Eitelkeiten Menschen befallen können, die aufgrund ihrer Dienststellung eigentlich genügend Grund haben sollten, zufrieden zu sein. Dabei schmücken sich höhere Dienstgrade bereits durch entsprechende Dienstgradabzeichen oder anderen Äußerlichkeiten, die sie vom normalen Fußvolk deutlich herausheben. Und dennoch, auch sie sind nicht vor menschlichen Anfeindungen geschützt. Eitelkeit ist im Übrigen ein Phänomen, das merkwürdiger Weise umso krasser hervortritt, je höher sich die betreffende Person auf der Karriereleiter befindet. Der gemeine Soldat, der Gefreite oder Obergefreite, ist gegen solche Attacken immun. Ihm genügt es bereits, wenn er möglichst in seiner Funktion wenig Aufsehen erregt, weil er sonst Gefahr läuft, entweder angeschissen zu werden oder zusätzliche Aufträge zu erhalten. Beides ist für diese Klientel nicht eben gerade erstrebenswert. Ganz anders verhält sich dies mit Menschen, die anfangen, die Sprossen der Karriereleiter zu erklimmen. Manch einer, und das sind eher die wenigsten, weiß, wo seine Grenzen liegen und begnügt sich mit dem Erreichten. Diese Menschen neigen eher weniger zu Eitelkeiten. Aber die ganz besonders Ehrgeizigen, denen das Erreichte zu keinem Zeitpunkt ihres Lebens genügt, diese Kameraden platzen förmlich vor Ehrgeiz. Sie empfinden sich eben als etwas Besseres, von Natur aus und bereits bei Geburt Ausgewähltes, und dies muss äußerlich durch kleine Absonderlichkeiten zur Schau getragen werden. Leider, und dies bitte ich mir zu verzeihen, neigen in besonderer Weise Generalstabsoffiziere zu derartigen Allüren, obwohl auch andere keineswegs davor gefeit sind. Generalstabsoffiziere sind nun einmal ausersehen, höchste und allerhöchste Sprossen der Karriereleiter zu erreichen. Sie sind der Ausfluss einer natürlichen Bestenauslese und verstehen sich folglich auch als Elite. Und dieses Elitäre zeigen sie zuweilen. Das manifestiert sich bereits in ihrer Kleidung. Ihre Uniform ist besonders maßgerecht geschneidert, bestückt mit allen möglichen Abzeichen, Zeugnisse ihrer Ruhmestaten. Wem das nicht reicht, der erfindet ganz einfach derartige Statussymbole. Und genau hierin war der damalige Kommandeur des Panzerbataillons 84 aus Lüneburg unangefochtener Meister.

Wobei, das Panzerbataillon 84 war nicht irgendein Bataillon. Nein, es gehörte zur Panzerbrigade 8, die bei aller Bescheidenheit den Beinamen „Gottes eigene Brigade" trug. Derart war der Eigenanspruch dieses Kommandeurs, und er ließ keine Gelegenheit aus, seiner Umwelt zu beweisen, was für ein toller Hecht er war. Mein Bataillonskommandeur war von vollkommen anderem Kaliber. Er war Truppenoffizier und ein anerkanntes „Kampfschwein". Er hatte es schlicht nicht nötig, mit Äußerlichkeiten zu blenden. Er überzeugte durch stille Zurückhaltung und Willen zur Leistung. Dreimal dürfen Sie raten, welcher der beiden mir sympathischer war?

Nun schlug das Schicksal unbarmherzig zu, und „Gottes eigene Brigade" wurde aufgelöst. Nur das Panzerbataillon 84 blieb übrig. Dieses wurde ausgerechnet der Brigade zugeschlagen, der auch wir angehörten. Und schon fingen die Reibereien an. Wir, das Panzergrenadierbataillon 72, contra Panzerbataillon 84, was für eine herrliche Rivalität. Bei einem Brigadebiwak trafen die beiden so von Grund auf unterschiedlichen Kommandeure das erste Mal so richtig aufeinander. Der eine, der vom Panzerbataillon, erschien im befohlenen Flecktarnanzug, trug aber ein neckisches Halstuch in der Farbe seines Bataillons, nämlich in Weiß. Das sieht nun wirklich absolut albern aus, Olivgrün zu Weiß. Der andere, der vom Panzergrenadierbataillon, trug kein Halstuch; er hatte es schlicht nicht nötig. Dennoch konnte er sich die Gelegenheit nicht verkneifen, und stellte seinen Kameraden in aller Öffentlichkeit bloß: „Na, Kamerad, heute mal wieder den Hals nicht gewaschen!" Es war herrlich; das Gesicht unseres edlen Ritters verfärbte sich puterrot. Viel schlimmer gestaltete sich die Rivalität der beiden Männer aber auf dem Feld der Ehre, dem Gefechtsfeld. Bei der nächsten Brigadegefechtsübung hetzte die Leitung beide Kommandeure aufeinander. Bei derartigen Anlässen ist es stets eine besondere Freude, wenn es gelingt, den gegnerischen Bataillonsgefechtsstand aufzuklären und auszuschalten. Das sind Höchststrafe und zugleich größte Schmach, der absolute GAU für jeden Bataillonskommandeur.

Da traf es sich gut, dass wir einen Zugführer in unseren Reihen führten, der vor allem eines konnte: Er war Spezialist im Jagdkampf und hier in der Aufklärung feindlicher Gefechtsstände. Der Ehrlichkeit halber muss angeführt werden, dass dies bei Panzergrenadieren, die von Haus aus eine besondere Affinität zur abgesessenen und etwas verschlagenen Kampfweise haben, leichter ist als bei Panzermännern, denen das Absitzen von ihrem geliebten Kampfpanzer stets seelische Schmerzen bereitet. Kurzum, wir ließen unseren Spezialisten von der Leine. Das Ergebnis ließ nicht lange auf sich warten. Seine Taktik war einfach und durchschlagend effektiv. Er setzte sich schlicht auf den nächstbesten Berg und beobachtete, wo alle Jeeps mit weißen Kreuzen hinfuhren. Dies waren nämlich Leitungsorgane und Schiedsrichterfahrzeuge, die allesamt nur ein Ziel zu kennen schienen: den Gefechtsstand des Panzerbataillons 84. Er folgte ihnen bei Dunkelheit und nutzte seine Dreistigkeit, um in den Gefechtsstand einzudringen. Er nahm nur eine Handvoll Leute mit, marschierte schnurstracks zum ersten Alarmposten des Gefechtsstandes, schnauzte den verdutzten Posten an und fragte nach dem Kompaniefeldwebel (der zur Essensausgabe vorgefahren war). Ohne eine Antwort abzuwarten ging er weiter. Der Posten wusste nicht, was er machen sollte, also schwieg er lieber. Im nächsten Augenblick drang unser Zugführer in das Zelt des Bataillonsgefechtsstandes ein, wo der Brigadekommandeur gerade Zeuge einer Befehlsausgabe war, die der Bataillonskommandeur abhielt. Unser Zugführer, Oberleutnant H, war höflich. Er stellte sich kurz vor, zog seine Maschinenpistole, legte eine Übungshandgranate auf den Tisch und beteuerte, dass alle Anwesenden tot seien. Andere Soldaten seines Kommandos schlichen sich derweil zum Panzer des Bataillonskommandeurs, den sie mit den markigen Worten „Gesprengt von

Oberleutnant H." verzierten. Der Brigadekommandeur schlug sich vor Freude auf die Oberschenkel. Der gesamte Bataillonsgefechtsstand war ausgefallen, nur der Bataillonskommandeur selber sollte noch „am Leben bleiben", so wollte es das Drehbuch.

Es ist schon eine blöde Situation, wenn man vom Brigadekommandeur mit einem Lächeln gefragt wird „Und nun, Herr Oberstleutnant, was gedenken Sie nun zu tun?". Der so Gestrafte stürmte nach draußen, schrie nach seinem Panzer und erstarrte, als er die Inschrift las, die in Kreide an der Außenwand stand. Es stand 1:0 für das Panzergrenadierbataillon 72, daran gab es überhaupt keinen Zweifel mehr. Bei den Panzergrenadieren knallten die Sektkorken, und das Panzerbataillon 84 schwor grausame Rache. Der Bataillonsgefechtsstand des Panzerbataillons 84 verlegte. Zu dessen Schutz wurde eigens die Grundausbildungskompanie rausgekarrt, die rings um den Gefechtsstand herum Stellung bezog. Zudem wurde der Gefechtsstand hermetisch mit Stacheldraht abgeriegelt. Die Parole erging „Fangt Oberleutnant H, tot oder lebendig." Dieser aber dachte gar nicht daran, den Coup zu wiederholen. Eine Überraschung gelingt eben nur einmal, danach verpufft der Effekt. In altbekannter Manier klärte er den Gefechtsstand binnen weniger Stunden erneut auf. Er meldete haarklein, nach welcher Methode der Gefechtsstand abgesichert war. Ein Eindringen war ausgeschlossen, dessen waren wir uns im Klaren. Da kam uns die zündende Idee.

Keiner konnte in den Gefechtsstand hinein, denn der war hermetisch mit Stacheldraht abgeriegelt. Es konnte aber auch keiner heraus, wenn der Gefechtsstand beispielsweise aus der Luft heraus angegriffen werden sollte. Ein Grinsen machte sich auf dem Gesicht meines Bataillonskommandeurs breit. Über Funk fragte er Oberleutnant H, ob er denn in der Lage sei, ein vernünftiges Zielkommando für die Panzermörserkompanie abzugeben. Er konnte, und wenig später stand die Panzermörserkompanie in Feuerstellung. Das Kommando erging, und schon mussten die Schiedsrichter dem armen Kommandeur des Panzerbataillons 84 erklären, dass er erneut vernichtet worden war. Alle Versuche, den Gefechtsstand in Windeseile zu verlegen, quasi fluchtartig, scheiterten an den selbst errichteten Stacheldrahtsperren. Ich hätte etwas dafür gegeben, wenn ich Augenzeuge dieses Szenars hätte sein dürfen. Oberleutnant H erzählte jedem beim Bier seine Geschichte. Er war ein Held, und dies unangefochten. Als sich die beiden Bataillonskommandeure dann nach Übungsende trafen, flogen fast die Fetzen. „Das können Sie also auch nicht" war noch die mildeste Lästerei, die sich der gepeinigte Kommandeur des stolzen Panzerbataillons 84 anhören musste.

Vom ähnlichen Kaliber war die Rivalität zwischen zwei Oberstleutnanten, die beide zur gleichen Zeit Bataillonskommandeure waren, beide im Raum Hamburg-Schleswig-Holstein. Beide waren Generalstabsoffiziere des gleichen Jahrganges. Beide hatten bei aller Bescheidenheit, für die Generalstabsoffiziere hinlänglich bekannt sind, das gleiche Ziel: Sie wollten Generalinspekteur werden. Da es in der Bundeswehr nur einen einzigen Generalinspekteur gab und gibt, war von vorneherein klar, dass mindestens einer der beiden sein Ziel nicht würde erreichen können. Sie wurden Kongo Müller und Korea Peitsche genannt, zwei erstklassige und extrem ehrgeizige Männer, geborene Führer, die nichts so sehr hassten, als zu verlieren. Ihre Wege waren vorgezeichnet und führten ihrem Eigenanspruch folgend nur bergauf. Als dann noch beide Bataillone im Zuge einer Gefechtsübung am großen Segeberger See aufeinander losgelassen wurden, da war der Rahmen für ein denkwürdiges Gemetzel gestellt. Jeder wollte den anderen in die Pfanne hauen, und dies möglichst noch in besonders subtiler Art. Auf solche Art der Lächerlichkeit preisgegeben, wäre wohlmöglich einer der Bausteine implantiert, den man benötigte, um den unliebsamen Konkurrenten auf der Karriereleiter ins Hintertreffen zu befördern.

Von diesen Ambitionen hatte natürlich auch die Übungsleitung Wind erhalten, also wurden Schiedsrichter bestellt, die aufzupassen hatten, dass die Konkurrenz der Bataillonskommandeure mit fairen Mitteln ausgefochten wurde. Mein damaliger Bataillonskommandeur war Schiedsrichter bei Korea Peitsche. Ich war in dessen Bataillon als Schiedsrichter für die Panzermörserkompanie verantwortlich. Korea Peitsche war klein von Wuchs. Eigentlich war er ein Zwerg. Kleine Menschen leiden mitunter aufgrund ihres aus ihrer Sicht degenerativen Körperbaus zu Selbstzweifeln und Minderwertigkeitsgefühlen. Es ist eben überaus ärgerlich, wenn man aufgefordert wird, aufzustehen, daraufhin aber öffentlich verlauten muss, dass man bereits steht. Leider reicht man dem Gegenüber nur bis zum Bauchnabel, doch die Natur hat es nun einmal so gewollt. Das verträgt sich natürlich in keiner Weise mit dem bohrenden Ehrgeiz, der in einem steckt, und nur zu oft müssen diese Menschen weit mehr leisten, um das gleiche Maß an Anerkennung zu erhalten. Häufig schmücken sie sich ersatzweise mit Äußerlichkeiten, die sie aus der Masse herausheben. Korea Peitsche trug einen wunderhübsch geschniegelten Kaiser-Wilhelm-Bart, das war (neben seines zwergenhaften Äußeren) sein Markenzeichen. Ich sah ihn oft in seinem Befehlspanzer durch die Gegend rollen. Er versuchte verzweifelt, aus der hinteren Luke herauszuschauen. Doch er war so winzig, dass es ihm unmöglich war, den Kopf aus der Luke hinauszustrecken. Also wurde ihm eine Cola Kiste in den Panzer hineingestellt. Nun endlich konnte auch er das Licht außerhalb des Panzers erkennen.

Kongo Müller hingegen, sein Konkurrent, war im Vergleich gebaut wie ein Gladiator. Alles, was ein aufstrebender Karrieremann äußerlich so braucht, hatte Kongo Müller im Überfluss. Er versprühte die Aura des Erfolges nur, indem er erschien. Es reichte, vor Ort zu sein, schon flogen ihm alle Glücksgötter zu. Es muss in Korea Peitsche gekocht haben. Ausgerechnet Kongo Müller und sein Bataillon war dazu auserkoren worden, Korea Peitsche anzugreifen. Alles durfte passieren, der größte Bockmist wäre noch zu akzeptieren, nur unter allen nur denkbaren Umständen durfte Kongo Müller nicht gewinnen. Korea Peitsche ging daher mit äußerster Energie und wild entschlossen an seine Verteidigungsanstrengungen, die unter normalen Umständen von niemandem hätten ausgehoben werden können. Sein Verteidigungsplan war brillant, wie aus dem Textbuch. Mit unbarmherziger Härte trieb er seine Männer zu Höchstleistungen an. Die Stellungen waren geschickt angelegt, die Tarnung perfekt, alle Befehle und Weisungen bis zum letzten Mann erteilt worden. Kongo Müller konnte kommen.

Leider hatte Korea Peitsche einen verhängnisvollen Fehler gemacht. An der rechten Flanke seines Verteidigungsraumes lag direkt der große Segeberger See, den er für unüberwindbar hielt. Folglich hatte er dort, zu seiner rechten Flanke, nur wenige Kräfte liegen. Die Masse seiner Streitmacht war nach vorne ausgerichtet. Dort in der Ferne hörte man bereits das Brummen der Panzer, die Kongo Müller ankündigten. Doch der dachte gar nicht daran, Korea Peitsche frontal ins Messer zu laufen. Er war eben trick- und fintenreich, dieser Ausbund eines Generalstabsoffiziers mit der Lizenz zum Siegen. Er ließ seine Panzer bei Nacht und Nebel frontal nach vorne rollen, und beschäftigte auf diese Weise die Kräfte von Korea Peitsche, die sich einem Großangriff ausgesetzt wähnten. Man nennt dies Täuschungsangriff, der nur die Aufmerksamkeit auf sich ziehen soll, weg vom eigentlichen Hauptangriff, der natürlich an einer vollkommen anderen Stelle entbrennen sollte. Die Täuschung gelang vollendet. Kongo Müller nahm die Masse seiner Männer, setzte bei Nacht mit Schlauchbooten über den großen Segeberger See, und marschierte zu Fuß so lange unerkannt, bis er in der tiefen und äußerst verletzlichen Flanke von Korea Peitsche stand. Der bekam von der Sache erst Wind, als ihm von seinen Munitionstransportsoldaten panisch gemeldet wurde, dass die Versorgungskräfte des Bataillons von abgesessener Infanterie angegriffen würden.

Ich bekam das Durcheinander unmittelbar mit, denn ich war der einzige Schiedsrichter weit und breit, der sich nicht zum Schlafen zurückgezogen hatte. Ich war damals noch ein junger Hauptmann, und als solcher hatte ich wenig Lust noch Neigung, mich in den Disput zweier von Ehrgeiz zerfressener Oberstleutnanten einzumischen. Also funkte ich meinen Bataillonskommandeur an, der hierfür eigentlich der einzig Zuständige war. Es ist so eine besondere Sache, seinen Boss so gegen 02:00 Uhr morgens aus dem Tiefschlaf zu wecken. Da selbiger seit Geburt auch noch bar jeden Humors war, brauchte ich mich nicht zu wundern, dass seine Antwort sehr schlecht gelaunt ausfiel. „Ich solle die Sache gefälligst selbst vor Ort regeln" war die lapidare Antwort.

Na wunderbar, ich Trottel war mal wieder zum falschen Zeitpunkt am falschen Ort. So viel Blödheit muss halt bestraft werden. Ich fuhr also schnurstracks zum Ort des Geschehens. Korea Peitsche versuchte verzweifelt, aus frei verfügbaren Kräften eine kleine Streitkraft zusammenzustellen, die seine offene rechte Flanke zu schützen hatte. Es war dies ein verzweifelter Haufen. Schreibstubensoldaten, Betriebsstoff- und Munitionssoldaten, Schrauber und Schlosser, Buchhalter und Köche, alles was laufen konnte und verfügbar war, wurde zusammengekratzt. Es war dies der Volkssturm von Korea Peitsche, eine Streitmacht von großer Zahl, aber zweifelhafter Qualität. Das alles dauerte Korea Peitsche natürlich noch viel zu lange. Vor allem fehlten ihm verlässliche Aufklärungsergebnisse. Er wusste wohl, dass Kongo Müller in seiner Flanke stand. Er wusste aber (noch) nicht, wo dies war, und mit wie vielen Kräften das Unheil nahte. Also kam er auf den irrwitzigen Gedanken, schnappte sich seinen Ordonanzoffizier, und zog bei absoluter Dunkelheit alleine los, um den Feind zu suchen.

Er fand ihn schneller, als ihm lieb war. Auch ich Idiot suchte Kongo Müller, also fuhr ich mit meinem Jeep in die Gegend, wo er nach meinen Informationen sein musste. Und tatsächlich: An einem Waldrand kam mir Korea Peitsche mit seinem Ordonanzoffizier entgegen geschlichen. Von der anderen Seite erkannte ich insgesamt 4 (in Worten „vier") Panzergrenadierkompanien mit Kongo Müller an der Spitze, die sich ihres Sieges sicher waren. Im Null-Komma-Nix war Korea Peitsche von Kongo Müller und seinen Männern umzingelt. Was für ein Triumph! Da bot sich Korea Peitsche seinem Konkurrenten quasi auf dem Tablett zum Fraß an, und dieser nahm von dem Angebot nur zu gerne Gebrauch. Mit einem mitleidsvollen Lächeln auf den Lippen sagte er lakonisch: „Tja, mein Freund, das war es wohl für Dich!" Korea Peitsche platzte vor Wut. Verzweifelt schaute er sich nach einer Rettung um. Genau in diesem Augenblick erblickte er mich. Ich trug eine weiße Armbinde, die mich als Schiedsrichter auswies. Ich nun sollte das Schlamassel, in das er sich reingeritten hatte, lösen. Er stürzte auf mich zu, zog mich fast mit körperlicher Gewalt in den Ring der Soldaten, der sich um ihn geschlossen hatte, und log, dass sich die Balken bogen. Flugabwehrpanzer stünden um die Ecke, die alles niedergemetzelt hätten, was Kongo Müller ihm entgegenbringen würde. Seine Panzermörserkompanie stünde feuerbereit in der Feuerstellung und hätte einen Regen tödlicher und für Kongo Müller vernichtender Geschosse vom Himmel regnen lassen. Nur leider, und das war wirklich tragisch, konnte ich nichts dergleichen bestätigen. Dort, wo angeblich der Flugabwehrpanzer hätte stehen sollen, stand mein Jeep mit meinem mittlerweile schlafenden Fahrer (die Besatzung des Flugabwehrpanzers schlief mit Sicherheit genauso tief und fest). Die Panzermörserkompanie hatte ich noch kürzlich im Verfügungsraum gesehen. Dort hielt man einen ausgedehnten Tiefschlaf ab. Niemand und nichts war irgendwo präsent, um Korea Peitsche zu retten. Und genau dies teilte ich ihm mit. Als ich dann noch Kraft meines Amtes entschied, dass Kongo Müller auf der ganzen Linie gewonnen hätte, und Korea Peitsche für mindestens zwei Stunden zu neutralisieren sei (d.h. er persönlich war ausgefallen und durfte seine Führungsaufgaben nicht wahrnehmen), da blickte er mich mit tobsüchtigen Augen an. Ich war für ihn die Verkörperung aller Ungerechtigkeiten, die ihn stets verfolgt hatten, der Inbegriff der Willkür, der Ignoranz, der Unfähigkeit. Wenn er denn nur gekonnt hätte, er hätte mich auf der Stelle ermordet. Allein ging dies leider nicht in Gegenwart einiger hundert Soldaten, die ihre Trophäe nicht mehr aus der Hand geben wollten. Ich richtete einen verzweifelten Bittruf an den lieben Gott im Himmel, er möge bis in alle Ewigkeit verhindern, dass ich jemals unter dem Kommando von Korea Peitsche zu dienen hätte. Der liebe Gott hat mich dieses einzige Mal erhört. Dieses Schicksal ist mir erspart geblieben. Korea Peitsche hätte sich wie ein Elefant an seine größte Schmach bis ins letzte Detail erinnert. Und das entscheidende Detail war für ihn dieser inkompetente junge Hauptmann, der es gewagt hatte, ihm, dem Aspiranten für den Job eines Generalinspekteurs, ins Handwerk zu fuschen.

Persönlich habe ich weder den einen noch den anderen jemals wiedergesehen. Beide wurden General, doch keiner brachte es zum Generalinspekteur. Ich überlebte das „Gemetzel am großen Segeberger See" unbeschadet. Meinen damaligen Bataillonskommandeur hätte ich jedoch erwürgen können. Der Kerl hatte sich aus der Verantwortung gestohlen und mich „verbrennen" lassen. Es war dies ein weiterer Grund für ein nicht mehr zu lösendes Zerwürfnis zwischen ihm und mir, dass mich später fast dazu bewogen hatte, den Dienst zu quittieren. Aber auch diese Krise habe ich Gott Lob meistern können.

Als ich Jahre später selber Bataillonskommandeur wurde, erlebte ich bei einer Gefechtsübung ein ähnliches Debakel wie Korea Peitsche. Ich kann ihn heute verstehen. Das Gefühl absoluter Ohnmacht, wo nichts mehr geht, wo man überhaupt jeden Überblick verloren und keine wirkungsvollen Handlungsalternativen mehr zur Verfügung hat, das habe auch ich erlebt. Es ist wirklich nicht spaßig, aber überaus lehrreich. Im Gegensatz zu Korea Peitsche war für mich von vorneherein klar, dass mein Schlamassel nur von einem zu verantworten war, nämlich von mir selber. Von dieser Erkenntnis war Korea Peitsche augenscheinlich in seiner Schicksalsnacht meilenweit entfernt.

Luftlandung an der Aller

In die Rubrik „Rivalität zwischen Bataillonskommandeuren" fällt eigentlich auch dieser Beitrag, denn die Masse der besten Erlebnisse ergaben sich bei Gefechtsübungen, im Zuge derer zwei Bataillone aufeinander losgelassen wurden. Und hier nun stehen sich in jedem Einzelfall zwei Ehrgeizlinge gegenüber, die von sich in Anspruch nehmen, nur sie könnten das beste Bataillon, das es in der Bundeswehr gibt, ihr Eigen nennen. In diesem Falle war das nicht wesentlich anders, doch stehen ausnahmsweise Mal nicht die Bataillonskommandeure im Mittelpunkt, sondern andere Soldaten, die an den verschiedensten Stellen Ungemach zu spüren bekamen.

Für Panzergrenadiere ist es stets ein absolutes Highlight ihrer Dienstzeit, wenn sie im Lufttransport mit Hubschraubern verlegen dürfen. Es macht schon etwas her, wenn mehrere Transporthubschrauber Bell UH 1 D im Schwarm angerattert kommen, und die Soldaten bei laufenden Rotoren in die Maschinen springen. Das will geübt sein, denn so einfach wie das Boarding im Linienflugverkehr ist es nun wieder auch nicht. In einen derartigen Hubschrauber gehen im Allgemeinen zusätzlich zur Besatzung 8 Soldaten hinein, die wie Ölsardinen zusammengepfercht auf ihren Notsitzen kauern. Alleine das Anschnallen bei voller Montur gerät zum Drama, man kommt vernünftig weder an den Gurt noch an das Gurtschloss heran. Wenn dann noch schweres Gepäck mitgeführt werden soll, dann wird es heikel. Ich habe einmal bei einer derartigen Gelegenheit erlebt, wie zwei Kradmelder versuchten, ihr Motorrad in einen Hubschrauber hineinzuwuchten. Wie stets hatte die Besatzung für den Beladevorgang beide Türen des Hubschraubers weit aufgeschoben. Unsere stämmigen Kradmelder hievten das Motorrad links in den Hubschrauber rein, und ehe sie sich versahen, schoben sie es mit voller Wucht rechts wieder raus. Der Hubschrauber hob ab mit zwei konsternierten Kradmeldern an Bord, die ihr geliebtes Motorrad am Boden liegend zurückbleiben sahen. Ein anderes Mal landeten die Hubschrauber, und die Soldaten sprangen aus den Maschinen, noch ehe diese mit ihren Kufen in Gänze aufgesetzt hatten. Das Ganze gelang perfekt, nur leider geriet einer der Männer beim Herausspringen aus dem Hubschrauber ins Straucheln. Er fiel nach vorne über und rammte seine Gewehrmündung ca. 30 cm tief in den Boden. Der Gewehrkolben vergrub sich in seinen Solarplexus, und schon war es um die Übungsteilnahme dieses tapferen Soldaten geschehen.

Hier nun, bei dieser Übung, verlief alles glatt. Die Hubschrauber landeten, die Soldaten sprangen in ihre Maschinen, und wir entschwebten wir dem Erdboden mit Ziel Schwarmstedt an der Aller. Für viele Soldaten war dies der erste Flug überhaupt in ihrem Leben, dementsprechend aufgeregt waren sie. Die Aller kam in unseren Blick, die Hubschrauber landeten, und schon sprangen wir raus. Wenig später war selbst der Rotorenlärm nicht mehr zu hören, geschweige denn die Hubschrauber zu sehen. Wir waren alleine „im Feindesland". Zunächst marschierten wir an eine Brücke an der Aller (Eingeweihten bestens bekannt aufgrund der vielen Gewässerübergänge, die die Bundeswehr dort immer wieder geübt hat), um diese und die umliegenden Ortschaften zu sichern. Ich war zu der Zeit stellvertretender Bataillonskommandeur im Panzergrenadierbataillon 72. Mein Kommandeur führte persönlich wie immer von vorne.

Ich suchte einen Platz, wo wir unseren abgesessenen Bataillonsgefechtsstand einrichten konnten und fand diesen im Zuge eines niedersächsischen Gehöftes. Der Bauer und seine (junge) Frau waren sehr zuvorkommend. Sie erlaubten uns, in ihrem Wohngebäude ein Zimmer zum Schlafen zu nutzen. Das Bad, so sagte man, dürften wir auch aufsuchen, es läge einen Zwischengang entlang auf der rechten Seite. Gesagt, getan, irgendwann legte ich mich zum Pennen in meinen Schlafsack in besagtes Zimmer und schlummerte tief und fest. Ich sah aus wie ein Ferkel. Lange Olivgrüne Unterhosen, Marke „Liebestod", Gesichtstarnung (die ich zum Schlafen nicht abnahm, ein Soldat schminkt sich nicht ab), dreckige Hände und von mittlerweile drei Tagen Übung stinkende Socken waren noch die mildesten Dinge, die es zu benennen galt. Lange Rede, kurzer Sinn, ich sah nicht nur aus wie ein Ferkel, ich stank auch noch so. In dieser Aufmachung musste ich nachts um zwei aufs Klo. Ich öffnete die Tür meines Zimmers, trat in den Nebenraum, und schon blickten mich die entsetzten Augen des Bauern und seiner Ehefrau an, deren Nachtruhe ich empfindlich störte. Das ging selbst dem so kooperativen Bauern zu weit. Bundeswehr in seinem Haus, ja, aber nicht in seinem Schlafzimmer!

Tags darauf beschwerte sich der Bauer auch noch, dass ihm ein Huhn „abhanden" gekommen sei. Wer war der Dieb? Hierfür kam eigentlich nur der Kompaniechef der 2. Kompanie in Frage, dessen Spezialität es war zu „organisieren". An seinem Gefechtsstand angekommen sahen wir eine Schar glücklicher Soldaten, die sich in aller Ruhe den Magen vollschlugen. In einer Ecke erkannte man noch die Reste eines gerupften Huhns. Der Kompaniechef beteuerte, das Huhn sei ihm zugelaufen. Wir haben dem Bauern den Schaden bezahlt und sahen zu, dass wir uns vom Hof machten. Noch mehr tote Hühner und ein weiterhin gestörtes Eheleben waren selbst in Niedersachsen nicht mehr zu verantworten. Als es hell wurde, wurden wir Zuschauer ganzer Kolonnen von Lkw's, die über eine Kriegsbrücke, die nachts von den Pionieren angelegt worden war, über die Aller rollten. Der verantwortliche Divisionskommandeur war zugegen. Er war mit uns zufrieden, doch flugs hatte er den nächsten Auftrag parat. Wir sollten in der nächsten Nacht durch den „Feind" hindurch auf den Truppenübungsplatz sickern, was der Feind in Person des uns nur zu gut bekannten Panzerbataillons 84 natürlich zu verhindern gedachte. Mein Bataillonskommandeur suchte sich seinen besten Zugführer aus, der vorweg marschierend sich orientieren sollte, ein Unterfangen, das bei der absoluten Dunkelheit des Truppenübungsplatzes Bergen nicht gerade einfach war (Bergen, so eine Landserweisheit, ist so dunkel wie ein Bärenarsch). Der Zugführer machte seine Sache hervorragend. Es nervte ihn nur unermesslich, dass der Bataillonskommandeur alle zwei Minuten hinter ihm auftauchte um nachzufragen, ob denn alles in Ordnung sei. Ich habe meinen Bataillonskommandeur behutsam beiseite genommen und ihm klargemacht, er möge den Zugführer am besten in Ruhe lassen. Und tatsächlich erreichten wir den befohlenen Raum ohne Zwischenfälle und unbemerkt vom Feind.

Mit Helligkeit hieß es, einen beherrschenden Gewässerübergang auf dem Truppenübungsplatz handstreichartig zu nehmen (die sogenannten Fischteiche, ebenso allen Eingeweihten von unzähligen Übungen bestens bekannt). Bis dahin war noch ein wenig Zeit, und wir fingen an zu frieren. Ich hatte den Fehler begangen und in meinem Rucksack keine ausreichende Wechselwäsche mitgeführt. Es ist eine alte Regel, dass man in größeren Marschpausen und vor allem nach einem Marsch trockene Wäsche anzuziehen hat, damit man nicht auskühlt. Kurz vor Marschfortsetzung wechselt man erneut und zieht die nass geschwitzte Unterwäsche wieder an. Das hört sich eklig an, aber es wirkt. Man stinkt zwar wie ein Puma und friert die ersten Minuten, doch fängt man über kurz oder lang wieder an zu schwitzen, so dass es eh egal ist. Kühlt man hingegen in Marschpausen restlos aus, dann ist die Erkältung vorprogrammiert. Mich traf ein anderes Ungemach. Ich hatte mir einen Wolf gelaufen. Der Mensch kann vieles ertragen und weitaus größere Distanzen auch mit Gepäck marschieren, als er gemeinhin annimmt. Doch zweierlei macht ihm einen Strich durch die Rechnung: Entweder hat er Blasen an den Füßen oder sich einen Wolf gelaufen. Mein Hintern war wund wie der eines Cowboys, der erstmalig im Sattel sitzt und acht Stunden von selbigem nicht herunterkam. Ich stakste breitbeinig wie ein Maulesel durch die Gegend und vermied jede überflüssige Bewegung. Doch es half kein Wehklagen. Die Übung sollte noch 12 Stunden andauern, und ich hatte durchzuhalten.

Wir erreichten schlussendlich die Fischteiche, und mir kochte der Hintern im wahrsten Sinne des Wortes. Da rollten auf einmal ausgewachsene Kampfpanzer des „feindlichen" Bataillons auf uns zu. Die Burschen ahnten offenbar nicht, dass die Übergänge, auf die sie zurollten, durch uns bereits besetzt waren. Dessen unbenommen ist der Anblick von sechs Kampfpanzern für Infanteristen nicht gerade ermutigend. Wir verfügten natürlich über Panzerfäuste und auch über zwei Panzerabwehrlenkraketen MILAN, doch hätten wir gegen diese Stahlkolosse nie eine Chance gehabt. Im Krieg wären wir erledigt gewesen. Hier griff eine List, um die Situation zu retten. Ich stakste mit meinem wund gescheuerten Hintern auf die zentrale Kreuzung und machte dem ersten Panzerkommandanten ein Handzeichen, das er quittierte. Er hatte meine rote Armbinde nicht wahrgenommen, die ich trug, um als „Feind" kenntlich zu sein. Dann zeigte ich an den Fischteichen vorbei nach rechts. Und tatsächlich, die ersten drei Panzer bogen brav rechts ab. Dort warteten unsere MILAN-Trupps, und schon waren die drei Panzer „vernichtet". Die nächsten drei wies ich nach links ein. Dort warteten unsere Panzerfaustschützen, und wenig später waren die letzten der sechs Kampfpanzer „vernichtet". Nach getaner Arbeit stakste ich zurück in Deckung und erklärte mein Tagewerk für beendet.

Nach Übungsende erhielt ich einen Rüffel vom Brigadekommandeur. Nicht ganz zu Unrecht meinte er, die Übung sei schließlich kein Räuber- und Gendarm-Spiel. Die Panzermänner bekamen ihr Fett weg, weil sie zu blöde waren, meine rote Armbinde zu erkennen. Mir war es egal. Ich sehnte mich nach einem schönen Duschbad, viel Nivea-Creme für meinen Hintern und frische Wäsche zum Wechseln. Danach Currywurst mit Pommes Rot / Weiß (mit Ketchup und Mayo) und mindestens sechs Stunden Schlaf am Stück. Für mich war die Welt wieder grundsätzlich in Ordnung. Als dann allerdings die Seifenlauge unter der Dusche an meinem Rückgrat entlang in die Po-Ritze lief und auf die wundgescheuerten Stellen traf, da durchfuhr mich der Schmerz wie der Blitz. Sie glauben gar nicht, wie sehr so ein Hintern schmerzen kann. Das Gefühl aber, als die Nivea-Creme alle Pein linderte, ist mit nichts zu vergleichen, was es auf dieser Welt gibt. Gepudert und gefettet wie ein kleines Baby und natürlich mit voll gefuttertem Magen, ging ich zu Bett (diesmal „abgeschminkt", denn es war Übungsende).

Winterkampfausbildung

Winterkampfausbildung ist Leben unter widrigsten Verhältnissen, und zwar ohne den Schützenpanzer, vielmehr ausschließlich zu Fuß und dies zumeist auf Ski. Umso glücklicher waren wir, als unsere Kompanie die Genehmigung erhielt, im Harz, genauer in Clausthal-Zellerfeld, an einer einwöchigen Winterkampfausbildung teilzunehmen. Wir, die Norddeutschen, die in der Masse fast nie Schnee zu Gesicht bekommen, die so gut wie nie auf Ski stehen, ausgerechnet wir sahen einer Woche Skifahren entgegen – herrlich.

Das Problem war nur, keiner von uns konnte Ski fahren, und ohne Anleitung hatte es wenig Sinn. Schließlich verstärkten wir uns mit zwei Unteroffizieren, die behaupteten, Skifahren ausbilden zu können. Wobei, ich muss hier genauer werden, dass wir Skilanglauf üben sollten. Hierzu stellte uns die Bundeswehr dienstlich gelieferte Langlaufski zur Verfügung. Die Bretter waren genau das, wofür der Name steht, nämlich Bretter. Eine auch nur annähernde Ähnlichkeit mit Langlaufski, wie man sie aus dem Fernsehen, z.B. bei Biathlonmeisterschaften kennt, war nicht ansatzweise zu erkennen. Zwar verfügten die „Bretter" über Langlaufbindungen, doch waren diese nur geeignet, den deutschen Kampfstiefel aufzunehmen. Wir fuhren also in voller Uniform, schließlich war der Sinn des Unternehmens nicht, eine Biathlonmannschaft aufzustellen, sondern Voraussetzungen zu schaffen, um bei extremer Schneelage kämpfen zu können, und hierfür braucht man Langlaufski, seine Uniform, seinen Rucksack und seine Waffe. Die „Bretter" hatten einen weiteren Nachteil, genauer gesagt eigentlich derer zwei: Zum einen waren sie kaum gewachst und ihre Holzkanten ähnelten eher Holzrundungen. Eine Kante konnte ich nicht mehr erkennen. Was das für die Fähigkeit bedeutet, Kurven zu fahren oder wohlmöglich zu bremsen, brauche ich niemandem erklären, der jemals in seinem Leben auf Ski gestanden hat. Dann verfügten die „Bretter" über keine Steigfelle, die man unterschnallt, um Steigungen zu erklimmen. Kurz, die „Bretter" waren eher dazu geeignet, sich die Knochen zu brechen als vernünftig Ski zu fahren.

Das alles störte uns überhaupt nicht. Mit Euphorie stürzten wir uns ins Abenteuer. Die Grundfertigkeiten wurden uns erläutert, und schon brannte die Ungeduld mit uns durch. Auf ging es auf die Piste! Zunächst stand tatsächlich Skilanglauf auf dem Dienstplan. Man lief so gut es ging bergauf bergab. So lange das Gelände vergleichsweise harmlos war, konnte nichts schiefgehen. Mal fiel man hin, mal glitt man grazil durch die Loipe. Schwierig wurde es aber, wenn man extreme Steigungen zu bewältigen hatte. Auf einen Schritt nach vorne rutschte man wenigstens derer drei wieder zurück, weil wir über keine Steigfelle verfügten. So artete jede nennenswerte Steigung zur körperlichen Tortur aus. Noch schlimmer wurde es, wenn wir Wanderwege herabfuhren, die uns aufgrund ihres Gefälles irgendwann zwangen, zu bremsen. Die abgerundeten Holzkanten vereitelten jeden Versuch, rechtzeitig vor einer Abbiegung Gas rauszunehmen, zu einem Kamikaze-Unternehmen. So sammelten wir uns unfreiwillig am Fußpunkt eines Gefälles, sortierten unsere Ausrüstung neu und stürzten uns ins nächste Abenteuer. Es darf verwundern, dass sich niemand die Haxen gebrochen hatte.

Mit der Zeit wurde uns das zu langweilig. Soldaten sind erfinderisch. Flugs wurde unser Jeep missbraucht. An dessen Anhängerkupplung banden wir einen Riesentampen an, in den alle 10 m ein Autoschlauch eingeflochten wurde. In diese Schläuche, bis zu 10 Stück pro Jeep, setzten wir uns rein. Aufgabe war es nun, wie die Ringreiter einen Parcours abzufahren und mit unseren Skistöcken Plastikflaschen „abzustechen". Was für ein Gaudi! Das Unheil nahte in dem Augenblick, wo der Fahrer des Jeeps in den nächsten Gang schaltete. Er konnte noch so feinfühlig ein- und auskuppeln. Der unvermeidbare Ruck beförderte wenigstens den ersten Soldaten wie ein Katapult aus seinem Autoschlauch hinaus. Getreu des Dominoeffekts räumte der dann ab. Alle nachfolgenden Soldaten purzelten mit ihren Autoschläuchen über den armen Kerl. Zurück blieb ein Menschenknäuel, und auch hier wundert es mich, dass wir uns nicht die Knochen gebrochen hatten.

Die Krönung unseres Aufenthaltes folgte wenig später. Mit unseren „Brettern" wollten wir wenigstens einmal alpines Skifahren üben, das heißt eine Abfahrt musste her. Nicht weit weg war der Sonnenberg, der für die Verhältnisse im Harz über eine nennenswerte wenn auch kurze Abfahrt verfügte. Eigentlich handelt es sich um einen kleinen Hügel, der vielleicht hundert Meter steil abfällt, um dann auf einem schneebedeckten ehemaligen Parkplatz sanft auszulaufen. Entlang des Hügels verlief ein Schlepplift. Das ist eigentlich nichts anderes als eine übergroßer T-Haken, den man sich zwischen die Beine klemmt, um auf diese Weise den Berg hinauf gezogen zu werden. Wie eine Horde Verrückter erschienen wir eines Morgens am Skilift. Der konsternierte Liftbetreiber traute seinen Augen nicht. So eine Chaostruppe hatte er vorher noch nie gesehen. Das störte uns nicht die Bohne. Voller Tatendrang ging es mit dem Schlepplift nach oben. Das mit dem Dominoeffekt hatten wir offenbar zu gut geübt. Wie nicht anders zu erwarten, fiel der erste Mitte des Hanges aus dem Ankerlift heraus und kullerte haltlos den Berg hinab. Alle Nachfolgenden teilten unfreiwillig sein Schicksal. Über kurz oder lang waren wir alleine auf der Piste. Touristen und Einheimische zogen es vor, den Wahnsinn aus der Sicht der Glühweinhütte zu beobachten.

Irgendwann standen wir dann oben auf dem Hügel und blickten ehrfürchtig nach unten. Was von unten wie ein netter Hügel aussah, entpuppte sich von oben als Mutprobe. Mit Todesverachtung stürzten wir uns ins Tal. Bilder des Grauens haben sich abgespielt. Gebrochene Skier, verlorene Ausrüstungsgegenstände, sich überschlagende Männer in Oliv, Rufe wie „Vorsicht, ich kann nicht bremsen" mitsamt der Antwort „Ich auch nicht" waren gang und gäbe. Im Auslauf sammelte man sich, stürzte sich auf den

Schlepplift und schwebte zu einem erneuten Versuch, der nur im Unheil enden konnte. Da wurde es unserem Kompanietruppführer zu bunt. Harry, so hieß er, verfügte als einziger über Ski, die Stahlkanten hatten. Er glaubte zudem genau zu wissen, wie man denn den Hang im Schuss herunterrast, ohne im Auslauf auf die Nase zu fallen. Er sammelte uns alle oben auf dem Hang und erklärte uns, wie man denn im Auslauf gekonnt abzuschwingen hätte. Es gibt einen unauslöschlichen Grundsatz in der Bundeswehr, und der heißt „VENÜ". Die Abkürzung steht für „Vormachen, Erklären, Nachmachen und Üben". Das ist die Ausbildungsmethodik, die immer funktioniert. Also musste und wollte Harry vormachen, wie denn seine Methode des Abschwingens perfekt umgesetzt wird. Er stürzte sich wild entschlossen den Hang hinunter. Mit unglaublicher Geschwindigkeit raste er auf den Auslauf zu. Dort angekommen, schmiss er die Ski parallel herum, um abzuschwingen. Leider wurde ihm eine Eisplatte zum Verhängnis. Im Bruchteil einer Sekunde zerriss es ihn. Sein Po landete zwischen den Ski, die halt- und steuerlos in Richtung Erdwall sausten, der vor einer Tannenschonung stand. Kurz vor dem Erdwall ragte ein kleiner Baumstummel so gerade noch aus dem Schnee. Harry rodelte über den Baumstummel, begleitet von einem ohrenbetäubenden Schmerzensschrei. Wir oben auf dem Hügel schauten mit vor Schadenfreude leuchtenden Augen zu, als Harrys Po in dem Augenblick kurzzeitig in die Luft abhob, als er über den Baumstummel ratterte. Wenig später bohrten sich die Skispitzen in den Erdwall, die Bindungen machten Gott sei Dank auf, und Harry rauschte kopfüber in die Tannenschonung. Wir haben frenetisch applaudiert. Eine derartige Vorstellung gab es noch nie. Nur die Haltungsnoten, die fielen vergleichsweise bescheiden aus.

Der Aufenthalt im Harz neigte sich dem Ende entgegen. Harry fuhr mit uns nach Hause. Er hatte sich auf wundersame Weise nichts gebrochen. Seine Ski waren dahin, und er konnte zwei Wochen weder richtig gehen, noch sitzen und schon gar nicht ohne Schmerzen pinkeln. Seine Ehefrau war stocksauer, weil an Amore in den nächsten Wochen noch nicht einmal im Traum zu denken war. Wir hatten hingegen einen Mordsspaß. Leider gibt es diese Möglichkeit heutzutage nicht mehr. Ich würde einiges darum geben, an der Winterkampfausbildung noch einmal teilzunehmen.

Begegnung im Sessellift

Man glaubt gar nicht, wie schnell man als gemeiner Soldat diplomatische Verwicklungen provozieren kann, und dies vollkommen unbeabsichtigt. Einer der Gründe ist selbstverständlich, dass jedes Land peinlich genau auf seine Souveränität achtet. Daher mögen es Länder wie beispielsweise Österreich nicht so gerne, wenn deutsche Soldaten in Uniform unangemeldet auf ihrem Territorium erscheinen. Nun haben die „Ösis" von Haus aus eine gewisse Abneigung gegen die „Piefkes", was vielleicht mit der verlorenen Schlacht bei Königsgrätz zu tun haben könnte.[2] Ich vermute jedoch, dass die Ösis einen angeborenen Minderwertigkeitskomplex gegenüber den Deutschen haben, der selbst durch das legendäre Siegtor gegen die deutsche Fußballnationalmannschaft in Cordoba nicht kuriert werden konnte. Dessen ungeachtet war und ist es natürlich allen deutschen Soldaten schlichtweg verboten, in Uniform so einfach mir nichts Dir nichts nach Österreich zu fahren. Das wissen alle, und eigentlich hält man sich an diese Vorgabe. Wäre da nicht ein Kleidungsstück gewesen, das so herrlich als Skianzug missbraucht werden konnte, nämlich der deutsche Panzer-Kombi. Der Panzer-Kombi ähnelt einem Skianzug auf frappierende Weise. Als Ganzkörperkleidungsstück, ausgestattet mit einem herrlichen Teddyfutter, wärmt er perfekt, ist wasser- und windresistent, und trotzdem erlaubt er eine hervorragende Bewegungsfreiheit. Er ist ideal dafür geschaffen, sich in einem engen, schmutzigen und kalten Panzer zu bewegen. Daher erfreut er sich größter Beliebtheit auch bei denjenigen Soldaten, die eigentlich nicht zu Panzerbesatzungen gehören und von daher über keine Trageberechtigung verfügen. Er eignet sich aber genauso gut zum Skifahren, das wusste natürlich auch ein deutscher Gefreiter, der in Süddeutschland stationiert war und Urlaub in Österreich machen wollte.

Als Gefreiter ist man chronisch klamm bei Kasse, und der Kauf eines Skianzuges sprengte seine Möglichkeiten. Wie gut, dass er als Panzerfahrer über einen Panzer-Kombi verfügte. Wenig später erschien er auf einem österreichischen Gletscher und rutschte die Pisten im Panzer-Kombi herunter. Eigentlich nahm niemand daran Anstoß. Den Liftbesitzern war es egal, so lange er die Liftgebühren zahlte, und die Masse der Urlauber kamen so-

---

2 Die Bezeichnung „Piefke" entstand bei Königsgrätz. Der erste Kapellmeister des siegreichen deutschen Heeres unter Kaiser Wilhelm I hieß Piefke. Er komponierte sehr zum Verdruss der unterlegenen Österreicher einen Siegesmarsch nach dem anderen, und zwar mitten in der Schlacht.

wieso aus Deutschland. Leider war auch ich in der Gegend, um mich im Ski-Fahren zu versuchen. Ich war zu der Zeit Hauptmann, trug aber einen Skianzug anstelle eines Panzer-Kombis und war als Hauptmann der Bundeswehr nicht zu erkennen. Mir war der Bursche im Panzer-Kombi bei der einen oder anderen Abfahrt bereits aufgefallen. Das Schicksal wollte es, dass wir beide am Sessellift zusammen anstanden. Der Sessellift kam, und schon saßen wir beide friedlich nebeneinander und genossen den wunderschönen Ausblick.

Ich verwickelte den Gefreiten in ein nettes Gespräch. Wo er denn herkäme, wie er denn heißen würde, und überhaupt, so einen tollen Skianzug, wie er ihn trug, hätte ich noch nie gesehen. Er fing an zu lachen. Das sei ein Panzer-Kombi der Bundeswehr. Als Gefreiter könne er sich einen Skianzug nun einmal kaum leisten. Auf die Frage, ob das verboten sei, antwortete er sinngemäß: „Ach was, natürlich sei das verboten, aber seine Vorgesetzten seien so dämlich, die würden das gar nicht merken. Am schlimmsten seien die Offizier und hier ganz besonders sein Hauptmann, der sei der Dämlichste von allen." Wir waren bereits kurz vor der Bergstation angekommen, da fragte der Gefreite mich, was ich denn so treiben würde. „Tja, mein Lieber, was für ein Zufall, auch ich bin Deutscher, von Beruf Soldat, Hauptmann bei der Bundeswehr. Und wenn ich Dich noch einmal in Österreich in einem Panzer-Kombi erwische, dann fahr ich mit Dir Schlitten. Und jetzt hau ab und lass Dich nicht mehr sehen!", war meine Antwort. Der Arme gefror fast in seinem Panzer-Kombi. Ich hatte ihm den Tag vermasselt. Wie der Blitz fuhr er ab und wurde nie wieder gesichtet.

Eine ähnliche Begegnung hatte ich Jahre später in Wien. Ich saß in Zivil in einem Restaurant, das vollkommen überfüllt war. Da gesellte sich ein junger Mann zu mir, ebenfalls in Zivil. Ich fragte ihn aus Neugierde, was er denn so tun würde. Er sei Österreicher und Wehrpflichtiger im österreichischen Bundesheer. Auf meine Anschlussfrage, ob ihm der Wehrdienst gefallen würde, zog er mächtig vom Leder. Nichts Gutes vermochte er zu berichten. Ihm stank das Soldatensein durch und durch. Am fürchterlichsten seien jedoch seine Vorgesetzten und hier vor allem die Offiziere. Derart inkompetente und faule Personen hätte er noch nie erlebt. Diese Kaste Mensch würde er zutiefst verachten. Ich habe davon Abstand genommen, dem armen Kerl zu offenbaren, dass ich ein glühender Vertreter eben dieser Kaste sei. Es hätte ihm sicherlich den Appetit verdorben. Er war nur so herrlich authentisch in seinem Frust gegenüber allem, was das Militär zu bieten hatte. Für ihn war der Kommiss wahrlich nicht komisch. Ich musste an mich halten, nicht lauthals loszulachen. Wenig später zahlte er und verschwand. Wie lange er noch zu dienen hatte, erzählte er mir nicht. Zu lange hat er aber bestimmt nicht mehr leiden müssen.

Der Hauptmann S., das A......loch

Es versteht sich von selber, dass man keinen Vorgesetzten beleidigt, selbst wenn dazu Anlass bestünde. Doch manchmal gehen mit einem die Gäule durch. Seinerzeit war ich im Bataillonsstab eingesetzt gewesen. Mein Dienstgrad war der eines Oberleutnants, womit ich im Bataillonsstab den niedrigsten Offiziersdienstgrad führte. Ich war formal verpflichtet, alle anderen Offiziere des Bataillonsstabes mit „Herr, Dienstgrad und Name" anzureden.

Einmal wöchentlich spielen alle Offiziere eines Bataillons irgendwelche Ballspiele im Zuge des Offizierssports. Dieses ist eine sinnvolle Einrichtung, um körperlich etwas für die Fitness zu tun und die Kameradschaft zu fördern. In diesem Falle war wöchentlich der Montagnachmittag ab 15.00 Uhr reserviert worden. Abhängig davon, wie sportverrückt der Bataillonskommandeur ist, sind auch alle anderen sportverrückt oder eben nicht. Dieser Kommandeur war zur Freude der Allgemeinheit ein Fußballfan, also wurde stets und mit wachsender Begeisterung Fußball gespielt. Im Übrigen waren dies stets Begegnungen, bei denen die durch das Bataillon ständig gepeinigten Kompaniechefs sich zusammenrotten konnten, um Rache für alles zu nehmen, was ihnen der Stab angetan hatte. Die Mannschaftsaufstellung war also geklärt, es spielten der Bataillonsstab inklusive des Bataillonskommandeurs gegen den Rest der Welt – gegen die Kompanien!

Zu diesem Bataillonsstab gehörte ich und unter anderem ein Hauptmann, der wegen seiner Arroganz und Faulheit von allen nicht geschätzt war. Wie immer bei einem Fußballspiel dieser Art will niemand ins Tor gehen, da man sich nicht bewegt und ständig angemeckert wird, wenn der Gegner Tore schießt. So etwas löste der Bataillonskommandeur souverän. Wer im Tor spielte, war ihm herzlich egal, solange er nicht im Tor stehen musste. Ich bot mich als dienstgradniedrigster Offizier an, bevor es mir befohlen wurde. Ich bat den Hauptmann, mich zur Hälfte der Spielzeit abzulösen, damit auch ich etwas Bewegung haben könnte. Er willigte ein, der Kommandeur war zufrieden. Das Spiel tobte vor sich hin, ich kassierte drei Treffer, der Gegner nur zwei, für die zweite Halbzeit war noch alles drin.

Also sprach ich den Hauptmann an, um wie vereinbart abgelöst zu werden: „Herr S., würden Sie mich bitte als Torwart ablösen!"

Das hört sich außerordentlich höflich an und war auch so gemeint. Der Leser (der Soldat sowieso) wird sofort bemerken, dass ich einen kapitalen Fehler gemacht hatte. Die Anrede „Herr S." stand mir nicht zu. Hauptmann S. war Hauptmann, ich war nur Oberleutnant, also hatte Hauptmann S. ein Anrecht darauf, militärisch korrekt mit „Herr Hauptmann S., würden Sie mich bitte im Tor ablösen?" angesprochen zu werden. S. hatte auf eine derartige Blöße nur gewartet, empfand er mich doch schon seit langem als scheinbar jungendlichen Flegel, dem man erst einmal Manieren beizubringen hatte. Für mich völlig überraschend raste er auf mich zu und schrie mich an: „Für Sie immer noch „Herr Hauptmann", Herr Oberleutnant, Sie sind der renitenteste Oberleutnant, dem ich jemals begegnet bin!" Er drehte sich um, ließ mich wie einen dummen Jungen stehen und spielte weiter, natürlich mit mir als Torwart. Der Bataillonskommandeur hatte von diesem Wortgefecht nichts mitbekommen, sehr wohl aber einige Kompaniechefs. Für mich war das Gehabe von Hauptmann S. eine einzige Sauerei. Wir spielten Fußball, waren in einem Team, in der Hitze des Gefechts kann so etwas schon einmal passieren. Wenn er schon beim Sport auf die Etikette wert legt, kann er mir das auch sagen, ohne mich so „anzuscheißen".

Das Fußballspiel ging zu Ende, die Kompaniechefs hatten einem vollkommen genervten Torwart noch fünf weitere Treffer ins Netz geschossen, alle Spieler strebten aus der Halle. Ich wollte Hauptmann S. aus dem Weg gehen und blieb stehen in der Hoffnung, dass ich ihn als letzter der Spieler nicht mehr sehen musste. S. durchkreuzte aber mein Vorhaben und wartete auf mich, um mir noch eine zweite Abreibung zu verpassen. Als alle (auch der Bataillonskommandeur) draußen waren, stürzte er auf mich zu und schrie mich an. Bei mir kochte das Blut, und die Beherrschung verdampfte. Ich brüllte zurück, dass er für mich ein dummes Arschloch sei, womit ich in den Augen aller Offiziere sicherlich Recht hatte. Er explodierte und drohte, dass er mich auf der Stelle festnehmen wollte. Ich kreuzte meine Handgelenke und bat ihn, genau das zu tun, er täte mir damit einen Gefallen. Das war dann doch des Guten zu viel, er stürmte fort und verschwand in Richtung Dienstzimmer des Bataillonskommandeurs.

Wenig später ließ der Bataillonskommandeur ausrichten, dass ich mich sofort bei ihm zu melden hätte. Er stellte mich vor die Wahl, mich bei Hauptmann S. zu entschuldigen oder bestraft zu werden. Ich musste, ob ich wollte oder nicht, den schweren Gang gehen und entschuldigte mich für meinen Ausspruch bei Hauptmann S., womit die Sache für den Kommandeur aus der Welt war. Meine Offizierskameraden belehrten mich, dass ich ein kompletter Idiot sei, aber grundsätzlich das Richtige gesagt hatte. Meine Rache kam zwei Wochen später in Form meiner Beförderung. Schlagartig war auch ich Hauptmann und somit berechtigt, Hauptmann S. nunmehr offiziell mit „Herr S." anzureden. Ich rief ihn sofort an und begrüßte ihn mit „Guten Tag, Herr S., wie geht es Ihnen?" Zähneknirschend antwortete er: „Sehr gut, und Ihnen, Herr Buske?" Meine Erwiderung kam einer Hinrichtung gleich: „Für Sie immer noch Herr Hauptmann Buske, Herr S.!" Wutentbrannt knallte er den Hörer auf. Ich war schlagartig wieder ein glücklicher Mann, selten habe ich mich besser gefühlt.

Oberleutnant Ballermann

Diese Geschichte kenne ich nur vom Hörensagen. Sie ist aber typisch für das Leiden einzelner Vorgesetzter, die der Ansicht sind, unangemeldet Dienstaufsicht durchführen zu müssen.

Der General hatte es sich in den Kopf gesetzt, ein Bataillon in Lübeck zu besuchen, um dort einmal nach dem Rechten zu sehen. Von diesem drohenden Unheil wusste der betroffene Bataillonskommandeur nichts. Der arme Kerl war obendrein leidend – aufgrund eines Beinbruches humpelte er mit Gips durch die Kaserne. Bevor jedoch der General auftauchte, befahl der Bataillonskommandeur, dass sich der Oberleutnant Ballermann, ein Offizier seines Stabes, sofort bei ihm zu melden hätte. Oberleutnant Ballermann war jedoch unauffindbar, also schwirrten alle Soldaten los, um den Kameraden zu suchen. Von dem Bataillonskommandeur wild gemacht, fragten Wachsoldaten jeden Unbekannten, ob er denn der gesuchte Oberleutnant Ballermann wäre? Diese Frage wurde durch einen vollkommen unbedarften Torposten auch dem General gestellt, dessen ehedem schlechte Laune noch verschlechtert wurde. Schlecht gelaunte Generale sind so ziemlich das Schlimmste, was einem passieren kann, also nahm das Unheil seinen Lauf.

Der General ließ seinen Wagen stehen und beabsichtigte zu Fuß zum Stab des Bataillons zu gehen. Auf dem Weg dorthin traf er einen Soldaten, der ihn vollkommen aufgeregt fragte, ob er denn Oberleutnant Ballermann sei? Zorn machte sich breit. Kannte denn nicht ein Soldat des Bataillons den Unterschied zwischen einem General und einem Oberleutnant? Im Stab des Bataillons angekommen fand der unglückliche General nur einen

Mannschaftssoldaten. „Alle Dienstgrade wären in der Pause und im Übrigen, sind Sie Oberleutnant Ballermann?", fragte der Soldat. Mit Mühe beherrschte sich der General. Er rannte in Richtung des Offizierskasinos, wo er den in der Pause befindlichen Bataillonskommandeur vermutete. Tatsächlich begegnete er ihm auf dem Exerzierplatz. Mit seinem Gipsbein, ein Hosenbein aufgeschnitten, sah der Bataillonskommandeur nicht gerade glücklich aus. Nach dem Wutausbruch des Generals „Was ist das hier für ein Sauladen, keiner grüßt mich, keiner weiß wer ich bin, Sie haben eine unmögliche Anzugsordnung, der ganze Verein scheint nur Pause zu machen, und wer zum Teufel ist Oberleutnant Ballermann?" war sein Schicksal jedoch besiegelt.

Da fällt mir der verzweifelte Ausruf eines Zenturios der Cäsarischen Legion ein:

„Die sind alle so doof, und ich bin ihr Chef!"

Der Lottospieler

Einer meiner Bataillonskommandeure war begeisterter Lottospieler. Er gewann zwar niemals, war aber fest entschlossen, in jeder Lebenslage sein Glück zu versuchen. Ärgerlich war es nur, wenn er sich auf Übungen befand, weil er dann Schwierigkeiten bekam, seine Lottozahlen aufzugeben. Doch er wäre nicht er gewesen, wenn er nicht eine einfache Lösung herbeigeführt hätte. Jeder Bataillonsstab hat einen sogenannten S2 Offizier (kurz, der S 2). Dieser ist offiziell dafür verantwortlich, dass die militärische Sicherheit eingehalten wird. Im Gefecht erarbeitet er die Feindlagebeurteilung. Im Frieden ist er inoffiziell der Adjutant des Bataillonskommandeurs, sein oberster Kofferträger und Zigarrenabbeißer. Ich hatte auch einmal die Ehre, ein solcher zu sein. Eine der ersten Informationen, die ich mir verschaffte, war die Zigarettenmarke, die mein Boss rauchte. Wehe, ich hatte nicht genügend Nachschub dabei! Als S2 hatte ich mich natürlich auch schlau gemacht und wusste, dass mein Herr und Gebieter ein Lotto-Freak war. Ich führte daher stets mehrere verschiedenfarbige Kreuze mit. Warum braucht ein Lottospieler verschiedenfarbige Kreuze, wird mich der Laie fragen? Nun, dazu bedarf es einer näheren Erläuterung von Manövern in der Bundeswehr.

Um die verschiedenen Übungsparteien im Gelände zu unterscheiden, braucht man Kreuze. Die Übungstruppe Blau hat keine Kreuze. Die Übungstruppe Rot, also der Feind, hat rote Kreuze an ihren Fahrzeugen angebracht, weil sie sich sonst nicht von den „Guten", den Blauen, unterscheidet. Leitungs- und Schiedsrichterorgane führen weiße Kreuze. Kaum war es Zeit für die Lottozahlen, schnappte ich mir einen Jeep, entfernte die roten Kreuze, denn wir waren der böse Feind, und brachte weiße Kreuze an. Damit war ich befähigt, unbehelligt durch die feindlichen Linien zur nächsten Lottoannahmestelle zu fahren, denn als Leitungs- oder Schiedsrichterorgan war ich quasi eine übergeordnete Instanz und genoss diplomatische Immunität. Wenig später kehrte ich zurück, nicht ohne vorher noch ordentlich viel Butterkuchen eingekauft zu haben, und meldete mich beim Kommandeur. Die weißen Kreuze wurden entfernt und rote Kreuze angebracht. Niemand hatte etwas davon bemerkt.

Wie bei jeder Übung, so wurde auch bei dieser eine Abschlussbesprechung gehalten, ein sogenanntes „hot-wash-up". Der Brigadekommandeur befahl alle Führer in einen Saal und führte nun genau auf, wer welche Fehler gemacht hatte. Dabei ging es u.a. auch um die Fähigkeit, den Fernmeldebetrieb nicht zu entschleiern. Zu Erläuterung sei gesagt, dass sich alle Führer auf dem modernen Gefechtsfeld fast ausschließlich über Funk verständigen. Hierzu gibt es eine Sprechtafel, in der die Frequenzen und die Codewörter etc. festgehalten sind. Bei dieser Übung versuchte eine Einheit der ELOKA (elektronische Kampfführung/Aufklärung) durch Funkaufklärung unsere Fernmeldeunterlagen zu entschleiern. Der ELOKA-Führer trug vor, dass es ihm gelungen sei, alle Sprechtafeln bis auf unsere zu entschleiern. Aus seiner Sicht wäre in unserem Bataillon irgendein besonderes System angewandt worden, das es ihm unmöglich machen würde, den Code zu knacken. Der Brigadekommandeur war begeistert und bat meinen Bataillonskommandeur vorzutragen, was denn sein Trick gewesen sei. Er trat ans Rednerpult und sagte mit der Stimme eines Unschuldslammes:

„Ich habe doch nur meine Lottozahlen durchgegeben!"

Brigadekommandeur und der Führer ELOKA waren der Verzweiflung nahe. Das Volk im Saale tobte.

Oberst Hunger

Diese Geschichte habe ich nicht selbst erlebt. Sie ist aber typisch und hätte, dessen bin ich mir sicher, genau so passiert sein können. Sie wird im Offizierskorps erzählt und wer weiß, vielleicht ist sie sogar wahr.

Oberst Hunger[3] ist ein typischer Oberst – lebenserfahren, kurz vor der Pensionierung, väterliches Gemüt und bemüht, der Truppe sein Ohr zu schenken. Mit Letzterem hat es seine besondere Bewandtnis. Glauben doch alle Offiziere, zur Truppe zu gehören. Wenn das augenscheinlich nicht der Fall ist, wie z.B. im Ministerium, so pochen jedoch alle darauf, dass sie das Ohr an der Truppe haben. Wenn nicht, sind sie bei erstbester Gelegenheit bemüht, diesen Zustand herbeizuführen. Denn nur Truppennähe heißt, dass man „in" ist. Gleichzeitig grenzt man sich in angenehmer Weise von den Papiertigern „da oben" ab, die natürlich keine Ahnung haben, was in der Truppe wirklich los ist. Dabei vergessen dieselben Leute, dass sie noch kürzlich ein Papiertiger gewesen waren (und bis auf wenige Ausnahmen auch noch immer sind). Unser Oberst Hunger ist kein Papiertiger. Er ist ernsthaft bemüht, für seine Soldaten das Beste zu wollen. Um herauszufinden, was diese wollen, muss man zu ihnen gehen. Das geht am besten, indem man Dienstaufsicht ausübt. Damit der Laden auch weiter rollt, knechten diese Herren ihre Stäbe bis zur Bewusstlosigkeit und entschwinden (der Arbeit). Kommen sie von diesem Vorhaben zurück, ärgern sie sich, dass ihre Stäbe ihre Hausaufgaben aufopfernd geleistet haben, d.h. es wartete Papier auf sie zur Durchsicht und Unterschrift. Genau das ist es, was sie nicht wollen, denn damit hatten sie ja in ihrer letzten Verwendung fast ausschließlich zu tun, nämlich mit Papier!

Oberst Hunger war jedoch bester Laune und trifft im Gelände einen Obergefreiten. Wie in allen Armeen dieser Welt sind Obergefreite mit einer gehörigen Portion Schlitzohrigkeit ausgestattet, weil sie eben aufgrund ihrer Erfahrung wissen, wie der Hase läuft. Im II. Weltkrieg nannte man sie das Rückgrat der Armee. Dieser Obergefreite war zwar kein Kriegsteilnehmer deswegen aber nicht minder schlitzohrig. Oberst Hunger sah ihn und blühte auf. Mit einem väterlichen Gesichtsausdruck und Wärme in der Stimme trat er auf ihn zu und fragt ihn: „Sagen Sie, Herr Obergefreiter, wissen Sie eigentlich nicht, wer ich bin?" Nichts ist für Vorgesetzte schlimmer, als wenn sie nicht gekannt werden! Doch das Schicksal wollte es, dass unser Obergefreiter ihn nicht kannte oder vielleicht auch nicht kennen wollte. Er antwortete also: „Nein, Herr Oberst, ich kenne Sie nicht". „Aber meinen Dienstgrad, den kennen Sie, Herr Obergefreiter?", fragte der Oberst. Die Antwort

---

[3] Der Name Oberst Hunger ist frei erfunden. Sollte es einen Oberst mit dem Namen „Hunger" tatsächlich gegeben haben, so ist die Ähnlichkeit mit dieser Person rein zufälliger Natur.

kam wie eine Pistolenkugel, war die Frage doch rein rhetorischer Art: „Jawoll, Herr Oberst!" Die Stimmung von Herrn Oberst war immer noch väterlicher Natur. Hier galt es, einem seiner Schäfchen eine Eselsbrücke zu bauen, damit dieser fortan seinen Namen verinnerlichen konnte: „Dann will ich Ihnen eine Eselsbrücke bauen, Herr Obergefreiter, damit Sie meinen Namen zukünftig behalten können. Was hat ein Soldat am frühen Morgen?" Die Antwort war natürlich auch unserem Obergefreiten klar, nur war er ein Schlitzohr, und als solcher fing er an, von einem Ohr zum anderen zu grinsen. Mit Triumph in seinen Augen gab er zurück:

„Eine Latte, Herr Oberst!"

Da erst bemerkte Oberst Hunger, wer ihn geleimt hatte. Seine Miene verdüsterte sich, und er zog grollend von dannen. Sein Stab bekam seine Wut zu spüren. Sein Pech sprach sich jedoch in Windeseile herum. Ab sofort hieß er hinter vorgehaltener Hand nur noch Oberst Latte. Der Obergefreite erzählte für ein Bier in der Kantine jeden Abend seine Geschichte. Er war bei Seinesgleichen ein Held, ein wahrer Held!

Die Alarmpostenausbildung

Manch einer meiner Bataillonskommandeure waren Vorgesetzte, für die ich durchs Feuer gegangen wäre. Ich stand in meiner zweiten Kompaniechefverwendung, mein Bataillonskommandeur und ich kannten uns jedoch bereits länger. Im Nachbarbataillon, als ich als S2-Offizier eingesetzt war, bekleidete er den Dienstposten des stellvertretenden Bataillonskommandeurs. Er war daher bereits damals mein direkter Vorgesetzter. Auf dem Gefechtsstand arbeiteten wir bereits zu der Zeit Hand in Hand. Er war Kettenraucher und ein Tennisfanatiker. Ich sorgte also stets dafür, dass genügend Zigarettenpackungen vorhanden waren. Auch gewann er öfter im Tennis gegen mich als ich gegen ihn. Das soll auch für das Betriebsklima förderlich sein. Er brachte mir bei, dass es für einen Führer besonders wichtig ist, eine gute Stimmung in seiner Einheit zu verbreiten. Nur wenn alle Mitarbeiter hoch motiviert sind und freiwillig aus Einsicht Arbeit übernehmen und akzeptieren, könne man auch Erfolg erwarten. Er tat eigentlich nicht viel mehr, als auf die Menschen zuzugehen, sie anzuspornen, Verständnis für sie zu haben und ihnen immer ein offenes Ohr zu schenken. Ich sollte in meiner späteren Laufbahn noch vielfach die Freude haben, einen derart hervorragend qualifizierten Vorgesetzten zu haben. Es war also kein Wunder, dass alle Soldaten an ihren Kommandeur glaubten. Er war eben ein Menschenführer von Haus aus. Hierfür brauchte er keine Lehrgänge.

Natürlich hatte auch er seine Macken: Er konnte nicht verlieren, schon gar nicht während des Offizierssports beim Fußball. Er spielte zu gerne in der stärksten Mannschaft, vorzugsweise im Sturm. Zum einen schoss er dadurch einige Tore (das hebt das Selbstvertrauen), zum anderen brauchte er nicht so viel zu laufen. Er blieb einfach stehen, schrie laut „Hier", um den Ball zu erhalten, und freute sich wie ein kleines Kind über jeden Treffer. Wir haben ihn dann doch noch geneckt. Während einer seiner letzten Spiele haben wir uns im Geheimen geeinigt, dass er keinen einzigen Ball erhalten sollte. Das Spiel tobte vor sich hin. Mehrere Male stand er in aussichtsreichster Position und schrie immer lauter „Hier", doch niemand passte den Ball zu ihm. Sie glauben gar nicht, wie wütend er wurde – was für ein Gaudi!

Er wendete auch sehr viel Zeit auf, um Dienstaufsicht durchzuführen. Er besuchte meine Kompanie mehrfach, so auch während eines regnerischen Tages im Gelände. Ich führte gerade mit meinen Männern Alarmpostenausbildung durch. Daran ist nicht viel Besonderes, dennoch gibt es einige wenige Grundsätze, die mein Kommandeur überprüfen wollte. Er ging also auf zwei Soldaten zu, die in einem Kampfstand saßen und den Alarmposten darstellten. Beide Soldaten reagierten nicht. Er fragte sie, warum sie denn nicht versucht hätten, ihn aufzuhalten (was Aufgabe eines Alarmpostens gewesen wäre). „Sie sind doch unser Kommandeur, Sie können wir doch nicht aufhalten!", gaben meine Soldaten zurück. „Stellen Sie sich doch einfach vor, Sie kennen mich nicht, was würden Sie dann tun?", fragte mein Kommandeur. „Doch, wir kennen Sie ganz genau, Sie sind unser Kommandeur!", meine Männer blieben konsequent bei ihrer Meinung. Sie fürchteten wohl, dass mein Kommandeur ihre Kenntnisse in den verschiedenen Dienstgradunterschieden prüfen wollte. Er beteuerte abermals, er würde jetzt nicht mehr der Bataillonskommandeur sein. Vielmehr stelle er einen fremden Soldaten dar, der auch noch eine fremde Uniform tragen würde. Wie hätten sie sich dann zu verhalten? „Wir kennen diese Uniform, und Sie kennen wir auch!", die Soldaten blieben stur. Es bedurfte noch einiger Überredungskunst, um meinen Soldaten die Situation zu verdeutlichen. Langsam begriffen sie. Sie durften ihre Stellung nicht verraten, schon gar nicht verlassen, mussten aber auch dafür Sorge tragen, dass der „Fremde" gefangengenommen und zum nächsten Vorgesetzten gebracht wurde. Das war nicht einfach. Mein Bataillonskommandeur bohrte immer weiter und entlockte meinen Männern bruchstückweise ihr Wissen. So langsam verlor er aber die Geduld. Er warf mir vielsagende Blicke zu. Bestand diese Kompanie denn nur aus begriffsstutzigen Männern? Einer der Männer des Alarmpostens kam seinem drohenden Wutanfall zuvor. Freudestrahlend rief er: „Ich habe es, ich knalle Sie ab!". Das war so ziemlich die dämlichste Antwort, die er geben konnte. Mein Bataillonskommandeur und ich hatten noch ein reges Vier-Augen-Gespräch. Manchmal ist es zum Verzweifeln. Ich erhielt zusätzlich den Auftrag, meine Soldaten über das Wesen der Genfer Konventionen zu unterrichten. Bei der Begriffsstutzigkeit meiner Helden war dieser Auftrag so gut wie undurchführbar.

Die unheimliche Begegnung der dritten Art

Der damalige Kommandeur einer Panzergrenadierbrigade bei Hamburg, ein durch und durch seliger General, bewirkte in kürzester Zeit, dass alle Kompaniechefs ihn mehr als respektierten. Furcht wäre das falsche Wort, schließlich war der General in seiner Kritik immer sachlich und in der Tonart moderat. Was er aber zu sagen hatte, ließ uns Kompaniechefs doch einige Male in Deckung gehen. Da man seine Macken mit der Zeit auf die eine oder andere Art kennengelernt hatte, stellten wir uns darauf ein. Dennoch waren wir meistens froher, ihn nicht zu sehen, als uns der Gefahr auszusetzen, uns seiner Kritik stellen zu müssen, denn meistens hatte er Recht.

Es ist gute Sitte in der Armee, dass sich Vorgesetzte ankündigen, wenn sie Dienstaufsicht ausüben wollen. Zum einen kommt dies denjenigen zu Gute, die aufgesucht werden – also uns, den Kompaniechefs – zum anderen kam es dem General zu Gute, konnten wir ihm doch durch vorbeugende Panikaktionen mittelschwere Katastrophen ersparen. Nicht immer hielt sich unser General an diese Regel, was oft für ihn und uns (mehr für uns) in einem Desaster endete. Ganz besonders traf dies für einen meiner Kompaniechefkameraden zu, der erst kürzlich vom General heimgesucht worden war und nun seine Wunden leckte. Er konnte sich jedoch einigermaßen sicher sein, dass der General sich andere Opfer aussuchen würde, zumal mein Kamerad einen außerordentlich miserablen Tag hatte. „Murphy's Law" schien meinen Kameraden gepackt zu haben. Danach geht alles schief, was nur schiefgehen kann. Dennoch lehnte er sich gegen Dienstschluss entspannt zurück. Der General war nicht erschienen, um sich von Murphy's Qualitäten zu überzeugen. Doch das Unheil schläft nicht, niemals.

Mein Kamerad saß in seinem Dienstzimmer, von wo aus das Geschäftszimmer der Kompanie nicht eingesehen werden konnte. Dies sollte ihm zum Verhängnis werden. Vollkommen aufgelöst rief ihm sein Spieß zu: „Herr Hauptmann, der General!" Mein Kamerad wähnte sich auf der Sonnenseite des Lebens, war ihm der General doch erst kürzlich erschienen. Er gab daher selbstbewusst zurück: „Ach geh, willst mich verarschen?" „Nein, Herr Hauptmann, wirklich, der General ist vorgefahren", antwortete der verzweifelte Spieß. „Lass Dich einsargen, Spieß", war die coole Replik. „Herr Hauptmann, so glauben Sie mir doch, der General ist hier". Doch mein Kamerad war sich seiner Sache sicher. Ohne aufzuschauen sagte er zu dem Schatten, der mittlerweile in seiner Tür stand: „Spieß, für wie blöde hältst Du mich, das alte Arschloch war doch erst gestern da!" Der Schatten antwortete daraufhin mit der gefürchtet moderaten, sachlichen, aber auch erschreckend klaren Stimme: „Herr Hauptmann, hier spricht das alte Arschloch, machen Sie die Tür zu, ich glaube wir müssen uns einmal unter vier Augen unterhalten!" Mein armer Kamerad wäre fast an einem Herzschlag gestorben. Beruflich war er erledigt. Die nun folgende Unterhaltung konnte nur als einseitiger Dialog bezeichnet werden. Der General konnte, wenn er wollte, einen erwachsenen Mann glauben machen, dass dieser eigentlich niemals erwachsen werden könnte. Mein Kamerad hatte ein weiteres eisernes Gesetz in der Armee geradezu kindisch missachtet. Dieses Gesetz wird durch folgenden Spruch umschrieben:

„Aus dem Himmel erklang eine Stimme. Diese Stimme rief: Höre auf zu heulen, es könnte schlimmer kommen. Ich hörte auf zu heulen, und es kam schlimmer!"

Anders ausgedrückt, Murphy's Law ist jederzeit steigerungsfähig. Wenn Dich ein General am Mittwoch heimsucht, kannst Du niemals sicher sein, dass Dich die unheimliche Begegnung der dritten Art nicht auch am Donnerstag erwischt. Diese Einsicht kam für meinen Kameraden zu spät.

Der GDP-Vortrag

Dieser General war ohne Zweifel ein Truppenführer, der über erhebliches taktisches Geschick verfügte. Es war für ihn eine Kleinigkeit, taktische Vorträge zu halten, Entschlüsse zu fassen, schwierige Lagen zu beurteilen und Operationspläne zu entwerfen. Er war bekannt dafür, dass er im Rahmen von Offiziersweiterbildungen im Gelände Offiziere regelrecht vorführen konnte, denn er war auf diesem Gebiet ein Ass! Zu der Zeit seiner Regentschaft als Brigadekommandeur herrschte noch der Ost-West-Konflikt. Bundeswehr und Nationale Volksarmee standen sich bis aufs Messer bewaffnet an der innerdeutschen Grenze gegenüber. Das Konzept der NATO funktionierte auf der Basis der Vorneverteidigung, d.h. unmittelbar an der Grenze, und innerhalb einer kurzen, bis zu 72 Stunden dauernden Vorwarnzeit musste die Armee in der Lage sein, die Verteidigung aufzunehmen. Einen Abschnitt dieser „Vorneverteidigung" hatte die Brigade des Generals abzudecken, und der nahm seinen Auftrag natürlich sehr, sehr ernst. Es war daher üblich, dass alle Kompaniechefs ihren Verteidigungsraum, den sogenannten GDP-Raum (General Defense Plan), in- und auswendig kannten. Jede Stellung, jeder Weg und Strauch wurde zu jeder Jahreszeit im Detail erkundet. Gute Kompaniechefs brauchten keine Karten, um ihre Verteidigungspläne vorzutragen, sie konnten das mühelos aus dem Kopf aufsagen. Zu den Verteidigungsvorbereitungen gehörte auch die Kontrolle. In periodischen Abständen befahl die Brigade eine Geländebesprechung, an der alle Offiziere teilzunehmen hatten. Im Zuge dieser Veranstaltung wurden alle Abschnitte abgegangen. Die jeweils verantwortlichen Führer stellten ihr Konzept im Detail vor. Meist rundete dann eine kleine taktische Aufgabe den jeweiligen Abschnitt ab.

Bei den Vorträgen entwickelte unser General ein stets gleichbleibendes Schema. Er ließ grundsätzlich einen Offizier, der in dem jeweiligen Abschnitt keine Verantwortung trug, eine Geländeorientierung geben. Diese Methode war ein schlauer Schachzug. Meist denken nämlich diejenigen Offiziere, die an einem bestimmten Ort keine Aktien haben, dass sie auch nicht drankommen. Sie schalten dann komplett ab und werden in schöner Regelmäßigkeit vom General auf dem linken Fuß erwischt. Das kann ganz schön unangenehm werden. Vor allem ist so ein Missgeschick der Garant dafür, dass man später noch einmal drankommt. Folglich muss man sich ständig konzentrieren, und das ist ganz schön lästig. Dabei hilft es auch nicht, sich in die jeweils hintersten Reihen zu verdrücken. Die vage Hoffnung, der General werde einen schon übersehen, wird sofort bestraft. Gerade solche Kameraden nahm der General mit Vorliebe dran. Erfahrene Hasen verfolgten daher eine besondere Taktik. Gleich am ersten Besprechungspunkt stellten sie sich in die erste Reihe (wo sie dann auch stets stehen blieben), meldeten sich freiwillig und legten eine gute, weil wohl vorbereitete Geländeorientierung hin. Für den Rest des Tages hatte man dann meistens Ruhe.

Das alles half einem meiner Kompaniechefkameraden herzlich wenig. Er hatte natürlich seinen Verteidigungsraum bis in die hinterste Ecke schon lange vorher erkundet. Diese Ergebnisse hatte er auch seinem Bataillonskommandeur vorgetragen. Niemals jedoch hatte er irgendwelche Schwierigkeiten gemeldet. Das sollte ihm das Genick brechen. Er trug auftragsgemäß vor, wie er sich die Verteidigung vorstellte. Der Vortrag dauerte mindestens 30 Minuten, in denen wir entspannt zuhörten. So lange er sprach, konnten wir nicht auf die Rolle gestellt werden. Am Ende fragte der Brigadekommandeur, ob er seinen Verteidigungsauftrag denn erfüllen könnte? Zu unser aller Überraschung meldete er zackig: „Herr General, das kann ich **nicht!**". Uns allen fiel die Unterlippe herunter. So etwas hatte es noch nie gegeben. Es sprach zwar für den Mut und die Aufrichtigkeit meines Kameraden, eine unbequeme Wahrheit zu sagen, dennoch hatte er auf dem falschen Fuß Hurra geschrien (was immer ein Eigentor ist). Der Brigadekommandeur fragte natürlich nach den Gründen. Mein Kamerad gab auch seine Begründung an, über deren Stichhaltigkeit man sich streiten kann. Leider hatte er aber vorher versäumt, diese seine Sorgen seinem Bataillonskommandeur zu melden. Dieser war vollkommen sprachlos. Zur Stellungnahme aufgefordert, fand er sich in einem Dilemma wieder. Er hatte zwei Möglichkeiten, die beide schlecht waren. Er konnte seinen Kompaniechef schützen und dem Brigadekommandeur gegenüber zugeben, dass sein Kompaniechef Recht hatte. Unter vier Augen hätte er dann seinen Kompaniechef den Kopf abschlagen können, weil er ihn ins offene Messer hat laufen lassen. Damit aber hätte sich der Bataillonskommandeur in eine unmögliche Situation gebracht. Denn entweder hätte er nach Wegen suchen müssen, um die vorgetragenen Mängel zu beseitigen, oder er hätte seinem Brigadekommandeur frühzeitig melden müssen, dass der erteilte Auftrag nicht durchführbar war (wohlgemerkt, hier handelte es sich um Landesverteidigung, nicht um irgendein Kriegsspiel). Die zweite Möglichkeit bestand darin, eine vom Kompaniechef abweichende Stellungnahme abzugeben, die wohlmöglich eher seiner Lagebeurteilung entsprach. Damit blieb er dem Brigadekommandeur gegenüber glaubwürdig, machte aber seinen Kompaniechef unmöglich. Mein Bataillonskommandeur entschied sich für die zweite Variante. Wenig später wurde der Kompaniechef abgelöst.

Ein weiteres Beispiel möge verdeutlichen, wie ernst es die Bundeswehr mit der Verteidigungsplanung zu Zeiten des Kalten Krieges nahm. Ich erhielt an einem Donnerstag spät nachmittags den Anruf meines Divisionskommandeurs. Das war derart ungewöhnlich, weil Vorgesetzte im Allgemeinen nicht willens sind, zwei Führungsebenen (Brigade und Bataillon) zu übergehen, nur um einen einfachen Kompaniechef zu sprechen. Der Divisionskommandeur befahl mir, ihn am nächsten Morgen um 08:00 Uhr ohne Karten oder anderen Hilfsmitteln in den Verteidigungsraum einzuweisen, den meine Kompanie im Kriegsfalle zu verteidigen hätte. Er betonte ausdrücklich, dass er weder meinen Bataillonskommandeur noch meinen Brigadekommandeur anzutreffen wünschte. Nur er und ich sollten anwesend sein. Natürlich meldete ich diesen Auftrag meinem Bataillonskommandeur. Der wiederum rief sofort den Brigadekommandeur an. Beide waren selbstverständlich am nächsten Morgen um 08:00 Uhr anwesend, als der Hubschrauber mit dem Divisionskommandeur landete. Bevor ihm irgendjemand melden konnte, sagte er, dass er die anderen Kommandeure nicht befohlen hätte. Beide sollten ihren eigentlichen Aufgaben nachgehen (mein Brigadekommandeur kochte vor Wut!). Ich durfte ihm alles, was in meinem Verteidigungsraum von Belang war, bis zur letzten Kleinigkeit vortragen – ohne Hilfsmittel. Ich behielt meinen Job. Daraus entnehme ich, dass ich meinen Auftrag offenbar zur Zufriedenheit gelöst hatte. Dieses Schicksal teilten jedoch nicht alle meiner Kameraden.

Das Glas

Unser General hatte sich mit der Zeit durch Kompetenz und Engagement für seine Soldaten einen guten Namen als Brigadekommandeur erarbeitet. Als Kompaniechef wusste man aus Erfahrung, dass der General es sich nicht nehmen lassen würde, während Truppenübungsplatzaufenthalten seine Soldaten zu besuchen, auf diese Weise Flagge zu zeigen und den Offizieren und Unteroffizieren Hilfe in der Durchführung ihrer Aufgaben zu vermitteln. In dieser Art war unser General einzigartig. Mit der Zeit bekamen wir natürlich auch spitz, was der General gerne mochte und was nicht. Ein Schlag aus der Suppenterrine glättete alle Wogen. Gab es dazu auch noch ein Schmalzbrot, dann war alles geregelt.

Für uns Außendienstler gab es somit keine größeren Schwierigkeiten im Umgang mit unserem General. Anders sah das aber mit den Offizieren seines Stabes aus. Hier gab es einige Hofschranzen, die im Kasino meist die große Lippe führten und so taten, als hätten sie die Weisheit mit Löffeln gefressen. Merkwürdigerweise sahen wir diese Herren nie auf Truppenübungsplätzen, wenn es nass und kalt war. Umso mehr freute es uns, dass der General anfing, täglich eine andere Hofschranze zur Dienstaufsicht mitzunehmen. Eines Tages erschien der General mal wieder auf der Schießbahn, um sich nach einer kleinen Stärkung das Schießen meiner Kompanie anzusehen. In seinem Gefolge war eine Hofschranze, der Militärkraftfahrlehrer der Brigade, kurz: der MKFL. Der Arme hatte keine Ahnung, was er dort draußen sollte, also hielt er sich im Hintergrund. Der General sprühte wieder vor Elan. Sein Magen war voll, er hatte gute Laune, also sprang er in den nächsten Kampfstand zu einem meiner Soldaten und forderte ihn auf, ihn in den Auftrag des Schützen einzuweisen. Das machte der General immer. In logischer Konsequenz trichterten wir unseren Soldaten immer wieder ein, welchen Auftrag sie denn hätten. Auf diese Weise ließen sich Katastrophen vermeiden. Mein Soldat hatte aufgepasst. Er rappelte seinen Auftrag herunter wie ein Maschinengewehr: „Herr General, ich habe den Auftrag als MG-Schütze der 1. Gruppe eingesetzt das vor mir liegende Gelände zu überwachen, linke Grenze des Beobachtungs- und Wirkungsbereiches von eigenem Standort über Kartoffelmiete auf Schneise im Hochwald, usw. usw."

Mein Schütze lieferte eine perfekte Show, dennoch unterbrach ihn der General, denn seine Augen waren nicht so leistungsstark wie der Redeschwall meines Schützen. Er drehte sich zu seiner Hofschranze um und fragte ihn: „Herr Hauptmann, mein Glas bitte." Der Angesprochene war verzweifelt, hatte er doch kein Glas dabei. Kleinlaut antwortete er: „Ich habe Ihr Glas nicht dabei, Herr General, das nächste Mal werde ich es mitführen, Herr General!" Damit musste sich der General wohl oder übel zufriedengeben. Er schenkte seiner Hofschranze noch einen strafenden Blick, widmete dann aber meinem Obergefreiten wieder seine ganze Aufmerksamkeit.

Der Tag verging, der nächste Tag und mit ihm der General kamen. In seinem Gefolge war wieder dieselbe Hofschranze, der Ablauf änderte sich nicht. Also sprang der General in einen meiner Kampfstände und forderte den Schützen auf, ihn in seinen Auftrag einzuweisen. „Herr General, ich habe den Auftrag als MG-Schütze meiner Gruppe eingeteilt, das vor mir liegende Gelände zu überwachen, mit linker Grenze meines Beobachtungs- und Wirkungsbereiches von .... über .... auf, mit rechter Grenze etc. etc." rasselte der Soldat herunter. Der General blinzelte mit seinen müden Augen, konnte er die Richtungsangaben doch nicht mehr so gut im Gelände verfolgen. Er drehte sich zu seiner Hofschranze um und sagte: „Herr Hauptmann, mein Glas bitte?" Diesmal war die Hofschranze darauf vorbereitet. Seine große Stunde kam. Mit den Worten „Jawohl Herr General, hier ist Ihr Glas!" stellte er dem General ein Wasserglas auf die Deckung des Kampfstandes. Es herrschte eine Totenstille, in der alle, bis auf den General und die Hofschranze, verzweifelt bemüht waren, keinen Lachanfall zu bekommen. Natürlich brauchte der General sein **Fernglas**, nicht jedoch sein Wasserglas. Schließlich brauchte er etwas, was seine Sehkraft stärkte. Fassungslos drehte sich der General um, legte meinem Schützen die Hand auf die Schulter, nahm das Glas beiseite und sagte: „Dann eben ohne Glas, fahren Sie fort mein Junge!"

Kaum waren General und Hofschranze verschwunden, war ein geordneter Schießbetrieb nicht mehr zu gewährleisten. Meine Soldaten stolzierten mit Plastikbechern durch die Gegend und boten sich gegenseitig die Gläser mit den Worten an: „Herr General, Ihr Glas!" Ich hätte zu gerne gewusst, was sich die arme Hofschranze vom General alles anhören musste. Wir haben ihn auf der Schießbahn nie wiedergesehen. Auch erschien unser General fortan nur noch mit eigenem Fernglas.

Die Grußpflicht

Unser General, den wir trotz seiner Marotten mit der Zeit wirklich schätzen gelernt hatten, war nicht nur auf einen ordentlichen Anzug und die genauso ordentliche Meldung bedacht, ebenso wichtig war ihm der korrekte Gruß aller seiner Soldaten. Die Soldaten unterscheiden sich von Zivilisten nicht nur durch ihren spinatgrünen Anzug, die nüchterne Ausdrucksweise und streng hierarchischen Gliederungen, sie begrüßen sich auch noch anders. Unter dienstgradgleichen Kameraden (man beachte den Begriff „Kamerad"!) pflegt man sich mit „Herr" ohne Hinzusetzung des Dienstgrades anzusprechen, fast so, wie es im Zivilleben Sitte ist. Der Vorgesetzte spricht seinen Untergebenen genauso an, also nur mit „Herr", dieses allerdings nur, wenn er ihm wohl gesonnen ist. Ist das nicht der Fall, dann wird die Anrede formal, also „Herr" plus „Dienstgrad und Name" (z.B. Herr Gefreiter Dosenkohl). Der Untergebene weiß dann automatisch, dass er nun nicht mehr „Kamerad", sondern nur noch Untergebener ist. Der Untergebene wiederum würde es sich nicht im Traum einfallen lassen, den Vorgesetzten kameradschaftlich anzusprechen (es sei denn, er sucht die Konfrontation). Stets

wird er den Vorgesetzten formal korrekt ansprechen, also „Herr General".
Den Namen kann er weglassen, geht doch jeder Vorgesetzte davon aus,
dass der Untergebene ihn kennt. So viele Generäle gibt es sowieso nicht, in
einer Brigade nur einen.

Das alleine macht aber noch keinen Soldaten aus. Schließlich spricht
der Sachbearbeiter der Firma XY seinen Direktor u.U. auch mit den Worten
„Herr Direktor" an. Soldatentypisch kommt noch eine Äußerlichkeit hinzu,
nämlich der Gruß. Mit den Jahren, d.h. mit den Armeen, hat sich der Gruß
gewandelt. Der „Deutsche Gruß" ist noch heute der Inbegriff des Faschis-
mus und in der Bundeswehr selbstverständlich verboten. Der heutige Gruß
ist einfach und „unpolitisch". Jede Nation hat ihren eigenen Gruß. Die
Franzosen und die Engländer halten sich die Handfläche vor die Stirn, jedenfalls sieht es so aus. Die Deutschen nehmen die durchgedrückte Hand
an die Kopfbedeckung. Diese Bewegung ist automatisiert, jedoch gibt es
auch hier Rangunterschiede. Der Untergebene grüßt wie folgt:

1. Gruß
2. Anrede mit Dienstgrad und Name
3. Gruß

Der Vorgesetzte grüßt den Untergebenen einfacher:

Gruß und parallel die Anrede ohne Dienstgrad.

Unter Gleichgestellten bleibt sowohl der Dienstgrad als auch der Gruß weg.

Diese für Zivilisten etwas kompliziert klingende Art der zwischenmenschlichen Kommunikation ist uns Soldaten in Fleisch und Blut übergegangen. Unser General hatte sie verinnerlicht. Er peinigte bei seinen
Dienstaufsichtsausflügen alle Soldaten, die militärischen Umgangsformen
einzuhalten. Da jeder Soldat wusste, wer er war, er wiederum nicht jeden
seiner ihm unterstellten ca. 5.000 Mann namentlich kennen konnte, befahl
er, dass alle Soldaten stets und ständig ein Namensschild tragen mussten[4].
Das war bei der Oliven Kampfuniform kein Problem, weil dort Namensschilder von Haus aus angebracht sind. Beim Sportanzug und beim Blau-

---

[4] Namensschilder sind heute eine Selbstverständlichkeit, damals waren sie es jedoch noch
nicht.

mann war das jedoch anders. Letzterer ist ein blauer Monteuranzug, den die Soldaten beim technischen Dienst tragen (dazu gehört noch eine Monteurmütze, die so hässlich ist, dass sie kein Soldat freiwillig trägt, es sei denn, unser General ist sein Vorgesetzter und kontrolliert wieder einmal, ob der Soldat einen kompletten und vorschriftsmäßigen Anzug trägt). Unsere Soldaten trugen auch noch auf dem Monteuranzug ein Namensschild, damit der General in allen Lebenslagen erkennen konnte, wer ihm gegenüberstand.

Eines Tages war es mal wieder soweit. Meine Kompanie hatte technischen Dienst durchzuführen. Eine hundert Mann starke Armee von in blauen Monteuranzügen mit passender Kopfbedeckung **und** Namensschildern ausgestatteten Ameisen werkelte im Technischen Bereich an ihren Fahrzeugen. Mao Tse Tung hätte seine Freude an diesem idyllischen Bild menschlicher Gleichförmigkeit gehabt. Schlag 07.20 Uhr passierte der General den Wachposten, der damit seinen morgendlichen Blutsturz hinter sich gebracht hatte. Der General kam mit dem Fahrrad und radelte guten Mutes in den Technischen Bereich. Was er sah, erfreute ihn. Blaumänner in bester Kostümierung arbeiteten emsig, wie es sich gehört. Gut gelaunt blickte er radelnd nach links und rechts. Natürlich blieb er nicht unerkannt, war er doch der einzige Nicht-Blaumann weit und breit. Sofort flitzte der Leitende der Gesamtveranstaltung, ein Zugführer meiner Kompanie, herbei, baute sich auf und rief dem General ein schneidiges „Guten Morgen, Herr General, 3. Kompanie beim Technischen Dienst!" entgegen.

Der aufmerksame Leser wird ermessen, dass die weiter oben dargestellten militärischen Umgangsformen eingehalten worden waren, hatte der Zugführer doch den richtigen Anzug, die richtige militärische Anrede und einen formvollendeten militärischen Gruß zelebriert. Der General platzte vor Glück, seine qualvollen Bemühungen, der ungläubigen Truppe Manieren beizubringen, zeigten endlich Erfolge. Gerne erwiderte er also den dargebotenen militärischen Gruß des Zugführers, den er natürlich sofort am Namensschild erkannte. Ohne mit dem Radeln aufzuhören, nahm er also die rechte Hand militärisch korrekt an seine Kopfbedeckung und schenkte dem Zugführer ein besonders freundliches Lächeln. Dabei musste er seinen Kopf immer weiter nach links drehen, derweil sein Rad fortfuhr, geradeaus zu fahren. Die linke Hand verweilte am Lenker, doch das Unheil konnte auch sie nicht verhindern. Da das Gesicht des Generals auf das des Zugführers fixiert blieb, konnte er nicht sehen, dass sein Fahrrad mehr oder weniger führerlos in Richtung eines Betonklotzes radelte, der nichts Gutes verhieß. Das Vorderrad stieß gegen den Klotz und verbog sich sofort zu einer imposanten Acht. Hierauf überhaupt nicht vorbereitet, flog der General in dieser grüßenden und lächelnden Haltung weiter, während sein Rad schlagartig jede Vorwärtsbewegung einstellte. Der General passierte seinen Fahrradlenker immer noch grüßend und knallte unsanft auf den Asphalt. Der Zugführer konnte nicht anders, er platzte vor Lachen. Der General bewies Haltung. Mannhaft schob er sein desolates Rad vom Hof. Innerlich muss er sich rabenschwarz geärgert haben. Ausgerechnet ihm, der doch so einen strengen Maßstab auf Äußerlichkeiten legte, musste eine solche Panne unterlaufen! Sich der Lächerlichkeit preiszugeben, dürfte so in etwa die größte Strafe für eitle Vorgesetzte sein. Das Schlimmste an der Sache war jedoch, er konnte niemandem als sich selber die Schuld geben – einfach herrlich!

Der Absperrposten

Neben seiner Vorliebe für Hofschranzen mit Ferngläsern hatte unser General einen absoluten Schwerpunkt, der schon fast seine Macke war. Er war ein Anzugsfetischist. Nichts erregte seine Aufmerksamkeit bei der Dienstaufsicht so sehr, wie ein vermeidlich schlechter, d.h. vor allem unkorrekter Anzug. Was bei dem Anzug des Soldaten korrekt ist und was nicht, ist wie alles in der Bundeswehr durch Vorschriften geregelt. In diesem Falle handelte es sich um die Zentrale Dienstvorschrift (ZDv) 37/10. Diese Vorschrift war sein Gebetsbuch. Mit seinem Dienstantritt als Brigadekommandeur trat eine neue Ära in die Brigade ein. Es dauerte nicht lange, und der General schiss reihenweise Soldaten aller Dienstgrade an, die einen unvollständigen oder nicht korrekten Anzug trugen. Das traf vor allem auf Wachsoldaten zu. Bei der Fahrt auf seinem Fahrrad zum Dienst passierte er natürlich täglich die Wache. Das kam grundsätzlich einer Blutsturzaktion für den Wachhabenden gleich. Sein Torposten musste nicht nur grüßen können, er musste nicht nur eine vernünftige Meldung machen können, er musste nicht nur seinen Auftrag perfekt wiederholen können – nein, er musste auch noch einen perfekten Anzug haben. Dieses Vorhaben war oftmals aussichtslos. Der Anschiss war vorprogrammiert, kurz darauf klingelte das Telefon beim Bataillonskommandeur, danach klingelte es bei mir als verantwortlichem Kompaniechef. Mit der Zeit setzte sich der General wie in vielen anderen Dingen jedoch durch. Unsere Wachsoldaten sahen mit der Zeit aus wie wahre Zinnsoldaten, es war eine Pracht, und wir hatten unsere Ruhe.

90

Das traf aber nur auf den Kasernendienst zu. Dort war diese Vorgabe auch noch durchzusetzen. Auf Truppenübungsplätzen jedoch galten für uns andere Gesetze. Da musste gekämpft werden, der Anzug war von eher untergeordneter Bedeutung. Der General sah das leider vollkommen anders. Gerade in einer Gefechtssituation sind Ordnung und Disziplin das A und O soldatischen Verhaltens. So ließ er also niemals locker, die Anzugsordnung durchzusetzen, überall und immer! Neben diesen Besonderheiten galt natürlich für jeden Kompaniechef, der eine einigermaßen vernünftige Beurteilung haben wollte, dass seine Soldaten, wie in der Geschichte mit dem Glas bereits beschrieben, ihren Auftrag perfekt können müssen. Somit waren es zwei Dinge, die garantiert durch den General besichtigt wurden, komme, was da wolle! Und so kam es – ich leitete mal wieder ein Schießen auf dem Truppenübungsplatz Bergen und war mir zurecht sicher, dass mich unser General besuchen würde. Die Zufahrt zu der Schießbahn musste durch einen Absperrposten gesichert werden, damit unbefugte Personen zu ihrem eigenen Schutz die Schießbahn nicht betreten konnten. Logischerweise war dieser Soldat der erste, den der General in seine Finger bekommen würde. Damit war klar: dieser Soldat brauchte einen perfekten Anzug und einen klaren Auftrag!

Zunächst zu seinem Anzug, denn auf Truppenübungsplätzen ist das mit dem Anzug so eine Sache. Nach fast zwei Wochen im Dreck und in der Nässe sind die Klamotten der Soldaten nicht mehr die saubersten. Da die Absperrposten stets durchgewechselt werden, um sie am Schießen teilnehmen zu lassen, hat der Absperrposten unter Umständen einen Schießdurchgang hinter sich gebracht, was seinem Anzug sicherlich nicht gut getan hat. Darüber hinaus trägt der Soldat auf Truppenübungsplätzen den Kampfanzug, somit nicht nur Hemd und Hose, nein – es hängen auch noch Dinge wie Koppel, Magazintaschen, ABC-Maske, Spaten, Koppeltragehilfe und noch einiges mehr an seinem Körper. Auch hierfür sieht die ZDv 37/10 oder andere Vorschriften vor, wie genau diese Utensilien zu tragen sind. So gut es irgend ging, haben wir unseren Absperrposten ausstaffiert, er sah richtig knuddelig aus, mein Absperrposten. Blieb noch das Problem Nummer Zwei, sein Auftrag. Wir bimsten ihm seinen Auftrag ein. Der Soldat schrieb sich seinen Auftrag auf. Aus der Entfernung konnte ich sehen, wie er immer wieder seinen Merkzettel hervorzog und versuchte, den Auftrag auswendig zu lernen. Er wusste ja genau, wer kommen würde. Alles Menschenmögliche war geleistet worden, um den Tagesbeginn unseres Generals so angenehm wie möglich zu gestalten.

Um 08.30 Uhr war Schießbeginn, um 08.35 Uhr fuhr der Wagen mit dem General vor. Ich bemerkte sein Kommen zunächst am Verhalten des Absperrpostens, den ich durch mein Fernglas beobachtete. Sein Körper straffte sich, die Verkehrskelle schnellte hoch, und er trat an die Beifahrerseite des Wagens. Die Scheibe wurde heruntergekurbelt, und es entspann sich offenbar ein Dialog. Mein Soldat machte seine Meldung und trug dem General seinen Auftrag vor. Dennoch schien etwas nicht zu klappen. Irgendwie wurde mein Absperrposten ungehalten. Er schien erzürnt zu sein, um nicht zu sagen, renitent. Das Fenster vom Wagen wurde ruckartig hochgekurbelt, und der General raste in meine Richtung davon. Um einer drohenden Katastrophe vorzubeugen, musste ich ihn abfangen. Er stieg wutschnaubend aus seinem Wagen aus und würgte mich sofort ab: „Was ist das nur für eine Sauerei hier, der Absperrposten ist eine einzige Katastrophe, das lasse ich mir nicht noch einmal bieten!" In dieser reizenden Stimmung verlief sein ganzer Besuch. Der General weigerte sich mir zu sagen, was der Absperrposten denn ausgefressen hatte. Ich solle den armen Kerl selbst fragen. Das Schießen meiner Kompanie war natürlich unter aller Kanone. Wenn ein General erst mal schlechte Laune hat, dann will er auch etwas finden, was seine Laune rechtfertigt. Das ist nicht schwer, Fehler machen wir alle. Der General verschwand, und wir alle atmeten erst einmal kollektiv durch.

Ich befahl, dass der arme Absperrposten sich bei mir melden sollte. Er kam zu mir und hatte immer noch Zornesröte im Gesicht. Ich fragte ihn, was denn passiert wäre? Der Absperrposten nutzte die Chance, Gerechtigkeit wiederherstellen zu können. Folgender Dialog zwischen ihm und mir spielte sich ab:

Ich: Haben Sie dem General eine vernünftige Meldung gemacht?

Er: Natürlich, ich meldete ihm: „Guten Morgen, Herr General, Gefreiter Meier, Absperrposten der 3. Kompanie, keine besonderen Vorkommnisse, Herr General, der Leitende befindet sich auf dem Turm!"

Ich: Das haben Sie gut gemacht. Haben Sie dem General auch ihren Auftrag gemeldet?

Er: Jawoll! Und zwar genau so, wie Sie es mir befohlen haben. Daran hatte der General auch nichts auszusetzen.

Ich:	Warum war denn der General so verärgert?
Er:	Ich hatte mir so eine Mühe gegeben, meinen Auftrag richtig durchzuführen und habe auch alles richtig gemacht. Da zeigte der General auf mein Koppel und sagte: „Herr Gefreiter, Ihr Koppel sitzt zu hoch, das ist doch kein Büstenhalter!"
Ich:	Nun gut, darüber kann man streiten. Was haben Sie denn darauf geantwortet?
Er:	Der spinnt wohl, ich trage mein Koppel immer so, niemand hat das je bemängelt, also habe ich geantwortet: „Das Koppel ist aber auch kein Sackhalter, Herr General!" Daraufhin ist er explodiert und wutschnaubend weitergefahren. Ich lasse mich doch nicht verarschen!

Auf einmal war mir natürlich alles klar. Wenn der Morgen erst einmal so für unseren General beginnt, dann kann das Schießen meiner Kompanie nichts werden. Ich war meinem Absperrposten nicht wirklich böse, auch wenn ihm diese Äußerung nicht zustand. Der Grat zwischen Erfolg und Misserfolg ist bekanntlich sehr schmal.

Generalsbeförderung

Unser General war mit Dienstantritt als Brigadekommandeur noch nicht zum General befördert worden. Gemäß der gängigen Praxis übernahm er die Brigade zunächst im Dienstgrad eines Obersten. Die Beförderung zum General war jedoch bei dem hochkarätigen Dienstposten nur eine Frage der Zeit. Zum Jahreswechsel, so konnten wir uns alle ausrechnen, war unser Oberst zur Beförderung fällig. Diese Rechnung machten wir uns bereits schon im August. Die gleiche Rechnung hatte sich aber auch unser Oberst aufgemacht. So sorgte er also vor. Als Anzugsfetischist ersten Ranges war es ihm ein Gräuel, als beförderter General in der Uniform eines Obersten vor seine Truppe zu treten. Um für den unvermeidlichen Fall X gewappnet zu sein, gab er bei der Kleiderkasse der Bundeswehr eine neue Uniformjacke in Auftrag, die mit den vorschriftsmäßigen Generalsdienstgradabzeichen versehen war.

Zum Jahreswechsel, pünktlich zur Beförderung, war Liefertermin. Und tatsächlich, unser Oberst erhielt ein Fernschreiben, dass er sich am 03.01. des Jahres beim Verteidigungsminister einzufinden hatte – ohne Angabe von Gründen. Die waren auch nicht notwendig, es kündigte sich seine Beförderung an. Er fuhr als Oberst weg und kam als General wieder. Solche

Momente sind in der Laufbahn seiner Untergebenen wichtig, freuten sich diese doch auf Freibier. Im Offizierskasino wurde sich versammelt, der frisch beförderte General wollte (musste) einen ausgeben. Hierzu bot es sich selbstverständlich an, die nagelneue Generalsjacke zu tragen. Diese Jacke war jedoch unauffindbar. Alle Nachforschungen ergaben das gleiche Resultat: Die Jacke war termingerecht von der Kleiderkasse der Bundeswehr abgeschickt worden, hatte ihren Empfänger aber nie erreicht. Konnte sie auch nicht, denn einige Scherzbolde hatten die Generalsjacke abgefangen und versteckt, ohne sich als Übeltäter zu erkennen zu geben. Der General schäumte, zürnte, drohte und musste sich doch in das Unvermeidliche fügen. Die Jacke war und blieb weg, er musste sich eine neue anfertigen lassen, die natürlich erst viel später geliefert wurde. Um nicht als Oberst weiter umherlaufen zu müssen, blieb ihm nichts Anderes übrig, als sich als ein „provisorischer" General mit einer entsprechend provisorisch hergerichteten Generalsjacke zu kleiden – was für eine Demütigung! Mit dieser Gaunerei haben sich mit Sicherheit einige derjenigen Kompaniechefs beim General gerächt, die er durch seinen Anzugsfetischismus allzu sehr verärgert hatte.

Jahre später musste der General sein Kommando abgeben, weil er für noch wichtigere Aufgaben auserkoren worden war. Wieder einmal musste er zum Umtrunk in das Offizierskasino einladen – Freibier war angesagt und alle Gauner kamen. Unser General hielt eine flammende Abschiedsrede, wir hatten ihn wirklich in unsere Herzen geschlossen. Zum Abschied schenkten wir ihm zweierlei:

Zum einen erhielt er eine besonders schön eingebundene Version der Zentralen Dienstvorschrift 37/10 („Die Anzugsordnung der Bundeswehr"), zum anderen zauberten wir seine verschollene Generalsjacke hervor.

Der General blickte versteinert in die Runde und wusste nicht, was er sagen sollte. Alle im Saal waren sich darüber im Klaren, was Sache war, und lachten sich kaputt. Mit gequältem Lächeln gab der General klein bei. Da er von seinem Kommando bereits entbunden war, blieb ihm auch nichts Anderes übrig. Im anderen Fall hätte er uns bestimmt in der Luft zerrissen. Es half alles nichts, ob er wollte oder nicht, an diesem Abend musste er die leidige Jacke anziehen.

Der sagenhafte Stabsarzt Dr. R.

Nachdem ich Ihnen, liebe Leser, das Wesen unseres Generals eindeutig genug geschildert habe, und Sie ohne Zweifel nachvollziehen können, was Murphy's Law ist, lassen Sie mich dem Ganzen noch die Krone aufsetzen.

Im Leben eines Kompaniechefs können ständig irgendwelche Missgeschicke passieren, die einem Jahre des Lebens kosten (oder zumindest die Haare!). Oftmals trifft einen ein derartiges Unglück aus heiterem Himmel, man ist absolut ahnungslos und hilflos. Man hofft dann inständig, es möge sich ein Loch auftun, in das man still und heimlich verschwinden kann. Wie sollte ich auch ahnen, dass der Truppenarzt des Bataillons, der Stabsarzt Dr. R., mich an den Rand der nervlichen Selbstzerstörung bringen würde.

Stabsarzt Dr. R. war Wehrpflichtiger. Das war bei Ärzten, die in der Kampftruppe ihren Dienst leisteten, damals eher die Regel als die Ausnahme. Ärzte führen eigentlich immer eine Art Eigenleben. Zumindest haben sie mit dem soldatischen Leben wenig am Hut. Um ihnen dennoch wenigstens etwas aus dem Soldatenleben mitzugeben, müssen auch Truppenärzte eine Grundausbildung durchlaufen. Diese wird an der Sanitätsakademie in München durchgeführt und dauert nur sechs Wochen. Es wäre mehr als vermessen, zu behaupten, unser Stabsarzt Dr. R. wäre nach vollzogener Grundausbildung ein Kämpfer. Er konnte sich mal so gerade eben auf dem Gefechtsfeld bewegen, ohne sich selbst oder andere umzubringen. Auch wurden ihm die soldatischen Umgangsformen vermittelt, was bei seinem Wesen aber aussichtslos gewesen sein muss. Dr. R. war Zivilist durch und durch, genauer: Mediziner! Grußpflicht, militärische Anrede, Kenntnis der Strukturen und Informationswege waren ihm vollkommen fremd und werden es auch ewig bleiben. Er plagte mit seinem absoluten Unvermögen, sich als Soldat zu geben, den Bataillonskommandeur derart, dass dieser vor der Wahl stand, einen Herzinfarkt zu erleiden oder aufzugeben (er tat letzteres).

Nur einmal vermochte Stabsarzt Dr. R. in der Erwartungshaltung des Bataillonskommandeurs Hoffnung zu schüren. Mein Kommandeur raffte sich auf und versuchte letztmalig dem Stabsarzt beizubringen, wie militärische Führer miteinander umgehen. Stabsarzt Dr. R. hörte aufmerksam zu, nahm dabei ungewollt Grundstellung ein und antwortete stets mit einem knappen „Jawoll, Herr Oberstleutnant!", sehr zur Freude des Bataillonskommandeurs. Als der Vortrag endlich vorbei war, drehte sich Stabsarzt Dr. R. ohne ein Wort um, meldete sich in keiner Weise ab und verließ den Saal ein Lied pfeifend. Wäre er ein Clown gewesen, hätte er seinen Kopf mit der

Narrenkappe neckisch geschwenkt. Mein Kommandeur fühlte sich veralbert und lief krebsrot an.

Solche Unarten mussten abgewendet werden, wenn unser General in der näheren Umgebung war. Ein Zusammentreffen dieser vollkommen unterschiedlichen Charaktere war undenkbar. Ließ es sich doch nicht vermeiden, sorgten wir dafür, dass der Stabsarzt über einen vorschriftsmäßigen Anzug verfügte (seine Anzugsordnung hätte für den General den augenblicklichen Tod bedeutet!) und ansonsten den Mund hielt. Bei der Comic-Serie Asterix und Obelix gibt es eine ähnliche Figur, die des Barden. Genauso einer war Stabsarzt Dr. R.. Manchmal allerdings halfen alle Vorsichtsmaßnahmen nichts.

Es war wieder einmal an der Zeit, an einer Gefechtsübung mit Volltruppe, d.h. mit allen Panzern und Soldaten teilzunehmen. Dieser Übung ging ein Anmarsch voraus, der über öffentliche Straßen führen sollte. Im Allgemeinen führt ein solcher Marsch an einen sogenannten Ablaufpunkt vorbei, den der Laie mit einem Startpunkt gleichsetzen mag. Eben an diesem Punkt stand erfahrungsgemäß unser General und kontrollierte, ob denn seine Truppen vernünftig marschieren konnten. Neben vielen anderen Merkmalen bedeutete das auch – wie sollte es bei dem General auch anders sein –, dass alle Beifahrer von Fahrzeugen ihn grüßen würden durch Anlegen der rechten Hand an die Kopfbedeckung. Wehe dem Marscheinheitsführer, der diese Grundsätze missachtete!

Ich war natürlich Marscheinheitsführer meiner Kompanie und wusste aus Erfahrung, dass es immer wieder irgendwelche Trottel gab, die diesen Grundsatz missachteten. Stets belehrte ich daher meine Kompanie aufs Neue, wann der General auf welche Art und Weise zu grüßen sei. Das Unglück wollte es, dass meiner Marscheinheit ausgerechnet der Stabsarzt Dr. R. zugeteilt worden war. Die Grußpflicht und der Stabsarzt sind bekanntlich zwei vollkommen verschiedene Welten. Es blieb mir nichts Anderes übrig, als den Stabsarzt noch einmal gesondert zu belehren, was er zu tun hätte und was nicht. Er hörte mir geduldig zu und meinte, alles verstanden zu haben. Allerdings ärgerte er sich, dass er die Türen von seinem Jeep herauszunehmen hatte, denn dies gehörte zu einem Kriegsmarsch dazu, und einen solchen wollten wir durchführen. Mein Stabsarzt musste also frieren, es tat mir in der Seele weh! Damit ich während des Marsches noch ein bisschen Einfluss auf diesen Unsoldaten ausüben konnte, gliederte ich ihn direkt hinter meinem Schützenpanzer ein.

Doch alle Vorsicht half nichts. Als erstes Kraftfahrzeug der Marsch-kolonne rollte ich auf den Ablaufpunkt zu und erkannte den General, den ich pflichtschuldig militärisch korrekt grüßte. Er grüßte zurück und schenkte mir ein freundliches Lächeln, denn mein Schützenpanzer und die Soldaten sahen perfekt aus, was für eine Freude. Das Lächeln erstarb schlagartig, als 50 m hinter meinem Schützenpanzer Stabsarzt Dr. R. erschien. Anstatt die rechte Hand zu einem militärischen Gruß an die Kopfbedeckung zu nehmen, lehnte er sich aus dem Jeep weit hinaus, wedelte mit den Armen und rief fröhlich aufgebracht: „Hallo, Herr General, wie geht es Ihnen!" Was soll ich in einer solchen Situation machen? Selbstverständlich war der Marsch meiner Kompanie unter aller Kanone! Ich bekam einen Anschiss, den ich so schnell nicht vergessen habe, denn natürlich war ich als Marsch-einheitsführer dafür verantwortlich, dass der Stabsarzt auch grüßen kann! Ich traf ihn wenig später und hätte ihn am liebsten umgebracht. Er jedoch lächelte mich an und verkündete, dass es doch ein herrlicher Marsch gewesen sei. Überhaupt mache das Soldatenleben erst richtig Spaß, wenn man so richtige Übungen erleben würde! Er als Soldat fühle sich dann immer in seinem Element!

Glauben Sie mir, der Kerl wollte mich nicht veralbern. Der war nun einmal so. Hin und wieder muss man sich in das Unvermeidliche fügen.

Das Kasinogespräch

Soldaten, und hier ganz besonders Offiziere, pflegen den sozialen Umgang nur zu gerne im Kasino. Man ist unter sich, kann mächtig einen trinken (und sich in einem gewissen Umfang auch danebenbenehmen), ohne das öffentliche Ärgernis zu erregen. Jedes Kasino hat natürlich eine Bar mit Ordonanzen, die in der Regel durch Wehrpflichtige gestellt wurden. Diese Soldaten sind im Allgemeinen die am besten Informierten in der Kaserne.

Als junger Kompaniechef kann man sich unmöglich gewissen Zwängen entziehen, wenn man sich nicht ins Abseits stellen will. Dazu gehört die Teilnahme am wöchentlichen „Bier Call". Jeden Montag ab 18:00 Uhr trafen sich alle Offiziere in der Bar. Bier gab es zum halben Preis, dafür wurde doppelt so viel getrunken. Diese Runden waren die wichtigsten Informationsbörsen. Schlaue Kompaniechefs soffen solange mit ihrem Bataillonskommandeur, bis sie entweder die Information hatten, die sie brauchten, oder gar die Entscheidung erhielten, die sie wollten. Kameraden, die am Bier Call nicht teilnahmen, sahen sich am nächsten Tag vor vollendete Tatsachen gestellt. Der noch angetrunkene Bataillonskommandeur kämpfte mit seinem Kater und hatte kein Interesse, sich der Argumentationskette eines genervten Kompaniechefs zu stellen, der sich über Entscheidungen beschwerte, die im Suff ohne seine Beteiligung getroffen worden waren. Kasinorunden haben aber auch ihre Gefahren. Natürlich tappte ich in eine solche Falle hinein. Wer auch sonst, für solche Dummheiten war ich wie geschaffen. In diesem Falle verstieß ich gegen einen eisernen Grundsatz:

Gebe im Suff nie Auskunft an einen Vorgesetzten über Deine Sorgen und Nöte, auch wenn Du noch so vertrauensvoll hierzu aufgefordert wirst!

Bei dem fünften oder sechsten Bier legte auf einmal der Brigadekommandeur seinen Arm väterlich um meine Schulter. Ich war gerade vor wenigen Wochen zum Hauptmann befördert und mit der Führung einer Kompanie beauftragt worden. Mit glasigen Augen fragte mich der Brigadekommandeur, ob ich denn irgendwelche Sorgen hätte. Kommandeure bekommen oft solche fürsorglichen Anfälle, hoffen sie doch auf diese Weise, Truppennähe erfahren zu können. Ich Idiot glaubte, es sei der richtige Augenblick gekommen, dem höchsten Offizier der Brigade (der in dieser Funktion damals fast so etwas wie eine göttliche Gestalt für mich war) Dinge vorzutragen, die mir auf der Pelle lagen. Er hörte mir aufmerksam zu, kam aber im Verlaufe des Abends nie wieder darauf zu sprechen. Am nächsten Morgen, ich saß noch verkatert am Schreibtisch, rief mich ein nüchterner und übelgelaunter Bataillonskommandeur an. Er überschüttete mich mit Vorwürfen. Wie ich denn dazu käme, dem General so einen Blödsinn zu erzählen? Ob ich denn kein Vertrauen zu ihm hätte? Wenn ich denn schon Kritik zu üben hätte, dann sollte ich diese ihm vortragen, nicht jedoch beim Brigadekommandeur damit hausieren gehen.

Ich war schlagartig nüchtern und zog meine Lehren daraus. Nie wieder habe ich in Bierlaune einem meiner Vorgesetzten irgendetwas „Kritisches" gesagt. Auch habe ich versucht, mich von diesem General fernzuhalten. Leider gelang das nicht immer. Wenige Tage später kanzelte mich der gleiche General bei einer Offiziersweiterbildung vor der Front ab, weil ich eine Diensthose trug, die an einer Stelle leicht blank gescheuert war. Ich konnte nicht ahnen, dass ich durch diese Lappalie bereits im Fadenkreuz von dem General stand und in die zweite Falle treten sollte. Der General hatte vorgetragen, wie sehr britische Soldaten im Falklandkrieg durch ihre Fitness überzeugt hätten. Er verlangte Gleiches von seinen Männern. Insbesondere forderte er, dass eine Panzermörserkompanie mit vollem Gepäck und bei Mitnahme ihres Waffensystems und der entsprechenden Munition bei Nacht lautlos über 5 km durch die feindlichen Linien einsickern können sollte. Die Brigade verfügte zu der Zeit über drei Panzermörserkompanien, eine davon führte ich seit wenigen Tagen. Die anderen wurden durch erfahrene Kompaniechefs geführt, die sich beide beeilten zu versichern, dass ihre Kompanien dieses könnten. Ich Trottel war von der Undurchführbarkeit dieses Unterfangens überzeugt, meldete mich und sagte, dass dieses unmöglich sei (wobei ich die Begründung mitlieferte).

Ein Offizier mit einer Hose, die eine blankgescheuerte Stelle hat, ist offenbar auch nicht in der Lage, seine Soldaten zu drillen. Der General brüllte mich an, ich sei unfähig, meine Soldaten auszubilden. Niemand, auch nicht mein Bataillonskommandeur, wagte, den Mund aufzumachen. In der Pause nahm ich meinen ganzen Mut zusammen, ging zu dem General und wiederholte meine Argumente. Wenn ich ihn auch sonst nicht leiden konnte, in diesem Augenblick reagierte er richtig. Zum Entsetzen der „erfahrenen" Kompaniechefs beauftragte er sie, am nächsten Morgen vorzuführen, was sie ihm vollmundig versprochen hatten. An dieser Vorführung nahmen alle Offiziere der Brigade teil. Selten habe ich so eine peinliche Aktion mit ansehen müssen. Die armen Soldaten plagten sich verzweifelt, die Unmengen an Ausrüstung und Munition lautlos auch nur über 100 m zu transportieren. Wutschnaubend brach der General ab und sagte, ich hätte Recht behalten. Dafür habe ich aber einen gehörigen Preis bezahlt. Es ist nie zweckmäßig einem General zu beweisen, dass er Unrecht hat. Irgendwann rächt sich das. Auch habe ich mir natürlich den Unmut meiner Kompaniechefkameraden zugezogen. Auf letzteres kann ich pfeifen, verstimmte Brigadekommandeure sind da von einem ganz anderen Kaliber!

Die Erstaufstellung

Generäle scheinen eine ihnen innewohnende Vorliebe für die Kontrolle des Anzuges zu haben. Das mag an zweierlei Gründen liegen. Zum einen sind Mängel in der Anzugsordnung sofort erkennbar. Zum anderen sind sie gerade auch deswegen so leicht korrigierbar. Nichts bestätigt einen General jedoch in seiner Wertvorstellung mehr als die Abstellung von Mängeln, dafür wird er schließlich bezahlt.

Zu Zeiten, in denen jede Kompanie noch einmal im Jahr auf ihre Einsatzbereitschaft hin überprüft wurde, fieberte die gesamte Einheit diesem Datum entgegen. Kein Kompaniechef konnte es sich leisten, als nicht einsatzbereit zu gelten. Alle Soldaten wären vor Scham im Boden versunken, wenn ihre Einheit durchgefallen wäre. Nun begann die sogenannte Kompaniebesichtigung im Gefechtsdienst im Allgemeinen mit der Erstaufstellung. Hierzu putzten und wienerten alle Soldaten die Panzer von innen und außen, packten vorschriftsmäßig ihre Ausrüstung, reinigten alle Waffen, bürsteten ihre Gefechtsanzüge und polierten die Schuhe. Wochenlang vorher hatten die Vorgesetzten in der Kompanie bereits alle Schießbücher, Erkennungsmarken etc. auf vollständige Angaben überprüft. Statistiken wurden angelegt und dem Bataillon gemeldet. Namen und „technische Daten" der unterstellten Soldaten wurden auswendig gelernt. Sogenannte Gruppen- und Zugbücher wurden vervollständigt usw., usw. Die gesamte Kompanie schien ein Tollhaus zu sein. Mancher Kompaniechef konnte dem Tage X nur noch mit Beruhigungstabletten entgegensehen. Was für ein Wahnsinn!

Zehn Minuten vor dem Meldetermin an den Bataillonskommandeur wurden die Panzer in Reih und Glied aufgefahren. Die Besatzungen traten in Gefechtsgliederung vor ihren Panzern an. Absolute Stille und gespannte Erwartung herrschten. Wie würde die Erstaufstellung ablaufen? Ein schlechter erster Eindruck konnte wohlmöglich die Anstrengungen eines ganzen Jahres ruinieren! Der Bataillonskommandeur war stets gut beraten, nicht eine einzige Minute zu früh, aber auch nicht zu spät zu kommen. Also wartete er außer Sichtweite und ignorierte das hektische Treiben der zu überprüfenden Kompanie. Dabei war es stets gute Sitte, dass die Erstaufstellung dem Bataillonskommandeur vorbehalten blieb. Höhere Vorgesetzte ließen sich erst später während der Gefechtsphasen blicken, ließen aber nie Zweifel daran, wer hier der Besichtigende war, nämlich der Bataillonskommandeur.

Unser damaliger General war wie in vielen anderen Dingen auch hier anders. Wenn es ihm in den Sinn kam, bremste er den Bataillonskommandeur glatt aus (falls dieser sich das gefallen ließ). So kam es also dazu, dass der Bataillonskommandeur noch mitten in der Überprüfung der Erstaufstellung war, als der Brigadekommandeur vorfuhr. Dem konsternierten Bataillonskommandeur blieb nichts Anderes übrig, als Meldung zu machen. Ich war zu der Zeit Ordonanzoffizier und konnte klar erkennen, dass der General von der letzten Nacht noch angeschlagen war. Er war nicht rasiert, hatte glasige Augen und eine Bierfahne. Statt eines Bundeswehrkoppels spannte sich sein amerikanisches Koppel über seinen Bauch. In dieser Aufmachung trat er vor die Kompanie und fing an, den Anzug zu kontrollieren. Bei ei-

100

nem der besten Feldwebel der Kompanie blieb er stehen. Dem General fiel auf, dass der Feldwebel statt eines Bundeswehrmessers ein amerikanisches Bowie-Messer am Koppel trug. Er fauchte den Feldwebel deswegen an, schrie auf den armen Kompaniechef ein und sagte laut genug, so dass alle es hören konnten, dass diese Kompanie wohl der miserabelste Haufen sei, den er jemals gesehen hatte. Sein eigenes US-Koppel hatte er dabei vollkommen übersehen. Da platzte dem Bataillonskommandeur der Kragen. Sich gerade noch beherrschend nahm er den General beiseite und führte ihn einige 100 m weit weg. Die beiden haben sich angebrüllt wie die Verrückten. Die ganze Zeit stand die Kompanie in „Grundstellung" und hörte bewegungslos zu. Nach mehreren Minuten stürmte der Brigadekommandeur davon. Er wurde für den Rest der Kompaniebesichtigung nicht mehr gesehen. Der Bataillonskommandeur hatte Mühe, seine Fassung wiederzugewinnen. Dass es ihm doch gelang, sprach für ihn.

Was habe ich aus diesem Vorfall gelernt:

- erstens: Trete niemals betrunken vor Deine Einheit.
- zweitens: Halte Dich mit Deinem Urteil zurück.
- drittens: Sei Vorbild!

Ich habe in meiner Laufbahn hervorragende Vorgesetzte gehabt. Denen brauchte man von Menschenführung nichts erzählen. Sie waren in jeder Hinsicht Vorbilder. Diese Männer waren und sind in der Bundeswehr Gott sei Dank auch in der Mehrheit. Für so manch einen wäre ich durchs Feuer gegangen. Für diesen General jedoch nicht. Glauben Sie ernsthaft, dass auch nur ein einziger Soldat der betroffenen Kompanie diesem Manne noch irgendein Wort geglaubt hätte?

Der Kradmelder

Es war mal wieder eine Divisionsgefechtsübung angesagt. Alle Bataillone und Brigaden in Norddeutschland rüsteten auf und bereiteten sich auf das Großereignis vor. Dabei muss gesagt werden, dass zu dieser Zeit noch Übungen im freien Gelände die Regel waren. Es herrschte der Kalte Krieg, die innerdeutsche Grenze vermittelte allen Bundesbürgern das beklemmende Gefühl der unmittelbaren Bedrohung. Gefechtslärm vor der Haustür war der „Sound of Freedom" und wurde billigend in Kauf genommen. Der entstandene Flurschaden war jedes Mal erheblich. Bis auf wenige Ausnahmen gab es aber kaum jemals gravierende Klagen. Natürlich hatte sich der eine oder andere Soldat auch mal danebenbenommen, weil er in einem Anflug von kompletter Blödheit auf den frisch bestellten Acker mit seinem Panzer gefahren war, um in aller Ruhe auf der Hochachse zu wenden. Dieses war aber eher die Ausnahme. Heute nun fehlt jedes Gefühl für Bedrohung und daher auch jedes Verständnis für Übungen im freien Gelände. Längst schon übt die Bundeswehr fast ausschließlich nur noch auf Truppenübungsplätzen mit Volltruppe. Aber auch dort machen sich Bürgerbewegungen, Friedensbewegte und Umweltschützer bereits bemerkbar. Ginge es nach ihnen, würden wir am besten überhaupt nicht mehr üben! Damals jedoch herrschte noch ein übungstechnischer Paradieszustand.

Wie bei jeder Übung, so fing es auch hier pünktlich zu Übungsbeginn an zu regnen. Es goss wie aus Eimern. Divisionskommandeure müssen eine besondere Verbindung zum lieben Gott haben. Jedenfalls verstand es auch dieser Divisionskommandeur, den Übungstag jedes Mal nass zu gestalten – was für eine Freude. Nun hat die Bundeswehr ja einen gewissen Nässeschutz zu bieten. Der damalige Nässeschutz bestand aus einem Poncho ohne Dienstgradabzeichen und ohne Namensschild. Einmal übergeworfen sehen alle Soldaten absolut Poncho-gleich aus. Der Poncho ist übrigens nach Jahren ausgemustert worden, weil sein Material angeblich Krebs erzeugt (als ob man das nicht eher hätte feststellen können). Leider können Divisionskommandeure trotz aller Verbindungen zum lieben Gott nicht verhindern, ebenfalls nass zu werden. Selbst sie müssen sich mit einem Poncho schützen. Sie tun das auch, denn sie sind Vorbilder und möchten keine Erkältung bekommen.

So geschah es, dass ich mit meinem Poncho bewaffnet unter einem Baum in der Nähe des Divisionsgefechtsstandes stand. Auf einem Male erkannte ich den Divisionskommandeur, einen Generalmajor, der mit übergeworfenem Poncho in der Nähe einer Kreuzung stand und daher als General nicht mehr zu erkennen war. Er wartete wohl auf eine Fahrzeugkolonne und wollte sich offenbar von der guten Marschdisziplin überzeugen. Bevor jedoch irgendeine Kolonne sichtbar wurde, knatterte ein Motorrad heran, auf dem ein total durchnässter und dreckverschmierter Kradmelder saß. Kradmelder sind auf Übungen immer die ärmsten Hunde. Kein Autodach schützt sie, keine Plane gibt ihnen Schutz vor Wind und Kälte. Ständig fahren sie ohne Karten herum, verfahren sich permanent und geben dennoch nie auf. Für mich sind sie immer wahre Helden gewesen. Ich habe sie stets gepflegt wie meinen Augapfel.

So in etwa muss auch der Generalmajor gedacht haben, sonst hätte er den Kradmelder wohl einen Kopf kürzer gemacht. Dieser hielt mitten auf der Kreuzung an und versuchte, sich zu orientieren. Da ihm das nicht gelang, sah er sich nach Hilfe um. Den einzigen Menschen weit und breit erspähte er in der Nähe der Kreuzung. Da stand doch ein Landser, der einen Regenponcho trug und dumm aus der Wäsche schaute. Kradmelder sind nicht gerade für ihre Feinfühligkeit bekannt. Dieser hier hatte eine freche Schnauze. Er brüllte: „He, Du da, komm' mal her!" Als der General darauf nicht reagierte, setzte unser Kradmelder noch einmal nach: „Kannst Du nicht hören, Du Blödmann, komm' mal her!" Der General ging vollkommen ruhig zu dem Kradmelder und fragte ihn, was denn los sei. „Was schon, ich habe mich verfahren, kannst Du mir sagen, wie ich weiterfahren muss?" fragte der Kradmelder. Der General konnte. Da er sich als General nicht zu erkennen gab, dankte der Kradmelder mit den Worten „Danke Kumpel", haute ihm die rechte Pranke auf die Generalsschulter und fuhr davon. Ich stand da wie versteinert und hatte Hochachtung vor der Reaktion des Generals. Nach der Übung gab es die unvermeidliche Abschlussbesprechung. An dieser Besprechung nehmen alle Offiziere teil. Meist schlafen alle, da sie hoffnungslos übermüdet sind. Der General erzählte die Geschichte von dem Kradmelder. Es war für ihn das schönste Übungserlebnis. Über den Rest der Übung reden wir lieber nicht. Das tat der General im Anschluss für mindestens nicht enden wollende 60 Minuten.

Der General und das Ausbildungsbiwak

Ähnlich dem Empfang des Bundespräsidenten für das Diplomatische Korps veranstaltet jeder Brigadekommandeur zum Anfang eines Jahres einen Neujahrsempfang. Geladen werden natürlich keine Diplomaten. Auch der Bundespräsident zählt im Allgemeinen nicht zu den Gästen. Vielmehr werden Vorgesetzte, in diesem Fall der Divisionskommandeur, andere Brigadekommandeure, ehemalige Kommandeure und ganz besonders Persönlichkeiten des öffentlichen Lebens aus der näheren Umgebung eingeladen. Letztere bilden die eigentliche Zielgruppe, um sie wird geworben. Die teilnehmenden Soldaten sind in der Regel die Staffage, die notwendig ist, um den einladenden Charakter zu wahren. Schließlich lädt nicht der Brigadekommandeur, sondern sein gesamtes Offizierskorps ein.

Es ist im Allgemeinen üblich, dass der Divisionskommandeur anwesend ist. Alles andere wäre ohne einen triftigen Grund nicht zu vertreten gewesen. Dieser Divisionskommandeur hatte erst kürzlich seine Verwendung angetreten und konnte diesen Anlass mit seinem obligatorischen Antrittsbesuch bei der Brigade verbinden. So geschah es. Man traf sich im Offizierskasino. Dieser Bau zeichnete sich durch absolute Geräumigkeit aus. Das war von Vorteil angesichts der Unmenge an Gästen. Es bot aber auch jungen Kompaniechefs die Möglichkeit, sich in eine Ecke zurückzuziehen, um sich von dem Trubel etwas abzusetzen. Daran war ich besonders interessiert. Wenn ich schon daran teilnehmen musste, so wollte ich mich mit meinen Kameraden vergnügen, um das Beste aus der Sache zu machen. Es wurden feurige Reden geschwungen. Danach wurde zum inoffiziellen Pflichtteil übergegangen – Smalltalk mit Biertrinken.

In dieser Situation sprach mich vollkommen überraschend jemand von hinten an: „Sagen Sie, Herr Hauptmann, wer sind Sie eigentlich?" Diese Frage war unüblich und steht eigentlich nur einem sehr hohen Vorgesetzten zu, der ortsfremd war und mich nicht kannte – kurz, dem neuen Divisionskommandeur. Wie es solchen Herren eigen ist, sind sie wild entschlossen, ihre Offiziere schnellstmöglich kennenzulernen. Diese Veranstaltung bot sich hierfür geradezu an! Ich antwortete pflichtgemäß, wer ich sei und welche Funktion ich bekleidete. Diese Antwort schien ihn zu faszinieren, trotzdem bohrte er weiter: „Haben Sie dieses Quartal einen Ausbildungshöhepunkt geplant, Herr Hauptmann?". Natürlich hatte ich und wenn nicht, hätte ich schleunigst einen erfunden. Alles andere wäre glatter Selbstmord gewesen. Also antwortete ich wahrheitsgemäß: „Natürlich, Herr General, in zwei Wochen verlege ich mit meiner Kompanie auf den Truppenübungsplatz Bergen." Das genügte dem General immer noch nicht, wie stets Generäle die unangenehme Eigenschaft haben, nicht enden wollende Fragen zu stellen, die zumeist auch noch sehr unbequem sind. Er setzte nach: „Gehen Sie in Truppenunterkünfte oder in ein Biwak?" Wohlgemerkt, es war Anfang Januar, und die Vorstellung eines Biwaks bei eisigen Temperaturen war nicht sehr angenehm. Dementsprechend antwortete ich: „Wir benutzen Truppenunterkünfte, Herr General." Mit knallhartem Gesichtsausdruck gab er zurück: „Biwak wäre besser gewesen, Herr Hauptmann!" Er drehte sich um und verschwand. In seinen Augen war ich gebrandmarkt als unerfahrener Offizier, der seine Soldaten offenbar nicht hart genug forderte, anders ausgedrückt, ein Weichei! Ich war stinksauer. Als ob derselbe General, gut gefrühstückt und ernährt, in den letzten Jahren jemals ein Biwak von innen gesehen hätte!

Um ihm nicht weiter ausgesetzt zu sein, verdrückte ich mich in eine andere Ecke. Das war ein taktischer Fehler, besagen doch Kriegserfahrungen, dass Artillerieeinschläge nie an der gleichen Stelle stattfinden. So gesehen ist ein Einschlagsloch ein relativ sicherer Ort, unberührtes Gelände jedoch im höchsten Maße gefährlich. Meine neue Ecke war vom General bislang unberührt geblieben, das hätte ich wissen müssen. Kaum kam ich dort an, änderte sich dieser Zustand, denn eine mir mittlerweile vertraute Stimme sprach mich von hinten an: „Sagen Sie mal, Herr Hauptmann, wer sind Sie eigentlich?" Ich antwortete, wie ich zu antworten hatte. Wie immer fasste der General nach: „Haben Sie in diesem Quartal einen Ausbildungshöhepunkt geplant, Herr Hauptmann?" Diesmal wollte ich nicht noch einmal in sein Messer laufen. Trotzdem antwortete ich „Aber selbstverständlich, Herr General, wir verlegen in Kürze auf den Truppenübungsplatz Bergen." Der General stellte seine Fangfrage: „Benutzen Sie Truppenunterkünfte oder gehen Sie ins Biwak, Herr Hauptmann?" Jetzt kam meine Rache: „Wir benutzen Truppenunterkünfte, Herr General, aber ich weiß, Biwak wäre besser gewesen!" Mit Mordlust in seinen Augen drehte er sich um und verschwand. Ich war für ihn fortan eine persona non grata. Ich blieb in meiner Ecke, man soll das Schicksal nicht unnötig herausfordern.

Durchhalteparolen

Ein anderer General war stellvertretender Divisionskommandeur in der 3. Panzerdivision zu der Zeit, als ich dort als S3 Offizier tätig gewesen war. Der General war in seiner Art ein Unikum. Schon rein äußerlich machte er einen älteren Eindruck, ganz so wie ich mir einen Urgroßvater vorstelle. Manchmal schien es, als ob er auch tatsächlich einer war. Seine Art zu Denken und zu Reden ließ zumindest diesen Eindruck zu. Er war Süddeutscher, voller Begeisterung für seinen Aufgabenbereich und wie jeder stellvertretende Divisionskommandeur eifersüchtig darauf bedacht, nicht übergangen zu werden. In einem Divisionsstab spielen die stellvertretenden Kommandeure nämlich zumeist nur eine untergeordnete Rolle. Die eigentliche Arbeit wird durch den Divisionskommandeur und seinen Chef des Stabes erledigt. Der Divisionsstab arbeitete daher zumeist auch nur für den Kommandeur, weniger für seinen Stellvertreter. Um ihm wenigstens einen Mini-Stab an die Hand zu geben, wurde für den Stellvertreter extra ein zusätzlicher Dienstposten in seinem Vorzimmer eingerichtet, der durch einen Oberstleutnant besetzt wurde. Dieser war dann zugleich Adjutant, rechte Hand, Blitzableiter und oberster Zigarrenabbeißer des stellvertretenden Divisionskommandeurs.

Das alles konnte jedoch nicht verdecken, dass der Stellvertreter eine nur untergeordnete Rolle spielte. Damit allerdings war die Eitelkeit dieses Generals herausgefordert. Schließlich war er General, und als solcher verschaffte er sich seinen Status notfalls selber. Zunächst befahl er wie selbstverständlich, dass der Divisionsstab nicht nur der Stab für den Divisionskommandeur wäre, sondern auch für ihn zu arbeiten hätte. Diese Maßnahme klang vernünftig, zwang jedoch den Chef des Stabes, für zwei Herren arbeiten zu müssen. Alle Ein- und Ausgänge liefen von nun an über den sowieso schon überfüllten Schreibtisch des Chefs des Stabes. Der Adjutant des stellvertretenden Divisionskommandeurs wurde auf diese Art und Weise fast arbeitslos. Als Nächstes setzte der General durch, dass er direkt für die sogenannten Divisionstruppen verantwortlich sei. Der Divisionskommandeur führte nur noch die drei Brigaden der Division direkt (die sogenannten Kampftruppen), während der Stellvertreter das Artillerieregiment, das Pionierbataillon, Instandsetzungsbataillon, Nachschubbataillon, Fernmeldebataillon, Sanitätsbataillon, die Heeresfliegerstaffel, die ABC-Abwehrkompanie, die Stabskompanie des Divisionsstabes und das Heeresmusikkorps führte (die sogenannten Divisionstruppen[5]). In der Summe machte das eine erhebliche Führungsspanne aus. De facto teilten sich von nun an der Divisionskommandeur und sein Stellvertreter die komplette Führungsverantwortung und die Dienstaufsicht, was dem Statusempfinden unseres Stellvertreters enormen Auftrieb gab.

Da dem Stellvertreter das noch nicht reichte, erklärte er sich auch noch für alle Reservisten der Division verantwortlich. Wie alle anderen Großverbände des Heeres, so hatte auch die 3. Panzerdivision nichtaktive Verbände, die erst nach Mobilmachung mit Reservisten aufgefüllt und aktiviert wurden. Nach meiner Kenntnis zählten zur damaligen Zeit 5 nichtaktive Bataillone dazu, die nun alle unter die Fittiche dieses Generals kamen. Wir investierten sehr viel Mühe und Zeit, alle Reservisten in die Division zu integrieren. Es wurden unter der Federführung der Division zahlreiche Übungen mit den nichtaktiven Verbänden durchgeführt, die unseren Ter-

---

[5] In der heutigen Struktur gibt es eine derartige Fülle von Truppenkörpern als Divisionstruppen nicht mehr. Damals war das aber gang und gäbe.

minkalender nicht unwesentlich belasteten. Auch fanden diese Übungen fast immer im gleichen Gelände statt, so dass die örtlichen Bürgermeister bereits anfingen, sauer zu werden. Der General tröstete sie immer und versprach alles zu tun, was sie sich wünschten. Bevor der betroffene Bürgermeister einen Wunsch äußern konnte, ließ ihn jedoch der General mit dem gönnerhaften Angebot stehen, dass das ihm unterstellte Heeresmusikkorps ein Platzkonzert halten würde, quasi als Entschädigung für erlittene Übungsbelastung. Weder das Heeresmusikkorps, das schon über einen übervollen Terminkalender verfügte, noch der Bürgermeister und schon gar nicht die betroffene Gemeinde waren davon begeistert. Der General merkte davon jedoch überhaupt nichts. Er glaubte wirklich, eine gute Tat getan zu haben und alle Betroffenen durch schmissige Militärmusik zufrieden stellen zu können.

Alle Übungsbegeisterung konnte jedoch nicht verhindern, dass der General bei wirklich wichtigen Übungen, an denen vor allem die Brigaden im Fokus standen, nichts zu führen hatte. Es blieb ihm nichts Anderes übrig, als brav hinter dem Divisionskommandeur hinterher zu laufen. Was muss seine Eitelkeit bei diesen Gelegenheiten gelitten haben! Seine große Stunde kam jedoch, als der Divisionskommandeur erkrankte, und er ihn während einer Übung ersetzen musste. Diese Übung war eine sogenannte „Rahmenübung", das heißt es nahmen nur die Gefechtsstände nicht jedoch die Truppe teil. Die Gefechtsstände simulierten auf diese Weise das Gefecht, das sich nur auf den Karten abspielte, nicht jedoch live im Gelände. Der General erschien freudestrahlend auf dem Divisionsgefechtsstand. Er war der Boss. Das machte er uns auch sofort klar. Jetzt hieße es, Krieg zu führen, nicht Papier zu bewegen. Auf solche Anfeuerung hatten wir nur gewartet. Irgendwann kam er auf die Idee, mit seiner beweglichen Befehlsstelle nach vorne zu fahren. Er hatte wohl gelesen, dass erfolgreiche Führer immer von vorne führen. Was ein Rommel und ein Guderian konnten, konnte er schon lange. Also befal er seine bewegliche Befehlsstelle, bestehend aus einem einzigen Führungspanzer, nach vorne.

In diesem Falle hieß „vorne" nur 3 km weiter, wo sich der Gefechtsstand des Artillerieregimentes befand. Der Raumgewinn war also gewaltig. Mitten in der Nacht zog daher seine bewegliche Befehlsstelle direkt neben einem anderen Gefechtsstand unter, der über weit bessere Führungsmittel verfügte, als die „Bewegliche" selber. Nicht nur Rommel hätte mit dem Kopf geschüttelt. Auch unser Chef des Stabes zweifelte an der Zweckmäßigkeit dieser Maßnahme. Um einem drohenden Unheil vorzubeugen befal er mir, dem General hinterherzufahren, um auf ihn aufzupassen. Ich fand den General in seinem Führungspanzer, der durch seinen Adjutanten zwar geführt, jedoch in keiner Art und Weise vorbereitet worden war. Der Panzer war „nackt", keine Karte und schon gar keine Übersichten verschafftem dem General den Eindruck, führen zu können. Er ließ sich davon jedoch nicht abschrecken. Voller Elan versuchte er, ein Funkgespräch zu führen. Leider funktionierte der Funk auch nicht. Dann versuchte er, ein Telefongespräch zu führen. Als die Verbindung zustande kam, erläuterte er mir freudestrahlend, er würde jetzt ein Führungsgespräch führen (ganz so wie der selige Rommel in der Wüste). Am anderen Ende der Leitung meldete sich der Gefechtsstand einer der uns unterstellten Brigaden. Da es mitten in der Nacht war, hatte dieser Gefechtsstand seine Schichteinteilung umgestellt und hielt die Führungsbereitschaft nur mit einer Minimalbesetzung aufrecht. In diesem Falle war es ein einfacher Hauptmann, der das „Führungsgespräch" mit dem General entgegennehmen durfte. Der General feuerte ihn an: „Durchhalten Männer, wir werden es schon schaffen, nur Mut, nicht verzagen, immer vorwärts, so gewinnen wir das Gefecht!". Mit diesen Worten legte der General auf und beendete zugleich das „Führungsgespräch".

Ich hätte zu gerne das Gesicht des Hauptmanns sehen mögen, der das Gespräch annehmen musste. Da es für ihn außer Papier nichts zu führen gab (wie gesagt, es war nur eine Rahmenübung), musste er sich reichlich veralbert vorgekommen sein. Er hatte sich bestimmt augenblicklich wieder hingelegt. Der General aber war durch und durch glücklich. So muss Rommel sich gefühlt haben! Freudestrahlend ging er zum Gefechtsstand des Artillerieregimentes rüber, um den verschlafenen Herren der Artillerie stolz zu berichten, dass er in Rommels Fußspuren wandeln würde. Ich habe mich richtig geschämt. Wirklich ernst genommen hat den armen General niemand. Rommel war doch von einem anderen Kaliber.

Das Mitzeichnungsexemplar

Einer meiner Vorgesetzten bei der 3. Panzerdivision in Buxtehude bekleidete den Dienstgrad Oberst. Er war Generalstabsoffizier, klein, fanatischer Antialkoholiker und Chef des Stabes des Divisionsstabes, dem ich zeitweise angehörte. Darüber hinaus war er knallhart und absolut humorlos. Ich war nur Truppenoffizier und Hauptmann, eher lang aufgeschossen, dem Bier nicht abgeneigt, lebenslustig und durchaus kompromissbereit. Vor allem aber gehörte ich dem Stabe des Obersts an, war also sein Untergebener.

Der Dienstposten als Chef eines Divisionsstabes ist ein Schleudersitz. Meist kommt man karrieremäßig schnell voran, muss aber dafür den Preis in Form von Stress pur zahlen. Prinzipiell steht ein Chef des Stabes zwischen mehreren Mühlsteinen. Er muss dem Divisionskommandeur und dem stellvertretenden Divisionskommandeur dienen und seinen Stab führen. Damit alles reibungslos funktioniert, gibt es eine Dienstanweisung, die die Stabsarbeit in einem Divisionsstab reguliert. Darin ist alles haarklein geregelt, angefangen von den Aufgaben aller Mitarbeiter, deren Kompetenzen und die Struktur der Abteilungen. Unter anderem ist auch festgeschrieben, wer was wie unterschreiben darf. Das gleiche trifft auf die Formen und Formate zu, die auf Vorlagenotizen, Entscheidungsvorlagen, Aktennotizen, Gesprächsnotizen, Protokollen, Stabsstudien etc. Anwendung finden. Kurz und gut – hier wurde Bürokratie in Reinkultur zelebriert. Wehe dem Mitarbeiter, der von der Divisionsführung bezogen auf ein Problem eine Entscheidung erwirken wollte, um weiterarbeiten zu können. Wenn dieser arme und offenbar von kompletter Blödheit geplagte Kerl statt einer formvollendeten Entscheidungsvorlage einfache Sätze zu Papier bringt, die seinem persönlichen Stil und dem gesunden Menschenverstand entsprechen, dann riskierte er spätestens durch den Chef des Stabes einen Kopf kleiner gemacht zu werden. Auf diese Art und Weise entstand in diesem Stabe eine Eigendynamik, die alle Mitarbeiter ohne größere Effizienz rotieren ließ, womit die klassischen Merkmale einer aufgeblähten Bürokratie erfüllt sind.

Bei all diesen Fallstricken gibt es ein Wundermittel, das einen gestressten Mitarbeiter sowohl von Arbeitsvorgängen als auch von potentiellen Konfliktfeldern mit dem Chef des Stabes befreit – der Mitzeichnungsgang! Umso größer und bedeutsamer die Führungsebene ist, desto wichtiger wird der Mitzeichnungsgang. Logischer Weise sind bei immer größeren Stäben immer mehr Abteilungen, Dezernate, Referate oder einfach auch nur Mitarbeiter **vor** Unterschrift durch den alles verantwortlichen Führer zu beteiligen, um ihr fachspezifisches Wissen in die Entscheidung einzubringen. Manchmal ist es aber auch nur Eitelkeit, die Einzelne darauf pochen lässt, vor Abgang ihren Kaiser-Wilhelm unter ein Schriftstück setzen zu müssen. Das Fantastische an diesem Mitzeichnungsgang ist jedoch, dass der Vorgang erst einmal für eine bestimmte Zeit aus dem Verantwortungsbereich des Sachbearbeiters verschwindet. Die Zeit ist dabei direkt abhängig von der Anzahl der mitzeichnenden Abteilungen. Clevere Stabsoffiziere können auf diese Weise ihre persönliche Arbeitsbelastung auf nahezu Null reduzieren!

Das alles war mir als junger Offizier, der vor kurzem erst aus der Kompaniechefverwendung in einen Divisionsstab wechselte, nicht bekannt. Die Division war mir bis dato immer als Gottähnliche Instanz vorgekommen (heute lache ich immer, wenn es heißt, die Division hat angerufen). Wie alle meine Vorgänger lief ich mir schnell meine Hörner ab, indem ich ständig gegen eine Wand lief. Die Macken meiner Vorgesetzten, wie ich sie aus früheren Verwendungen kannte, waren noch nicht einmal entfernt zu vergleichen mit denen, die die Vorgesetzten im Divisionsstab an den Tag legten. Doch der Mensch ist anpassungsfähig. Mit der Zeit wurde auch ich angepasst und lernte, auf dem Klavier der Bürokratie zu spielen. Alle erworbene Erfahrung half mir jedoch nicht, als ich dem Oberst zum ersten Mal ins offene Messer lief. In meiner Tätigkeit war ich unter anderem damit beauftragt, den Befehl der Division bei Einsätzen im Katastrophenschutz zu entwerfen. An diesem Befehl mussten alle Abteilungen beteiligt werden, da Katastrophenschutz alles beinhaltet, worin ein Divisionsstab gut ist.

All dieses Personal zu beteiligen ist langwierig. Irgendwann kam jeder einzelne mit seinem Beitrag aus dem Kreuz, was meinen Abteilungsleiter, den G 3, dazu bewegte, mir zu befehlen, ihm den Katastrophenschutzbefehl in neuer Form sofort vorzulegen. Da nicht alle Abteilungen gleichzeitig ihre Beiträge vorlegten, musste ich jedes Mal einen neuen Entwurf erstellen. Allein das verhalf mir zu dem Gefühl, ständig gegen einen Berg an zuarbeiten. Zudem war mein G 3 ein Formulierungskünstler, dem es Spaß bereitete, die Entwürfe seiner Mitarbeiter so umzuformulieren, dass sie sich anders anhörten, ohne deren Inhaltsgehalt zu verändern. Er nannte das „Schönheit der Arbeit", einen Begriff, den ich auch heute noch verabscheue! Das alles führte bei mir zu steigendem Frust. Erhielt ich doch stets das Gefühl, als Mittdreißiger nicht des Deutschen mächtig zu sein. Schließlich waren alle Mitzeichnungen da, und mein G 3 krickelte noch im 6. Entwurf herum, versetzte Absätze und drehte Sätze um. Mein Gott, was musste dieser Mann für Zeit oder Angst vor dem Chef des Stabes haben! Ich jedenfalls erklärte ihm, dass ich nicht mehr bereit sei, weiter an diesem Entwurf zu arbeiten, ich hätte nebenbei auch noch andere Aufgaben zu erfüllen. Mein G 3 schaute kurz auf und setzte sein Namenszeichen ohne ein weiteres Wort sofort unter den Entwurf. So ausgestattet landete der Entwurf beim Chef des Stabes. Dieser musste selbstverständlich noch Änderungen einbringen, sonst wäre ja nicht für alle klar, wer hier der Boss war. Damit entstand der 7. Entwurf, den ich dann über den Chef des Stabes dem stellvertretenden Divisionskommandeur vorlegte. Nachdem ich seine Korrekturen eingegeben hatte, konnte ich den 8. Entwurf endlich dem Divisionskommandeur zur Unterschrift vorlegen. Nach einiger Zeit unterzeichnete er den 9. Entwurf. Somit waren in etwa drei Monate ins Land gegangen, und ich hatte genug. Der Befehl ging zur Druckerei und wurde verteilt.

Was aber sollte ich mit all den Entwürfen anfangen? Mein Aktenschrank platzte aus allen Nähten. Überall lagen Mitzeichnungsexemplare und Entwürfe. Wie es meine einfach strukturierte Art ist, fasste ich den Entschluss, dass alle Entwürfe und Mitzeichnungsexemplare ihren Sinn in dem Augenblick verlieren, wenn der Boss der Bosse, der Divisionskommandeur, seine Unterschrift geleistet hatte. Freudestrahlend wanderten die nutzlosen Papierberge in den Zerreißwolf, die Geschichte hatte ein Ende.

Schnell und auf die unbequeme Art und Weise musste ich lernen, dass ich einen kapitalen Bock geschossen hatte. Eines Tages kam der Chef des Stabes in mein Dienstzimmer gestürzt, was er eigentlich immer nur dann tat, wenn irgendetwas schiefgelaufen war. Er fragte mich, ob den Katastrophenschutzbefehl wirklich alle mitgezeichnet hätten? Natürlich hatten sie! Ob denn auch der stellvertretende Divisionskommandeur mitgezeichnet hätte? Natürlich hatte er, nur beweisen konnte ich es nicht mehr, war doch gerade die letzte Seite des Mitzeichnungsexemplars im Zerreißwolf zu Papierschnipseln verarbeitet worden! Fassungslos stierte mich der Oberst an. Zunächst fand er keine Worte (ich auch nicht!), befand er sich doch in der Klemme. Er hatte nämlich in Gegenwart des stellvertretenden Divisionskommandeurs dem Divisionskommandeur zugesagt, alle hätten mitgezeichnet. Leider haben es stellvertretende Divisionskommandeure an sich, vergesslich zu werden. Dieser konnte sich an seine Unterschrift nicht erinnern und fühlte sich übergangen, womit seine Eitelkeit betroffen war (schlimmer geht es nicht). Mein Oberst war in Beweisnöten. Aus diesem Dilemma konnte ihn nur das Mitzeichnungsexemplar retten, und das war weg.

Über mich armen Kerl brach eine Schimpfkanonade herein. Der Oberst gab mir zu verstehen, dass ich untauglich sei, er könne mit mir nicht weiter zusammenarbeiten. Solcher Dinge ließ er mich sitzen und knallte die Tür zu. Fünf Minuten später flog die Tür wieder auf, und der Oberst fragte mich mit knallrotem Kopf, ob das Mitzeichnungsexemplar wirklich verschwunden sei? Die Antwort war die gleiche, lassen sich doch Papierschnipsel nicht in einen Befehl verwandeln. Das nächste Opfer des Obersts war natürlich mein G 3, der zu dumm war, mich vom Wegschmeißen des Mitzeichnungsexemplars abzuhalten. Hierzu vom G 3 zur Rede gestellt, wiederholte ich alles, was ich bereits dem Chef des Stabes gemeldet hatte. Vom G 3 bekam ich darauf hin den Titel „Hornochse" verpasst. Auch stellte er sich nicht schützend vor mich hin, nein, damit hätte er wohlmöglich noch sich selbst geschadet.

Am nächsten Tag war Abteilungsleiterbesprechung. Der Oberst stellte mich als miserables Beispiel unmöglicher Stabsarbeit hin. Ohne dass ich anwesend gewesen wäre, wurde ich somit öffentlich zur Schau gestellt. Es wurde allen Ernstes befohlen, dass alle Mitzeichnungsexemplare aller Vorgänge mindestens fünf Jahre aufzubewahren seien. Bei der Fülle der zu bearbeitenden Vorgänge war dieser Befehl ohne den Bau von Lagerräumen einfach nicht zu erfüllen. Am Tag darauf stürzte der Oberst wieder in mein Dienstzimmer. Er war offenbar mit mir immer noch nicht fertig. Bevor er wieder auf mich einschlagen konnte, platzte mir der Kragen. Er könne mich aus dem Stab schmeißen, er könne mich vor das Kriegsgericht stellen, er könne mich erschießen oder degradieren. Nur eines könne er nicht. Das Mitzeichnungsexemplar könne er nicht hervorzaubern. Das hat der Zerreißwolf ein- für allemal vernichtet. Nun endlich ließ er von mir ab.

Was habe ich daraus gelernt? Eigentlich nur einen fundamentalen Grundsatz deutscher Bürokratie:

Sichere Dich gegen alles ab, was Dir theoretisch passieren kann, und halte Dich von aller Verantwortung fern!

Der Divisionsgefechtsstand

Als Chef des Stabes führte der Oberst nicht nur seinen Divisionsstab im Frieden, sondern auch im Krieg. Dann allerdings bildet der Stab den Divisionsgefechtsstand, dem ich als Gefechtsstandoffizier in der Operationszentrale angehörte. Als solcher war ich de facto der dritte Mann, d.h. nach dem Chef des Stabes und dem G 3 als Schichtführer das Mädchen für alles. Wenn man so will, saß ich in einer Schlüsselfunktion und damit im Zentrum des Geschehens. Als ich noch nagelneu und unerfahren im Divisionsstab war, stand eine Divisionsgefechtsstandübung an, während der ich erste Erfahrungen sammeln sollte. Mein Counterpart der ersten Schicht sollte mich als erfahrener Hase in die Schliche der Stabsarbeit auf dem Gefechtsstand einweisen. Völlig unbedarft ließ ich alles erst einmal in Ruhe auf mich zukommen. Es verwirrte mich schon ein bisschen, dass wir alle in einem Bus ins Gefecht fuhren, schließlich war ich es gewohnt, in Gefechtsübungen mit einem Panzer zu fahren. Auch musste ich mein Gepäck selber tragen, da ich keinen Gehilfen hatte, wie es in einer Kompanie der Kraftfahrer des Kompaniechefs ist. Was mich aber vollkommen erstaunte, war die Größe eines Divisionsgefechtsstandes. Mit allen Zellen und Abteilungen belegt so ein Gefechtsstand ein Dorf in Gänze. Wenn die feindliche Artillerie so einen Gefechtsstand erst einmal aufgeklärt hat, dann kann sie gar nicht mehr vorbeischießen. Irgendeinen von uns hätte sie in jedem Fall erwischt!

Das Herz des Gefechtsstandes ist die Operationszentrale, kurz die OPZ. Man glaubt gar nicht, wie altertümlich es damals dort zuging. Alles wurde noch brav per Hand erstellt. Computer gab es noch keine. Bei Minusgraden froren die Folienstifte ein. Bei Regen stand man im Matsch, seit dem II. Weltkrieg konnte sich nicht viel verändert haben[6]. Ahnungslos folgte ich meinem erfahrenen Kameraden in das Zelt der OPZ, als der Chef des Stabes laut nach dem Gefechtsstandoffizier rief. Mein Kamerad rammte mir den Ellenbogen in die Rippen und sagte: „Das bist doch Du, Du Idiot!" Mit dem Ausspruch „Idiot" hatte er ohne Zweifel Recht, denn ich Blödmann meldete mich mit einem markigen „Hier!" Der nächste Anschiss war natürlich meiner. Man kann neue Betätigungsfelder auf die leichte oder auf die schwere Tour erlernen. Ich habe ein Talent für die letztere Variante. Mit der Zeit lernte ich meine Hausaufgaben und wusste, wie der Hase läuft.

Einmal überraschte mich mein G 3, kurz bevor ein Lagevortrag zur Vorbereitung einer Entscheidung gehalten werden sollte, mit der Nachricht, dass ich an seiner Stelle vortragen sollte. Der Chef des Stabes würde den Lagevortrag abnehmen. Unvorbereitet wie ich war, versuchte ich mein Bestes, eine Katastrophe für mich zu vermeiden. Unmittelbar bevor ich meinen Auftritt hatte, nahm mich der G 3 beiseite und eröffnete mir, der Herr Oberst wolle den Vortrag in Englisch. Es half kein Wehklagen, als deutscher Offizier muss ich auch aus dem Stand in der Lage sein, in Englisch vorzutragen. Ich konnte meinen Kopf zunächst durch einen ordentlichen Vortrag aus der Schlinge ziehen. Der Oberst stellte mir zum Lagevortrag einige Fragen, diese allerdings in Deutsch. Bei einer der Antworten benutzte ich einen falschen taktischen Begriff. Der Oberst explodierte und faltete

---

[6] Heute nun sehen die Verhältnisse in Gefechtsständen vollkommen anders und hoch modern aus. Damals aber, in den 70ziger und 80ziger Jahren, galt das noch nicht.

mich zusammen. Nach dem Vortrag nahm mich der G 3 beiseite und meinte, ich hätte meine Sache gar nicht so schlecht gemacht, der Herr Oberst meinte es nicht so. Der Schlaumeier, natürlich meinte der Herr Oberst es so, und im Übrigen hätte mein G 3 mir vor der Front Rückendeckung geben können. Das erfordert aber Rückgrat, was nicht alle haben (solche Menschen haben dann aber niemals Rückenschmerzen!).

Mein schlimmstes Verbrechen als Gefechtsstandoffizier leistete ich mir jedoch bei meiner letzten Übung im Divisionsgefechtsstand. Am letzten Übungstag war Übungsende schon in Sicht. Mein G 3 als Schichtführer übergab mir die Führungsverantwortung mit dem Hinweis, er würde jetzt mit dem Chef des Stabes essen gehen, ich müsse bis eine Stunde nach Übungsende Arbeitsbereitschaft aufrecht erhalten, danach könne ich abbauen. Ich hielt mich auf die Sekunde genau an die Anweisung. Mit Gongschlag 60 Minuten nach Übungsende fielen alle Zellen und Zentralen des Gefechtsstandes über ihr Material her und bauten in Rekordzeit ab. Es ist immer wieder faszinierend zu sehen, wie lange der Aufbau braucht und wie schnell etwas Aufgebautes abgebaut werden kann. Im Nu meldeten sich die einzelnen Teileinheiten bei mir ab und verschwanden in Richtung Heimat. Wer übrig blieb, war ich. In diesem Augenblick kam der Oberst um die Ecke. Dort, wo noch vor kurzem sein Gefechtsstand weilte, sah er nun nur noch mich. Wutschnaubend fragte er, wo denn der Gefechtsstand sei. Ich zeigte in Richtung Horizont, wo gerade die letzten Blinklichter der Marschkolonne des Gefechtsstandes über eine Höhenschwelle verschwanden. Mit Eiseskälte fragte er mich, wer denn das befohlen hätte. Ich hatte es befohlen und sah keinen Grund, daraus ein Geheimnis zu machen, hatte ich mich doch haarklein an die Anweisungen des G 3 gehalten, der im Übrigen direkt hinter dem Chef des Stabes stand und schwieg wie ein Grab. Der Oberst konnte es nicht fassen. So viel Unfähigkeit auf einem Haufen, zusammengefasst in meiner Person, war selbst für ihn nicht zu ertragen. Er brüllte zuerst mich und dann den G 3 zusammen und stürmte davon. Der G 3 wollte mir etwas sagen, doch er kam nicht mehr dazu. Ich ließ ihn stehen, stieg in mein Auto und verschwand.

Der Oberst war begeisterter Bergsteiger. In der Folge habe ich immer dann, wenn er im Urlaub war, den Lawinenbericht abgehört. Der Oberst blieb mir aber – Gott sei Dank – erhalten.

Die unvollständige Meldung

Mein geliebter Oberst rastete verständlicher Weise immer dann aus, wenn Arbeitsaufträge von seinen Untergebenen nicht oder nur unvollständig ausgeführt wurden. Ganz besonders unangenehm konnte er werden, wenn diese Pannen noch „oben", d.h. bei der vorgesetzten Dienststelle, angelangten, und er mit seinem Namen für solche Patzer geradestehen musste. Nicht immer ging es dann aber gerecht zu. In dieser Episode spielt einer meiner Kameraden eine Rolle, der ebenso wie auch ich der G 3-Abteilung des Divisionsstabes angehörte. Der gute Mann war zwar Major, in der Dienststellung mir aber gleichgestellt. Er bearbeitete Organisationsfragen, wozu u.a. auch die Infrastruktur gehörte. In dieser Angelegenheit hatte das I. Korps als vorgesetzte Dienststelle eine Anfrage. Der Major machte sich wie immer in seiner bewährten Manier an die Arbeit. Genauer, er ließ den Vorgang in seiner Schreibtischschublade liegen nach dem Motto, die meisten Vorgänge erledigen sich von selbst. Leider traf dies nicht auf diesen Vorgang zu, weil der Oberst als Chef des Stabes vom I. Korps unter Druck gesetzt worden war. Der Major bekam also vom Chef des Stabes einen Termin gesetzt, den er, wollte er überleben, zu erfüllen hatte. Ob es ihm nun passte oder nicht, die Sache musste vom Major persönlich bearbeitet werden.

Der Oberst ließ sich den Vorgang vorlegen und befahl, dass eine Kopie termingerecht dem I. Korps zu übermitteln sei. Er selbst rief das I. Korps an und meldete Vollzug, die Unterlagen seien auf dem Weg. Soweit ist das ein ganz normaler Vorfall, wäre da nicht die Faulheit des Majors gewesen. Dieser vergaß nämlich, dem Vorgang auch alle Anlagen bei zuheften und schickte alles unvollständig ab. Damit konnte das I. Korps selbstverständlich nichts anfangen, also fragte es beim Oberst nach, ob denn sein Stab nicht in der Lage sei, Vorgänge komplett vorzulegen! Name und Ehre vom Oberst standen auf dem Spiel, hier würden Köpfe rollen, nur welche? Sie, lieber Leser, werden antworten, der Kopf des Majors war dran, was ich uneingeschränkt unterstütze, nur leider war der Major nicht zu erreichen, um geköpft zu werden. Es ist ein Phänomen, das faule Mitarbeiter es immer wieder fertigbringen, sich dann zu verpieseln, wenn es Arbeit und Anschisse gibt. Niemand ist offenbar in der Lage, diesen Trend zu durchbrechen, auch der Oberst nicht. In seiner Wut rief er den G 3 als unseren Abteilungsleiter an. Oh Wunder, auch der G 3 war nicht zu erreichen, das Problem für den Oberst aber blieb. Als Rettungsanker fiel ihm nur meine Telefonnummer ein, womit wir bei einem anderen Phänomen wären, dass nämlich diejeni-

gen, die sowieso immer arbeiten, auch noch den Mist für die Faulpelze aus-
bügeln müssen! Ich war natürlich erreichbar und zwangsweise der Einzige,
auf den sich die Wut des Obersts richten konnte.

Er befahl mich zu sich und fragte mich, ob ich den Vorgang kennen
würde? Obwohl ich direkt damit nicht beschäftigt gewesen war, kannte ich
im Groben den Sachverhalt und antwortete mit „Ja". Zu meinem Erstaunen
fauchte mich der Oberst an und meinte, ich sei unfähig, er könne mit derartigen Mitarbeitern nicht arbeiten, er würde mich aus dem Stab schmeißen,
wenn ich nicht sofort den Vorgang **komplett** vorlegen könnte! Jede Erwiderung meinerseits fasste er als Wehrkraftzersetzung auf. Ich fand mich in
kürzester Zeit außerhalb seines Dienstzimmers wieder und grübelte, wie ich
diese Katastrophe auffangen konnte. Mit meinem Abteilungsfeldwebel
forschten wir nach, wo denn der Vorgang sein könnte. Nach mehreren
Stunden dämmerte es uns, dass eigentlich der Major verantwortlich sei. Der
jedoch war nicht aufzufinden. Der Oberst platzte herein und schrie nach
dem Vorgang. Ich konnte ihm nicht helfen und hörte mir eine erneute
Schimpfkanonade an. Kurz vor Dienstschluss (wann sonst) kam der Major
gut gelaunt um die Ecke, um seine sieben Sachen zu packen und nach Hause zu fahren. Ich fing ihn ab und fragte, ob er denn für den Vorgang verantwortlich sei. Sein „Ja" war für mich eine Erlösung. Dann erst eröffnete
ich ihm den ganzen Sachverhalt. Hätte ich andersherum gefragt, hätte der
Major den Braten gerochen und sich irgendwie herausgelogen. So saß er
aber in der Falle. Der Vorgang und die vermissten Anlagen fanden sich
natürlich in seiner Schreibtischschublade. Schweiß stand auf seiner Stirn,
stand ihm doch eine unangenehme Auseinandersetzung mit dem Oberst
bevor. Händeringend bat er mich, an seiner Stelle zum Oberst zu gehen.
Das war zu viel des Guten. Ich würde mitgehen, aber er hätte den Kopf
hinzuhalten. Mein Interesse lag ausschließlich in meiner Wiedergutma-
chung. So geschah es. Der Major ging zum Oberst und legte kleinlaut die
Anlagen vor. Wenn Sie jetzt denken, dass der Oberst den Major zusam-
mengefaltet hätte, dann täuschen Sie sich. Menschen wie dieser Major haben nämlich die Eigenschaft, aus jedem Schlamassel mit einem blauen Auge
heraus zu kommen. In diesem Fall hatte sich die Wut des Obersts bereits
bei mir entladen. Er war quasi wieder befriedigt und nahm die Sachen mit
den Worten entgegen „Na endlich!". Er entschuldigte sich kurz bei mir, was
das Mindeste war, was ich erwarten konnte. Zu dem Major sagte er hingegen nichts.

116

Die Tücken des Fotokopierers

Kleine Sünden bestraft der liebe Gott bekanntlich sofort. Bei unserem Oberst und Chef des Stabes der 3. Panzerdivision hatte er zeitweilig ein Einsehen. Dennoch ereilte Gottes Strafe auch meinen Oberst, vielleicht etwas später, jedoch nicht zu spät. Nachdem der Oberst und ich bei mehreren Gelegenheiten festgestellt hatten, dass wir nicht unbedingt zusammenpassten, schlug die Gerechtigkeit bei der letzten Divisionsgefechtsstandübung zu. Es hatte sich ein hoher Vorgesetzter angekündigt, der ein perfektes Briefing haben wollte. Normalerweise hätte der Oberst diesen Auftrag auf den G 3 delegiert, der wiederum mir die Arbeit zugeschoben hätte. In diesem Falle sollte aber der Divisionskommandeur selbst das Briefing halten. Unter solchen Voraussetzungen konnte leider mein Oberst die Arbeit nicht mehr abschieben – er musste selbst ran. Mit einem Briefing kann man fürchterlichen Schiffbruch erleiden oder auch ganz groß rauskommen. Es ist quasi eine Visitenkarte und prägt sich unauslöschbar in die Hirne derjenigen ein, für die das Briefing gehalten wird. Oftmals ist dabei die Form wichtiger als der Inhalt. Der Text muss geschliffen klar sein. Die Präsentation muss einzigartig sein. Folien und Übersichten müssen durch Klarheit und Aussagekraft überzeugen. Meist kommt man dann in Zeitdruck, weil natürlich der Divisionskommandeur ganz kurzfristig noch Änderungen hat. Unser Oberst rannte jedenfalls wie ein aufgescheuchtes Huhn zum Divisionskommandeur mit seinen Entwürfen, um uns kurz darauf mit den Änderungen zu bombardieren.

Wenige Minuten vor dem Briefing war der Redetext endlich komplett. Da bislang nur ein Exemplar vorhanden war, wollte der Oberst Fotokopien erstellen. Als durch und durch ungeduldiger Mensch, der darüber hinaus vollkommen von seinem alles umfassenden Können überzeugt war, wollte er die Kopien selbst erstellen. Hätte er doch uns diese niedere Arbeit machen lassen. Er stürmte an uns vorbei, fand den Kopierer und legte das erste Blatt ein. Jeder, der bereits in seinem Leben eine Fotokopie erstellt hat, weiß, was passiert. Der Kopierer zieht das Papier ein, es erscheint ein Blitzlicht, weil das Dokument fotografiert und auf ein anderes Stück Papier kopiert wird. Original und Kopie werden von der Maschine ausgeworfen. Leider tat die Maschine, mit der unser Oberst es zu tun hatte, nichts dergleichen. Er legte die erste Seite des Originaldokumentes ein und drückte den Startknopf. Ein kleiner Elektromotor sprang an. Man hörte deutlich ein schabendes und knirschendes Geräusch, sah jedoch nichts weiter. Vor allem sah man nicht, wie die Maschine Original und Kopie des Dokumentes wieder ausspuckte. Als absolut unduldsamer Mensch, der er war, achtete unser Oberst nicht auf solche Feinheiten. Stattdessen legte er unverdrossen ein Blatt nach dem anderen seines Originaldokumentes in die Maschine. Der Elektromotor leistete Schwerstarbeit. Moderne Kopierer haben ein Fach, in dem sie Kopien und davon getrennt die Originale ordnen und sammeln. Zielstrebig langte unser Oberst in besagtes Fach. Er wurde schlagartig grau im Gesicht. In seiner Hektik hatte er den Fotokopierer mit einem Zerreißwolf verwechselt. Dieser hatte aus seinem Originaldokument einen Haufen kleiner Papierfetzen gemacht. Ich hätte ihn warnen können. Schließlich sah ich ganz genau, dass er dabei war, sein Redekonzept selbst zu vernichten. Nachdem er mich aber mehrmals in derart unwürdiger Art und Weise abgekanzelt hatte, war sein Waterloo für mich eine einzige Genugtuung. Fair war mein Verhalten sicher nicht. Trotzdem werde ich nie sein Gesicht vergessen, als er das von ihm selbst angestellte Unheil erkannte. Schöner noch, er konnte niemandem dafür die Schuld in die Schuhe schieben. Bevor er jedoch erkannte, dass meine Schuhgröße vielleicht doch groß genug sei, um auch für diese Pleite die Verantwortung zu übernehmen, habe ich mich ganz schnell verdrückt. Noch heute ist für mich das Geräusch von Elektromotoren in Zerreißwölfen wie ein Violinkonzert für Mozartanhänger. Ach, war das schön!

Der Bunker Scharnhorst

Doch es gab noch andere als nur diesen Oberst. Ich hatte offenbar als noch blutjunger Kompaniechef so meine liebe Mühe mit höheren Vorgesetzten. Das lag unter anderem daran, dass ich viel zu sehr aus Unerfahrenheit mit mir selbst zu tun hatte. Ich war einfach noch zu grün hinter den Ohren. Mir fehlte die Schlitzohrigkeit, die alte Hasen auszeichnet und sie vor Katastrophen bewahrte. Mir hingegen fehlte es nicht an Katastrophen! Eine dieser so glücklichen Ereignisse traf ein in Form eines Obersts, der zu der Zeit Inspizient der Panzergrenadiertruppe war. So ein Inspizient kam alle 2 Jahre (heute gibt es diesen Dienstposten nicht mehr), er kündigte seinen Besuch formal rechtzeitig genug an, um einem Bataillon genügend Zeit für Vorbereitungen zu lassen. Meist formulierte der Inspizient Fragen, die er aufbereitet und beantwortet bei seiner Ankunft vorfinden wollte. Ich hatte im Umgang mit so einem „hohen Tier" keinerlei Erfahrung. Wie sich herausstellte, galt das auch für meinen Bataillonskommandeur.

Der Zufall wollte es, dass unser Bataillon zusammen mit einem weiteren Panzergrenadierbataillon, das eine Kaserne weiter lag und im Großen und Ganzen über die gleichen Voraussetzungen und Strukturen wie unser Bataillon verfügte, zeitgleich auf den Truppenübungsplatz Senne-Lager verlegte. Beide Bataillone sollten nacheinander vom Inspizienten inspiziert werden, das unsrige als erstes. Der Oberst kündigte sein Kommen für den ersten Montag auf dem Truppenübungsplatz um 07.00 Uhr an. Natürlich holte ihn ein Fahrer des Bataillons ab. Gegen 07.30 Uhr traf er im Offizierskasino ein und begegnete zum ersten Mal meinem Bataillonskommandeur. Dieser war ein Dithmarscher, d.h. ein Mann mit so gut wie überhaupt keinem Humor, allerdings mit einem Feingefühl für Situationen, das an das eines Elefanten im Porzellanladen erinnerte. Der Oberst, auch nicht gerade ein Freund feiner Umgangsformen, fragte ihn als erstes, was er denn um 07.30 Uhr noch im Offizierskasino zu suchen hätte? Schließlich gehöre er auf die Schießbahn, um Dienstaufsicht auszuüben. Sehr diplomatisch erwiderte mein Bataillonskommandeur, dass dies den Inspizienten überhaupt nichts anginge. Er würde dann zur Dienstaufsicht fahren, wenn er das für nötig hielte. Auf diese Weise stand einer wohlwollenden Inspizierung nichts mehr im Wege.

Zum Vergleich sei hier das Verhalten des Nachbarbataillons aufgezeigt. Dem Inspizienten wurde ein Ordonanzoffizier zugeteilt, der wie eine Amme auf ihn aufpasste. Jeden Morgen erhielt er eine Tageszeitung. Er speiste grundsätzlich mit den Offizieren. Der Bataillonskommandeur holte ihn persönlich ab und stellte ihm einen eigenen Wagen zur Verfügung. Klappern gehört zum Handwerk. Bei uns mussten sich Bataillonskommandeur und Inspizient einen Wagen teilen, Zeitungen erhielt er nicht, essen durfte er alleine usw.

Meinem Bataillonskommandeur fiel auch nichts Besseres ein, als den Inspizienten zuerst zu meiner Kompanie zu schicken. In „bester Laune" erschien er in der Feuerstellung meiner Kompanie und wunderte sich, dass nicht scharf geschossen wurde. Ich meldete ihm, dass wir wegen Bodennebels nicht über die erforderlichen Sichtstrecken verfügten, die die Sicherheitsbestimmungen nun einmal bindend vorschrieben. Als Ersatz würden wir **ohne scharfe Munition** das Beziehen der Feuerstellung trocken üben. Er schnaubte nur verächtlich. Die Sicht sei hervorragend (obwohl er das Zielgebiet noch nicht gesehen hatte), ich solle mich nicht so anstellen und gefälligst **scharf** üben. Mit dem Hinweis auf ein Schießunglück, dass einer

119

anderen Panzermörserkompanie in Münsingen kurz vorher passiert war, lehnte ich diesen Hinweis höflich, aber bestimmt ab. Der Oberst und mein Bataillonskommandeur, der kein einziges Wort gesagt hatte, wechselnden vielsagende Blicke und verschwanden. Ich fuhr zu meiner Beobachtungsstelle, denn ich konnte mir sicher sein, dass der Inspizient in Kürze meine Behauptungen überprüfen würde. Die Beobachtungsstelle lag auf einem hölzernen Turm, von dem man normalerweise, d.h. bei vernünftigem Wetter, das Zielgebiet phantastisch einsehen konnte. Kaum war ich oben angekommen, kündigte ein Rumpeln auf der Holzleiter den Inspizienten an. Die Tür flog auf, er kam rein, in seinem Gefolge der Bataillonskommandeur. Ich wollte Meldung machen, doch er ließ mich stehen, ging wortlos an mir vorbei, nahm sein Fernrohr (DF = Doppelfernrohr) und sagte: „Feuerkommando absetzen!".

Er hatte die Rechnung ohne meinen Sicherheitsoffizier der Beobachtungsstelle gemacht, einem Feldwebel, der die Grenze der Schmerzfreiheit schon seit längerem überschritten hatte. Nun war sein großer Augenblick gekommen. Er unterbrach den Oberst, stellte sich kurz vor und meldete ihm vorschriftgetreu, dass wir den linken Rand und die hintere Grenze des Sicherheitsbereiches nicht einsehen könnten. Deswegen könne er als Sicherheitsoffizier das Schießen nicht freigeben. Der Oberst scherte sich überhaupt nicht um solche Kleinigkeiten. Als ob ihn Sicherheitsbestimmungen überhaupt nicht interessieren würden, befahl er: „Blödsinn, ich kann alles genau sehen, Feuerkommando absetzen". Mein Feldwebel setzte nach. Er fragte den Inspizienten: „Darf ich Sie in die linke Grenze des Sicherheitsbereiches einweisen, Herr Oberst?". Natürlich durfte er, also entspann sich folgende Handlungsanweisung: „Würden Herr Oberst bitte das DF genau nach 12:00 Uhr ausrichten, ja genauso, etwas tiefer bitte, nun ein wenig nach links, weiter, noch weiter, halt, etwas nach rechts, etwas höher, sehr gut so. Können Sie jetzt den Bunker Scharnhorst erkennen?"

Weil der Herr Oberst nur Nebelschwaden sah, antwortete er: „Nein, ich sehe diesen Bunker nicht!".

„Ich auch nicht, Herr Oberst, und darum schießen wir nicht!"

Sie können sich die Spannung vorstellen, unter der ich stand. Ich hätte meinem Feldwebel vor Freude um den Hals fallen können. Der Oberst jedoch hätte ihn am liebsten – und mich gleich dazu – auf der Stelle erschossen. Mein Bataillonskommandeur sagte kein einziges Wort. Sein Blick war jedoch mörderisch. Ich sah dem Abend mit sehr gemischten Gefühlen entgegen. Beide stürmten wutentbrannt von der Beobachtungsstelle. Der Beweis war erbracht. Ich war unfähig, renitent und offenbar nicht in der Lage, meinen Feldwebeln Manieren beizubringen. In dieser Stimmung verlief auch der Rest der Inspizierung. Das Bataillon schien nur aus unfähigen Kompaniechefs zu bestehen, an der Spitze ein Bataillonskommandeur, der dem Ganzen noch die Krone aufsetzte. Hingegen verlief die Inspizierung beim Nachbarbataillon hervorragend. Nur erstklassige Männer, phantastische Schießen, ein hervorragender Kommandeur, was für eine Freude. Dabei hatten die Nasenbären sich nur bei uns abgeschaut, worauf der Inspizient besonderen Wert legte. Dementsprechend wurde er empfangen und in der Folge auch bedient. Die Kritik an uns entbehrte natürlich jeder Grundlage. Unser Bataillon war weder besser noch schlechter als das andere. Jedoch haben wir es nicht verstanden, für eine gute Inspizierung die nötigen Vorbereitungen zu treffen.

Jahre später, mittlerweile führte ich eine andere Kompanie im gleichen Bataillon, meldete sich der Inspizient wieder an. Es war der gleiche Oberst. Allerdings hatten wir einen neuen Kommandeur, der genau wusste, wie man einem Inspizienten den Aufenthalt angenehm gestalten konnte. Zunächst einmal wurde der Inspizient zum gemeinsamen Abendessen eingeladen, wobei ihm alle Offiziere durch den Kommandeur persönlich vorgestellt wurden. Ich stellte mich ganz nach hinten in die Reihe. Ich betete zum lieben Gott, hoffentlich erkennt mich der Oberst nicht. Ein Desaster reicht, auf ein zweites hatte ich keine größere Lust. Der Oberst schaute mir in die Augen und sagte: „Herr Hauptmann, ich kenne Sie doch!". Ich antwortete: „Natürlich Herr Oberst, Bunker Scharnhorst, Sie wissen schon. Ich würde mich freuen, Sie morgen früh um 08:00 Uhr zu Schießbeginn auf der Schießbahn begrüßen zu dürfen. Diesmal haben wir bestimmt keinen Nebel!". Mein Kommandeur warf mir einen Blick zu, der besagte, dass ich dieses Mal wohl zu dick aufgetragen hatte.

Ich hatte meine Lehren jedoch aus dem Desaster gezogen. Wie gesagt, Klappern gehört zum Handwerk. Man muss sich verkaufen können. Es verstand sich von selbst, dass ich bestens vorbereitet war. Wenn das Schießen am nächsten Tag danebenginge, dann hätte ich meinen Abschied einreichen können. Auch war mir klar, dass der Oberst punkt 08:00 Uhr auf der Schießbahn eintreffen würde. Diesmal war das Glück aber auf meiner Seite. Es gibt Tage, da gelingt alles, zumindest solange es darauf ankommt. Meine Panzer schossen wie zu ihren besten Zeiten. Die Ziele wurden auf allen Entfernungen nur so weggeputzt. Meine Infanteristen trafen erstaunlicherweise auch und verhielten sich sogar so, wie man es für einen Panzergrenadier in etwa erwarten durfte. Kurz, das Schießen war ein voller Erfolg. Ich war rehabilitiert. Kaum waren die Herren weg, klappte nichts mehr. Der Funk brach zusammen, die Kanonen hatten Störungen, die Soldaten verliefen sich. Es war zum Verzweifeln. Mit anderen Worten: Der Alltag hatte mich wieder eingeholt.

Davon bekam der Oberst jedoch nichts mit. Er besuchte mich noch ein paar Mal. Nun aber kam ein Grundsatz zum Zuge, der bundeswehrtypisch ist. Er hatte einen guten Eindruck von mir gewonnen. Folglich war er grundsätzlich mir gegenüber positiv eingestellt und nahm Mängel schon eher hin. Beim Bunker Scharnhorst hätte ich machen können, was ich wollte. Es wäre immer negativ gewesen. Einmal ein Idiot, immer ein Idiot!

Bitte anklopfen und eintreten

Ich habe mich immer wieder gewundert, über welche famosen Detailkenntnisse manche Vorgesetzte verfügen. Nun werden Sie behaupten, daran erkennt man deren Qualität, was auch grundsätzlich stimmt. Dennoch kann ein Mensch, wenn er höheren Führungsebenen angehört, nicht über die Detailkenntnisse der untersten Ebene verfügen. Natürlich muss er noch sein Handwerk beherrschen und sollte in der Lage sein, elementare Grundsätze anzuwenden. Nicht zu erwarten sind jedoch so spezielle Kenntnisse wie die über die technischen Vorgänge beim Einrichten eines Panzermörsers auf Kollimator. Ich erspare Ihnen die Einzelheiten, aber es gibt dieses Verfahren. Es gehört zum Einmaleins des Mörserschießens, nicht jedoch zum Einmaleins des Inspizienten der Panzergrenadiertruppe. Da sollte ich mich aber gehörig irren.

Der Oberst erschien mal wieder in meiner Feuerstellung. Für Überraschungen war er immer gut. Zunächst fragte er den Feuerleitoffizier und mich nach meinen Schießbüchern. Auf alles waren wir gefasst, nicht jedoch darauf, unsere Schießbücher vorzuzeigen. Im Grunde genommen traf der Oberst den Nagel auf den Kopf. Auch Vorgesetzte müssen sich in Übung halten. Das Schießbuch gibt hierzu den Nachweis absolvierter Schießübungen. Meist jedoch lässt die Schießpraxis mit der Höhe des Dienstgrades nach. Wir schauten ganz schön dumm aus unserer Wäsche (fortan hatte ich stets ein Schießbuch dabei). Als nächstes stürmte der Oberst zum erstbesten Panzermörser, riss die Hecktür auf, sprang in das Fahrzeug rein und ließ sich den Kollimator zeigen. Im Nu bewies er der Besatzung, dass die Richtwerte nicht stimmten – was für eine Blamage. Ich war fasziniert von den Detailkenntnissen des Inspizienten. Danach war die Maschinengewehrstellung dran. Auch hier bewies der Oberst eine Detailkenntnis von der Waffe und der Stellung, die einem nur Bewunderung abringen konnte. Ich bin ihm jedoch auf die Schliche gekommen. Der Oberst ließ sich abends stets einige Vorschriften geben, in denen er sich Passagen anlas, die er am nächsten Tage kontrollieren wollte. Der Trick bestand nun darin, herauszufinden, welche Passagen er gelesen hatte. Dann allerdings konnte man ganz beruhigt sein. Er kontrollierte nie andere Dinge. Sein Detailwissen reichte genau 24 Stunden weit, dann musste es aufgefrischt werden.

Alle Vorsicht und Vorausschau verhinderten jedoch nicht, bei der abschließenden Gefechtsübung dem Oberst wieder in das Messer zu laufen. Es war nachts und sehr dunkel. Ich saß in meinem Panzer und hatte alle Luken verschlossen. Die Winkelspiegel waren abgedunkelt, so dass kein Lichtschein aus dem Panzer drang. Nur unter diesen Umständen konnten wir helles Licht im Panzer anlassen, damit wir arbeiten konnten. Gefährlich war es, wenn die Tür von außen geöffnet wurde. Dann drohte das helle Licht die Stellung zu verraten. Daher galt der Grundsatz, dass zunächst angeklopft wurde, damit innen auf Rotlicht umgeschaltet werden konnte. Dann erst, auf das Kommando „Herein", durfte die Hecktür geöffnet werden. Ich hatte meine Soldaten immer wieder hierüber belehrt. Umso wütender wurde ich, als urplötzlich die Hecktür aufflog und ein Mensch in der Tür stand. Da ich aus dem Hellen in das Dunkle schaute, konnte ich nicht erkennen, wer denn in der Tür stand. Ich fauchte los: „Können Sie Idiot nicht anklopfen und warten, bis wir auf Rotlicht umgeschaltet haben?". Nach einer kurzen Schweigepause antwortete der „Idiot", er sei der Inspizient, und ich solle ihn sofort reinlassen. Was soll man da machen? So etwas nennt man Soldatenglück. Davon hatte ich während dieser Inspizierung leider nur viel zu wenig.

Der schlechteste Kompaniechef der Bundeswehr

Die Geschichte mit dem Bunker Scharnhorst hatte noch eine für mich denkwürdige Fortsetzung. Ich erwähne sie hier nur deswegen, um aufzuzeigen, dass Menschenführung einen gesunden Menschenverstand voraussetzt. Letzteres schien dem Inspizienten vollkommen abhandengekommen zu sein.

Kurz nach dem denkwürdigen Aufenthalt in Senne-Lager wurde eine Tagung einberufen, die an der Infanterieschule des Heeres in Hammelburg stattfinden sollte. An ihr hatten die Kompaniechefs aller Panzermörserkompanien teilzunehmen. Ich fuhr also pflichtschuldig dorthin. Unter anderem hatte auch der Inspizient der Panzergrenadiertruppe etwas vorzutragen. Der Oberst trat an das Rednerpult, machte Aussagen zur Zukunft der Panzermörserwaffe, um dann zum eigentlichen Kern zu kommen. Er informierte uns über seine Erfahrungen, die er im letzten Jahr bei seinen Inspizierungen so gemacht hatte. Dieses Verfahren hat sich im Grundsatz sehr bewährt. Aus Fehlern kann man lernen, Inspizierungen sind hierzu ein willkommenes Mittel. Auch ich war sehr gespannt, welche „Rosinenkörner" der Oberst denn so fallen lassen würde.

Natürlich überwogen Fehler, die er uns vorhielt. So war es nicht verwunderlich, dass er auch auf meine Kompanie zu sprechen kam. Die Art und Weise allerdings hatte mich zornig gemacht. Der Oberst stellte sich hin und sagte: „Meine Herren, ich habe kürzlich eine Panzermörserkompanie inspiziert, so etwas Schlechtes habe ich noch nie gesehen. Die Kompanie liegt in Norddeutschland. Ihr Kompaniechef ist zufälliger Weise heute anwesend. Hauptmann Buske, stehen Sie einmal auf!". Es hätte nur noch gefehlt, dass der Oberst diesen Befehl mit den Worten hätte enden lassen „damit auch jeder sieht, über was für einen Idioten ich hier berichten will!". Sie können sich wohl in etwa vorstellen, was ich mir beim Bier und in den Pausen für Bemerkungen von meinen Kameraden anhören musste. Leider bekam ich den Oberst nicht mehr zu fassen. Vielleicht war das auch besser so. Ich war so geladen, dass ich meine Worte wahrscheinlich bereut hätte.

Damit war die Geschichte aber noch nicht beendet. Wenige Monate später war ich auf dem Truppenübungsplatz Putlos, um ein Schießen vorzubereiten. In der Mittagspause fuhr ich in das Kasino, um zu essen. Ich konnte es nicht glauben, irgendwie mussten sich die Götter gegen mich verschworen haben. Derselbe Oberst war anwesend und inspizierte gerade ein anderes Bataillon. Natürlich erkannte er mich. Inmitten der Offiziere des Bataillons stehend rief er mich herüber und sagte: „Herr Buske, nehmen Sie sich ein Beispiel an diesem Bataillon, ganz hervorragend. Sie sollten sich heute mal das Schießen ansehen, da könnten Sie noch was lernen!". Das war so ziemlich das Letzte, was ich noch wollte. Ich sah zu, dass ich mich aus seinem Dunstkreis entfernen konnte.

Der alte Landauer

Der Stab der 3. Panzerdivision beherbergte viele Hauptleute, die in etwa in meinem Alter waren und allesamt Karriereerwartungen hegten. Wir waren aber auch eine eingeschworene Gemeinschaft, die trotz aller Karriereziele doch zusammenhielt. So war es uns in einem milden Anfall von Größenwahn eigentlich vollkommen klar, wer hier die Division führte: Natürlich wir, die Hauptleute! Wild gewordene Hauptleute benötigen die väterliche Aufsicht. Hierfür hatte sich der damalige G1-Stabsoffizier, ein Oberstleutnant, selbst auserkoren. Ganz so selbstlos war das dann doch nicht, denn wir Hauptleute konnten feiern, und nichts mochte unser G1 lieber, als an einem herrlichen Abend so richtig die Korken knallen zu lassen. Obwohl Oberstleutnant gehörte er alsbald zu unserer Truppe von verwegenen und trinkfesten Hauptleuten.

Wir rotteten uns so einmal im Monat zu einem Gelage in der Offiziersheimgesellschaft der Este-Tal-Kaserne in Buxtehude zusammen. Dann wurde gefeiert, und nicht selten wusste ich am nächsten Tage nicht mehr so genau, was ich eigentlich am Vorabend so alles gesagt hatte. Einer meiner Kameraden fiel eines Abends vom Hocker am Tresen und blieb sturztrunken auf dem Boden liegen. Alle Versuche, ihn wieder auf die Beine zu heben, scheiterten. Er verscheuchte auch die Ordonanzen mit dem legendären Ausruf: „Lasst mich in Ruhe, ich muss mich konzentrieren!" Wer saufen kann, der kann auch Dienst leisten. Am nächsten Morgen saßen wir dann in schöner Regelmäßigkeit mit einem dicken Schädel und verquollenen Augen an unseren Schreibtischen, unfähig auch nur einen vernünftigen und zusammenhängenden Gedanken zu fassen. Eine Sonnenbrille „tarnte" unser erbärmliches Aussehen. Jedoch verraten Sonnenbrillen, wenn man sie in einem Dienstzimmer trägt, sofort den eigentlichen Grund der menschlichen Tragödie, die auf ihrem Stuhl vor dem Schreibtisch so Mitleid erregend dahinvegetiert.

Bei derartigen „Feiern" wurde gerne viel, laut und schrecklich falsch gesungen. Je mehr man intus hat, je lauter wird gegrölt, bis schließlich auch die erfahrene Ordonanz nicht mehr nachvollziehen konnte, welches Lied denn gerade intoniert wurde. Dann stieß noch unser G1 zu uns, womit die Lage vollkommen außer Kontrolle geriet. Der G1 war begnadeter Sänger, vollkommen bewandert im deutschen Liedgut, und konnte zudem noch passabel Klavier spielen. Im Schankraum stand ein Klavier, und schon ging die Sause ab. Mit Inbrunst schmetterten wir den „Alten Landauer", es war göttlich. Doch irgendwann war es uns zu langweilig geworden. Im Erdgeschoss im Schankraum waren auch noch andere Gäste, und die fühlten sich von uns gestört. Beleidigt entschlossen wir uns, in das Obergeschoss zu verlegen, denn dort waren wir unter uns. Dort gab es aber leider kein Klavier, also musste das Musikinstrument mit uns in das Obergeschoss verlegen. Gesagt, getan, viele Männerhände schnappten sich das Klavier, und unter Gejohle schleppten wir das edle Teil die enge Stiege hoch ins Obergeschoss. Dort ging die Party weiter, bis der Heimfeldwebel so gegen Mitternacht sagte, er würde jetzt abschließen und uns allesamt dem Chef des Stabes zur Bestrafung melden. Wir glotzten ihn mit fragenden Augen an. Bestrafung? Wofür denn? War doch ein toller Herrenabend.

Am nächsten Morgen sahen wir den Grund. Die Wand an der Stiege zum Obergeschoss war kaputt. Das Klavier hatte das Mauerwerk bis zu den Grundsteinen aufgerissen, doch davon hatten wir in unserem Brausebrand nichts bemerkt. Das Klavier war so gut wie hinüber und trug wirklich unschöne Gebrauchsspuren an allen Ecken und Kanten mit sich. Da uns die Beleuchtung im Obergeschoss nicht so wirklich zusagte, hatten wir Kerzenkandelaber angezündet und stolz vor uns hergetragen. Leider bemerkten wir nicht, dass die brennenden Kerzen die Decke im Obergeschoss verrußt hatten. Wirklich hässlich Brandspuren schmückten die Decke nahezu großflächig. Mit einem Donnerhall ließ der Chef des Stabes daher folgenden Befehl verkünden: „Alle Hauptleute zu mir und der G1 gleich mit!" In einer erschreckenden Aufmachung traten wir ihm gegenüber. Wir stanken nach Alkohol und Zigaretten wie eine Ansammlung von Pumas in einem Käfig. Der Chef des Stabes, selbst kein Kind von Traurigkeit, brüllte und drohte uns schlimmste Strafen an, wenn wir denn nicht sofort zwei Dinge beherzigen und umsetzen würden:

1. Wir hätten sofort und zulasten unserer eigenen Kosten die Offiziersheimgesellschaft zu renovieren und die Reparatur des Klaviers zu veranlassen.

2. Wenn wir es noch einmal wagen würden, so ein Saufgelage hinzulegen, ohne ihn hierzu persönlich einzuladen, dann würde er uns den Hals umdrehen.

Solcherart auf Vordermann gebracht verschwanden wir in dem nächsten Baumarkt, kauften Pinsel, Farbe und allerhand andere Malerutensilien, um nach Dienst dann in einer Nachtschicht die Offiziersheimgesellschaft unter den strengen Augen des Heimfeldwebels wieder zum Glänzen zu bringen. Der G1 befahl dann noch eine Ordonanz zu sich und stellte folgenden Bon aus:

„Oberstleutnant B., ein Bier und ein Klavier!"

Ein neuer Brigadekommandeur

Wir erhielten einmal mehr einen neuen Brigadekommandeur. Neue Vorgesetzte haben die Eigenschaft, alt eingefahrene Verfahrensweisen zunächst einmal in Frage zu stellen. Dabei wären sie gut beraten, den Laden anfangs unverändert weiterlaufen zu lassen, bis sie festgestellt haben, welche Dinge geändert werden müssen. Diese Geduld brachte der „Neue" leider nicht mit. Wie bei allen neuen Vorgesetzten, so wurde auch dieser argwöhnisch beobachtet, wo denn seine Schwerpunkte lägen. Erfahrene Hasen entwickelten hierbei erstaunlichen Spürsinn. In Windeseile verstehen sie es, sich den neuen Gegebenheiten anzupassen und vermeiden damit gleichzeitig anzuecken. Beides kann sehr Karriere fördernde Wirkung erzielen. Der neue Brigadekommandeur gab sich sehr volkstümlich, wenig autoritär und als Offizier, der nicht aus der Kampftruppe hervorgekommen ist, vermittelte er den Eindruck, von den Bedürfnissen der Truppe wenig oder gar keine Ahnung zu haben. Solche Eindrücke können täuschen. Sehr schnell ist man in eine Schablone eingeteilt, die überhaupt nicht passt. Diese Erfahrung kann für Untergebene ein schmerzliches Erwachen bedeuten. In diesem Falle blieb uns dieser Schmerz erspart.

Der Oberst entwickelte Vorstellungen, die mit der Kampftruppe wenig gemein hatten. Dabei wirkte sein Auftreten beispielgebend für seine Regentschaft. Er lief in einem Anzug durch die Gegend, der mit unserem Selbstverständnis nichts zu tun hatte. Mitten im tiefsten Winter, bei eisigen Temperaturen, besuchte er unser Bataillon, das gerade eine mehrtägige Gefechtsübung in Senne-Lager durchführte. Die Soldaten froren erbärmlich, hielten aber tapfer durch. Dabei waren Soldaten, die gerade erst seit wenigen Stunden zu uns versetzt worden waren. Sie kamen schnurstracks aus ihrer Grundausbildung, meldeten sich in der neuen Einheit, um sogleich ihre Ausrüstung packen zu dürfen. Genau genommen hatten sie 30 Minuten Zeit, bis sie der Hubschrauber aufnehmen würde für den Flug in das Gefecht. Einer dieser Neulinge erspähte einen älteren Kameraden ohne Dienstgradabzeichen, der vollkommen getarnt im Türrahmen stand. Ihm sagte er, dass diese Einheit wohl von einem Verrückten geführt werden würde. Der getarnte Soldat pflichtete ihm bei, hier würde es von Verrückten nur so wimmeln. Soviel Vertrauen tut gut, dachte sich der Neue und fragte den Alten, was er denn in dieser Kompanie so täte. Die Antwort ließ ihn erstarren: „Ach, eigentlich nichts Besonderes, ich bin hier nur der Kompaniechef, und wenn Du nicht sofort Deine Ausrüstung packst, fahre ich mit Dir Schlitten!", antwortete der Ältere. Von diesem Holz waren die Soldaten geschnitzt, so war auch ihr Selbstverständnis. Als neuer Brigadekommandeur sollte man sich darauf ein bisschen einstellen.

Der Oberst blieb von solchen Anfechtungen jedoch verschont. Er fuhr in seinem komfortablen Dienstwagen nach Senne-Lager, suchte und fand unser Bataillon und traf ausgerechnet auf den Kompaniechef, der am Vortage mit Hubschraubern und einem wild zusammengestellten Haufen in die Senne geflogen war. Wie alle seine Soldaten fror auch er, sah dreckig und übermüdet aus und hatte in einem Erdloch ausgeharrt, das keinen Komfort versprach. Der Oberst fuhr vor, stieg aus seiner überhitzten Limousine aus und ging zum Kompaniechef hinüber, der seinen Augen nicht trauen wollte. Er bekam zunächst einmal einen Anschiss, weil er nicht korrekt zu seiner Stellung ausgeschildert hätte. Zukünftig hätte er hierauf besonders Acht zu geben. Danach kritisierte der Oberst den etwas schmutzigen Gefechtsanzug des Kompaniechefs. Hierfür hatte unser Hauptmann überhaupt kein Verständnis. Erstens kämpfte er nun schon über 48 Stunden unter harten Bedingungen, und zweitens hatte unser Oberst trotz der barbarischen Kälte nur ein Sommerhemd an. Da er sich überwiegend in seinem geheizten Wagen aufhielt, reichte ihm das, beraubte ihm aber jeden Vertrauens, das er bei dieser Einheit zuvor gehabt hatte. So schnell kann das gehen. Soldaten sind da besonders empfindlich. Sie achten ganz genau darauf, wie Vorgesetzte ihnen gegenüber auftreten, wie sie sich verhalten und was sie sagen. Der Kompaniechef hat sich bitter gerächt. Die Geschichte mit der Ausschilderung ließ ihm keine Ruhe. Im Standort hatte er später für eine Übung auf dem Standortübungsplatz das erste Hinweisschild direkt **unter** den Jeep des Brigadekommandeurs gelegt und in der Folge alle 100 m das nächste Schild aufgestellt. Auf diese Weise musste der Brigadekommandeur das erste Schild erkennen, wenn er mit seinem Jeep auch nur 3 m rückwärts rollte. Mit Recht kam er sich verschaukelt vor. Diesen Vorwurf wies der Kompaniechef jedoch ganz weit von sich.

Der Flaggenwald

Für mich als Panzergrenadieroffizier gab es wohl keinen schöneren Truppenübungsplatzaufenthalt als den in SHILO/Kanada. Die Bundeswehr unterhielt tatsächlich in Kanada einen Truppenübungsplatz, auf dem sie mit Panzern, Schützenpanzern und Artillerie üben konnte. Insgesamt gab es acht Übungsperioden pro Jahr, an denen jeweils Verbände in Bataillonsstärke teilnahmen. Das kostete natürlich einen Haufen Geld. Nun wird sich der Leser fragen, wozu es im Ausland einen teuren Truppenübungsplatz gibt, wo doch im Inland genügend Übungsmöglichkeiten vorhanden sind. Das stimmt natürlich grundsätzlich. Jedoch war SHILO einmalig. Die Weite Kanadas ermöglicht Schießbahnen, die so breit und lang sind, ohne eine Gefahr für die Bevölkerung darzustellen. So etwas ist in Deutschland schlicht nicht machbar. Nur in SHILO konnten gepanzerte Kampftruppen ihre Feuerkraft und Beweglichkeit wirklich zur Vollendung führen. So nahmen an diesen phantastischen Übungsmöglichkeiten auch nur Einheiten gegen Ende ihres Ausbildungsrhythmus teil.[7]

Als Ausbildungsverantwortlicher, der zum ersten Male nach Kanada flog, war man von den Möglichkeiten zunächst wie erschlagen. Die übenden Soldaten fanden einen kompletten Fuhrpark vor. Sie übernahmen ganz einfach die vorhandenen Panzer (erstaunlicher Weise ging das ganz unbürokratisch!), fuhren auf die Schießbahn und fingen an zu üben. Damit die Zeit auch gewinnbringend genutzt werden konnte, flog ein Vorkommando rüber, das alle Schießen und Übungen im Detail erkundete und anlegte. Dieses Vorkommando durfte ich führen. Ich verbrachte die Masse der Zeit mit aufwendigen Erkundungen aller Schießbahnen und Übungsräume. Da die Schießbahnen um so viel größer und auch schwieriger waren als die in Deutschland, war eine komplette Ortskenntnis absolute Voraussetzung für das spätere Gelingen. Dabei springt einem sofort das Problem der Einhaltung von Sicherheitsbestimmungen ins Auge. Die Schießbahnen waren derart groß, dass ein Leitender des Schießens, sein Sicherheitsoffizier und die taktischen Führer unmöglich alle Fahrzeuge und Soldaten im Auge behalten konnte. Die Anforderungen an das eingeteilte Sicherheitspersonal waren daher unvergleichlich höher als in Deutschland. Als Leitender eines solchen Schießens ist man für alles verantwortlich. Passiert ein Schießunglück, so

---

[7] SHILO wurde Ende der neunziger Jahre von der Bundeswehr aufgegeben. Heute üben die Einheiten zumeist zwar immer noch im scharfen Schuss, nutzen zusätzlich aber hoch moderne Simulatoren oder andere Übungszentren im Inland.

wird ein Staatsanwalt zu 99 % aller Fälle nachweisen können, dass man doch gegen die eine oder andere Sicherheitsbestimmung verstoßen hatte. Damit steht man zusammen mit dem Sicherheitsoffizier grundsätzlich mit einem Bein im Gefängnis. Die Verantwortung ist ungeheuer, schließlich geht es auch und gerade um das Wohl der uns unterstellten Soldaten. Ich habe bisher immer wieder Glück gehabt. Trotz allem passierten oftmals haarsträubende Vorfälle, gegen die man beim besten Willen nichts machen kann. Dennoch trägt man die Verantwortung.

Zum Beispiel griff ein Panzergrenadierzug abgesessen unter Feuerschutz eine angenommene Feindstellung an, die durch Klappfallscheiben gekennzeichnet war. Der Zugführer hatte eine Deckungsgruppe eingeteilt, die mit Maschinengewehren und Scharfschützen hinter einem Hügel lag und Feuerschutz gab. Ich stand unmittelbar rechts neben einem MG-Schützen. Der Zugführer gab das Angriffszeichen, und die Sturmgruppe rannte los. Wie so oft brachen die Soldaten einfach kopflos auf, rannten vor den Gewehrmündungen der Deckungsgruppe herum, und forderten auf diese Weise das Unheil heraus. Die eingeteilten Sicherheitsgehilfen versuchten verzweifelt, Anschluss zu halten. Die Sturmgruppe sah nur das Ziel, den Hügel mit den Klappfallscheiben. Was sollte ich machen? Ich schrie verzweifelt „Stopfen, Halt!!", ich funkte wie wild, in der Hoffnung, Führer und Sicherheitsgehilfen auf diese Weise anzuhalten. Ich schoss eine Signalpatrone „ROT" ab (das Zeichen für alle, sofort die Waffen zu sichern und die Übung zu unterbrechen!). Nichts half. Wie eine Herde wildgewordener Rinder während einer Stampede rasten meine Soldaten weiter. Niemand kümmerte sich im Geringsten noch um die Sicherheit. Auf einmal ballerte der MG-Schütze rechts von mir los. Vor ihm lief ein Soldat der Sturmgruppe, der noch rechtzeitig in Deckung sprang, sonst wäre er von hinten erschossen worden. Die beste und einzig wirksame Methode, das „Gemetzel" zu stoppen, war, die Klappfallscheiben abzuklappen, so dass keine Ziele mehr erkennbar waren. Danach habe ich tief durchgeatmet, die Übung unterbrochen, alle antreten lassen, und meinen Helden eine Gardinenpredigt gehalten. Wäre etwas passiert, so wäre ich schuld gewesen. Jedem Leitenden sind solche Situationen in der einen oder anderen Art und Weise sicherlich passiert.

Alle Sicherheitsgehilfen tragen bei Tage Flaggensätze, um den Lade- und Sicherheitszustand der Waffen anzuzeigen. Leitender und Sicherheitsoffizier erhalten auf diese Weise einen guten Überblick über den Sicherheitszustand auf der Schießbahn. „Rote Flagge" bedeutet grundsätzlich und überall, dass die Waffen „fertig geladen" sind, Sicherheit daher **nicht** gegeben ist. Niemand darf sich daher **vor** den Waffenmündungen aufhalten. Dieser Grundsatz ist uns Soldaten so in Fleisch und Blut übergegangen, dass er eigentlich keiner Erwähnung mehr bedarf, wäre da nicht unser neuer Brigadekommandeur gewesen. Er war gerade erst kürzlich zum Brigadekommandeur ernannt worden, trug noch den Dienstgrad „Oberst" und begleitete unser Bataillon, um Dienstaufsicht durchzuführen. Er war kein Kampftruppenmann, sondern **Nachschieber**. Man konnte daher nicht erwarten, dass er über ein ausgesprochenes taktisches Gespür beim Einsatz von Kampftruppen verfügte. Das kleine Einmaleins der Sicherheitsbestimmungen musste er jedoch draufhaben – dachten wir. Zunächst einmal fuhr er unangemeldet mit seinem Jeep einfach auf die Schießbahn, während das Schießen bereits lief, um uns zu suchen. Na und, werden Sie sagen, das hätten Sie auch gemacht. Dann hätten Sie aber mit mir als Leitenden Ärger bekommen. Natürlich sieht es komisch aus, wenn sich ein Oberst bei einem Hauptmann „meldet". Beim Schießen ist das jedoch so eine Sache. Der Leitende muss wissen, wer alles auf der Schießbahn herumfährt. In diesem Falle wäre es korrekt gewesen, wenn der Oberst kurz über Funk sein Kommen avisiert und nach unserem Standort gefragt hätte. Wie gesagt, SHILO ist so groß, dass sich auch ein Oberst glatt verfahren kann und auf einmal vor den Gewehrmündungen rumfährt, ohne es zu merken. Insofern schützte dieses Verfahren auch den Oberst selbst, wie sich zeigen sollte!

Gott sei Dank erkannte uns der Oberst noch früh genug. Ich sah nach hinten und erkannte einen Jeep, der schnurstracks auf uns zuhielt. Mein Oberst war angekommen. Wir boten ihm einen Platz auf dem Leitungsfahrzeug an, u.a. auch deswegen, weil wir so am besten auf ihn aufpassen konnten. Meist haben Obristen sowieso permanent Fragen zu stellen, die man so unmittelbar beantworten kann. Das Schießen lief mehr oder weniger normal ab, bis wir für ca. 60 Minuten unterbrechen mussten, weil der obligatorische Berater der Schießsicherheit (gestellt von der Truppenübungsplatzkommandantur) seine Mittagspause machen wollte. Wir nutzten diese Zeit und übten „trocken" weiter, d.h. mit entladenen Waffen, so dass kein Unglück passieren konnte. Dem Oberst war das zu langweilig. Er befahl mir, ihm einen Zeitpunkt und einen Ort zu nennen, an dem wir uns nach der Mittagspause wiedersehen konnten. Ich wies ihn persönlich in den Ort ein, der ca. 1.000 m rückwärts unserer derzeitigen Stellung lag. Der

Platz war außerordentlich markant und auch für einen Oberst leicht zu finden. 13:00 Uhr wurde als Zeitpunkt ausgemacht. Punkt 13:00 Uhr stieß der Berater für Schießsicherheit wieder zu uns. Ich stand mit meinem Leitungsfahrzeug am markanten Punkt, links und rechts von mir standen alle Panzer. Kein Oberst war zu sehen. Wir versuchten, unseren Brigadekommandeur über Funk zu erreichen, jedoch ohne Erfolg. Schließlich befahl ich, alle Waffen fertig zu laden und die Übung fortzusetzen. Folgerichtig setzten alle Kommandanten die rote Flagge an ihren Panzern und zeigten mir an, dass sie jederzeit in der Lage waren, die nächstbesten Ziele zu bekämpfen. Ich schaute nach vorne, der Sicherheitsoffizier meldete mir, dass alles in Ordnung sei, und ich rief das erste Ziel ab. Alle beobachteten wie gebannt nach vorne. Würde der erste Panzer treffen? Bevor der erste Schuss brach, erkannte ich einen Jeep, der im Zielgebiet offenbar ziellos umherfuhr. Ich brüllte „Stopfen, Feuer einstellen", schoss meine rote Leuchtkugel und versuchte fieberhaft über Funk, das Schießen zu unterbrechen. Natürlich wurden alle Ziele sofort abgeklappt. Der Sicherheitsoffizier tat ein Übriges auf seinen Funkkreisen. Gott sei Dank hatte kein Panzerkommandant irgendein Ziel aufgeklärt. Nichts war passiert.

Im Fernglas konnte ich erkennen, dass unser Oberst im Zielgebiet stand und verzweifelt die Truppe, also uns, suchte. Er drehte sich in unsere Richtung um, schaute herüber, reagierte aber nicht. Dabei hätte er selbst ohne Fernglas einen Wald voller roter Flaggen erkennen müssen. Deren Bedeutung war auch ihm geläufig. Nichts dergleichen geschah. Er stand einfach da und beobachtete. Er reagierte auch nicht auf Funk. Was sollte ich machen? Ich ließ Sicherheit herstellen, befahl meinem Sicherheitsoffizier, den Herrn Oberst persönlich abzuholen und zu mir zu führen. Wenig später beobachteten wir, wie der Sicherheitsoffizier in seinem Panzer quer über die Schießbahn raste, beim Oberst hielt, kurz mit ihm sprach, um dann mit dem Oberst im Schlepp zu mir zu fahren. Der Oberst stieg aus und überschüttete mich mit Vorwürfen. Ich hätte ihm eine falsche Stelle angegeben. Ich wäre nicht in der Lage, eine vernünftige Ortsangabe zu machen, und so weiter und so fort. Gott sei Dank war mein Bataillonskommandeur anwesend, der den Brigadekommandeur beiseite nahm und behutsam auf ihn einredete. Ich wäre sonst vermutlich explodiert. Den Oberst haben wir nie wieder aus den Augen gelassen. Er erhielt einen Ordonanzoffizier zugeteilt, dem es unter Androhung der Todesstrafe untersagt war, mit dem Oberst unangemeldet auf irgendwelchen Schießbahnen herumzufahren.

Wenige Tage später begleitete mich der Oberst mal wieder. Diesmal saß er auf dem Leitungsfahrzeug unmittelbar neben mir. Ich gab ihm einen Funksprechsatz, damit er den Funkverkehr abhören konnte. Die ganze Zeit über sagte unser Oberst nichts. Entgegen seiner Gewohnheit unterbrach er mich nicht ein einziges Mal. Bei Übungsende nahm er den Funksprechsatz ab und meinte, es wäre beeindruckend gewesen, dass dieses Schießen so lautlos ablief. Ich hätte offenbar, wie alle anderen Führer auch, nur mit Zeichen geführt. So etwas Großartiges hätte er noch nie gesehen. Ich schaute zu Boden und entdeckte, dass der Funksprechsatz von dem Oberst überhaupt nicht am Funkgerät angeschlossen war. Das Anschlusskabel baumelte herrenlos in der Luft. Vor Lachen wäre ich fast geplatzt.

Trotz aller Bemühungen ist es uns nie gelungen, unseren Oberst von dem Einhalten von Selbstverständlichkeiten auf Schießbahnen zu überzeugen. Stets musste man mit dem Unmöglichen in seinem Verhalten rechnen. Mit der Zeit wurde das sogar den Beratern der Schießsicherheit zu bunt. Diese Herren, auch „Feuerwerker" genannt, sind von elementarer Wichtigkeit. Ohne sie läuft grundsätzlich gar nichts. Nur sie entscheiden ultimativ, welche Ziele aufgeklappt werden. Als Leitender ist man gut beraten, ihren Anweisungen und Hinweisen Folge zu leisten, ohne sich das Zepter aus der Hand nehmen zu lassen. So überzeugte mich einmal der Feuerwerker, dass meine Panzer nicht durch den sogenannten „Fire Guard" fahren dürften. Dieses ist ein Sandstreifen, der künstlich angelegt wurde, um das Überspringen von entstandenen Bränden auf die Schießbahn oder von dort in den nächsten Wald hinein zu verhindern. Kaum gab ich ihm mein Versprechen, verriet eine riesige Staubwolke, dass die ersten Panzer bereits genau dort standen. Das gab ein Theater!

Der ewigen Eskapaden meines Brigadekommandeurs auch schon überdrüssig, warteten meine Feuerwerker nur auf eine günstige Gelegenheit, dem Oberst eins auszuwischen. Der Augenblick kam schneller als erhofft. Unser geliebter Brigadekommandeur hatte sich einmal mehr verselbständigt. Auch sein Ordonanzoffizier hatte ihn verloren (womit sein Todesurteil in Form eines Kasten Bier feststand). Da niemand wusste, wo der Oberst war, jeder jedoch mit dem Schlimmsten rechnete, haben wir kurzzeitig das Schießen unterbrochen. Tatsächlich, der gute Oberst stand natürlich wie immer **vor** den Gewehrmündungen auf einem Hügel direkt neben einer Schießbahnmarkierung. Von dort hatte er einen hervorragenden Überblick über das Schießen. Leider stand er dort auch „Scheibe", jedoch wagte es niemand, ihn als „laufenden Keiler" zu missbrauchen. Womit der Oberst nicht rechnen konnte, war die Hinterhältigkeit der Feuerwerker. Diese verfügen über ein Gerät, mit dem sie elektronisch Ziele und Feuerdarstellungen abrufen können. So sind sie auch in der Lage, eingebaute Artilleriedarstellungskörper zu zünden. Darunter kann sich ein Laie durchaus einen Kanonenschlag stärksten Kalibers vorstellen. Das Schicksal wollte es, dass unser Oberst fast genau neben so einem Darstellungskörper stand. Diese Versuchung war zu groß für meinen Feuerwerker. Er zündete den Darstellungskörper. Wie vom Blitz getroffen, zuckte unser Oberst zusammen. Sein Barett flog vom Kopf, und er wäre beinahe rückwärts den Hang heruntergerollt. Als ob das noch nicht genug wäre, rief der Feuerwerker dem Oberst auch noch zu: „Hallo Herr Oberst, mal wieder im Sicherheitsbereich gestanden?". Der arme Oberst war so konsterniert, dass er glatt vergaß, mir einen Anschiss zu verpassen. Wenn man nun annehmen würde, dass unser Oberst endlich begriffen hätte, wie man sich auf einer Schießbahn verhält, so täuschen Sie sich. Mit der ihm eigentümlichen Dickköpfigkeit wandelte er auch weiterhin auf der Schießbahn umher, als seien alle Sicherheitsbestimmungen für ihn nicht bindend. Mann, habe ich gelitten!

Hallöchen, Herr Oberst

Von Wachsoldaten und dem Ungemach, das diesen Soldaten widerfahren kann, noch mehr allerdings ihren Wachvorgesetzten, habe ich schon so manche Aussage getätigt. Hier nun eine Geschichte, die mich zur Weißglut getrieben hat.

Als Oberst und stellvertretender Brigadekommandeur der Panzerbrigade 21 war ich in Augustdorf stationiert (frei nach dem Motto: Lieber ein Oberst in Augustdorf als ein August in Oberstdorf!). Die Wache der Generalfeldmarschall Rommel Kaserne in Augustdorf unterstand mir zwar nicht, aber natürlich wusste man, wer der stellvertretende Brigadekommandeur war. Im Wachlokal hängen im Allgemeinen die Bilder der Wachvorgesetzten, also die des Brigadekommandeurs (im Dienstgrad eines Brigadegenerals), die des Kasernenkommandanten (denn dem unterstand die Wache) und selbstverständlich die des Bundespräsidenten (obwohl der mit der Wache eher weniger zu tun hatte). Die Gesichter kannte man genauso gut wie die Automarke des Brigadekommandeurs, in diesem Falle ein schwarzer Audi TT. Selbstverständlich wurde der Audi TT morgens nicht angehalten, sondern durchgewunken. Hielt der Brigadekommandeur dennoch an, so meldete man ihm als Wachsoldat unaufgefordert oder sah sich einem miserablen Tag ausgesetzt, wenn man es nicht tat. Man kannte auch mich, den Oberst und stellvertretenden Brigadekommandeur nebst seinem silbergrauen VW Golf. Also ließ man auch mich in der Regel unkontrolliert durch. Denn schlecht gelaunte Obristen können einem auch den Tag vermiesen – garantiert!

Das Schicksal wollte es aber, dass eines nachts ein Wachsoldat als Torposten an der Haupteinfahrt eingesetzt war, der erstens neu am Standort war, die handelnden Gesichter daher nicht unbedingt kennen konnte, oder aber grenzenlos dämlich war. Ich fuhr in der Nacht zur Dienstaufsicht mit meinem Geländefahrzeug raus, an dem auf dem linken Kotflügel der Stander des stellvertretenden Brigadekommandeurs steckte. Dienst-Kfz mit Stander sind immer mit Vorsicht zu genießen, denn es handelt sich so gut wie immer um Vorgesetzte, die man besser nicht vergrault. Das wusste auch der Torposten, der mich unkontrolliert und grüßend durchließ. Ich war vielleicht zwei Stunden im Gelände und bekam nicht mit, dass der Torposten durch einen anderen Kameraden ausgewechselt wurde. Als ich wieder in die Kaserne hineinfuhr, zückte seine Winkerkelle hervor, und mein Kraftfahrer musste anhalten. Er ließ sich den Fahrbefehl zeigen und den Truppenausweis des Kraftfahrers. Mich sah er nicht, oder er ignorierte mich. An eine Meldung an mich verschwendete er keine Zeit. Ich verzichtete auf den eigentlich erforderlichen Anschiss, da ich es eilig hatte.

In der Kaserne hielt ich mich vielleicht 30 Minuten auf, dann fuhr ich wieder heraus. Bei diesem Versuch stieß ich unweigerlich wieder auf den bereits bekannten Torposten. Dieser zückte wieder mit der Winkerkelle. Er trat vor den Geländewagen und ignorierte tapfer alle Handzeichen meines Kraftfahrers, der ihn zu verstehen geben wollte, dass er besser an meine Fahrzeugseite trat, um mir eine Meldung zu machen. Stattdessen ging er gelangweilt zur Fahrerseite herüber und forderte den Kraftfahrer auf, die Seitenscheibe herunterzudrehen. Er beäugte zuerst den Kraftfahrer und dann mich, um schließlich nach dem Fahrbefehl und den Truppenausweis zu fragen. Da platzte mir der Kragen. Ich befahl ihm, auf meine Seite herüber zu kommen und stellte ihn zur Rede. Im wahrsten Sinne des Wortes steckte er seinen Kopf durch die geöffnete Seitenscheibe in den Wagen hinein, beäugte mich neugierig, als bei ihm schließlich die Erkenntnis einschlug, wer da im Wagen saß. Mit einem freundlichen „Oh, Hallöchen, Herr Oberst" glaubte er, die Situation gerettet zu haben. Er konnte überhaupt nicht verstehen, warum ich denn so wütend wurde. Wollte er mich veräppeln? Ich glaubte es eigentlich nicht. Er war eben so vollkommen unbedarft und naiv. Der Wachhabende stürzte aus dem Wachlokal, weil er Schlimmes befürchtete. Ich war mittlerweile so in Rage, dass sich seine Befürchtung bewahrheiten sollte. Doch alle Aufregung half nichts. Der Wachsoldat fühlte sich zu Unrecht gemaßregelt, und ich kämpfte mit einer Bluthochdruckwallung.

Von derartigen Geschichten ist die Bundeswehr randvoll. So gut wie jeder kann derartiges berichten. Wach- und Torposten sind immer wieder ein Quell der Freude.

Formalausbildung und feierliche Anlässe

Formalausbildung ist wichtig, wenngleich wenig beliebt. Alle Armeen dieser Welt führen Formalausbildung durch. Das war schon immer so und wird immer so bleiben. Die Intensität ändert sich und auch der Stil. Aber eines ist so sicher wie das Amen in der Kirche: Ohne Formalausbildung ist keine Armee in der Welt denkbar. Dabei unterscheiden sich die Armeen in der Darbietung der „Formale" ganz deutlich. Die Briten haben die Formalausbildung zur Kunst erhoben. Wenn man als Tourist am Buckingham Palace steht und sich das Treiben bei der Zeremonie der „Changing Guards" anschaut, dann ist das schon genauso beeindruckend, als wenn man versucht, dem britischen Wachposten am Eingang zum Buckingham Palace eine menschliche Reaktion, zum Beispiel ein Lächeln, abzugewinnen. Man denke nur an Tattoo-Veranstal-tungen, wo Musikkorps verschiedenster Nationen wetteifern, wer die besten „Moves" draufhat (um in der Sprache meiner Nichten zu bleiben). Osteuropäische Länder haben formale Paraden und Zeremonien immer schon als Machtdemonstration benutzt und legen natürlich höchsten Wert auf Einheitlichkeit und unendlichen Drill. Die Nazis haben den Stechschritt und Massenveranstaltungen zur Demonstration ihrer Stärke missbraucht und eine ganze Nation unter anderem auch hierdurch verführt. Aber selbst in der Antike wurde „Formale" durchgeführt. Dieses zu ähnliche Zwecken wie heute, aber durchaus mit einem weiteren und weitaus wichtigerem, weil existentiellem Ziel: Formationen, wie die der römischen Legionen, lebten vom formalen Drill, denn nur so konnten sie auf dem Gefechtsfeld die Überlegenheit und das Überleben gewährleisten. Noch heute sind Begriffe wie „den Schulterschluss herstellen" in ihrer Quelle und Herkunft hiervon beeinflusst.

Formalausbildung ist für sich genommen einfach. Die Kommandos sind eindeutig vorgegeben. Der Kommandierende kann eigentlich wenig falsch machen. Er muss nur laut genug brüllen können. Die Formation, also diejenigen, die in der Formalausbildung Kommandos des Kommandierenden auszuführen haben, wird so lange gedrillt, bis die Ausführung des Kommandos sitzt und zwar perfekt und ohne jedes Nachdenken. Das stumpft oftmals ab und macht diesen Ausbildungsabschnitt nicht gerade zur Nummer 1 in der Wahrnehmung der Soldaten. Formalausbildung birgt zudem so manche Stolperfalle für denjenigen, der vor der Front steht und kommandiert. Denn eines ist sonnenklar: Jeder Vorgesetzte meint, das Formalausbildung einfach ist. Daher weiß jeder Vorgesetzte sowieso von Haus aus, wie es besser geht und achtet bei formalen Anlässen peinlich darauf, was sein Kamerad vor der Front denn so anstellt. Das wird natürlich beim nächstbesten Kasinogespräch episch ausgeschlachtet, bis diese Kameraden selbst vor der Front in der Bütt stehen, und schlagartig ist es mit der Lästerei vorbei.

Jeder Soldat erhält noch am Anfang seiner Grundausbildung Formalausbildung, weil der erste und wichtige Abschnitt seiner Ausbildung mit dem Feierlichen Gelöbnis endet. Also bringt man einem Soldaten erst einmal bei, wie er in einer geschlossenen Formation zu marschieren hat. Eine geschlossene Formation ist eine militärische Ordnung, in der drei Soldaten hintereinanderstehen (eine sogenannte Rotte) und viele Rotten nebeneinander zu stehen haben. Das Ganze nennt man eine Linie, drei hintereinander und viele nebeneinander. Der Abstand von Mann zu Mann ist eine Armlänge. Das hört sich einfach an. Das wird aber schon komplizierter, wenn diese Formation „Rechts um" machen soll, sich also schlagartig um 90 ° nach rechts dreht. Hier nun kommen die Ersten bereits aus dem Gleichgewicht, denn eine Rotation um 90 ° lässt ungeahnte Fliehkräfte frei. Schlimmer noch wird es, wenn diese Formation im Gleichschritt marschieren soll. An Peinlichkeiten sind derartige Vorhaben manchmal kaum zu übertreffen. Denn Fehler, die natürlich immer passieren, fallen sofort auf. Berüchtigt sind die sogenannten Passgänger. Das sind solche Kameraden, die bei einem Schritt auf dem linken Fuß den rechten Arm nach hinten durchschwingen anstatt den linken. Fürchterlicher Anblick! Dabei ist es doch so einfach: Marschiert wird nach Militärmusik, und das ist eine Musikrichtung, bei der es immer auf dem linken Schritt „Bumm" macht!

Grüßen will auch gelernt sein. Ach, es ist ganz einfach herrlich und zuweilen wirklich spaßig. Schlimm wird das Ganze aber vor allem dann, wenn der Kommandierende sein Konzept verliert, Kommandos vergisst oder falsche Kommandos gibt. Dann ist das Chaos vorprogrammiert. Anlässe hierfür gibt es zuhauf. Feierliche Gelöbnisse, Kommandoübergaben, Verabschiedungen (wenigstens ab Bataillonskommandeur aufwärts) und als Krönung und Höhepunkt der Große Zapfenstreich sind ein Hort von Pleiten, die so ziemlich jeder Vorgesetzter bis in die höchsten Dienstgradgruppen hinein bestimmt schon einmal erlebt hat. Hier nun ein paar erlebte Beispiele:

Kommandos werden stets mit einem Ankündigungskommando und einem Ausführungskommando versehen. Der Grund ist simpel. Das Ankündigungskommando bereitet jeden Soldaten in der Formation auf das unweigerlich kommende Kommando vor, und das Ausführungskommando garantiert daraufhin die einheitliche und schlagartig gleiche Durchführung. Das setzt aber voraus, dass sich der Kommandierende Zeit lässt zwischen der Ankündigung und der Ausführung seines Kommandos. Will er also „Rechts um" durchführen lassen, dann ist „Rechts" das Ankündigungskommando und „um" das Ausführungskommando. Schlimm wird es, wenn er einfach in einem Rutsch „Rechts um" befiehlt. Richtig ist die zeitliche Trennung und Abfolge beider Kommandos als „Rechts" …. „um". Noch schlimmer ist es, wenn er das eine Kommando einfach weglässt. Dann herrscht Chaos. So erging es einem General bei der Offiziersschule des Heeres, der die Paradeaufstellung zur Beförderung der Leutnante befehligte. Über Mikrofon kommandierte er ganz einfach „Paradeaufstellung …..
„um", um dann leise aber nichtsdestotrotz hörbar nachzulegen „Scheiße, rechts vergessen". In diese Formation brachte er hinterher keine Ordnung mehr rein, weil sich alle Soldaten vor Lachen kaum noch einkriegten. Solche Peinlichkeiten gibt es viele.

Kommandierende sind oftmals hypernervös, vergessen Kommandos oder verirren sich in der Befehlsreihenfolge. Sehr beliebt ist daher auch, wenn Kommandierende vergessen, dass ihre Formation noch im Stillgestanden steht, der Ehrenzug wohlmöglich auch noch im „Achtung …. Präsentiert" (d.h. der Ehrenzug salutiert, indem er die linke Hand in Brusthöhe auf seine Waffe legt und alle eingetretenen Führer grüßen mit der Hand an der Kopfbedeckung. Das Wachbataillon, hierin ungekrönter Meister, macht zudem „Gewehr über", eine besonders nette und sehenswerte Variante).

Wenn er dann ganz einfach „Rührt ... Euch" befiehlt, herrscht großes Durcheinander, weil keiner so genau mehr weiß, ob er denn nun die Hand runter nehmen soll oder nicht.

Ja, die Fallstricke lauern überall. Also wappnen sich Kommandierende zuweilen gerne, indem sie sich Spickzettel anfertigen. Nun geht es natürlich überhaupt nicht, dass ein Kommandierender vor der Front aus seiner Jackentasche kurz einen Zettel herausholt, um Kommandos abzulesen. Also entsinnt man Abhilfe, indem man die Kommandos mit einem Folienschreiber in seine Handfläche schreibt – ganz so wie in der Schule bei der Abiturklausur. Dann kann man wenigstens einen verstohlenen Blick in seine Handfläche wagen in der Hoffnung, dass dieses Manöver von niemandem gesehen wird (was eine trügerische Hoffnung ist). Wenn man sich das zum Ziel gesetzt hat, dann sollte man wenigstens einen nicht-wasserlöslichen Folienstift verwenden, denn der Schweiß, der bei aller Aufregung ebenso einem General auf die Hand tropfen kann (denn das sind bekanntlich auch nur Menschen), ruiniert sofort jedes Schriftbild, und schon ist es vorbei mit der erfundenen Herrlichkeit. Noch schlimmer kann es kommen, wenn die Truppe ohne Handschuhe antritt, der Kommandierende kurzerhand seinen Folienstift bemüht und dessen Vorgesetzter kurz entschlossen befiehlt, „Handschuhe an". Das kann Blutsturzaktionen hervorrufen und beim Kommandierenden zu Panikattacken führen. Dann steht er da, quasi wie auf einem Präsentierteller, und ringt verzweifelt um Haltung, weil er genau weiß, dass alle militärischen Gäste und natürlich die komplett angetretene Formation nur darauf warten, dass er Fehler begeht, die genauso unweigerlich kommen werden wie das Lästern hinterher im Kasino. Manch einer fürchtet dann um seine Karriere, und der eine oder andere hat sich dieselbe bei derartigen Anlässen ruiniert.

Ungemach droht aber nicht nur bei den Kommandos, sondern bereits bei der Organisation von feierlichen Anlässen. Hier beherrscht das Wachbataillon die hohe Kunst des sogenannten „Protokolls" in beispielhafter Weise. Die Burschen vom Wachbataillon machen keine Fehler, zumindest keine, die sofort auffallen. Das sieht bei der gewöhnlichen Truppe selbstverständlich ganz anders aus. So hatte das Panzergrenadierbataillon 72 die zweifelhafte Freude, gleich zweimal einen großen Zapfenstreich durchzuführen, die Königsdisziplin aller feierlichen Anlässe.

Der Große Zapfenstreich ist kompliziert vorzubereiten und noch komplizierter zu kommandieren. Wir haben Wochen aufwenden müssen, um beide Ereignisse in zwei unterschiedlichen Kasernenanlagen vorzubereiten und durchzuführen. Kommandierender war einmal mehr mein Bataillonskommandeur, der leider vollkommen unmusikalisch ist und daher Schwierigkeiten hatte, das eine Musikstück von dem anderen zu unterscheiden. Vor allem bereitete es ihm Sorge, wann ein Musikstück anfängt und wann es aufhört, denn dann waren die nächsten Kommandos fällig. Er löste dieses Dilemma souverän, indem er mit dem Kapellmeister des Musikkorps verdeckte Zeichen absprach. Fackelträger müssen im großen Stil aufgebracht werden, für den Nachschub von Fackeln ist zu sorgen, die Formation des Großen Zapfenstreiches ist aufzustellen und auszubilden, jeder muss wissen, wohin er wann zu marschieren hat, die Plätze jedes einzelnen Soldaten werden ausgemessen und markiert (möglichst verdeckt und dennoch bei Dunkelheit für die Soldaten sichtbar). Zuschauerzelte müssen errichtet und Tribünen aufgebaut werden. Eine leistungsfähige Parkplatzorganisation muss her, die VIP wollen tatsächlich wie VIP behandelt werden (inklusive solcher Kameraden, die sich für VIP halten, aber keine sind). Toiletten müssen besorgt werden und der Weg dorthin sollte ausgeschildert sein, dieses vorzugsweise für die Damen. Die Presse muss eingefangen werden. Kurzum, es ist ein Heidenaufwand, und alle menschlichen Eitelkeiten wollen bedacht sein. Und für das alles war ich verantwortlich, der stellvertretende Bataillonskommandeur.

Alles ging gut bis fast zum Schluss, doch hatte ich einen fatalen Fehler begangen. Ich hatte mich darauf verlassen, dass Absprachen auch eingehalten werden und dabei die Kontrolle vernachlässigt. „Vertrauen ist gut, Kontrolle ist besser", diesen eisernen Grundsatz darf man nie vergessen, will man auf der Karriereleiter emporsteigen. Bei dem ersten Großen Zapfenstreich hatten wir auf dem Exerzierplatz die gesamte Antreteformation mit Fernmeldedraht abgespannt, d.h. auf dem Asphalt spannte ich für jede Reihe der Formation einen Draht, an dem sich die Soldaten ausrichten konnten. Das klappte hervorragend. Zudem markierte ich entlang der Drähte für jeden einzelnen Soldaten präzise den Ort, wo er zum Stehen kommen sollte. Mein Kommandeur war zufrieden, mein Brigadegeneral war es auch, also konnte eigentlich nichts mehr schiefgehen. Die Generalprobe klappte hervorragend, und alle Soldaten hatten Dienstschluss. Als ich nach Hause fuhr, folgte ich einer inneren Eingebung und drehte noch eine kurze Extrarunde über den Exerzierplatz. Dort sah ich eine Kehrmaschine der Standortverwaltung, die nichts Besseres mehr zu tun hatte, als den gesamten Platz zu kehren. Der Fahrer der Kehrmaschine kümmerte sich nicht um die Fernmeldedrähte und die Markierungen. Er hatte den Auftrag zu kehren, und das tat er mit Inbrunst. Er verstand daher überhaupt nicht, dass ein wild gewordener Major auf ihn einschrie, ob er denn verrückt sei. Doch alles Brüllen half nichts. Die Drähte und die Markierungen waren weg. In einer Nacht- und Nebelaktion konnten wir den Schaden beheben. Schuld war die Standortverwaltung, die den Terminplan für die Organisation und Vorbereitung der Veranstaltung nicht korrekt gelesen hatte. Aber was half es mir, denn ich war gesamtverantwortlich. Auf dem Klotz wäre nicht der Kopf des Leiters der Standortverwaltung gelandet, sondern meiner!

Bei der zweiten Veranstaltung hatte ich mich darauf verlassen, dass der für die Parkplatzorganisation und Verkehrsregelung zuständige Brigadeingenieur, ein Oberstleutnant, seine Aufgaben vollständig erledigen würde. Alles ging gut, bis die Veranstaltung begann. Nur leider hatte der Brigadeingenieur seine Verkehrsregelungsposten mit Veranstaltungsbeginn abgezogen. Es merkte daher niemand, dass einige Gäste mit ihren Fahrzeugen verspätet eintrafen und ihre Autos der Einfachheit dort abstellten, wo noch Platz war. Freie Plätze gab es eigentlich nur noch dort, wo die Formation des Großen Zapfenstreiches mit Musik und in prachtvoller Ordnung am Ende ausmarschieren sollte. Genau dort verrammelten nun zahlreiche Fahrzeuge den Weg. Von meinem Brigadeingenieur oder einem seiner Verkehrsregelungsposten war nichts mehr zu sehen. Erneut ergriff mich so eine Vorahnung. Während mein Bataillonskommandeur noch kommandierte und sich mit der Nationalhymne das Ende und der Ausmarsch des Großen Zapfenstreichs bereits bedrohlich abzeichneten, schlich ich mich an die Stelle, wo er mit seinem Großen Zapfenstreich in Kürze eintreffen musste. Mir blieb das Herz stehen. Autos über Autos, aber kein einziger Meter Platz, um diese große Formation wie geplant ausmarschieren zu lassen. Ich lief der Formation entgegen, bei Dunkelheit, für die Zuschauer unerkannt. Mein Kommandeur wäre beinahe am Herzschlag gestorben, als er mich sah. Ich rief nur noch „Mir nach", und schon marschierte die Kolonne in einer nicht geplanten Kurve mitsamt dem spielenden Musikkorps an den Zuschauern vorbei genau dort raus, wo sie reinmarschiert waren. Niemand bekam den Fauxpas mit. Den Brigadeingenieur hätte ich hinterher am liebsten ermordet. Passiert ist ihm nichts. Man stelle sich aber vor, der Große Zapfenstreich wäre wie geplant ausmarschiert. Dann hätten alle Zuschauer das Bild gesehen, dass die Formation auf der Stelle tretend vor der Autoblockade stehen geblieben wäre. Ich möchte nicht wissen, wessen Kopf dann abgeschlagen worden wäre. Wahrscheinlich meiner. Das wäre schade gewesen, ich hänge so am Leben.

Ich hatte dann in meiner letzten Verwendung in Munster am dortigen Ausbildungszentrum einen Kameraden, der in grauer Vorzeit mal Kommandeur des Wachbataillons gewesen war. Er erhob das „Protokoll" in höchste Sphären. Waren meine Männer mit dem Aufbau und der Vorbereitung von feierlichen Anlässen beauftragt, dann erschien er stets unangemeldet und quasi ohne jede Zuständigkeit. Das berührte ihn überhaupt nicht. Er war das „Protokoll", und nichts schien im militärischen Leben wichtiger zu sein, als eben das „Protokoll", womit nicht die Protokollabteilung des Bundespräsidialamtes gemeint war, sondern die Vorschriften, die für das Wachbataillon beim Exerzieren Anwendung fanden. Es bedurfte zuweilen sehr viel Überzeugungsarbeit, um klarzustellen, dass Soldaten der Fahrbereitschaft oder Stabsdienstsoldaten mit denen eines Wachbataillons nun einmal nicht zu vergleichen sind – zumindest nicht bei der biblischen Anwendung des „Protokolls".

Konnte man derartige Fragen auf der zwischenmenschlichen Ebene noch kameradschaftlich klären, so verhält sich dies bei dem Presse- und Informationsstab des Verteidigungsministers vollkommen anders. Die sind vollkommen humorlos und interpretieren das „Protokoll" nur nach einem einzigen Kriterium: Der Herr und Meister (d.h. der Verteidigungsminister oder, wenn vor Ort, die Bundeskanzlerin/der Bundeskanzler) müssen glänzend dargestellt werden. Ich hatte mal das zweifelhafte Vergnügen, den Augustdorfer Soldatentag bei der Panzerbrigade 21 zu organisieren. Das ist so eine Art „Tag der offenen Tür", zu der sich der Verteidigungsminister angemeldet hatte. Wir hatten alle Register gezogen und fühlten uns so gut vorbereitet, wie man es in der Erwartung des Verteidigungsministers nur sein kann. Dann kam ein Vorkommando aus Berlin, das den Besuch des Ministers mit uns besprechen und vorbereiten sollte. Hier nun erlebten wir, was wirklich wichtig ist. Das fing mit dem Rednerpult an, das zwar schmuck aussah, an dem jedoch zwei Mikrofone angebracht waren, die aus der Perspektive eines Reporters wohlmöglich wie die Hörner eines Teufels aussahen, wenn der Minister ans Rednerpult trat. Das geht gar nicht! Solche Änderungen waren noch vergleichsweise harmlos, aber ich rate jedem, der derartige VIP Auftritte vorbereitet, alles mit dem Presse- und Informationsstab, Adjutanten des VIP und anderen hochgestellten Persönlichkeiten vor

Ort abzusprechen, bevor es zu Aufbauarbeiten und anderen hektischen Aktivitäten kommt. Denn eines ist sicher: Man droht sonst die Arbeit zweimal zu machen, nämlich das erste Mal umsonst und das zweite Mal genauso, wie andere es wollen, die tatsächlich das Sagen haben. Das nennt man in der Praxis „das Protokoll". Es ist ein herrliches Totschlagargument für Willkürlichkeiten, die in keiner Vorschrift stehen. Und mit diesen Hinweisen endet dieser Beitrag. „Augen gerade ......aus"!

Studium bei der Bundeswehr

Wie ich eingangs bereits beschrieben habe, trat ich der Bundeswehr zunächst für zwei Jahre als Reserveoffiziersanwärter bei. Ich hatte die feste Absicht, nach zwei Jahren den bereits fest zugesagten Studienplatz für Betriebswirtschaft an der öffentlichen Hamburger Universität anzunehmen. Appetit holt man sich bekanntlich beim Essen. So geschah es auch mit der Bundeswehr. Mir gefiel der Dienst in der Armee, die Bezahlung war in Ordnung, und schließlich bot die Bundeswehr eine interessante Alternative zum Studium herkömmlicher Art, nämlich ein Studium an einer der beiden Universitäten der Bundeswehr in Hamburg oder München. Anfang der siebziger Jahre bekam die Armee ernsthafte Schwierigkeiten, ihren Bedarf an Offizieren zu decken. Als Soldat auf Zeit verpasste man mit fortschreitender Verpflichtungszeit zunehmend den Anschluss an die berufliche Entwicklung. Andererseits eröffnete die Möglichkeit, nach ggf. zwölf Jahren Dienstzeit erst mit dem Studium zu beginnen und sich mit Schulabgängern von öffentlichen Universitäten zu messen, keine rosigen Perspektiven. Das galt umso mehr, da man dann meist als 30 Jahre alter Mann bereits eine Familie gegründet hatte, die ernährt werden wollte. Die Bundeswehr war ganz einfach für Längerdienende nicht attraktiv genug. Dem begegnete man klugerweise mit der Einrichtung von bundeswehreigenen Universitäten, in denen Offiziere, die sich auf mindestens zwölf Jahre Dienstzeit verpflichtet hatten, innerhalb von gut drei Jahren einen akademischen Titel erwerben konnten. Im Gegensatz zu normalen Studiengängen musste ein Bundeswehr-Student jedoch drei Trimester pro Jahr absolvieren und innerhalb von drei Jahren zwingend zum Studienabschluss kommen. Langzeitstudenten gab es demnach nicht.

Mich reizte dieser Studiengang, also bewarb ich mich um eine Verpflichtungszeit von insgesamt 14 Jahren inklusive der Teilnahme an dem Studium der Wirtschaftswissenschaften an der Bundeswehruniversität

Hamburg. Letzteres war für mich das Angenehmste, bin ich doch gebürtiger Hamburger. Ich ahnte damals nicht, dass mein simpler Antrag die Bürokratie der Streitkräfte ins Rotieren bringen sollte. Zunächst einmal fordert der Dienstherr zu Recht, dass ein Offizier zu allererst Offizier zu sein hat und dann erst Student. Trittbrettfahrer, die nur das Studium absolvieren wollten, danach aber mit dem Militär nichts mehr am Hut hatten und kündigten, galt es auszumerzen.[8] Also musste sich der Antragssteller einer gesonderten Prüfung unterziehen, während der seine Eignung als Truppenoffizier festgestellt werden sollte. Als Nebenprodukt dieser Prüfung wurde festgelegt, ob und welchen Studiengang der Antragssteller absolvieren sollte.

Ich halte dieses Verfahren grundsätzlich für angebracht. Wie immer steckt der Teufel jedoch im Detail. Ich jedenfalls wurde zur Prüfung geschickt, die an der Offizierprüfzentrale (OPZ) in Köln stattfand. Zeitlich gesehen wurde ich dort ca. ein halbes Jahr vor Ablauf meiner zunächst zweijährigen Dienstzeit vorstellig, zu der ich mich verpflichtet hatte. Ich hatte also alle Trümpfe in der Hand und fuhr ziemlich unbelastet nach Köln. Die Prüfung dauerte damals zwei Tage und war in der Form aus meiner Erfahrung heraus als absolut unsinnig zu bezeichnen. Psychologen hatten ihre großen Auftritte. Ich verstehe wenig von Psychologie. Eines jedenfalls war mir klar: Alle Fragen wurden hintergründig gestellt. Es kam nicht darauf an, was man alles wusste. Worauf es eigentlich ankam, hat sich mir leider nicht erschlossen. Umso erstaunter war ich, dass ich in das Dienstverhältnis von 14 Jahren übernommen wurde.

Ich erinnere mich noch genau, dass ich zu einem Bild, das einen zerrinnenden Farbtupfer darstellte, einen Gesinnungsaufsatz schreiben sollte. Ein anderer Kandidat empfand diese Aufgabe als dermaßen dämlich, dass er sich in seiner Antwort dem von ihm empfundenen Niveau anpasste. Er benannte das „Bild" kurzerhand „Onanierender Feuersalamander im Gebüsch". Oh Wunder, er wurde als Offizier nicht übernommen. Kurze Zeit später wurde ich interviewt, indem mir aus allen denkbaren Wissensgebieten Fragen gestellt wurden, von denen ich nur einige beantworten konnte. Es schloss sich eine ärztliche Untersuchung an, worauf eine Sportstunde durchgeführt wurde. Hier allerdings bin ich den Prüfern auf die Schliche gekommen. Wir mussten Klimmzüge machen. Einige meiner Kameraden pumpten über 15 Klimmzüge locker heraus und gingen siegesgewiss lä-

---

[8] Tatsächlich, so etwas gab es. Diese Herren kündigten ganz einfach nach Beendigung des Studiums oder sie verweigerten den Kriegsdienst.

chelnd vom Reck. Dieses Verhalten war falsch. Ich hatte den Dreh raus. Damals waren 15 Klimmzüge für mich kein Problem. Dennoch hing ich bereits nach acht Klimmzügen wie ein nasser Sack an der Reckstange. Ich „kämpfte" aber wie ein Verrückter, um zehn Stück fertig zu bringen und fiel erschöpft zu Boden. Das kam bei den Prüfern an. Aha – ein Kämpfer, der die Zähne zusammenbeißt, wenn es weh tut – so einen Kerl brauchen wir als Offizier!

Beim darauffolgenden Basketballspiel gab ich darauf Acht, nicht zu viele Körbe zu werfen, sondern fügte mich als Teamspieler ein, das kommt an. Zu guter Letzt wurde ich in ein Zimmer einbestellt, wo ich meinen Studienwunsch einbringen sollte. Ein Herr (Zivilist) mit Hornbrille sah mich mit ernster Miene an und fragte, was und wo ich denn zu studieren gedachte. Ich gab an, dass ich in Hamburg gerne Wirtschaftswissenschaften studieren wollte. Das brachte mir ein mitleidiges Lächeln ein, denn, so wurde mir erklärt, dieser Studiengang sei hoffnungslos überlaufen, da hätte ich keine Chancen. Als Alternative wählte ich Pädagogik, doch das war noch hoffnungsloser als hoffnungslos. Wie wäre es denn mit einem naturwissenschaftlichen Studiengang, fragte mich der Zivilist, hier und insbesondere in der Informatik läge schließlich die Zukunft?

Entsetzen machte sich auf meinem Gesicht breit, wusste ich doch um Zweierlei: Ich bin mathematisch eine Null mit einer runden sauberen „5" im Abiturzeugnis, und Informatik ist der schwerste Studiengang überhaupt, zu 100 % aus Mathematik bestehend. Das verstand sogar der Zivilist. Er strich Informatik als möglichen Studiengang auf meinem Aktenvermerk aus und notierte stattdessen Wirtschaftswissenschaften als Erstwahl und Maschinenbau als Zweitwahl (als ob Maschinenbau nichts mit Mathematik zu tun hätte). Als Studienort wurde Hamburg festgeschrieben. Ich fuhr mit der festen Zuversicht nach Hause, nie und nimmer für eine Dienstzeit auf 14 Jahren samt Studium bei der Bundeswehr zugelassen zu werden.

So verging die Zeit. Ich hatte noch drei Tage zu dienen vor Ablauf meiner zwei Jahre als Reserveoffiziersanwärter und war bereits ausgekleidet worden. Innerlich hatte ich mich von der Bundeswehr bereits verabschiedet. Da wurde ich zum Bataillonskommandeur befohlen. Der eröffnete mir, dass ich für eine Dienstzeit von 14 Jahren übernommen worden wäre und mich wieder einzukleiden hätte. Gleichzeitig wäre ich zum Studium der Informatik an der Bundeswehruniversität München zugelassen worden. Mir rutschte das Herz in die Hose. Ich muss so verdattert aus der Wäsche geschaut haben, dass mein Kommandeur bereits ärgerlich wurde, zeigte ich doch ob dieser großartigen Nachricht nicht die geringste Freude! In meiner Kompanie überfielen mich meine Kameraden mit Schadenfreude. Hatte ich doch nur noch drei Tage zu dienen und nahm jetzt einen Nachschlag von sage und schreibe zwölf Jahren. So blöde kann doch kein Mensch sein! Doch, ich konnte, zusätzlich durfte ich Informatik studieren, ein Studiengang, den ich bei aller Mühe und unendlichem Fleiß niemals erfolgreich abschließen konnte. Dann aber war mein Schicksal besiegelt. Denn ein nicht abgeschlossenes Studium führt bei der Bundeswehr dazu, dass man nach acht absolvierten Dienstjahren ohne jeden Berufsabschluss den Dienst quittieren muss. Es war aussichtslos, wie sollte ich meinen Kopf aus dieser Schlinge ziehen?

Ich grübelte mehrere Wochen, da kam mir die Erleuchtung. Warum in Gottes Namen kommt die hohe Bundeswehrführung auf die Idee, dass ich für ein Studium der Informatik geeignet wäre? Und wer bitte sehr entscheidet eigentlich tatsächlich über mein Schicksal? Die erste Frage war nicht so schnell zu beantworten. Der Schlüssel zu diesem Dilemma liegt in meinem Abiturzeugnis. Da steht unter Mathematik die Zahl „2". Das war es und gleichzeitig beantwortete dies auch meine zweite Frage. Irgendein Fachidiot, von denen es in jeder Verwaltung (so auch in der Bundeswehr) genügend gibt, muss mein Abiturzeugnis gelesen haben. Da steht doch, dass der Kerl in Mathematik eine „2" hat, dann kann der Lümmel auch Informatik studieren, der soll sich nicht so anstellen. München ist schließlich eine reizvolle Stadt, was will der eigentlich? Informatiker braucht die Armee, also ist die Sache geritzt.

Der Blödmann hätte das Abiturzeugnis mal genauer lesen sollen. Die „2" stand für zwei Punkte im Lehrfach Mathematik. Im Notenschlüssel ergeben 2 Punkte die Note „5", genau so wie ich es angegeben hatte. Ich jedenfalls schickte der OPZ eine beglaubigte Kopie meines Abiturzeugnisses mitsamt einer Leseanleitung für besonders eingeschränkte Fachidioten. Das half – zwei Wochen später (Rekordzeit für die Bundeswehr!) bekam ich ein Fernschreiben, woraus hervorging, dass ich zum Studium der Wirtschaftswissenschaften in Hamburg zugelassen war. Die Gerechtigkeit nahm ihren Lauf, und ich blickte einer aussichtsreichen Studienzeit entgegen.

Hier passt folgender Witz, der sich so ähnlich auf einem Kasernenhof abgespielt haben könnte:

Fragt der Spieß seinen Schreibstubenunteroffizier: „Sagen Sie mal, Müller, was hat der neue Kompaniechef eigentlich stukadiert?"

146

Antwortet der Unteroffizier: „Ich glaube, er hat Mathetik stukadiert an der Unität, 6 Sylvester, jetzt ist er vermutlich ein Kompressor, oder so etwas Ähnliches!"

Alternativ biete ich folgende Geschichte an:

Beim Antreten brüllt der Spieß: „Kompanie – zwei Schritt vortreten!" Alle Mann treten befehlsgemäß zwei Schritt vor, trotzdem brüllt der Spieß: „He, sind Sie schwerhörig, auch Sie können vortreten!" Darauf flüstert ihm der Schreibstubenunteroffizier zu: „Aber Herr Hauptfeldwebel, das ist ein Hydrant!" „Scheißegal", antwortet der Spieß, „auch Aburenten treten vor!"

Ft. Benning / Georgia / USA

Eine weitere glückliche Fügung meiner Dienstzeit bescherte mir die Möglichkeit, an einem Lehrgang in den USA teilzunehmen. Genauer: Ich wurde für neun Monate nach Ft. Benning an die amerikanische Infanterieschule kommandiert. Diese liegt im tiefsten Süden der Vereinigten Staaten, in Georgia, ganz in der Nähe des Kleinstadt Columbus, ca. zwei Autostunden südlich von Atlanta.

Wie kommt ein damals ca. 35 Jahre alter Hauptmann zu dem Glück, in die USA zu gehen? Es sollte sich später in meiner Karriere noch bewahrheiten, dass dieser Trip so etwas wie der Startschuss für meine weitere Laufbahn werden sollte. Ich konnte ja noch nicht wissen, dass ich wenige Jahre später an das NATO-Hauptquartier nach Belgien versetzt werden sollte oder viele Jahre später in London dienen durfte. Als noch kleiner Hauptmann waren das für mich unvorstellbare Stufen, die ungeahnt vor mir lagen. Zu der Zeit diente ich im Divisionsstab der 3. Panzerdivision in Buxtehude. Der Personalstabsoffizier des Divisionsstabes erfuhr über seine Kanäle (denn er war als „Netzwerker" einsame Spitze), dass es für den Lehrgangsplatz in Ft. Benning genau eine freie Stelle gab, die sofort zu besetzen war. Anderenfalls würde eine andere deutsche Dienststelle den Zuschlag erhalten. Grundvoraussetzung für diesen Lehrgang waren: Englische Sprachkenntnisse mindestens im Sprachleistungsprofil der Stufe 3, Dienstgrad Hauptmann, gewesener Kompaniechef, Infanterist oder Panzergrenadier. Der einzige Hauptmann weit und breit, der diese Anforderungen erfüllen konnte und der verfügbar war, war ich.

Manchmal gibt es im Leben solche Zufälle, und dann gilt es zuzugreifen. Es nutzt nichts, wenn man alle Anforderungen erfüllt, aber nicht verfügbar ist. Sei es, dass man sich auf einen anderen Lehrgang befindet oder eine Verwendung durchläuft, in der man für unentbehrlich gehalten wird. Ich war verfügbar, nur wusste meine Ehefrau noch nichts von ihrem Glück, denn die wollte ich mitnehmen. Wir hatten gerade geheiratet, und sie fühlte sich in ihrem Job pudelwohl. Als ich sie dann anrief, sie sollte sich schnell entscheiden, denn ich müsste innerhalb von 24 Stunden zu- oder absagen, da fiel ihr natürlich erst einmal der Unterkiefer runter. Es sollte nicht das erste und sicherlich nicht das letzte Mal in unserer Ehe sein, dass sie derartig weitreichende Entscheidungen quasi aus dem Nichts treffen musste. Immerhin stand sie vor der Entscheidung, ihren Job für mich und meine Karriere zu opfern. Sie hat sich diesen Herausforderungen immer gestellt und nie gezögert, an meiner Seite zu stehen. Wäre es anders gewesen, meine Karriere wäre anders verlaufen. Ich verdanke ihr sehr viel.

So planten wir also, in den Süden der USA zu fliegen. Zum ersten Mal traf ich auf das Bundeswehrverwaltungsamt, das nicht nur viele Form- und Merkblätter für mich bereithielt, sondern auch für An- und Abreise einschließlich der Auslandsdienstbezüge zuständig war. Ich wurde überschwemmt mit Paragraphen und Bestimmungen. Im Kern führte ich einen Teilumzug in die USA durch, und der will erst einmal organisiert sein. Neben allen bürokratischen Notwendigkeiten, die perfekt durch das Amt gelöst wurden, machten wir uns natürlich mit Georgia und den USA näher vertraut. Vor allem galt es, unsere Englischkenntnisse aufzupolieren. Ich buchte privat einen Englischkurs, und auch meine Ehefrau nahm an einem Englischunterricht teil. Zusätzlich besuchte ich einen Englischkurs am Bundessprachenamt. Unser sogenanntes „nicht begleitetes Fluggepäck" mussten wir vorab in Köln auf dem militärischen Teil des Flughafens abgeben. Ich wusste zu der Zeit überhaupt nicht, dass es einen militärischen Flughafenteil in Köln gab, noch fand ich den Hangar, an dem ich mein Gepäck abzugeben hatte. Wir irrten durch die Gegend, bis mir endlich ein gelangweilter Obergefreiter den richtigen Weg wies. Schließlich kam der große Tag, und wir flogen mit der Bundeswehrmaschine von Y-Tours („Wir buchen, Sie fluchen") über Goosebay in Neufundland nach Washington D.C. Dort angekommen schnappte ich mir eine Kofferkarre, um unser Gepäck an den nächsten Terminal zu bringen, der unseren Anschlussflug nach Atlanta abfertigte.

Nun sollte ich meine erste Begegnung mit Amerikanern erhalten, die sich aufgrund meines naiven Verhaltens fürchterlich aufregten. Mich brüllte ein baumlanger Südstaatenamerikaner mit den Worten an „Hey man, what are you doing, man?" Es war der Kofferträger, dem ich seine Karre geklaut hatte. Mensch, war mir das peinlich! Irgendwie kamen wir dann doch noch in Atlanta an und trauten unseren Augen nicht, dass wir an diesem Flughafen mit einer U-Bahn von einem Terminal zum nächsten fahren mussten. Wir kannten nur Hamburg-Fuhlsbüttel, und da kann man sehr gemütlich von einem Bereich in den nächsten schlendern. Doch auch das klappte, und irgendwann landeten wir in Columbus/Georgia. Uns begrüßte die rührselige Deutsch-Amerikanerin, Frau Eva Aiken, die sich immer schon um ausländische Lehrgangsteilnehmer wie eine Amme gekümmert hat. Für Martina, meine Ehefrau, sollte sie in den USA wie eine Ersatzmutter werden. Wir bezogen ein nettes Appartement am Rande von Columbus und starteten unser Abenteuer in den USA, das am Ende zu einer der schönsten Zeiten meiner Karriere werden sollte.

Man sagte mir, dass ich mich am nächsten Montag um 06:00 Uhr morgens zum PT melden sollte. PT bedeutet „Physical Training", also Sport. Wie bitte, hatte ich richtig gehört, 06:00 Uhr morgens? Spinnen die Amerikaner? Nein, das war tatsächlich ernst gemeint und hatte einen banalen Grund. In Georgia war es zu der Zeit derart heiß, dass kein Mensch auf die Idee kam, in der Mittagssonne Sport zu treiben, es sei denn, er neigte zum Suizid. Also fuhr ich gegen 05:30 Uhr morgens los, traf kurz vor 06:00 Uhr an der Dienststelle ein und schon ging es los. Amerikaner sind im PT absolute Spitze. Zunächst lockert man sich auf. „Auflockern" hieß für mich bereits, dass mein Puls in beachtliche Höhen schnellte. Dann absolvierten wir drei Disziplinen hintereinander weg: Zwei Minuten Liegestütze, zwei Minuten Aufrichten aus der Rückenlage (sogenanntes „Klappmesser") und als Abschluss fünf Meilen-Dauerlauf, das sind acht Kilometer, zumeist in einer geschlossenen Formation im moderaten Tempo. Dabei wurde stets ein Wechselgesang durchgeführt, den man aus Kinofilmen kennt. Der Ausbilder läuft nebenher und singt eine Strophe vor (zumeist mit obszönem Inhalt), und alle brüllen den Satz nach.

Mein Problem waren die Liegestütze. Ich verfüge nun einmal nicht über eine stark ausgeprägte Oberarm- oder Schultermuskulatur. Man könnte sogar boshafter Weise behaupten, dass meine Oberarme eher dünn und schwächlich aussehen. Jedenfalls kollabierte ich bei dem zwanzigsten Liegestütz und gab eine jämmerliche Figur ab. Neben mir war eine superschlanke dunkelhäutige Amerikanerin, die pumpte die Liegestütze mit einer Leichtigkeit heraus, dass mir schlecht wurde. Noch weiter trieb es ein bulliger Ame-

rikaner. 80 Liegestütze haute er in zwei Minuten raus, und das augenscheinlich ohne sich anzustrengen. Am Ende des Lehrgangs schaffte ich dann 45
Liegenstütze. Das war und ist für mich ein persönlicher Rekord. Im Vergleich zu den Amerikanern ist das immer noch lächerlich. Bei den Klapp-
messern konnte ich hingegen einigermaßen mithalten, und auch beim Laufen hatte ich keine größeren Probleme.

An dem Lehrgang nahmen insgesamt ca. 240 Amerikaner und ca. 50
Ausländer teil, dabei ich als einziger deutscher Offizier. Ich freundete mich
sehr schnell mit dem Spanier und dem Franzosen an. Wir drei wetteiferten
darum, wer den Lehrgang als bester Ausländer abschloss. Als Ausländer
waren wir zu der Zeit nicht für alle Lehrgangsinhalte zugelassen. Der erste
Irak-Krieg war vorbei, und neue Systeme wie das GPS wurden erstmalig im
Kriegseinsatz erprobt. Das wurde als derart geheim eingestuft, dass selbst
Vertreter von NATO-Verbündeten an GPS-Geräten nicht eingewiesen
werden durften. Heute würden wir über solche Paranoia nur lachen.

Ein besonders anspruchsvoller Lehrgangsinhalt war die sogenannte
„Land Navigation", d.h. das Orientieren im Gelände. In voller Montur, mit
gepacktem Rucksack, bei glühender Hitze und in einem für Westeuropäer
eher ungewohnten weil dschungelähnlichen Gelände quälten wir uns bei
Tag und Nacht auf uns alleingestellt herum. Mein spanischer Kamerad und
ich bildeten bei der Abschlussübung ein Team. Wir hatten bereits acht
Stunden in den Beinen. Noch standen uns aber vier weitere Stunden bei
Nacht bevor. Wir beide waren ziemlich groggy, aber es galt, nur mit Karte
und Kompass ausgestattet, einen Punkt entlang eines Höhenzuges zu finden. Die Ausbilder warnten uns vor Eddie, dem heimtückischen Alligator,
der es ganz besonders gerne auf ausländische Lehrgangsteilnehmer abgesehen hätte. Wir schenkten diesem Unsinn keinen Glauben, bis wir entlang
eines Bachlaufes bei stockdunkler Nacht kurz verhielten, um uns zu orientieren. Mir stockte der Atem. Da, genau im Bachlauf, keine 50 Meter von
uns entfernt, funkelten uns doch glatt zwei bösartige Augen an! Das musste
Eddie sein! Alligatoren sind schnell, sehr schnell. Vor allem tragen sie keinen Rucksack, wenn sie so richtig hungrig auf Menschenfleisch sind. Ohne
auch nur eine Millisekunde zu vergeuden, rasten mein spanischer Kamerad
und ich als „tapfere Helden", die wir ohne Zweifel waren, durch das Was-
serbett und flitzten den Hang hinauf. Erst als wir oben angekommen waren,
dämmerte uns so langsam, was für Jammerlappen wir doch waren. Es ist
eine Erfahrung besonderer Art, dass Menschen bei Dunkelheit Opfer ihrer

eigenen Phantasie werden. Dann sieht und hört man auf einmal Dinge, die es gar nicht gibt. „Eddie" existierte natürlich nicht, aber unsere Phantasie im Verbund mit unserer Erschöpfung machte ihn für uns lebendig.

Mein französischer Kamerad erwies sich einmal mehr als typischer Franzose. Er frönte dem französischen Nationalsport und machte sich über die Amerikaner lustig, wann immer er konnte. Für ihn verfügte Amerika über keine Kultur. Wenigstens konnte amerikanische Kultur noch nicht mal in Ansätzen mit der französischen konkurrieren. Was hatte Amerika außer dem Vietnamkrieg und den Heerscharen von ermordeten Indianern denn zu bieten im Vergleich zur Grand Nation? Kultur, so sagte er es jedem Amerikaner, der ihm über den Weg lief, gibt es in Amerika nur im Supermarkt. Solche Sprüche kamen beim Gastgeber eher schlecht an, doch das kümmerte meinen französischen Kameraden wenig. Er war auch fasziniert von der amerikanischen Sitte, durch Sales-Angebote den Verkauf im Supermarkt anzufeuern. „Buy one and you get one free" münzte er um in „kill one and you can kill one for free". Auch das fanden die Amerikaner nicht sonderlich witzig.

Am Ende des Lehrganges mussten alle Lehrgangsteilnehmer, auch die ausländischen, eine militärhistorische Abhandlung schreiben. Ich wählte die Schlacht um Bastogne gegen Ende des II. Weltkrieges, Höhepunkt der sogenannten Ardennen-Offensive. Die Amerikaner nennen diese blutige Schlacht „battle of the bulge". Zwei amerikanische Lehrgangsteilnehmer schrieben die Abhandlung aus amerikanischer Sicht, ich jedoch aus deutscher Sicht. Am Ende wurden wir alle drei besonders gelobt. Mein französischer Kamerad jedoch wählte sein Thema nach einem einzigen Kriterium aus: Er wählte eine Schlacht, in der weit unterlegene französische Kräfte gegen einen überlegenen Gegner nur aufgrund ihrer Finesse und ihres Könnens obsiegten. Er wollte den Amerikanern erneut den Spiegel vorhalten. „Seht her, Ihr Anfänger, Eure ganze technische Überlegenheit wird Euch nichts helfen, wenn Ihr auf französische Soldaten trefft!" So in etwa war sein Credo, und das nahmen ihm die Amerikaner sehr übel. Am Ende des Lehrgangs fand er sich dann nicht unter den Besten wieder, was ihn sehr erzürnte. So sind sie, die Franzosen!

Wir waren nur drei Ausländer aus Europa, die an diesem Lehrgang teilnahmen. Die Masse kam aus dem asiatischen Raum oder aus Afrika. In Erinnerung geblieben sind mir zwei Kameraden, einer aus Saudi-Arabien und einer aus dem Niger. Der Kamerad aus Saudi-Arabien hatte keine Lust auf das morgendliche PT. Er gab daher vor, beten zu müssen. Bekanntlich muss ein gläubiger Muslim fünfmal am Tag beten. Nach meiner Kenntnis verbietet der Islam aber keinesfalls, am PT teilzunehmen – vor oder nach dem Beten. Der Bursche war faul und blieb lieber im Bett liegen. Gebetet hat er vielleicht auch irgendwann mal am Tag. Tragischer verhielt es sich mit dem Kameraden aus dem Niger. Die Reize einer westlichen Überflussgesellschaft und die Freizügigkeit amerikanischer Frauen können einem Mann aus dem Niger schon in größte Verlegenheit bringen. Er erlag daher leider den Versuchungen. Er stahl im Kaufhaus und bedrängte eine Amerikanerin sexuell, was diese überhaupt nicht lustig fand. Er wurde kurzerhand vom Lehrgang abgelöst und durch die Botschaft von Niger nach Hause verfrachtet. Sein Kamerad aus Niger, der mit ihm auf dem Lehrgang weilte, sagte uns später, man hätte mit dem armen Kerl bei Ankunft in seiner Heimat kurzen Prozess gemacht. Das ist ganz sicher meinem französischen Kameraden erspart geblieben. Ich könnte mir vorstellen, dass er bei Rückkehr nach Paris eine besondere Belobigung erhalten hatte für besonders gehässiges Verhalten gegenüber der Führungsnation der westlichen Welt.

Laut ist richtig

Nach welchen Prinzipien funktioniert eine Armee? Ich meine nicht irgendeine Armee, sondern alle Armeen auf der gesamten Welt! Militärhistoriker haben sich mit diesem Thema die Köpfe heiß geredet. Ganze Jahrgänge an der Führungsakademie haben sich im Zuge ihrer Jahresarbeiten wissenschaftlich mit dieser Fragestellung beschäftigt. Berühmte Theoretiker wie der unvermeidliche Clausewitz haben sich mit dieser Problemstellung beschäftigt und die tollsten Ideen entwickelt. Alle irren.

Es gibt genau drei Prinzipien, nach denen alle Armeen funktionieren. Diese sind:

1. Laut ist richtig.
2. Nass ist sauber.
3. Rund ist schön.

Fangen war bei dem ersten Prinzip an, quasi dem Grundprinzip einer Armee. Laut ist richtig. Es kommt nicht darauf an, was man so sagt, von sich gibt, befiehlt oder kommandiert. Es kommt nur darauf an, dass man es laut genug macht. Vergleichen Sie doch ganz einfach mal diese These mit meinen Ausführungen zur Formalausbildung und zur Rolle des Komman-

152

dierenden, wenn er seiner Formation, die er befehligt, Kommandos gibt. Sie könnten, wenn Sie die alberne Kinoversion von „Police Academy Teil 1" gesehen haben, sich vielleicht an die schwarze Polizeianwärterin erinnern, die in einem Bus für Ruhe sorgen sollte. Ihre Fistelstimme nahm so lange keiner wirklich ernst, bis sie anfing unter Verwendung von derben Aussprüchen zu brüllen. Und was soll ich sagen, es war schlagartig ruhig im Bus. Wenn das noch nicht reicht als Beweis, hier nun mein Schlüsselerlebnis auf einem Lehrgang, den ich in den USA besuchte.

1993 verschlug es mich an das Armed Forces Staff College nach Norfolk/Virginia. Ich trug den Dienstgrad eines Majors der Bundeswehr. Zugleich war ich der einzige ausländische Stabsoffizier in einem Hörsaal von ca. 30 Amerikanern. Wie immer bei Lehrgängen wurde tagtäglich einer der Lehrgangsteilnehmer als Hörsaaldienst eingeteilt. Man kennt das ja noch von der Schule. Tafel sauber wischen, das Unterrichtsthema fein säuberlich draufschreiben. Dann noch die aktuelle Stärke des Hörsaals dazu festhalten, und schon konnte der Tag beginnen. Wenn der Hörsaaldienst dann noch dem Unterrichtenden eine blitzsaubere Meldung unterbreitet, dann war der Tag gerettet (in der Schule reicht nach meiner Erinnerung ein verschlafenes „Moin"). Irgendwann war ich dann dran. Nun kenne ich mich mit amerikanischen Kommandofolgen eher weniger aus. Aber ich hatte die ganzen Tage immer wieder das Verhalten meiner amerikanischen Waffenbrüder beobachtet. Und die brüllten bei Meldungen immerzu „Attention", was so viel heißen sollte wie „Stillgestanden" oder „Achtung", und alle Amerikaner knallten ihre Hacken zusammen. Als deutscher Offizier „Attention" zu brüllen, war mir zu blöde. „Stillgestanden" verstanden die Amis nicht so richtig. Doch nun griff das Grundprinzip. Laut ist richtig. Ich brüllte so laut ich konnte „Diddeldaddel", und schon knallten alle Hacken zusammen, die Oberkörper strafften sich, das Kinn wurde energisch nach oben gereckt, die alle Augen richteten sich auf den Vorgesetzten, dem ich nun meldete. Es dauerte für amerikanische Verhältnisse dann doch glatte 20 Sekunden, bis dem Ersten ein Licht aufging. „Diddeldaddel", was ist denn das? Aber es funktioniert. Als kleinen Nebeneffekt durfte ich erfreut feststellen, dass ich nie wieder zum Hörsaaldienst eingeteilt wurde.

Und nun zum Prinzip Nummer 2: Nass ist sauber. Wer kennt das nicht! Man ist als Mannschaftssoldat einer von vielleicht sechs Soldaten auf der Stube, es ist Freitag und der Spieß hat mal wieder Stuben- und Revierreinigen angesetzt. Alles durfte dann passieren, doch es galt unter allen Umständen zu vermeiden, dass der Spieß Dreck findet. Das hieße automatisch, dass man nachreinigen musste, und man verpasste wohlmöglich den D-Zug ins Wochenende. Also nahm man einen Eimer mit Wasser. Vorzugsweise reichte auch der Feuerlöscheimer, der auf jedem Flur stand. Ein Soldat bediente den Pumpenschwengel des Feuerlöscheimers, und der zweite Soldat richtete den Feuerlöschschlauch auf den Fußboden. So ein Feuerlöscheimer trägt in sich eine ganze Menge Wasser, und wenn das nicht reicht, dann lässt er sich ganz einfach nachmunitionieren. Schnellstens ist der Flur der Mannschaftsunterkunft unter Wasser gesetzt. Das reicht allerdings noch nicht so ganz. Ein dritter Soldat nimmt einen Abzieher und verteilt das Wasser gleichmäßig über alle Fließen. Kommt dann der Spieß zum Stubendurchgang, dann besichtigt er nicht nur die Stuben, sondern ganz sicher auch die Reviere. Und diese sind vorbildlich nass! „Na also, geht doch", wird sich der Spieß denken, „alles blitzsauber heute!" Womit bewiesen wäre, nass ist sauber. Ob sich diese Methode auch bei Ihnen zuhause eignet und bewährt, das müssen Sie allerdings selber herausfinden und vor allem mit Ihrem Ehepartner abklären!

Schwieriger wird der Erklärungsversuch schon bei dem Prinzip Nr. 3: Rund ist schön! Das hängt mit einer der am meisten verwendeten Vorschrift der Bundeswehr zusammen, der Zentralen Dienstvorschrift (kurz ZDv) 3/11 Band 1 (es gibt leider auch noch einen Band 2). In dieser Vorschrift stehen so segensreiche Bestimmungen wie „Schanzen spart Blut". Gerne gelesen wird auch der folgenschwere Hinweis „Ab 90 cm Wassertiefe ist selbständig mit Schwimmbewegungen anzufangen" oder auch „Bei einsetzender Dämmerung ist zunehmend mit Dunkelheit zu rechnen!" Aha — das sind Erkenntnisse größter Bedeutungstiefe, die einem Soldaten sicherlich wichtig sind.

Bleiben wir bei dem Grundsatz „Schanzen spart Blut". Ein Soldat schanzt immer dann, wenn er sonst nichts zu tun hat. „Schanzen" bedeutet, er buddelt sich ein Loch, in das er dann hineinkriecht, damit ihn feindliche Geschosse nicht treffen. Nun buddelt ein Soldat nicht irgendein Loch. Die Vorschrift schreibt schon genau vor, wie denn ein Kampfstand (und um den handelt es sich hier) genau auszusehen hat. Ein Kampfstand ist genau drei Spatenlängen lang. Warum Spatenlängen? Ein Soldat hat für gewöhnlich kein Metermaß dabei. Aber ein Kampfspaten ist 60 cm lang, und drei Spatenlängen ergeben 180 cm, mithin eine Größe, in der sich zwei Soldaten einigermaßen bequem aufhalten und kämpfen können, ohne sich zu behindern. Dann ist ein Kampfstand genau eine Spatenlänge breit. Wird der Kampfstand beschossen, nehmen die Soldaten sofort Deckung. Artilleriesplitter können dann eher weniger in den Kampfstand eindringen, wenn dessen Breite auf das Notwendigste beschränkt ist (wenigstens in der Theorie). Und 60 cm entspricht in etwa eine Schulterbreite, das sollte reichen. Dann ist ein Kampfstand ca. 180 cm tief. Allerdings ist das abhängig vom Körperwuchs der Soldaten. Zwerge müssen nicht so tief buddeln. Alles in allem entsteht durch diese Bautätigkeit ganz schön viel Erdaushub. Und nun die Frage aller Fragen. Wohin mit dem Erdaushub? Denn eines dürfte ja wohl klar sein. Man kann den Erdaushub nicht einfach vor die Stellung schmeißen, denn dann verrät man sich ja. Genauso wenig kann man den Erdaushub der Einfachheit halber als quadratischen Block in der Nähe des Kampfstandes ablegen. Warum? Haben Sie schon einmal in einem Wald Bewuchsformen entdeckt, die quadratisch oder rechteckig sind? Eben, so etwas würde auffallen. Also legt man den Erdaushub in Birnenform an und tarnt ihn. Birnen sind rund! Klingelt es nun bei Ihnen? Rund ist schön!

Nun wissen Sie also Bescheid, wie eine Armee funktioniert. Hört sich doch irgendwie gar nicht so schwer an!

Zum Abschluss dieser Episode verrate ich Ihnen noch die 5 W-Fragen, die jeder Kommandeur im Gefecht stellt, wenn er denn morgens auf den Gefechtsstand erscheint:

1. Wo bin ich?
2. Wie lange habe ich geschlafen?
3. Wo ist mein Kaffee?
4. Welchen Auftrag habe ich?
5. Warum gerade ich?

Auch das soll (angeblich) in allen Armeen dieser Welt identisch sein.

WINTEX

WINTEX war eine Übungsreihe, die es zuzeiten des Kalten Krieges gab. Hier übten die Krisenstäbe aller Ministerien. Selbst das Bundeskanzleramt übte den Ernstfall, selten in Originalbesetzung, aber immerhin mit hierfür verantwortlichem Personal. Geübt wurden Kommunikationswege und Entscheidungsprozesse, die bei der Eskalation der militärischen Lage zu einem Krieg mit dem damaligen Warschauer Pakt geführt hätten. Die Ministerien und der Bundeskanzler (dargestellt durch einen Rollenspieler) bezogen ihre Behelfsbunker, aus denen sie selbst bei einem nuklearen Angriff heraus hätten führen können. Verschiedene Alarmstufen wurden simuliert, im Zuge derer sich die Befugnisse der Regierung drastisch erhöht hätten. Das NATO-Alarmsystem wurde getestet. In einer tatsächlichen militärischen Auseinandersetzung hieße das, die Bundesrepublik Deutschland befindet sich im Krieg. Wenn man sich vor Augen hält, dass seinerzeit planerisch nur 72 Stunden zur Verfügung standen, um die geplanten Verteidigungsstellungen an der innerdeutschen Grenze zu beziehen, dann kann man vielleicht nachvollziehen, wie schnell sich Entscheidungsprozesse abspielen mussten, um nicht vom Warschauer Pakt überrannt zu werden. Heute ist das nahezu unvorstellbar.

Die 3. Panzerdivision war Teil der Übungstruppe, stellte aber sicherlich nicht den Schwerpunkt dar. Die Übung fand eigentlich immer ihr Ende, indem amerikanische Verstärkungen (damals das berühmte V. US Korps) im Zuge der REFORGER-Planungen nach Deutschland verlegt hatten, das in Deutschland eingelagerte Großgerät übernahmen, um im Zuge eines gewaltigen Gegenangriffes die russischen Horden aus Westeuropa zu vertreiben. Das sah zumindest das Drehbuch für WINTEX vor. Für uns vom Stab der 3. Panzerdivision bedeutete WINTEX, zwölf Tage im Schichtdienst im Gefechtsstand zu arbeiten. Da ich schon immer zu denjenigen gehörte, die am Ende der Fresskette stehend zumeist die A.....-Karte gezogen hatten, fand ich mich in schöner Regelmäßigkeit in der Nachtschicht wieder. Das brachte gleich mehrere Nachteile mit sich.

Wer nachts arbeitet, muss tagsüber schlafen. Untergebracht waren wir in einer Kasernenanlage in der Nähe des Flughafens von Hannover. Mein Zimmer lag am Anfang der Startbahn. Jeder Jet, der seine Triebwerke hochfuhr, vereitelte den Versuch, in den Schlaf zu kommen. Dann waren natürlich auch andere Soldaten dort, die nicht an WINTEX teilnahmen, sondern ihren regulären Dienstgeschäften nachgingen. Auch das erzeugt Lärm. Kurzum, WINTEX war für mich immer wieder eine Tortur. Dafür sind Nachtschichten zwar erfreulicher Weise eher ruhig. Es gibt nicht so viel zu tun wie am Tage. Langeweile machte sich schnell breit. Gepaart mit Müdigkeit ist das schrecklich. Die Nacht wollte partout nicht vergehen, also heckten Soldaten Blödsinn aus, um sich abzulenken.

Ich nahm über den Fernschreiber (damals gab es noch keine Computer bei der Bundeswehr) Verbindung mit dem rückwärtigen Gefechtsstand auf. Dieser meldete Flüchtlingsbewegungen, deren Kolonnen vor den Russen flüchten würden und nun vor den Minensperren standen und nicht weiterwussten. Diese Einlage sah das Drehbuch tatsächlich vor, und wir muss-

156

ten planerisch prüfen, wie wir die Flüchtlinge so durch die Minensperren eskortierten, dass der böse Russe die Sperren nicht gleich mit aufklärt. Dann mussten wir Vorsorge für die Versorgung, Unterbringung und Verpflegung der Flüchtlinge treffen. Das hört sich heutzutage doch schon fast aktuell an, hatte aber einen anderen Hintergrund.

Ich erfand aus Langeweile immer blödsinnigere Anfragen an den Gefechtsstand Rück, die dieser begeistert aufnahm und mit ebenso blödsinnigen Antworten abarbeitete. Der Höhepunkt dieses Unsinns war die Frage, ob die Flüchtlinge denn lieber Currywurst Pommes oder doch gerne Thüringer Bratwurst mit Pommes Rot/Weiß (Ketchup/Mayonnaise) futtern wollten. So verging die Zeit. Uns verging aber auch sehr schnell das Lachen, als der Chef des Stabes morgens reinkam und sich die Meldungen vorlegen ließ. Da er ein Meister der Improvisation war, obendrein bar jedes Humors, erfand er kurzerhand Aufträge für uns, die wir dann bis zum Morgen abzuarbeiten hatten. Das war zwar auch recht kurzweilig, brachte aber weitaus weniger Spaß.

Ich selbst versah den Dienst als Gefechtsstandoffizier und konnte daher immer mitverfolgen, was sich denn so „überregional" alles abspielte. Da das Ganze ein reines Planspiel war, mussten wir Truppenbewegungen „live" weder einkalkulieren noch kontrollieren. Es war daher ein Leichtes, ganz einfach eine komplette Brigade einem anderen Korps zu unterstellen. Im Regelfall hätte diese Brigade, also ca. 5.000 Mann mit all ihrem Gerät, hierzu erst einmal von A nach B marschieren müssen, aber in einem Paperplay geht das virtuell natürlich äußerst fix. Dumm nur, wenn die Panzerlehrbrigade 9 nach dem zwölften Unterstellungswechsel auf einmal komplett von der Bildfläche verschwunden war und keiner mehr wusste, wem die Brigade denn noch unterstehen würde? Also erging die Abfrage, wer denn die Brigade führen würde und wer sich für die Brigade zuständig fühlen würde. Niemand antwortete. Das sind schon lustige Augenblicke in einer eher trostlosen Nacht, wenn man einem Brigadekommandeur als einfacher Hauptmann erklären muss, er wäre im planerischen Himmel ganz einfach nicht mehr existent.

Dumm war auch, dass wir irgendwann in der Nachtschicht den Überblick verloren, welchen Auftrag wir denn noch bearbeiteten, den offiziellen und in der Planübung gemäß Drehbuch entscheidenden oder den Auftrag, den uns der Chef des Stabes als Strafe für zu viel Blödsinn erteilt hatte. Es konnte sehr wohl vorkommen, dass wir an das uns vorgesetzte Korps das falsche Arbeitsergebnis meldeten und vorlegten, worauf die na-

157

türlich entgeistert unseren Chef des Stabes anriefen, ob er denn seinen Laden nicht im Griff hätte. Solche Dinge gingen für uns nie gut aus. Ich wusste mich aber gut beschützt durch meinen Schichtführer, einem noch jungen Major im Generalsstabsdienst, der seine Generalstabsausbildung vor kurzem abgeschlossen hatte und nun in seiner ersten Verwendung nach diesem alles entscheidenden Lehrgang als G2 Stabsoffizier stand, desjenigen also, der für die militärische Feindlagebeurteilung zuständig war. Von ihm erhoffte ich mir selbstverständlich Rückendeckung, denn er war genauso verrückt wie ich. Doch er durchkreuzte alle meine Pläne souverän mit folgender Fragestellung: „Buske, liegt was an?" Auf mein „Nein, nichts wirklich Aufregendes" antwortete er dann: „In Ordnung, wir dünnen aus, ich gehe wieder ins Bett, Sie übernehmen", und schon war eine weitere Nacht ruiniert. Schade!

NATO-Alarm

Zur Zeit des Kalten Krieges galt die NATO-Strategie der Vorneverteidigung. Die Bundesrepublik Deutschland, d.h. die ehemaligen „alten Bundesländer", wäre unmittelbares Kriegsgebiet gewesen, falls der Warschauer Pakt die NATO in Mitteleuropa angegriffen hätte. Alle NATO-Nationen planten, mit großen Teilen ihrer Streitkräfte an der damaligen innerdeutschen Grenze Verteidigungsstellungen zu beziehen. Fast wie auf einer Perlenschnur aufgezogen standen deutsche Divisionen und Korps Schulter an Schulter mit dänischen, holländischen, britischen, französischen, amerikanischen und kanadischen Einheiten. Die Stellungen waren allesamt vorerkundet und mündeten in dem sogenannten „General Defence Plan" (GDP). Diese Stellungen mussten innerhalb von nur 72 Stunden nach Alarmierung bezogen und ausgebaut werden, weil man davon ausging, dass die Divisionen des Warschauer Paktes nur 72 Stunden brauchten um anzugreifen. Heute nun, nach der deutschen Wiedervereinigung, wähnt man sich von Freunden umgeben. Den Warschauer Pakt gibt es nicht mehr. Die Sowjetunion existiert nicht mehr, und Russland ist weit weg. Planerisch setzt man voraus, dass man unter heutigen Bedingungen eine militärisch nutzbare Vorwarnzeit von bis zu 18 Monaten hat, falls „jemand" (Russland?) doch vorhätte, Zentraleuropa anzugreifen. Nur unter dieser Annahme lässt sich auch der Kunstgriff verstehen, dass die Wehrpflicht „ausgesetzt" wurde[9].

---

[9] Die allgemeine Wehrpflicht wurde nie aufgegeben, sondern lediglich ausgesetzt.

Das suggeriert zumindest die theoretische Möglichkeit, die Wehrpflicht dann wiedereinzuführen, wenn sich innerhalb der planerischen 18 Monate Vorwarnzeit Indikatoren eines feindlichen Angriffes abzeichnen. Ich überlasse es dem Leser zu beurteilen, wie wahrscheinlich ein derartiges Szenar ist.

Um innerhalb von nur 72 Stunden verteidigungsbereit an der innerdeutschen Grenze stehen zu können, müssen alle Verfahren perfekt beherrscht werden, die hierfür die Voraussetzung sind. Genau das wurde bei dem NATO-Alarm zweimal pro Jahr geübt. Das Alarmzentrum der Bundeswehr wurde von der NATO alarmiert und es setzte sich ein Automatismus in Gange, den so heutzutage kaum noch jemand kennt. Alle Verbände zu Land, See und Luft wurden schlagartig alarmiert. Die gesamte Bundeswehr machte mobil. Hierzu waren vorbereitende Maßnahmen in Alarmierungsunterlagen erstellt worden, die nun wie eine Alarmrolle abgearbeitet wurden. Das fing zunächst damit an, dass ein Stabsoffizier so schnell er konnte in die Kaserne fuhr, um den Alarmbefehl zu decodieren. Hierzu musste er einen Panzerschrank öffnen. Wer jemals unter Zeitdruck eine Zahlenkombination an einem überaus sensibel reagierenden Zahlenschloss / Drehrad eingestellt hat, weiß wovon ich rede. Dauerte die Decodierung zu lange, gab es Ärger. Denn es blieben nur noch 71 Stunden für die eigentliche Arbeit. Die Soldaten wurden aus ihrem Urlaub oder von zu Hause zurückgerufen. Die Telefondrähte glühten. Urlauber mussten ihre Urlaubsadresse hinterlassen, zu der ein Telegramm für den Fall geschickt wurde, falls eine der Alarmmaßnahmen erforderte, alle Urlauber zurückzurufen. Ich selber befand mich mal im Hansa-Theater in Hamburg, als die Vorstellung unterbrochen wurde und ein Ansager auf die Bühne kam und rief, „Alle Soldaten sofort zu Ihren Einheiten!" Es war schon lustig anzusehen, wie schnell sich der Saal leerte.

In der Kaserne wurden alle Schützenpanzer aufgefahren und aufgerüstet. Wir wussten, dass die Divisionen der sowjetischen Streitkräfte in der DDR und die Nationale Volksarmee ihren Fuhrpark immer aufgerüstet und aufmunitioniert in ihren Kasernen stehen hatten. Wir mussten uns daher gehörig beeilen. Dann wurde unsere Ausrüstung verpackt und verladen. Privatsachen und solche Gegenstände, die in den Krieg nicht mitgenommen werden durften, wurden in Koffern in die Privatfahrzeuge gelegt oder in Kartons zur Einlagerung übergeben. Die Fahrzeugschlüssel wurden abgegeben, damit Angehörige die Autos abholen konnten, denn der Halter des

Fahrzeuges befand sich ja auf einem Schützenpanzer im Gefecht. Jedes noch so kleine Detail war bedacht und wurde vororganisiert. Wehe der Einheit, die nicht zeitgerecht fertig wurde!

Die entscheidende Frage bei jedem NATO-Alarm war stets und ständig, welche Einheit befohlen wurde, die tatsächlich ihren sogenannten einsatznahen Verfügungsraum beziehen musste, und welche Einheit hierzu aufzumunitionieren hatte. Derartige Einheiten wurden unter der Kennung „Execute" festgelegt. Zumeist erschien dann auch noch ein Prüfteam der NATO, das bis zur letzten Patrone alles kontrollierte und in einem Prüfbericht festhielt, der auf dem großen Dienstweg oftmals Unheil versprach. Gewöhnliche NATO-Alarme waren meistens nach zwei Tagen beendet. Wurde allerdings „Execute" befohlen, dann ging wenigstens noch ein dritter Tag dabei drauf. In den Familien wusste man um diese Belastung und stellte sich klaglos darauf ein. Gab es Alarm, dann war der Vater, der Ehemann oder der Freund eben weg. Freizeitgestaltung stand hinten an. Ausnahmen gab es so gut wie keine. Die unmittelbare Bedrohung, sichtbar durch die innerdeutsche Grenze nebst Schießbefehl der DDR-Grenzer, für alle gegenwärtig, ließ keine Zweifel zu. Das muss man sich heute mal unter den gegenwärtigen Rahmenbedingungen einer Gesellschaft vorstellen, deren Drang nach Selbstverwirklichung und möglichst uneingeschränkter Freiheit selbstverständlich ist. Noch in den 70er/80er Jahren tickten die Uhren vollkommen anders, und niemand nahm daran Anstoß.

Bei „Execute" verließen alle betroffenen Einheiten ihre Kasernen und verlegten in ihre Verfügungsräume. Die lagen meistens im freien Gelände in der Nähe von Munitionsdepots. Das Verfahren zur Aufnahme der Munition ist kompliziert und wurde immer wieder geübt. Denn die Zeit tickte unerbittlich herunter. Erst nach Aufnahme der Munition wären die Verteidigungsräume bezogen worden. Dieser letzte Schritt blieb im Zuge eines NATO-Alarms aus, weil die Belastung für die Bevölkerung ansonsten ungeheuerlich groß geworden wäre. Sehr wohl aber übte man ein derartiges Szenar im Zuge von Kompaniebesichtigungen auf Truppenübungsplätzen oder bei anderen Übungsvorhaben. Der Transportzug eines Bataillons mit seinen Munitionstrupps und die gesamte S4-Abteilung (zuständig für die Logistik) hatten Hochkonjunktur. Wir verfügten immer über zwei unterschiedliche Munitionsverteilerpläne. Der eine Plan sah vor, dass die Packgefäße der unterschiedlichsten Munitionssorten nicht aufgebrochen wurden. Das erleichterte dem S4 Offizier und der Munitionsgruppe nach dem Alarm die Rückannahme und Zählung der ausgegebenen Munition erheblich. Wurde allerdings befohlen, die kriegsmäßige Beladung tatsächlich auch scharf durchzuführen, dann natürlich brachen wir alle Packgefäße auf und munitionierten nach dem scharfen Verteilerschlüssel auf. Bei Übungsende mussten dann alle Munitionssoldaten und der S4 Offizier Schwerstarbeit verrichten, denn schließlich musste die Munition (und das sind in einem Panzergrenadierbataillon Massen) vollzählig wieder in das Depot eingelagert und ordnungsgemäß nachgewiesen werden.

Insgesamt lösten NATO-Alarme in schöner Regelmäßigkeit Hektik aus, die heute kaum noch vorstellbar ist. Erfahrene Männer hatten immer einen guten Riecher, wann der verdammte Alarm denn erfolgen würde. Wilde Spekulationen geisterten durch die Einheiten, ob denn in der nächsten Nacht vom Sonntag auf Montag (immer schon ein gefährdeter Zeitpunkt) Alarm ausgerufen wurde. Fuhr man am Montagmorgen zum Dienst und sah sich vor verschlossenen Haupteingängen und Kaserneneinfahrten in einer langen Schlange von Fahrzeugen stehen, dann wusste man auch ohne Befehl, dass vor kurzem NATO-Alarm ausgerufen worden war, und damit war der Tag im Eimer. NATO-Alarme waren der sichtbare Ausdruck des Kalten Krieges und gelebte Praxis einer Zeit, als die Landesverteidigung noch das Maß aller Dinge war.

S.H.A.P.E.

Ich gehöre mit Sicherheit zu einer kleinen Gruppe von Offizieren, die das unverschämte Glück hatte, gleich zwei Lehrgänge in den USA besuchen zu dürfen. Neben dem kulturellen Faktor, der bei derartigen Veranstaltungen wahrlich nicht zu kurz kommt, sind es besonders die Fremdsprachenkenntnisse, die sich einem einprägen. Zudem erhält man höchst interessante Einblicke in die Gedankenwelt anderer Nationen. All dies konnte mir nur hilfreich sein, als die Personalabteilung auf die Idee kam, mich für drei Jahre an das NATO-Hauptquartier nach Belgien in die kleine Stadt Mons zu versetzen. Dort residiert S.H.A.P.E., oder kurz ausgedrückt: das „Supreme Headquarter Allied Powers in Europe".

Das Hauptquartier der NATO war ursprünglich in Frankreich stationiert. 1967 fühlte sich der selige General de Gaulle in seiner unnachahmlichen Feinfühligkeit dazu berufen, den Amerikanern gehörig vor das Schienbein zu treten. Er verlangte kurzum, dass das NATO-Hauptquartier binnen Jahresfrist französischen Boden zu verlassen hätte. Zum gleichen Zeitpunkt kündigte er an, alle französischen Truppen der NATO zu entziehen. Schlauer Weise beließ er es bei dieser Aktion und verblieb im politischen Teil der NATO. General de Gaulle institutionalisierte damit einen politischen Weg, der seitdem für Frankreich prägend und typisch ist. Bei jeder sich bietenden Gelegenheit kloppen die Franzosen auf die Amerikaner ein. Zugleich wahren sie sich aber jeden nur denkbaren politischen Einfluss innerhalb und außerhalb der NATO – und das mit erstaunlichem Geschick. In diesen Sündenpool wurde ich versetzt und zwar als Rüstungskontrollstabsoffizier für konventionelle Abrüstung. Ich hatte von der Materie so gut wie keine Vorahnung und wurde dennoch hierfür ausgewählt, weil ich eben die Lehrgänge in den USA absolviert hatte. Für meine Ehefrau und mich brach eine der schönsten Zeiten an, die wir beide aufgrund meines Berufes erleben sollten.

Als junger Offizier waren die offiziellen und inoffiziellen Winkelzüge, die sich auf dem politischen Paket so einstellten, natürlich von höchstem Interesse. S.H.A.P.E. ist zwar ein militärisches Hauptquartier, doch haben die Militärs auf dieser Ebene herzlich wenig zu sagen. Politiker geben die Richtung vor, manchmal von den Militärs beraten, oftmals selbst das nicht. Politiker wiederum verfolgen ihre nationalen Ziele, und keine Nation kann das besser und effektiver als die Franzosen. Wir Deutschen dagegen sind stets sehr beflissen, es allen Recht machen zu wollen. Ein nationales Interesse scheinen wir nicht zu haben. Dennoch impfte man mir im Verteidigungsministerium anlässlich meiner Einweisung ein, dass ich stets und zuerst den deutschen Hut aufhaben müsste und dann erst den NATO-Stahlhelm!

Mein unmittelbarer Vorgesetzter war ein türkischer Oberst, der es zu seinem persönlichen Ziel zu machen schien, in seinem Leben so viele Kurden wie nur irgend möglich zu „bekämpfen". Dieser „Kriegsheld" spielte mit Begeisterung Tennis. Als ich mich vorstellte und ihm versicherte, dass auch ich ganz gerne Tennis spielte, forderte er mich sofort heraus. In der Halle noch am selben Abend kreuzten wir die Klingen. Ich hetzte ihn von rechts nach links. Vom Ehrgeiz zerfressen hastete er jedem noch so aussichtslosen Ball hinterher. Das Schicksal wollte es, dass er die Außenwand der Halle übersah. Seine Nase und kurz hinterher seine Brille zerplatzten beim Aufprall auf die kalkweise Wand, die sich binnen Sekunden mit seinem Blut zu einer unappetitlichen Fläche verwandelte. Auf diese Weise verschaffte ich mir einen glorreichen Einstand. Wobei ich zugeben muss, dass türkische Offiziere fast durch die Bank durch ihre Professionalität und ihr hohes Engagement überzeugten, wenngleich ihre Englischkenntnisse zu wünschen übrigließen.

Mein Zimmernachbar, mit dem ich das Dienstzimmer zu teilen hatte, war ein italienischer Oberst. In Punkto Faulheit war er unübertroffen. Er kam morgens um 09:00 Uhr, setzte sich schwerfällig auf seinen Stuhl, stöhnte aufgrund des unendlichen Stresses, dem er augenscheinlich täglich ausgesetzt war, holte die Gazette de la Sport heraus und begann zu lesen. Als fanatischer Fan des Fußballvereins Juventus Turin verschlang er jeder Nachricht, die auch nur im Entferntesten mit Fußball zu tun hatte. Seine Lektüre unterbrach er für die Mittagspause, um dann gegen 16:00 Uhr vollkommen erschöpft die Zeitung zu schließen und nach Hause zu gehen. Auf die Frage, was er denn so nach Dienst zu Hause treiben würde, antwortete er: „Ausruhen!" Ich glaubte es kaum, wovon eigentlich musste er sich ausruhen? Er perfektionierte die Leichtigkeit des Seins mit einer Unverschämtheit, die geeignet war, meine sämtlichen Vorurteile gegen Italiener nachhaltig und für alle Ewigkeit zu bekräftigen.

Erhielten wir einen Auftrag, so war es meine Natur, die Dinge sofort anzupacken. Er jedoch bremste mich ein um das andere Mal aus. Alles, was wir tun könnten, sei absolut sinnlos. Deswegen sei es besser, gar nichts zu tun. Diese Logik setzte er minutiös um. Jeder Versuch, ihn anzutreiben, scheiterte an seinem Phlegma – es war zum Verzweifeln. Übertroffen wurde er nur durch einen griechischen Obristen, wobei ich aus dem Staunen nicht herauskam, dass es noch eine Steigerung in der durch meinen italienischen Kameraden vorgegebenen Faulheitsskala geben konnte.

Ein einziges Mal gelang es mir und den anderen Kameraden, ihn zu stellen. Als die Bosnien-Krise sich zuspitzte, wurde ein Gefechtsstand gebildet, für dessen Personalbesetzung alle Abteilungen Offiziere im Schichtdienst abzustellen hatten. Ohne uns auch nur im Geringsten abzustimmen, war allen sofort klar, dass nur und ausschließlich unser italienischer Kamerad hierfür in Frage kam. Er wehrte sich mit Händen und Füßen. Als ihm schlussendlich die Argumente ausgingen, behauptete er ernsthaft, Schichtdienst wäre ungesund für seinen Biorhythmus. Das reichte uns. Er war dran und fand sich zu unserer Freude in der Nachtschicht wieder, die er drei Monate ausfüllen durfte. Tatsächlich spielte er nur Solitär auf dem Computer. Gearbeitet hat er mit Sicherheit nicht.

Bei der Besetzung von Dienstposten in einem multinationalen Hauptquartier wie S.H.A.P.E. kommt es auf den nationalen Proporz an. Jeder Nation steht gemäß Verteilerschlüssel eine gewisse Anzahl von Dienstposten zu. Diese werden ausschließlich national ausgewählt und besetzt. Hätten wir unseren Italiener der Einfachheit halber rausgeschmissen, dann wäre ein zweiter Italiener nachgerutscht. Interessant ist hierbei, dass so manche Nation es versteht, durch die nationale Personenauswahl und geschickte Auswahl der zu besetzenden Dienstposten die eigene nationale Einflussnahme zu mehren. Erneut ist Frankreich hierbei ein leuchtendes Beispiel. Auch die Briten sind in diesem Spiel recht geschickt. Nach meinem Eindruck gilt das für Deutschland nur bedingt. Zu der Abteilung, der ich angehörte, zählten zwei Amerikaner, ein Kanadier, ein Holländer, mein italienischer Kamerad, meine Wenigkeit und der türkische Oberst (der mit der kaputten Nase). Wir waren eine Multi-Kulti Truppe. Mein nächster deutscher Vorgesetzter war ein General. Der begrüßte mich mit den aufmunternden Worten, dass er mich nie akzeptiert hätte, wenn er denn auf die Personalauswahl hätte Einfluss nehmen können. Na klasse, das ist ja mal eine begeisternde Begrüßung. Wäre ich schlagfertiger gewesen, dann hätte ich antworten müssen: „Dann schicken Sie mich doch sofort wieder nach Hause!". Der General war es gewohnt, einen deutschen Generalstabsoffizier auf meinem Dienstposten vorzufinden. Tatsächlich war ich der erste Truppenoffizier, der in seinem Stabe diente und diesen Dienstposten wahrnahm.

Verantwortlich war ich für die konventionelle Rüstungskontrolle. In einem militärischen Hauptquartier, das ursprünglich dafür ausgelegt war, den Warschauer Pakt im Allgemeinen und die Russen im Speziellen zu bekämpfen, nahm „Rüstungskontrolle" eine eher untergeordnete Rolle ein. So bestach mein Dienstposten nicht gerade durch größere Bedeutsamkeit und ergo gab es wenig zu tun. Als deutscher Stabsoffizier war ich jedenfalls eine andere „Schlagzahl" gewohnt. Stress schien in dieser Abteilung ein Fremdwort zu sein, auch wenn an allen Ecken und Kanten gejammert wurde. Dieses Jammern erfolgte sicherlich auf elitär hohem Niveau. Schließlich wurde diese Auslandsverwendung üppig entgolten – Herz, was willst Du mehr. Und so manche Gratifikation erleichterte uns unser Los zudem. Man lebte auf S.H.A.P.E. nicht gerade schlecht. Eigentlich ging es uns allen unverschämt gut. Doch dieser Blick für Realitäten schien bei wachsender Stehzeit in Belgien zu verschwinden. Mein Gott, ich konnte das Wehklagen am Ende nicht mehr hören. Wir verdienten ein Schweinegeld, erhielten einen Auslandszuschlag, der fast einer Gehaltsverdoppelung gleichkam, konnten mittels Diplomatenrabatt steuerfrei tanken, Autos ohne Mehrwertsteuer kaufen und vieles mehr. Wer dann noch jammert, dem ist nicht zu helfen. Und dennoch versuchten immer wieder Einzelne, die Großzügigkeit des Systems noch zu unterlaufen.

Wir wohnten auf der Anlage von S.H.A.P.E. – neudeutsch On-Post! Wir mieteten uns ein Reihenhaus und fanden auf der Anlage alles vor, was man so zum Leben brauchte. Einkaufshäuser, Tankstelle, Sportanlagen in Hülle und Fülle, Kirche, Schulen (auch eine deutsche Schule), Kindergarten, Kino – kurz, es war alles nach amerikanischen Standard auf dem militärischen Gelände vorhanden. Wenn man dann in die Stadt Mons fuhr und das Elend sah, in dem viele Belgier wohnen müssen (vor allem in Wallonien), dann schämte ich mich zuweilen ob meines Wohlstandes. Ich empfehle jedem Wirtschaftsegoisten, der in Deutschland lebt und sich über die hiesigen Verhältnisse mokiert, für einige Jahre ins Ausland zu gehen. Dort kann man unsere Probleme kaum nachvollziehen. Nicht, dass wir keine Probleme hätten, aber im Verhältnis zu denen in Belgien leben wir nun einmal auf der Insel der Glückseligen.

Einer der Vorteile meiner Verwendung spiegelte sich in den Dienstreisen wieder, die ich als S.H.A.P.E.-Vertreter quer durch den europäischen Kontinent machen durfte. Rüstungskontrolle ist ein Thema, das insbesondere an der Organisation für Sicherheit und Zusammenarbeit in Europa/OSZE in Wien größte Bedeutung genießt. An verschiedenen Sitzungen nahm stets ein Vertreter unserer Abteilung als Gast teil. Da S.H.A.P.E. als militärische Organisation weder Sitz noch Stimme hatte, wurden wir kurzerhand zu unseren nationalen Botschaften an der Wiener Hochburg akkreditiert. Derart konnten wir vollkommen legal als „Beobachter" an den Sitzungen teilnehmen. Wir trugen Zivil und berichteten täglich unseren Vorgesetzten bei S.H.A.P.E. Zu dem Botschaftspersonal und den Vertretern sowohl des Auswärtigen Amtes als auch des Verteidigungsministeriums (die die Verhandlungen auf deutscher Seite führten) baute ich gesunde Arbeitsbeziehungen auf. Mit dabei war ein Vertreter des „Internationalen Militärischen Stabes" des politischen Hauptquartiers der NATO aus Brüssel. Mit allen diesen Persönlichkeiten verstanden wir uns sehr gut. So kam es, dass ich in der Regel einmal pro Quartal für zwei Wochen nach Wien reisen konnte. Wenn Sie so wollen, wandelte ich zum ersten Male auf diplomatischem Parkett, dieses ist bekanntlich rutschig.

Ich kam aus dem Staunen nicht mehr heraus, wie es bei der so hochgelobten Organisation für Sicherheit und Zusammenarbeit in Europa tatsächlich zugeht. Zu meiner Zeit gehörten der OSZE 54 Mitgliedsstaaten an, die im Konsensprinzip abstimmten. Jeder Zwergstaat konnte, wenn er wollte, eine Großmacht wie die USA an den Rand der Lächerlichkeit bringen. In unendlich mühevollen und langatmigen Verhandlungen versuchte man, Kompromisse zu finden und zu formulieren, dass es schon Wunder nahm, wenn man überhaupt zu einer Einigung kam. In den Sitzungen musste ich oft mit der aufkommenden Müdigkeit kämpfen. Ich saß als Hinterbänkler hinter der deutschen Delegation und hatte die Kopfhörer auf, um die englische Simultanübersetzung mitzuhören. Der Russe sprach in Russisch, der Franzose selbstverständlich auf Französisch. Wobei der Franzose dem Amerikaner selbstverständlich auf eine englisch formulierte Frage auf Französisch antwortete und seinen „Verbündeten" zwang, die Simultanübersetzung zu nutzen, obwohl er als französischer Diplomat fließend Englisch zu sprechen in der Lage ist. Auch dies ist eine subtile Art der Demütigung. Insgesamt waren fünf Sprachen zugelassen.

Manchmal war es derart langweilig, dass selbst hartgesottene Diplomaten mit der Stirn auf die Tischplatte zu schlagen drohten. Man lernte sehr schnell, wann man aufpassen musste und wann man es sich leisten konnte abzuschalten. Wenn der Franzose auf eine Stellungnahme des Amerikaners antwortete, war dies stets ein Quell der Freude. Wenn der russische Delegierte das Wort ergriff, war ich hellwach. Wenn sich dagegen der Vertreter Aserbaidschans zum wiederholten Male über seinen armenischen Kollegen wegen des Kaukasus-Konfliktes beschwerte, interessierte mich dies eher weniger. Abwechslung gab es nur in der Person von zwei bildhübschen Damen des Sekretariats, die Protokoll schrieben oder administrative Aufgaben wahrnahmen. Vor allem eine der beiden zeichnete sich durch einen derartigen Vorbau und tiefen Ausschnitt aus, dass wir sie „das vollbusige Monster" nannten. Wenn diese Dame ihre volle Pracht in den Sitzungssaal trug, dann erwachte auch bei dem lethargischsten Delegierten der Mann im Manne. Ich habe so manch alten Knacker dabei ertappt, wie er ganz aus Versehen sein Tischschild vom Tisch fallen ließ, nur um der Dame ganz tief in den Ausschnitt zu schauen, wenn die sich bückte, um das Schild wieder aufzuheben. Das hielt den Mann bestimmt für weitere 15 Minuten wach und am Leben.

Berüchtigt waren einmal mehr die Franzosen. Offenbar konnte kein Franzose der Versuchung widerstehen, den Amerikanern eins auszuwischen. Das scheint ein nationaler Sport zu sein. Es konnte vorkommen, dass sich die NATO-Staaten zurückzogen, um eine gemeinsame Position zu formulieren, die man im Namen der NATO (somit auch in Frankreichs Namen) am nächsten Tag den Russen um die Ohren hauen wollte. Konsens wurde hergestellt, und der amerikanische Botschafter trug im Namen der NATO die einvernehmliche Position vor. Kaum hatte er geendet, da meldete sich der französische Botschafter zu Wort. Ohne mit der Wimper zu zucken, verlautete er, dass Frankreich sich von der gemeinsamen Position der NATO distanzierte. Die Halsschlagadern des amerikanischen Botschafters schwollen bedenklich an. Sein ansonsten gesunder Teint nahm kurzfristig die Farbe eines Hummers an. Ganz anders dagegen der Russe. Sein Gesicht strahlte vor Glück. Zufrieden klopfte er sich auf die Oberschenkel. Was für ein herrlicher Tag.

Auf der anderen Seite konnte ich auch miterleben, wie eine Großmacht wie die USA versuchte, einen Zwergstaat zu „grillen", um dessen Zustimmung für ein Grundsatzpapier zu erhalten. Der arme Delegierte des Zwergstaates handelte natürlich genauso wenig nach eigenem Gutdünken wie alle anderen Delegierten. Jeder hatte eine präzise Handlungsanweisung seines Außenministeriums oder im Falle Deutschlands des Auswärtigen Amtes. Um von der vorgegebenen Linie abweichen zu dürfen, musste jeder Delegierte das „Go" seiner vorgesetzten Dienststelle einholen, die im Regelfalle in der Hauptstadt des jeweiligen Landes lag. Nun bringt es die Natur der Sache mit sich, dass Washington D.C. einen Zeitunterschied von acht Stunden zu Europa aufweist. Aserbaidschan verfügt sogar über eine zeitliche Differenz von zwölf Stunden. Fühlte sich also der Delegierte von Aserbaidschan in die Enge gedrängt, weil ihm der große amerikanische Waffenbruder um 12 Uhr Ortszeit in Wien die Pistole auf die Brust drückte, dann hatte er prinzipiell nur noch drei Möglichkeiten. Er konnte selbstherrlich entgegen der nationalen Weisung entscheiden; dann waren seine Tage als Delegierter gezählt, und er konnte sich innerlich Gedanken darüber machen, welchen neuen Beruf er auszuüben gedachte. Er konnte versuchen, die Angelegenheit auf den nächsten Tag zu vertagen, was sicherlich die cleverste Lösung war. In der Zwischenzeit konnte er versuchen, sich von seinem Ministerium neue Vorgaben geben zu lassen. Er konnte aber auch versuchen, gegen Mitternacht im Ministerium in Aserbaidschan einen entscheidungsbefugten Mitarbeiter zu kontaktieren. Es bedarf bestimmt nicht viel Vorstellungskraft, dass Letzteres kaum Aussicht auf Erfolg hat. Zudem dürfte der arme Delegierte aus Aserbaidschan kaum den Mut aufbringen, seinen Minister um Mitternacht aus dem Bett zu klingeln. In einigen ganz besonders dringlichen Fällen geschah aber genau das. Die Handys glühten und tatsächlich gelang es in ausgesuchten Notlagen, einen Minister aus Aserbaidschan gegen Mitternacht ans Telefon zu bekommen. Wenn der dann auch noch gut gelaunt war, dann konnte es unter Umständen möglich sein, dass man zu einer Verständigung gelangte. Im Regelfall wurde die Sache aber vertagt. Der Vertreter der USA konnte noch so schimpfen und drängeln, er musste sich ins Unvermeidliche fügen. Das nennt man, glaube ich wenigstens, Politik.

Hierzu gehören auch bis an die Grenze der Erträglichkeit gehende Sitzungen, wo um Formulierungen bis hin zur Kommata-Setzung gefochten wurden. Man glaubt ja gar nicht, wie wichtig ein Komma sein kann. Sprachartisten und ähnliche Menschen mit masochistischen Anwandlungen fanden hier ein geradezu perfektes Spielfeld für ihre Neigungen vor. Schlussendlich gelang es doch, Kompromisse zu finden. Die OSZE funktioniert tatsächlich, auch wenn ich zuweilen stärkste Zweifel hatte. Zugleich wurde mir aber auch klar, dass es nur einer Kleinigkeit bedurfte, um jedes Projekt, egal wie wichtig es letztendlich auch war, zumindest so lange zu verzögern, bis es sich von alleine überholt hatte. Auch das nennt man, so glaube ich wenigstens, Politik. Ich bin aber kein Politiker. Ich bin ein Truppenoffizier, Kampftruppenmann. Ich bin es gewohnt, Dinge anzupacken. Von daher neige ich dazu, auch mit einer Lösung auszukommen, die nur zu 80 Prozent perfekt ist. Hauptsache, das Problem wird gelöst. Ein derartiger Ansatz kommt aber einem politischen Selbstmord gleich. Also hatte ich zwar Sitz in der OSZE, aber keine Stimme. Und das war auch gut so.

Ich will nicht verhehlen, dass ich mit meiner Ehefrau auf diese Weise großartige Reisen unternehmen konnte. Um keine Missverständnisse aufkommen zu lassen: Ich habe für meine Ehefrau die Kosten selbstverständlich selbst getragen. Aber so kam auch sie in den Genuss, die große weite Welt zu sehen. Am besten waren noch die großen Konferenzen, die zumeist an den edelsten Orten der Welt ausgetragen wurden. Oslo, Wien oder auch Antalya, stets waren Hotels und Service exquisit. Ich habe schon verdammt gut durch S.H.A.P.E. gelebt.

Der SACEUR

Das NATO-Hauptquartier in Mons / Belgien wird geführt von einem amerikanischen 5-Sternegeneral, dem SACEUR. Die Abkürzung steht für „Supreme Allied Commander in Europe". Deutsche Generäle erblassen sowohl bei dem Titel als auch bei der Anhäufung von Sternen. Denn der höchste deutsche Dienstgrad innerhalb der Bundeswehr ist der eines 4-Sternegenerals, und davon hatte die Bundeswehr damals meines Erachtens mal gerade drei Exemplare.[10] Der Grund ist ein ganz einfacher: Die Amerikaner sind nun einmal die größte und stärkste Nation der Welt und ganz zweifelsfrei der NATO. Und weil das so ist, und weil die Amerikaner letztendlich im II. Weltkrieg auf westlicher Seite kriegsentscheidende Bedeutung einnahmen, und weil vor allem die europäischen Staaten bis zum heutigen Tage unfähig waren und sind, eine gemeinsame Sicherheitspolitik durchzusetzen, stellen die Amerikaner nun einmal den SACEUR. Das ärgert die Franzosen natürlich maßlos, aber selbst Frankreich mit seiner lächerlichen Atomstreitmacht muss sich hier dem Diktat des Faktischen beugen. Nur zu gerne würden die Franzosen es sehen, wenn ein Europäer den europäischen Teil der NATO führen könnte (womit die Franzosen in ihrem kollektiven Größenwahn selbstredend einen Franzosen meinen). Doch bislang haben sie sich an dieser harten Nuss die Zähne ausgebissen.

Der SACEUR ist nicht nur NATO-Oberbefehlshaber, sondern zugleich rein national betrachtet auch der oberste Befehlshaber aller amerikanischen Truppen in ganz Europa. Er trägt daher zwei Hüte und dient zwei Interessen, wobei zuweilen nicht ganz nachvollziehbar bleibt, welche der Interessen überwiegen, die rein amerikanischen oder die der NATO. Der erste SACEUR war kein geringerer als der spätere Präsident der Vereinigten Staaten, General Eisenhower. Ihm zur Seite stand mit dem britischen Field Marshall Montgomery ein zweiter Kriegsheld. Als ich bei S.H.A.P.E. diente, hieß der SACEUR General Joulwan. Ich hatte mit diesem Herren so gut wie nichts direkt zu tun, dafür arbeitete ich an einer Stelle, die im Vergleich zu unbedeutend war. Ich bekam aber mit, wie unendlich eingepfercht sein tägliches Leben aussah. Auf der Teppichetage, dort, wo die Bosse der Bosse logieren, unterhielt General Joulwan ein Vorzimmer, das selbstverständlich nur und ausschließlich von Amerikanern besetzt war. Hier nun

---

[10] Es waren dies damals der Generalinspekteur, der Chef des Stabes im NATO-Hauptquartier S.H.A.P.E. in Mons / Belgien sowie ein weiterer als „Commander Central Army Group in Europe" (COMCENTAG).

liefen terminlich alle Fäden zusammen. Sein Terminkalender wurde akribisch von einem weiblichen Hauptmann geführt, die wie ein guter deutscher Vorzimmerdrache nichts unversucht ließ, ihrem Boss den Tag so angenehm wie möglich zu gestalten. Jede Stunde, ja eigentlich jede Minute des Tages war für General Joulwan durchgeplant bis ins Detail.

Der Mann hatte so gut wie nie Freizeit. Wollte er zum Frisör (denn ungeachtet seiner Sterne führten seine Haare wie bei allen Menschen ihr Eigenleben), dann ließ er sich über sein Vorzimmer beim vor Ort ansässigen Frisör einen Termin geben, den er minutiös einhielt. Ich selber wurde kurzfristig Opfer dieser Terminplanung. Ich saß auf dem Frisörstuhl, den Umhang über meine schmalen Schultern, die Haare noch ganz nass und beileibe noch nicht fertig geschnitten, da klingelte das Telefon. Der Frisör stammelte nur „der SACEUR!!!", und schon fand ich mich auf einem anderen Stuhl wieder und durfte warten. General Joulwan stürmte rein, und sofort machte sich der Frisör an die Arbeit. Erst nachdem dies erledigt war, kümmerte er sich erneut um mich. Ich habe hierfür großes Verständnis, denn, wenn man weiß, welche Aufgabenpakete der SACEUR Tag für Tag zu stemmen hat, dann ist nachvollziehbar, dass dieser Mann um jede Minute kämpfen muss, sonst geht er unter.

Ich dagegen hatte alle Zeit der Welt. Aufgrund meiner Verbindungen zur Teppichetage, die ich mir mühsam aufgebaut hatte, wusste ich natürlich, dass der SACEUR begeisterter Golfspieler war. Er brachte es tatsächlich fertig, trotz seines platzenden Terminkalenders wenigstens einmal im Monat Golf zu spielen. Hierfür suchte er bei S.H.A.P.E. geeignete Männer, die ebenso wie er dem Golfsport verfallen waren. Ein derartiger war und bin ich, auch wenn es mir in den kühnsten Träumen nie eingefallen wäre, jemals in meinem Leben mit dem SACEUR eine Runde Golf zu spielen. Nun gibt man bei Dienstantritt bei S.H.A.P.E. einen ausgefüllten Fragebogen ab, aus dem u.a. auch die sportlichen Aktivitäten hervorgehen. So war es ein Leichtes, mich als potentiellen Golfspieler zu identifizieren. Ich staunte nicht schlecht, als eines Tages mein Telefon zu bimmeln anfing und der Vorzimmerdrache von General Joulwan am Telefon mich fragte, ob ich am Donnerstagnachmittag Lust und Zeit hätte, mit dem SACEUR eine Runde Golf zu spielen? Eine derartige Bitte kann man beim besten Willen nicht abschlagen. Vollkommen verdattert sagte ich zu. Nun bin ich ein durchschnittlich talentierter Golfspieler. Ich konnte nicht ahnen, dass General Joulwan ein überragender Golfer war. Zudem verfügte ich über eine Ausrüstung, die vollkommen veraltet und verschlissen war. Ich sah im Vergleich zu ihm aus wie der letzte Penner, der soeben einen Schnupperkurs mit Leihschlägern auf Mallorca absolviert hatte, der kostenlos im All-Inklusive Programm enthalten war. So ausgestattet erschien ich zur angegebenen Zeit am 1. Abschlag. General Joulwan fuhr mit seiner Eskorte auf den Parkplatz vor, sprang energiegeladen heraus, schnappte sich sein Golf Bag und begrüßte mich herzlich. Dann schlug er ab. Sein Ball schien überhaupt nicht mehr landen zu wollen, derart gut und präzise waren seine Schläge. Ich hingegen zitterte vor Aufregung und spielte mir einen Mist zusammen, der zu meiner Ausrüstung bestens passte. Hiervon ließ sich der SACEUR nicht beirren. Er stürmte förmlich über die Spielbahnen. Seine Bodyguards schirmten ihn gekonnt ab. Wäre irgendwo auch nur der Hauch von Gefahr für den SACEUR entstanden, ich glaube, die Bodyguards hätten sofort eine Staffel US-Bomber heranbefohlen, die den Golfplatz in eine Kraterlandschaft verwandelt hätten. Ich fabrizierte auf andere Art und Weise eine Kraterlandschaft. Zumindest hackte ich derart im Boden herum, dass man mit dem Platzwart schon Mitleid haben musste. Als mir dann einmal, ein einziges Mal, ein wirklich guter Abschlag gelang, meinte der SACEUR lakonisch „Geht doch". Ich wurde nie wieder von ihm eingeladen.

Doch dieses Debakel verhinderte keineswegs, dass ich weiterhin unverdrossen versuchte, mein Golfspiel deutlich zu verbessern. Ein echter Golfer wächst an seinen Niederlagen; er gibt nie auf. So meldete ich mich also wenig später zu einem Turnier an, dessen Schirmherr der SACEUR persönlich war. Man spielte mit einem Partner zusammen, der im Losverfahren bestimmt wurde. Mir wurde eine Dame zugewiesen, die noch schlechter als ich den Schläger schwang. Zudem hatten wir beide mal wieder einen miserablen Tag erwischt. Unsere Gegner waren zwei Jugendliche, die zu den besten Golfern weit und breit gehörten. Welcher Idiot auf diese Spielansetzung gekommen ist, entzieht sich meiner Kenntnis. Im Ergebnis droschen die beiden Jugendlichen die Bälle ohne größere Schwierigkeiten in einer Weise über die Spielbahnen, dass selbst der SACEUR vor Neid erblasst wäre. Selbst wenn ich einen für meine Verhältnisse granatenmäßigen Abschlag hinlegte, so blieb ich doch gute 70–100 m kürzer als die beiden Bengel. Das demotiviert ganz abscheulich. Wir nahmen uns vor, nicht Letzte im Gesamtergebnis zu werden, derart bescheiden wurden wir angesichts der Spielstärke anderer Paarungen. Unser Ziel haben wir erreicht. Wir wurden Vorletzte. Wie sich herausstelle, gelang uns dies aber nur, weil eine andere Paarung disqualifiziert wurde. Damit war meine Golfkarriere bei S.H.A.P.E. beendet. Ich habe erst Jahre später wieder mit dem Sport angefangen. Zu tief saß die Schmach. Mittlerweile spiele ich ganz manierlich und behaupte, in einem vergleichbaren Turnier nicht mehr Letzter zu werden. Es könnte ganz sicherlich auch ohne Disqualifikation zum vorletzten Platz reichen. Aufgeben werde ich aber nicht. Irgendwann, dessen bin ich mir sicher, schlage ich sie alle. Es ist nur eine Frage der Zeit.

Bataillonsübernahme

Am 01.10.1997 erfüllte sich mein beruflicher Traum schlechthin. Wovon ich nie ernsthaft träumen durfte, wurde Realität. Ich übernahm das Kommando über das Panzergrenadierbataillon 401 in Hagenow. Für einen Außenstehenden wird die Dimension dieses Ereignisses für einen Truppenoffizier wie mich nicht auf den ersten Blick deutlich. Wenn man sich vor Augen hält, dass es zu der damaligen Zeit gerade einmal 20 aktive Panzergrenadierbataillone noch gab (die anderen ca. 40 fielen den verschiedenen Truppenreduzierungen zum Opfer)[11], dann ist auch klar, dass nur 20 Offiziere zugleich mit der Führungsaufgabe über ein Bataillon der Panzergrenadiere beauftragt werden können. Zudem ist die Verwendung eines Bataillonskommandeurs eine Schlüsselverwendung für zukünftige, noch anspruchsvollere Aufgaben. Und das vollkommen zu Recht. Daher ist es für mich im Grundsatz nachvollziehbar, wenn vorrangig Generalstabsoffiziere für derartige Spitzenverwendungen ausgewählt werden. Denn diese Klientel strebt per definitionem nun einmal höhere Weihen an und ist hierfür prinzipiell auch besser ausgebildet. Hingegen haben Truppenoffiziere vergleichsweise nur geringe Chancen, bei derartigen Führungsverwendungen zum Zuge zu kommen. Kein Wunder also, wenn die Konkurrenz unter Truppenoffizieren für die wenigen Bataillone, die zur Auswahl standen, gnadenlos groß war. Misstrauisch und eifersüchtig beobachteten sich die Kandidaten (oder solche, die sich dafür hielten, es aber nicht waren). Nicht immer, aber manchmal erfolgte der Konkurrenzkampf auch mit ausgefahrenen Ellenbogen. Ich habe mich aus derartigen Hahnenkämpfen stets rausgehalten. Ich gehörte auch nicht zu denjenigen Offizieren, die die Masse ihrer Dienstzeit damit verbringen, Telefonate zu führen, um Verbindungen aufzubauen oder zu pflegen, nur um der lieben Karriere willen. Ich habe

---

[11] Heute sind es nur noch neun aktive Panzergrenadierbataillone

172

stets versucht, die mir mögliche beste Leistung abzuliefern. Umso stolzer war ich bei der Nachricht, ich sei als Kommandeur für das Panzergrenadierbataillon 401 auserkoren.

So ein Bataillon besteht aus bis zu 1000 Mann. Die Führungsverantwortung ist eine ungeheuerliche. So manch ein Kamerad, den ich kenne, war glücklich, als er das Kommando wieder abgeben konnte. Der Druck schien Einigen zu groß zu sein. Ich habe für derartige Wertungen überhaupt kein Verständnis. Ich sehnte mich nach der Verantwortung und war wild entschlossen, ihr gerecht zu werden. Noch war es aber nicht so weit, denn ich weilte noch bei S.H.A.P.E. in Mons/Belgien. Es war April 1997, als mich der Anruf der Personalabteilung erreichte. Ich sollte aber nicht ungeduldig werden. Voraussichtlich würde ich erst zum 01.04.1998 das Bataillon übernehmen. So plante ich also meinen Jahresurlaub vollkommen entspannt mit meiner Ehefrau, den ich in unserer Heimatstadt Hamburg verbrachte.

Manchmal habe ich so einen siebten Sinn. Ich packte einen Satz Uniform mit in die Urlaubskoffer ein. Man weiß ja nie, vielleicht ändert sich die Lage ja doch noch. Hamburg liegt nur 90 km von Hagenow entfernt. Und tatsächlich, gegen Ende des Urlaubs rief der Personalstabsoffizier von S.H.A.P.E. bei mir zu Hause an und sagte lapidar, ich hätte bereits in knapp drei Monaten das Bataillon zu übernehmen. Meine Freude war natürlich immens, aber ich hatte ein Problem. Meiner Ehefrau und mir war klar, dass sie in Hamburg wohnen würde, wo wir eine Eigentumswohnung besaßen. Ich hingegen musste und wollte mir eine Wohnung in Hagenow besorgen, weil ich unter der Woche aufgrund der Dienstbelastung nie und nimmer nach Hause fahren konnte. Also rief ich meinen Vorgänger im Amt an und bat ihn um Unterstützung bei der Wohnungssuche. Er lehnte glatt ab. So etwas hatte ich noch nie erlebt. Was dachte sich der Kerl eigentlich? Es ist gute Sitte und überaus zweckmäßig, wenn der „Alte" dem „Neuen" hilft. Eine derartige Arroganz kannte ich bislang nicht. Nun denn, dann eben ohne ihn. Ich fuhr alleine los und war überzeugt, noch am gleichen Abend nach Hamburg zurückkehren zu können mit dem Mietvertrag über eine passende Wohnung in Hagenow in der Tasche.

Als ich in Hagenow in der Langen Straße parkte, kamen Erinnerungen in mir hoch. 1990, unmittelbar nach der Wende und der deutschen Wiedervereinigung, bin ich mit meiner Ehefrau als typisch neugieriger Wessi in die für uns nächst gelegene Stadt der ehemaligen Deutschen Demokratischen Republik gefahren; und das war Hagenow. Die Stadt präsentierte sich damals in einem unvorstellbar schlechten Zustand. Die Straßen waren verrottet, der Putz an den Häusern blätterte ab, es gab kaum einen Baum und die Menschen schlichen lethargisch daher. Ich wusste, dass es in oder bei Hagenow sowohl eine Kaserne für russische Streitkräfte als auch eine der Nationalen Volksarmee gab. Keine der beiden bekam ich zu Gesicht.[12] In unsere Nase stieg der Gestank von verbrannter Braunkohle, mit der die Bürger versuchten, ihre maroden Häuser zu beheizen. Ich schwor meiner Frau, hier nie in meinem Leben dienen zu wollen, derart niederschmetternd war mein Eindruck. Man soll bekanntlich niemals nie sagen. Als ich 1997 erneut auf dem Parkplatz in der Langen Straße stand, musste ich Abbitte leisten. Das kleine Städtchen hatte sich prächtig entwickelt. Überall war emsige Bautätigkeit zu erkennen. Die Menschen kleideten sich farbenfroher und machten einen wesentlich selbstbewussteren Eindruck. Nichts war mehr zu spüren von der Teilnahmslosigkeit unmittelbar nach der Wende. Hier wuchs tatsächlich etwas Schmuckes heran.

Als nächstes sah ich einen deutschen Hauptfeldwebel in Uniform. Das musste einer meiner zukünftigen Soldaten sein. In mir stieg Vorfreude auf, doch zunächst benötigte ich eine Wohnung. Also marschierte ich schnurstracks in das nächste Büro eines Immobilienmaklers, der zunächst wenig Anstalten machte, sich um mich zu kümmern. Gelangweilt fragte er schließlich, wer ich sei und was ich wollte. Ich erklärte ihm zwar, dass ich als Soldat neu zuversetzt aus Belgien kommend dringend eine Wohnung brauchte, verschwieg aber, dass ich der neue Bataillonskommandeur wäre. Mir schwebte eine kleine Zweizimmerwohnung vor, möglichst zentral gelegen. Natürlich, der Makler hatte zwei Wohnungen im Angebot. Die Erste erwies sich als absolute Schrottlaube. Die Zweite war annehmbar, doch im Preis mir noch zu teuer. Wir verhandelten kurz, und schon hatte ich einen unterschriebenen Mietvertrag nebst dazugehöriger Wohnung. Der Makler verschwand sofort wieder, und die anderen Mieter im Haus beäugten neugierig den Neuen. Keiner hatte auch nur im Entferntesten eine Ahnung, wer ich war.

Ich zog ein, und im nächsten Augenblick erschien eine resolute Dame des Hauses, die mich mit erhobenem Zeigefinger ermahnte, auch ja die

---

[12] Wie ich Jahre später feststellen konnte, hatte die Nationale Volksarmee für ihre Kaserne eine Liegenschaft ausgesucht, die außerhalb der Stadt in einem Talkessel mit Bedacht disloziert war. Das gehörte zur Phobie der DDR, möglichst alles, was auch nur im Entferntesten als sicherheitsempfindlich galt, zu tarnen.

Treppe zu reinigen und den Flur zu feudeln. So ging die Zeit dahin, bis in den Zeitungen schließlich von der Bataillonsübergabe berichtet wurde. Und auf einmal dämmerte es auch dem Letzten. Verdammt, der neue Mieter ist ja der neue Bataillonskommandeur. Ja, wenn wir das gewusst hätten, ja dann, dann hätten wir ihm doch selbstverständlich eine bessere und weit billigere Wohnung angeboten. Den Makler, der die Stirn hatte, mir das ernsthaft verbunden mit den besten Glückwünschen zur Übernahme des Kommandos anzubieten, habe ich kurzerhand rausgeschmissen. Als Nächstes erschien die resolute Dame und erwischte mich dabei, wie ich gerade das Treppenhaus reinigte. Aber natürlich bräuchte ich diese niederen Arbeiten nicht zu verrichten. Sie konnte schließlich nicht wissen, wer ich tatsächlich sei. Es half ihr nichts, ich feudelte unverdrossen weiter. Was mich nur ärgerte, war die schlampige Arbeit der örtlichen Presse. Sie berichtete selbstverständlich in großer Aufmachung von der Bataillonsübergabe und strich die Leistungen meines Vorgängers zurecht besonders hervor. Sie erwähnte auch meinen Werdegang überwiegend korrekt, druckte aber das Bild meines Stellvertreters unter meinem Namen. Das wiederum behagte mir weniger.

In Vorbereitung auf die Bataillonsübergabe hatte ich eine Woche Zeit, mit meinem Vorgänger die wesentlichen Dinge des Bataillons durchzugehen. Ganz besonders spricht man das Personal durch, für das man voll verantwortlich zeichnet. Die Dinge hat mein Vorgänger gut aufbereitet. Der große Tag kam, und ich fuhr aufgeregt in die Kaserne. Das Bataillon stand zu Ehren meines Vorgängers Spalier. Ich freute mich für ihn, war dies doch eine großartige Geste, die Ausdruck des Respekts der Soldaten für ihren „Alten" war. Jahre später, als ich das Bataillon abgeben musste, hat man mir Gleiches zuteil kommen lassen. So etwas geht mächtig unter die Haut. Mit allen militärischen Ehren und einer Heerschar von Gästen verlief der Übergabeappell in würdiger Atmosphäre ab.

Mein Brigadekommandeur und ich standen in der Nähe des Appellplatzes und warteten, bis der scheidende Bataillonskommandeur mit seiner Rede fertig war. Bei der Gelegenheit fragte mich der General nach meinem Lebensalter. Ich war zu der Zeit 43 Jahre alt. Er zeigte sich überrascht, glaubte er doch, ich sei wesentlich jünger. Es ist dies ein Phänomen, was mich durch meine gesamte Dienstzeit begleitet hat. Ich sehe nun einmal jünger aus, als ich tatsächlich bin. Zum Teil bin ich auch stolz darauf, weil dies unter anderem Ausdruck meiner Fitness ist, für die ich viel gearbeitet habe. Ich sollte aber schnell feststellen, dass dies auch ein Nachteil sein kann. Jugendliches Aussehen wird leider zu leicht mit Unerfahrenheit verwechselt. Man ist augenscheinlich noch ein Greenhorn, dem nicht unbedingt alles zugetraut werden darf. Diese Haltung spiegelte sich in Gesichtsausdruck meines Vorgesetzten wider. In der Rückschau darf ich über diesen General sagen, dass ich nie einen Vorgesetzten hatte, der mich mehr forderte, dem ich mehr vertraute und mit dem ich ein besseres Verhältnis hatte. Ich verstand mich mit ihm glänzend. Er war zwar zuweilen bärbeißig und hatte so seine Marotten, aber ich mochte ihn und mag ihn auch heute noch. Dennoch, und davon bin überzeugt, er wollte von meiner Leistungsfähigkeit zunächst überzeugt werden, bevor er mir vertraute. So dauerte es einige Monate, bis wir miteinander wirklich warm wurden.

Als ich schließlich hinter dem General auf den Appellplatz ging, blieb mir der Atem weg. Dort standen angetreten in Reih und Glied tatsächlich eintausend Mann. Das also war die Verantwortung, die auf mich wartete. Das Bild war kolossal. Zudem wusste ich, dass dieses Bataillon eines der ersten sein würde, das an Auslandseinsätzen der Bundeswehr teilzunehmen hatte.[13] Es war daher kein normales Bataillon, sondern hatte einen besonderen Auftrag und erforderte zwangsläufig auch extreme Anstrengungen. Das alles wurde mir in dem Augenblick so bewusst wie nie zuvor, als ich schließlich rief: „Panzergrenadierbataillon 401 hört auf mein Kommando!". Es war vollbracht, doch ich stand erst am Anfang. Vor mir lagen die schönsten, die härtesten und mit Abstand die gefährlichsten drei Jahre meiner beruflichen Laufbahn bis zu diesem Tage. Ich habe jede Sekunde genossen und bereue keine einzige. Es war meine Traumverwendung und wird es immer bleiben.

Das Verhältnis zur Zivilbevölkerung und seinen Honoratioren gestaltete sich schlussendlich weit besser als ursprünglich befürchtet. Beim Empfang nach der Bataillonsübergabe schien die Anzahl derer, die mit mir auf eine gute Zusammenarbeit anstoßen wollten, nicht abzureißen. Dennoch blieb eine Peinlichkeit nicht aus. Meine Ehefrau, die voller Stolz an meiner Seite stand, wurde gefragt, wo sie denn wohnen würde. Die Antwort war Hamburg. Sofort war sie gebrandmarkt als typische Wessi-Frau, die sich zu fein dafür war, in einer Stadt des Ostens zu leben. Die Frau meines Vorgängers ist mit nach Hagenow umgezogen. So hatte meine Ehefrau ihre liebe Mühe, Anerkennung zu finden. Ihr gebührt größtes Lob. Sie hat alles auf sich genommen, um während meiner drei Jahre in Hagenow immer Flagge

---

[13] Als Verband der sogenannten Krisenreaktionskräfte war es hierfür speziell ausgestattet und ausgebildet.

zu zeigen. Bei so gut wie allen Veranstaltungen war sie zugegen. Doch das Vorurteil, das man gegen sie aufgebaut hatte, erwies sich als fast unüberwindbar. Dennoch entwickelten sich gute Kontakte vor allem zu den Ehefrauen vieler Offiziere meines Bataillons, die bis heute andauern. Darauf kann sie sehr stolz sein. [14]

Was meinen Brigadekommandeur angeht, so hat er mich bereits am ersten Tag nach der Bataillonsübergabe mächtig beeindruckt. Er rief mich an, um mir zu sagen, dass ich mir keine Sorgen machen sollte, weil die Masse der Ehrungen meinem Vorgänger zuteil kamen. So ist es nun einmal. Man hat das Amt und den Titel „der Alte" nur temporär. In drei Jahren würde mir die gleiche Dankbarkeit entgegengebracht werden. Er behielt natürlich Recht. Er konnte, wenn er denn wollte, wirklich sauer werden. Dann war mit ihm schlecht Kirschen essen. Nie war er nachtragend, und stets hielt er die schützende Hand über einen. Wie gradlinig und aufrichtig er war, konnte ich wenige Wochen nach Übernahme des Bataillons am eigenen Leibe verspüren. Diesem Manne gebührt mein größter Respekt.

Dienstaufsicht

Dienstaufsicht ist die vornehmste Pflicht eines jeden Vorgesetzten. Hierunter versteht man, dass man sich zu seinen Untergebenen begibt, sie beaufsichtigt, wo nötig steuernd eingreift und vor allem dem Untergebenen Hilfestellung gibt, damit er seine Aufgabe zukünftig besser zu lösen vermag. Dienstaufsicht ist daher zu allererst Hilfestellung und erst danach Kontrolle. Das wird von vielen vergessen. Richtig verstanden und vermittelt führt Dienstaufsicht zu gegenseitigem Vertrauen. Das setzt aber grundsätzlich voraus, dass man als Dienstaufsichtsführender Ahnung von der Sache hat, die man zu beaufsichtigen gedenkt. Nichts ist schlimmer, als von Dingen zu reden, von denen man noch nicht einmal den blassesten Schimmer an. Das merken Soldaten sofort und verlieren im Nu jeden Respekt vor einem. Solche Vorgesetzten reduzieren ihre Dienstaufsicht dann auf „Nebenkriegsschauplätze" wie beispielsweise Anzugs- und Grußordnung. Man sollte sich tunlichst schlau machen, bevor man zur Truppe fährt und diese beaufsichtigt! Das setzt ebenso voraus, dass man tatsächlich rausfährt. Viel zu viele

---

[14] Früher gab es noch die sogenannte „Residenzpflicht", d.h. ein Offizier musste mit seiner Familie vor Ort wohnen, sonst erhält er kein Bataillon, das er führen darf. Diese Tage sind Gott sei Dank längst Vergangenheit.

Vorgesetzte kleben an ihrem Schreibtisch. Sie lassen sich einfangen von Papierkram und Telefongesprächen, die entweder vollkommen unwichtig sind oder bis zum Abend warten können. Meine Erfahrungen bewiesen nur zu oft, dass mindestens 50 Prozent aller Dinge, die am Morgen angeblich sofort und mit höchster Priorität meine Entscheidung bedurften, sich bis zum späten Nachmittag von selbst erledigt hatten. Also beschäftigte ich mich gar nicht erst damit. Die wirklich wichtigen Dinge waren auch am Nachmittag noch wichtig. Dann fand ich Zeit und widmete mich diesen Angelegenheiten. Im Übrigen verfügte ich über einen ausgezeichneten Stab, der mir den Rücken freihielt. Warum also sollte ich dessen Arbeit erledigen?

So fuhr ich also bei jeder sich nur bietenden Gelegenheit nach draußen zu meinen Soldaten. Früh am Morgen besprach ich mich mit meinem Stellvertreter und einigen wenigen ausgesuchten Stabsoffizieren, gab Handlungsanweisungen für den Tag wo notwendig, um spätestens um 09:00 Uhr den Stab bis mindestens 16:00 Uhr zu verlassen. Kam ich wieder zurück, häuften sich die Aktenberge, und diejenigen Stabsoffiziere, die Entscheidungen von mir verlangten, warteten geduldig auf meine Rückkehr. Das Ganze war gut organisiert und funktionierte prächtig. Meist war dann noch Nachtausbildung angesetzt, so dass ich gegen 20:00 Uhr meine „Stabsarbeit" abschloss und erneut nach draußen fuhr. Ganz selten kam es vor, dass ich im Gelände eingefangen wurde, um beispielsweise meinen Brigadekommandeur anzurufen. Wenn der mich suchte, erreichte er mein Vorzimmer, wo die umsichtige Frau Lindenberg stets genau wusste, wo ich mich befand. Auf die Frage, wo ich denn sei, antwortete sie stets: „Zur Dienstaufsicht"! „Dort gehört auch hin", war die lapidare Antwort meines Brigadekommandeurs, „und dennoch, veranlassen Sie, dass er mich umgehend anruft". Im Zeitalter von Handys ist dies kein Problem, damit war die Angelegenheit erledigt.

Das Bataillon war in Sachen Dienstaufsicht „vorgeschädigt". Mein Vorgänger hatte hier Maßstäbe gesetzt, indem er sich sehr oft bei der Truppe zeigte. Einer meiner Kraftfahrer, der sowohl mich als auch meinen Vorgänger gefahren hatte, sagte später zu mir: „Herr Oberstleutnant, als Ihr Vorgänger das Bataillon an Sie übergab, waren wir uns sicher, dass niemand das Ausmaß an Dienstaufsicht Ihres Vorgängers toppen könne. Wir haben uns geirrt. Sie haben dem Ganzen noch die Krone aufgesetzt!". Ich empfand dies als Anerkennung aus dem Munde eines Soldaten. Dabei lief die Geschichte denkbar ungünstig an.

Ich hatte kaum übernommen, da ließ ich mir die Dienstpläne der Kompanien vorlegen und stellte mit großer Freude fest, dass die Grundausbildungskompanie ein Ausbildungsbiwak auf einem Truppenübungsplatz bei Lübeck durchführte. Ich erschien dort um 20:00 Uhr abends, und zwar unangemeldet. Laut Dienstplan sollte Gefechtsausbildung bei Nacht durchgeführt werden. Ich fand das Lager der Kompanie, aber keine Soldaten. Nach langem Suchen liefen mir ein Fahnenjunker und ein Obergefreiter über den Weg, die beide einen höchst verlegenen Eindruck machten. Meinen bohrenden Fragen konnten sie nicht ausweichen. Schlussendlich zeigte sich mir folgendes Bild:

1. Niemand hatte damit gerechnet, dass der neue Bataillonskommandeur so früh nach Übernahme des Bataillons nach Lübeck herauskommen würde (und schon gar nicht bei Dunkelheit und bei Regenwetter).

2. Der Kompaniechef war nicht vor Ort, obwohl er die Gesamtleitung hatte (er machte Vernehmungen im Standort Hagenow).

3. In seiner Vertretung „führte" der Kompanietruppführer, der in Lübeck wohnte und das gesamte Unteroffizierkorps zu einem „Umtrunk" bei einem Griechen eingeladen hatte.

4. Die 120 Rekruten wurden sich selbst überlassen. Der Fahnenjunker und der Obergefreite hatten die dankenswerte Aufgabe, mit den Rekruten „Ausbildung" zu betreiben.

Der Fahnenjunker konnte nichts dafür. Er war leider in der misslichen Situation, einem vor Wut fast platzenden Bataillonskommandeur zu erklären, was Sache war. Der Obergefreite erkannt sofort den Ernst der Lage und verpieselte sich (was jeder gute Obergefreite an seiner Stelle genau so getan hätte). Ich hatte für beide Verständnis. Gegen 23:00 Uhr kam dann ein VW-Bus mit beschlagenen Scheiben um die Ecke gefahren, und eine Horde besoffener Unteroffiziere entstieg lärmend dem Gefährt. Das Gejohle erstarb den Herren Unteroffizieren in der Kehle, als sie erkannten, wer vor ihnen stand. Der Kompanietruppführer stammelte irgendwelche Entschuldigungen, die darin gipfelten, dass die Kompanie nur Dienstpläne erstellte, um den Brigadekommandeur zufrieden zu stellen. Das war eine Unverschämtheit zu viel. Ich brüllte ihn zusammen und das gesamte Unteroffizierkorps wurde schlagartig nüchtern. Wie Phönix aus der Asche erschien auf einmal auch der Kompaniechef, der höchst verlegen versuchte, die Situation in den Griff zu bekommen. Es half ihm nicht wirklich. Ich sagte ihm, ich würde wiederkommen, und zwar erneut unangemeldet. Ich würde sogar sehr oft wiederkommen. Wenn ich auch nur ein einziges Mal so einen Saustall noch einmal vorfinden würde, wäre er längste Zeit Kompaniechef gewesen. Ebenso bestand ich auf eine saftige Bestrafung für den Kompanietruppführer. Am nächsten Abend erschien ich erneut. Gnade Gott der Kompanie und seinen Unteroffizieren, es ging alles gut. Die Ausbildung war zufriedenstellend, und der Kompaniechef meldete mir, er würde gegen den Kompanietruppführer eine Disziplinarbuße von 1000,- DM verhängen. Damit ließ ich es gut sein. Tatsächlich hat das gesamte Unteroffizierkorps gesammelt und die 1000,- DM eingezahlt.

Dieser Paukenschlag gleich zu Beginn meiner Amtszeit hatte heilsame Wirkung weit über die Grenzen der betroffenen Kompanie hinaus. Allen, die auch nur leise gezweifelt hatten, war klar, dass ich es ernst meinte und oft, sehr oft, zur Dienstaufsicht herauskam. Keiner wagte es, derartige Vergehen auch nur im Ansatz noch einmal durchzuführen. Zugegeben, manchmal ist es auch ganz heilsam, seine Truppe in Ruhe zu lassen. Die Jungs müssen sich manchmal erst „warm laufen", zum Beispiel bei Truppenübungsplatzaufenthalten, wo der erste Schießtag sowieso immer in die Hose geht. Wenn dann „der Alte" schon um 08:00 Uhr morgens auf der Matte steht, dann richtet er mehr Unheil an, als dass er hilft. Aber es ist schon eine Frage der Ehre, mit der Truppe die Härten des Alltages zu teilen und ihr auf die Finger zu schauen. Nur so lernt man die Männer kennen. Ich wusste daher in relativ kurzer Zeit nur zu gut Bescheid, welche Stärken und Schwächen welcher Feldwebel tatsächlich hatte. So machte es mir auch nie wirkliche Probleme, Beurteilungen zu erstellen oder zu Beurteilungen Stellung zu nehmen. Oftmals kannte ich die Männer besser als ihre Kompaniechefs (was einem Armutszeugnis für den betroffenen Kompaniechef gleichkommt). Ich wusste, wer über welche Stärken und Schwächen verfügte, weil ich die Männer erlebt hatte. So konnte ich Hilfestellung geben. Nur in ganz wenigen Fällen, wie bei der Rekrutenkompanie, war ich gezwungen, wirklich mit der Faust auf den Tisch zu schlagen. Die Soldaten gewöhnten sich an meinen Stil und respektierten, dass da einer war, der lieber bei ihnen blieb, als am Schreibtisch zu sitzen. Ich habe dies bis zur letzten Sekunde meiner Amtszeit als Bataillonskommandeur genossen und ausgenutzt. Die Wahrnehmung der direkten Verantwortung für die unterstellten Männer, unmittelbar vor Ort, ist der Kern der Führungsverantwortung und zugleich das Schönste, was mir in meinem Beruf passieren konnte.

Der Regenmacher

Ich habe als Bataillonskommandeur wirklich jede Gelegenheit genutzt, um aus meinem Dienstzimmer raus zu kommen. Es zog mich stets zu meinen Soldaten ins Gelände, bei jedem Wind und Wetter. Dabei musste ich mit Erstaunen feststellen, wie sehr mich die letzten drei Jahr im „Innendienst" beim NATO Hauptquartier in S.H.A.P.E. für Witterungseinflüsse haben empfindlich werden lassen. Ich fror wie ein Jammerlappen, während meine Soldaten relativ leicht bekleidet auch den übelsten Witterungsbedingungen trotzten. Die Sache verhielt sich ganz einfach: Die Soldaten waren abgehärtet und an kaltes Wetter gewöhnt; ich hingegen war an eine gut funktionierende Heizung akklimatisiert. Mit der Zeit änderte sich dies aber grundsätzlich. Da ich ständig draußen war, machte mir Kälte irgendwann nichts mehr aus. Ich lief auch nicht mehr wie ein Teddybär angezogen durch die Gegend, sondern passte mich meinen Soldaten an. Wobei ich immer wieder klar hervorhob, dass Frieren kein Übungszweck sein kann und darf. Die Bundeswehr hat nunmehr (nach endlos vielen Jahren) vernünftige Kälte- und Nässeschutzbekleidung. Es kommt nur darauf an, diese Ausrüstung auch zweckmäßig anzuwenden. Gelobt sei das Zwiebelschalenprinzip. Mehrere Bekleidungsstücke, die nicht zu eng am Körper sitzen dürfen, wärmen weit besser als ein dicker und klobiger Parka. So passte ich mich der äußeren Umgebung stets und ständig an, indem ich Teile anzog, um wenig später diese vielleicht wieder auszuziehen. Erstaunlicher Weise wurde ich auch abgehärteter gegen alle Arten von Erkältungskrankheiten. Das Prinzip fruchtete also.

Wie sich aber sehr schnell herausstellen sollte, zog ich Mistwetter geradezu magisch an. Als Norddeutscher ist man ja Schmuddelwetter gewöhnt. Nieselregen gehört zu Hamburg, meiner Geburtsstadt, wie Sonne, Mond, Wasser und Sauerstoff. Ärgerlich war nur, dass Regentiefs, die nach den Nachrichten im Fernsehen so wunderbar und mediengerecht durch eine nette Meteorologin vorgetragen wurden, ständig an meinen Hacken klebten. Wohin ich auch ging oder fuhr, das Mistwetter folgte mir auf Schritt und Tritt. Meist kam ich von meinen Dienstaufsichtsfahrten zurück wie ein begossener Pudel. Meine Sekretärin, die umsichtige und liebevolle Frau Lindenberg, stellte unaufgefordert stets ein dampfende Tasse Kaffee bereit, wenn sie meinen Dienstwagen auch nur aus der Ferne sah. Sie schmunzelte allerhöchstens, wenn sie mich klödernass ins Dienstzimmer gehen sah. Im Bataillon hatte ich daher über kurz oder lang meinen zweiten Spitznamen weg. Ich hieß fortan nur noch „der Regenmacher".

Das Ganze nahm schon groteske Züge an. Wir verlegten beispielsweise auf den kanadischen Truppenübungsplatz SHILO in Manitoba/Kanada. Dort ist es gewöhnlich im Sommer derart heiß, dass man eigentlich von Wüstenbedingungen sprechen könnte. Die Schießbahnen sind in schöner Regelmäßigkeit entweder von der gleißenden Sonne oder von den Leuchtspurgeschossen verbrannt. SHILO war eigentlich immer eine Hitzeübung – bis ich kam. Es goss wie aus Kübeln. Wobei man eigentlich nicht behaupten kann, dass es überall und flächendeckend regnete. Nein, es goss nur dort, wo ich mich gerade befand. Manitoba ist Weizenanbaugebiet und daher fast vollständig flach und dünn besiedelt. Man kann über Kilometer weit schauen. Wenn also irgendjemand fragte, wo denn der Bataillonskommandeur sich gerade aufhielt, dann schaute alles nach draußen, suchte am Himmel die nächste Regenwolke und meinte lakonisch: „Dort ist er!". Fast immer hatte man mit einer derartigen Mutmaßung Recht. Es kam vor, dass ich mich mit meinen Kompaniechefs zu einem bestimmten Zeitpunkt auf einer Schießbahn verabredet hatte. Auf die Frage, wo ich denn sei, suchten die Kompaniechefs den Himmel ab. Zog eine Regenwolke auf sie zu, dann war mit meinem Erscheinen todsicher zu rechnen. Bei einer derartigen Gelegenheit krümmte sich einer meiner Kompaniechefs vor Lachen, weil er und seine Soldaten den ganzen lieben Tag lang trocken geblieben waren. Ich fuhr vor, stieg aus, und genau in dem Augenblick tat sich der Himmel auf, es gab einen Donnerschlag, und alles flüchtete in irgendwelche Unterstände. Es goss wie aus Eimern.

Während des Kosovo-Einsatzes war dies nicht viel besser. Meine „Talente" zehrten an den Nerven. Das Ganze gipfelte im verzweifelten Ausspruch eines meiner Zugführer, der mich gegen Ende des Einsatzes bat, **nicht** zur Dienstaufsicht heraus zu kommen. Auf meine skeptische Frage nach dem Warum antworte er lakonisch: „Ich möchte einmal trocken bleiben!". Ich fuhr natürlich trotz oder gerade wegen seiner flehenden Bitte, fernzubleiben, raus. Ich stieg aus, er meldete mir, und es fing an zu regnen. Alle Mann, bis hin zum letzten Soldaten (mich eingeschlossen), bogen sich vor Lachen.

Den absoluten Höhepunkt meines „Schaffens" als Regenmacher vollbrachte ich aber in Texas. Das Bataillon war durch den Inspekteur des Heeres beauftragt worden, in der Wüste von El Paso/Texas eine Erprobungsübung durchzuführen. Ziel der Übung war es, die Durchhaltefähigkeit von Mensch und Material unter extremen Hitzebedingungen zu erproben. So verlegten wir also unter großem Aufwand und für teures Geld nach Fort Bliss in El Paso. Während der Erkundung führten wir die notwendigen Absprachen mit den Amerikanern durch. Die wollten es gar nicht glauben, dass die verrückten Deutschen tatsächlich in einem Zeltlager ohne Klimaanlage hausen wollten. Doch, wir wollten und wir sollten. Wir sollten schwitzen und nochmals schwitzen. Das war das Ziel. Als wir dann noch die Übungsvorhaben mit den Amerikanern durchsprachen, haben sie uns endgültig für verrückt erklärt. Kein auch nur einigermaßen vernünftiger Mensch legt sich ein derartiges Programm freiwillig auf, zumindest nicht in der Wüste von El Paso. Die Gegend grenzt an Mexiko. Viele Flüchtlinge, die aus Mexiko illegal einwanderten und sich an den Grenzposten vorbei durch die Wüste durchschlugen, verdursteten unter diesen extrem widrigen Bedingungen jämmerlich. Und wir Verrückten übten Tag und Nacht in einer Gegend, die man in Deutschland so nicht vorfindet.

Ein solch aufwendiges Unternehmen zieht natürlich die Dienstaufsicht an wie das Licht die Motten. Ich „durfte" mich über die Besuche von Delegationen aus dem Heeresamt, meines Divisionskommandeurs und meines Kommandierenden Generals freuen. Die Angelegenheit war brisant und eigentlich verdammt, ein Erfolg zu werden. Zu viel Geld stand auf dem Spiel. Im Übrigen hatte der damalige Inspekteur des Heeres mit ganzer Energie dieses Unternehmen gegen den Widerstand vieler durchgeboxt. Ein anderes Bataillon hatte unter extremen Kältebedingungen in Polen eine ähnliche Übung mit vergleichbarer Zielsetzung durchzuführen. Die Übung war ein Flop, weil es zu der Zeit in Polen zu warm war und regnete (als wäre ich dort gewesen; aber ich kann nicht überall sein). El Paso war zwischen dem Inspekteur des Heeres und seinem amerikanischen Pendant persönlich ausgesucht worden, nachdem sich Saragossa in Spanien aufgrund spanischer Vorbehalte zerschlagen hatte. Mir wurde auch aufgetragen, meine Eindrücke und unsere Erkenntnisse nach Abschluss der Erprobungsübung dem Inspekteur persönlich vorzutragen. Kein Wunder also, dass die Führer aller Zwischenebenen persönlich vorbeikamen, um sicher zu sein, dass ich ja keinen Blödsinn von mir geben würde. Der hochrangigste Vorgesetzte, der vorbeikam, war der Kommandierende General des IV. Korps, ein Generalleutnant. Ich hatte und habe größte Hochachtung vor diesem Mann. Selten erlebte ich einen Dreisterne-General, der derart umsichtig und einfühlsam auf seine Männer zuging. Er zeigte überhaupt keine Scheu, hatte keine der sonst bei Generälen so weit verbreiteten Allüren, nahm sich eine Feldliege, breitete seinen Schlafsack aus und lebte mit uns und unter uns in unserem Feldlager. Das machte auf mich und meine Männer großen Eindruck. In Erwartung von Wüstenbedingungen reiste er mit leichtem Gepäck. Als wir dann zur Dienstaufsicht rausfuhren, geschah das, was geschehen musste. Es goss sintflutartig. Ausgetrocknete Flussbetten, in denen sich die Klapperschlangen verkrochen, füllten sich binnen von Minuten in reißende Flüsse. Die Fluten überschwemmten ganze Landstriche. Der Jeep meines Generals blieb trotz Allradantrieb im Schlamm stecken und musste mit einem Bergepanzer herausgezogen werden. Der General war in Nullkommanichts durchnässt bis auf die Knochen. Er hatte kein Regenzeug dabei. Welcher Mensch kommt schon auf die Idee, im August in der Wüste Regenzeug mitzuführen? Mein Kraftfahrer erbarmte sich seiner und lieh ihm seine Goretex-Jacke. Fortan lief er mit den Dienstgradabzeichen eines Obergefreiten herum. Was soll ich Ihnen sagen, die Wüste blühte. Ein Wunder war geschehen. Ich hatte mich selber übertroffen.

Als ich dann in Deutschland zurückgekehrt war, fuhr ich nach Bonn auf die Hardthöhe, um dem neugierigen Inspekteur des Heeres die Erkenntnisse dieser „Hitzeerprobung" vorzutragen. Im Vorfeld dieses Lagevortrages wurde ich von so manch einem Offizier gewarnt, ich sollte nichts Negatives berichten. Es könnte sonst das Ende meiner Karriere sein. Der Inspekteur genoss einen zweifelhaften Ruf, und offensichtlich hatte so mancher mehr Angst als Respekt vor ihm. Ich selber kannte ihn und wusste, dass er so seine Marotten hatte. Aber deswegen etwas schönzureden, was augenscheinlich nicht seinen Erwartungen entsprechen konnte, das war nun wieder nicht meine Sache. Ich schilderte ihm die Lage sachlich und ohne Emotionen. Man sah ihm an, dass er enttäuscht war. Das Fazit meines Vortrages lautete, dass sich die Fortsetzung derartiger Übungen in El Paso nicht lohnen würde. Es war das Gegenteil dessen, was er erwartete. Ich muss ihm aber zu Gute halten, dass er meinen Bericht vollkommen sachlich entgegennahm. Er machte mich nicht nieder (wie von manchem befürchtet), sondern nahm die Informationen als das entgegen, was sie waren. An dem Vortrag nahm die Spitze der Generalität des deutschen Heeres teil. Noch nie hatte ich vor einer derart erlesenen Gruppe vorgetragen. Als ich dann Bilder der „blühenden" Wüste zeigte und vor allem das Bild, als der Bergepanzer den Jeep des Kommandierenden Generals IV. Korps barg (der dem

Vortrag beiwohnte), da lachten alle herzlich, auch der damalige Inspekteur des Heeres.

Als ich dann das Bataillon nach drei Jahren abgeben musste, hat wohl der eine oder andere aufgeatmet. Sie mochten mich alle gerne und hätten es vielleicht auch gerne gesehen, wenn ich noch etwas länger geblieben wäre. Aber andererseits waren die Soldaten auch froh. Denn sie hofften, dass ich das Mistwetter, für das ich scheinbar persönlich verantwortlich zeichnete, in meine neue Verwendung mitnehmen würde.

Wüstentraining

Die Übung in El Paso/Texas hatte natürlich noch ganz andere Höhepunkte zu bieten als Dauerregen und Hitze. Es prallten in der Wüste von Texas zwei völlig unterschiedliche Ausbildungs- und Schießkonzepte aufeinander. Da ist zum einen die amerikanische Philosophie. US-Panzerkompanien müssen sich schießtechnisch qualifizieren, d.h. sie durchlaufen verschiedene Schießübungen, an deren Ende das Prädikat „qualified" steht. In der Regel erfordert dieser Prozess, dass amerikanische Kampfpanzer auf einer Linie nebeneinander in einer Stellung stehen, die „Phase Line" genannt wird. Dort angekommen wird den Panzern eine „Zielpräsentation" gezeigt, es klappen auf unterschiedlichsten Entfernungen verschiedene Ziele auf, die durch die Panzer bekämpft werden. So gehört zur „Phase Line Red" die Zielpräsentation „Red", worauf alle Panzer 400 m weiter nach vorne fahren, um in der „Phase Line Blue" die Zielpräsentation „Blue" zu erhalten. An der Basis der Schießbahn befindet sich ein Leitungsturm, der mit einer Computeranlage ausgestattet ist, die sowohl die standardisierten Zielpräsentationen auf Knopfdruck abruft als auch die Schießergebnisse auswertet. Für die Nacht ist der Turm mit sehr guten Wärmebildkameras ausgestattet. Ein amerikanischer Kommandeur, der eine derartige Übung leitet, hält sich natürlich auf dem Turm auf, wo denn auch sonst!

Das sieht bei deutschen Schießen ganz anders aus, zumindest dann, wenn ich geleitet habe. Ich saß so gut wie nie auf einem Leitungsturm, sondern fuhr mit einem Leitungsfahrzeug unmittelbar hinter der schießenden Truppe. Auf dem Leitungsturm verblieb ein Mannschaftssoldat als Funker, der lediglich meine Anweisungen an das Bedienpersonal der Computeranlage durchgab. Auch hielten sich meine Panzer wo immer möglich nicht an die vorgefertigten Trassen, sondern bewegten sich taktisch klug frei im Gelände. „Phase Lines" und Zielpräsentationen Red oder Blue gab es bei mir nicht. Kampfpanzer schossen aus der Bewegung und Panzergrenadiere sitzen ab, um wohlmöglich auch noch flankierend in eine Stellung hinein zu schießen.

Das alles waren für unsere amerikanischen Waffenbrüder schier unvorstellbare Wünsche und Zielvorstellungen, die wir ihnen bei der erforderlichen Absprache auf den Tisch legten. So etwas Verrücktes hatten sie noch nie erlebt. Als dann noch unsere Kampfpanzer LEOPARD aus der Bewegung schossen und nach Belieben trafen, da fiel den Herren der Unterkiefer herunter. In Scharen kamen amerikanische Soldaten als Besucher zu unseren Schießen und wollten nicht glauben, was sie dort sahen. Das hat schon mächtig Eindruck hinterlassen.

Es gibt leider auch in den USA immer größere Umweltauflagen, die zuweilen schon skurrile Ausmaße annahmen. Die Schießbahnen in El Paso waren nahezu verwaist, weil die letzten US-Kampftruppenbataillone seit Jahren dort nicht mehr geschossen und geübt hatten. Daher staunten wir bei der Erkundung der Schießbahnen nicht schlecht, als wir ein Meer von Kakteen vorfanden, die uns in dieser schier unendlichen Vielfalt aus Deutschland fremd waren. Noch mehr staunten wir jedoch, als uns eine Vertreterin der lokalen Umweltbehörde darauf hinwies, dass es genau auf dieser Schießbahn einen einzigartigen Kaktus gab, der unter allen Umständen zu schützen sei. Aus diesem Grunde wollte sie uns das Schießen rundweg verbieten. Nun hatten wir einen unerhörten Aufwand betrieben, um Mensch und Material von Deutschland nach El Paso in die USA zu verbringen, nur um uns vor Ort von einem Kaktus bremsen zu lassen, der irgendwo inmitten von Millionen von Kakteen sein Unwesen trieb! Niemals!

Wir ließen uns den Kaktus beschreiben und strömten aus, dieses Exemplar zu finden. Der Kaktus gedeiht oberhalb der Oberfläche nur winzig klein, entwickelt aber eine sehr tiefgehende Wurzel, und deswegen war er so wertvoll (die Wurzellänge anderer Kakteen habe ich lieber gar nicht erst hinterfragt). Und tatsächlich, wir fanden drei Exemplare dieses überaus wertvollen Kaktus. Flugs zogen wir Trassierband um die in Frage kommenden Kakteen, womit wir alle Auflagen der Umweltbehörde erfüllt hatten. Das Schießen konnte beginnen, an dem die Vertreterin der Umweltbehörde argwöhnisch als Beobachterin teilnahm. Es war eine helle Freude, die Panzer kurvten spielend leicht frei im Gelände herum, Mensch und Maschine schossen und trafen, dass es eine Freude war. Alles ging gut, bis in der letzten Phase der Übung alle Panzer rückwärts ausweichen sollten. Hierzu nutzen die Kampfpanzer LEOPARD ihre Rückwärts-Fahrkamera. Die Panzergrenadiere auf ihrem Schützenpanzer MARDER werden durch einen Soldaten, der nach hinten beobachtet (in der Regel der Truppführer) rückwärts gelenkt, während der Kommandant nach vorne beobachtet. Das ist ganz schön schwierig und passiert vor allem in voller Fahrt sehr schnell. Also kam es, wie es vorherbestimmt war. Der erste arme Kaktus löste sich unter dem Druck einer deutschen Panzerkette in seine Bestandteile auf, derweil der zweite schützenswerte Kaktus sein Lebenslicht kurze Zeit später unter ähnlichen Bedingungen verlor. Die Dame der Umweltbehörde heulte auf wie Idefix in den einschlägigen Asterix & Obelix-Romanen, wenn Obelix einmal mehr einen Baum aus Tollpatschigkeit entwurzelt. Uns war es am Ende egal, denn wir hatten Fakten geschaffen.

Der Aufenthalt in den USA wurde durch eine Abschlussübung beendet. Alle Kräfte, die wir mitgeführt hatten, marschierten und operierten in der Wüste bei Tag und Nacht für wenigstens 24 Stunden am Stück. Ich hatte den Hinweis erhalten, dass es in der Nähe einen privaten Verein gab, der Zieldarstellung mit Fluggeräten gegen gute Bezahlung anbot. Eines der Fluggeräte war eine originale HIND-D, ein russischer Kampfhubschrauber, gegen den wir hätten kämpfen müssen, wenn der ehemalige Warschauer Pakt Deutschland angegriffen hätte. Die HIND-D ist ein gefürchteter Kampfhubschrauber, gut gepanzert und robust, ausgestattet mit einer Ehrfurcht erweckenden Bewaffnung, zu der auch eine um 30 Grad schwenkbare Gatling Gun gehörte, ein überschweres, rotierendes Maschinengewehr. Diesen Vogel mieteten wir für gut 6.000,- US Dollar. Das ist viel Geld, im Verhältnis zu den Gesamtkosten des Aufenthaltes in den USA jedoch „Peanuts". Unser S6 Offizier flog als Beobachter und Kameramann mit. Der Ausbildungserfolg war durchschlagend. Die HIND-D flog die Marschstraßen frontal an. Kaum wurde der Vogel aufgeklärt, suchten alle Fahrzeugbesatzungen Deckung, die es in der Wüste nicht gab. Also stoben alle Fahrzeuge auseinander, soweit auseinander, dass sie außerhalb des Schwenkbereiches der Gatling Gun Rettung fanden. Anfangs suchten die Männer noch Schutz unter ihrem Fahrzeug. Das ist bei einem Treibstoff- oder einem Munitionsfahrzeug ein zweifelhaftes Unternehmen. Aber die Truppe lernte sehr schnell. Wir lernten auch sehr schnell, uns in der Wüste mittels GPS-Navigationsgeräten zu orientieren. Vor allem aber lernten wir, mit der Hitze umzugehen. Das war ja schließlich auch der Hauptzweck der

Wüstenerprobung. 60 Grad Celsius in den Bedienständen der Panzer und Schützenpanzer kann kein Soldat über eine längere Zeit aushalten. Die Forderung nach Klimageräten für die Panzer war daher in derartigen Umgebungen eine vernünftige Konsequenz.

Die Übung war ein voller Erfolg und ein absolutes Highlight meiner Karriere. Zwei Ereignisse müssen noch festgehalten werden. Das Vorkommando führte mein S4 Stabsoffizier (zuständig für die Logistik). Er leistete einen sehr guten Job. Allerdings nahm ihn sein Auftrag erkennbar mit. Er wirkte nervlich zuweilen am Rande seiner Leistungsfähigkeit. Wir alle schliefen in unseren Schlafsäcken in einem großen nicht-klimatisierten Zelt (Klimaanlagen waren bei der Hitzeerprobung in der Wüste ausdrücklich untersagt). Er lag auf seiner Liege unmittelbar neben meiner. Nachts fing er dann stets an zu träumen und im Traum zu sprechen. Er schrie unvermittelt Dinge wie „Befehlsausgabe" oder „Ich habe befohlen" oder „Achtung, ich melde", und alle waren schlagartig wach. Nur einer schlief weiter: Er selbst, denn er träumte, was er schrie. Er hörte nicht auf zu schreien, und uns allen wurde es so langsam zu bunt. Also rüttelte ich ihn wach. Er öffnete die Augen und schrie weiter. Also befahl ich ihm aufzustehen. Er stand auf. Der baumlange Kerl stand vor mir und stierte mich mit verschlafenen Augen an. Ich fragte ihn, ob er mich erkennen würde. Das bejahte er. Ich fragte ihn weiterhin, ob er wüsste, wo er sei und wie spät es ist. Auch das bejahte er. „Na gut, dann legen Sie sich wieder hin und geben Sie Ruhe". Das tat er. Er legte sich, drehte sich um, und alle atmeten tief durch. Keine zwei Minuten später ging die Litanei von vorne los. Es war zum Gotterbarmen.

Unsere sanitären Einrichtungen bestanden aus einem Waschhaus, in dem sich auch Waschmaschinen befanden, die wir zum Waschen unserer Uniformen fleißig nutzten. Dahinter, von dem Hauptraum abgetrennt, befanden sich die Toiletten und die Duschen. Als ich unter der Dusche stand, hörte ich jemanden an den Waschmaschinen hantieren. Kein Problem, das war normal. Als ich jedoch aus der Dusche herauskam und im Adamskostüm in den Hauptraum trat, da stand unsere Truppenärztin mit knallrotem Kopf vor mir und stammelte irgendeine Entschuldigung. Solche Situationen überspielt man souverän, indem man ein „Keine Meldung, weitermachen" locker von sich gibt. Damen hatten ihre Nutzungszeiten für die sanitären Einrichtungen, die obendrein mit einem Schild „Dame duscht" für alle Chauvinisten dieser Welt angezeigt wurden. Das klappte hervorragend, nur hatte unsere Truppenärztin dieses Mal eine Ausnahme von dem praktizierten Verfahren riskiert. Den Bataillonskommandeur nackt anzutreffen, gelingt auch nicht alle Tage.

Der denkwürdige Aufenthalt in El Paso endete dann mit einem Besuch bei dem deutschen Verbindungsoffizier, der in einer wunderbaren Villa mit Blick über El Paso residierte, Swimming-Pool inklusive. Ich hatte in einem Anfall von Verrücktheit versprochen, nach der Übung in voller Montur, in Uniform mit Gerödel und Stahlhelm, in den Pool zu springen, wenn uns der Verbindungsoffizier einladen würde. Der ließ sich nicht lumpen, also fand ich mich auf dem Sprungbrett des Swimming-Pools wieder. Es war eine Frage der Ehre. Nachdem ich im Wasser untertauchte, sprangen alle Mann hinterher. Auch das war eine Frage der Ehre. Es gibt Bilder von mir und meinen Spießgesellen, bei Nacht im Pool, Bier und Whisky – Gläser in der Hand, freier Blick über El Paso hinweg, wo der „Lone Star" von Texas am Gegenhang beleuchtet funkelte. Das hat schon was Magisches an sich. Die Bilder stehen unter meiner persönlichen Zensur. Das ist wohl auch besser so.

Hitzkopf

Ein zweiter und überaus treffender Spitzname für mich als Bataillonskommandeur des Panzergrenadierbataillons 401 war „Hitzkopf". Bei genauerer Betrachtung muss ich mir leider eingestehen, dass mich dieser Spitzname ausgezeichnet charakterisiert, leider auch im privaten Umfeld. Ich verfüge nun einmal über ein ausgesprochenes Temperament und bin von Natur aus ungeduldig. Probleme müssen angepackt werden. Lange um den Brei herumreden macht mich wahnsinnig. Dabei kann ich, wenn ich denn mal so richtig in Fahrt gekommen bin, einen Gesichtsausdruck öffentlich zur Schau tragen, der alleine ausreicht, Furcht und Schrecken zu verbreiten. Ich wäre ein grauenhafter Pokerspieler. Man erkennt meine Gemütsverfassung sehr leicht an meinem Mienenspiel.

Bei der Bundeswehr ist es, wie in allen anderen Armeen auch, üblich, dass jeder, der Funkgeräte benutzt, im Fernmeldebetrieb einen Decknamen erhält. Man meldet sich nicht mit „Hier Meier", sondern sagt formal gekonnt „Hier Dreschflegel, kommen!". Die Decknamen werden nach einem Zufallsgenerator zentral ausgesucht und vergeben. Zuweilen hören sie sich so dämlich an, dass man sich schon schämen muss, sie zu benutzen. Der Deckname „Weihnachtsmann" assoziiert dem Gegenüber, dass man nicht ganz bei Trost ist. Andere Decknamen sind derart kompliziert, dass man sich nach 18 Stunden permanenten Funkens verhaspelt oder den Decknamen schlicht vergisst. Glauben Sie mir, wenn Sie ständig „Hier Insterblume!" sagen müssen, dann wird aus „Insterblume" irgendwann zwangsläufig „Finstertunnel!". Bei einer der ersten Übungen erhielt ich den Decknamen „Hitzkopf", und schon war es passiert. Nachdem ich mich zum wiederholten Male über die Kompaniechefs geärgert hatte, die nicht so wollten wie sie sollten, platzte mir über Funk der Kragen. Fortan trug ich auf jeder Übung den Decknamen „Hitzkopf", egal was für ein Deckname mir offiziell zugeteilt wurde. „Hitzkopf", das wussten alle, war der Bataillonskommandeur!

Die Bundeswehr hat, um Kosten zu sparen, ein Simulator gestütztes Ausbildungssystem entwickelt, das man nutzen kann, um ganze Panzerschlachten virtuell durchzuspielen. Das System heißt SIRA. Im Kern geht es darum, dass das eigene Bataillon mit allen seinen Fahrzeugen und seinem Personal in einem Computer generiert wird, um zwar simuliert, nichtsdestotrotz aber live gegen ein fiktives anderes Bataillon zu kämpfen. Das gegnerische Bataillon wird von Leitungsoffizieren so geführt, wie es sich in einem realen Krieg abspielen würde. Man musste Bewegungslinien eingeben, die einzelnen Panzer fuhren dann virtuell dorthin, wo der Mausklick sie hin befehligte. Alle Fahrzeuge sind mit ihren wesentlichen Parametern generiert worden. Geschwindigkeit, Panzerung, Wirkung der Bordkanone etc. kennt der Computer genauso wie die Geländebeschaffenheit, Tageszeit und angenommene Witterung. So entsteht ein virtuelles Gefecht, in dem ein Bataillon nicht selten nach nur vier Stunden Verluste erlitten hatte, die in einem tatsächlichen Kriege der eigenen Vernichtung gleichgekommen wären. Die einzelnen Teileinheiten und Einheiten werden virtuell durch die zuständigen Zugführer und Kompaniechefs geführt, die am Computerbildschirm genau miterleben, wie sich ihre Befehle und Maßnahmen auswirken. Kein Wunder also, dass der Stress für alle Beteiligten sehr hoch ist. So eine Übung läuft im Allgemeinen über wenigstens drei Tage. Am Ende ist man ganz schön geschlaucht. Zugegebenermaßen ist SIRA aber auch hoch interessant und bringt Spaß.

Geführt wird das virtuelle Gefecht über Funk, also müssen Decknamen verwendet werden. Ich musste mich in einem Zimmer aufhalten, ausgestattet mit einem Bildschirm und einer Lagekarte, nur wenige Meter von meinen Kompaniechefs entfernt, die ihrerseits über die gleiche Ausstattung verfügten. Wenn das Gefecht dann auf dem Höhepunkt stand, wurde ich immer energischer. Ich versuchte, die Kompanien nach vorne zu bringen, mit allen Mitteln und einer Menge Nachdruck. Tatsächlich hätte ich kein Funkgerät mehr benötigt. Man konnte mich auch so klar und deutlich hören. Die Kompaniechefs ertrugen es mit Gelassenheit, sie kannten ihren „Hitzkopf" zur Genüge und wussten, dass ich mich genauso schnell wieder beruhigen würde. De facto waren wir ein überaus eingespieltes Team und außerordentlich erfolgreich.

Solche virtuellen Schlachten mussten auch fintenreich geschlagen werden. Einmal kam ich auf die Idee, die Leitung in Person meines Brigadekommandeurs reinzulegen. Die Brigade wusste natürlich, welchen Operationsplan ich im Auge hatte, weil sie diesen zeitgerecht von mir abverlangte. Ich hatte die Brigade aber im Verdacht, dass sie diese Informationen an diejenigen Leitungsoffiziere weitergab, die das gegnerische Bataillon zu führen hatten. Jedenfalls konnte es kein Zufall sein, dass mein Bataillon immer wieder vor dem Schwerpunkt des Gegners zu kämpfen hatte. Irgendwie schien der Gegner stets im Voraus zu wissen, was wir wollten. Am letzten Übungstage schlug daher die Stunde von „Hitzkopf". Der Brigadekommandeur nahm wie auch sonst an der Befehlsausgabe teil. Meine Absicht war es, den Feind frontal zu binden, ihn danach rechts umfassend auszuflankieren und ihn so zu schlagen. Nach der Befehlsausgabe, als der Brigadekommandeur weg war, gab ich folgende Losung durch: „Wenn Hitzkopf über Funk das Kennwort „King Kong" durchgibt, dann fahren wir anstelle rechts rum ganz einfach links rum!". Der Trick ging voll auf. Natürlich, wie nicht anders zu erwarten, der Feind stand so, als wenn wir von rechts gekommen wären. Links hatte er nichts mehr, was uns aufhalten konnte. Das Bataillon marschierte los, kurz vor der entscheidenden Kreuzung kam „King Kong" durch, und in Nullkommanichts stand ich im Rücken des Feindes.

Genauso schnell unterbrach der Brigadekommandeur die Übung, stürmte in mein Zimmer und stellte mich zur Rede, warum ich, ohne mit ihm Absprache geführt zu haben, einfach von meinem Operationsplan abgewichen wäre. Und überhaupt, was bedeutet eigentlich „King Kong"? Ich musste ihm beichten. Mich rettete nur der Umstand, dass ich mir nach nunmehr drei Jahren Amtszeit einen guten Namen erarbeitet hatte und in wenigen Wochen das Bataillon sowieso abgeben musste. Der Anschiss fiel daher gepflegt aus, und ich durfte mit meinem Bataillon erneut antreten, diesmal natürlich rechts herum. Es kam wie es kommen musste. In kurzer Zeit hatte der Feind das erreicht, was er wollte. Wir waren in die Falle hineingefahren, die ich durch „King Kong" vermeiden wollte.

Bei einer anderen SIRA-Übung drehte es sich darum, Gefechte möglichst zu vermeiden. Gespielt wurde ein KFOR-Szenario[15]. Wir sollten als „Peacekeeping-Truppe" Konfliktparteien trennen und befriedigend auf die aufgebrachten Menschen und die angenommenen Ethnien wirken. So schicken wir also am Computer eine Patrouille nach der anderen los, besetzten Checkpoints und begleiteten Konvois. Fast gegen Ende der Übung eskalierte die Lage. An einem Gewässer erschien der virtuelle Feind in Form von 10 Kampfpanzern, die mächtig drohten, mit uns in ein Gefecht zu treten, das für beide nur verlustreich enden konnte. Wir bauten eine Gegenkulisse in Form einer Panzerkompanie auf und begannen zu verhandeln. Jede Art von Kommunikation schien der Feind abzulehnen, auch machte er keine Anstalten abzudrehen. Da setzte ich ihm ein Ultimatum. Als das ungenutzt verstrich, gab ich den Feuerbefehl an meine Panzerkompanie, die sofort virtuell am Computer das Feuer aufnahm. Innerhalb von Minuten war der Feind ausgelöscht. Auf der Strecke blieben 70 tote feindliche Soldaten und 45 Tote auf meiner Seite. Wenn Sie so wollen, hatte ich kurzerhand ein Desaster von 115 Toten fabriziert. Der Brigadekommandeur schäumte vor Wut. Als ich ihm dann noch erklärte, dass ich nach vier Stunden ewiger Verhandlungen schlicht und einfach die Schnauze voll hatte, da hatte er mir den Kopf gewaschen, dass es nur so rauchte. So etwas kann man am Computer machen, sicherlich aber nicht im Kosovo-Einsatz. Wie sich später herausstellen sollte, stand ich tatsächlich während des Kosovo-Einsatzes vor einer ähnlichen Situation, die ich eingedenk der bei SIRA gemachten Erfahrungen anders löste. Für den Brigadekommandeur war jedenfalls klar und deutlich bewiesen, dass man „Hitzkopf" nicht zu stark provozieren sollte, sonst macht er seinem Namen alle Ehre.

Ganz besonders schlimm wurde dies während der 10-tägigen Übung im Combat Maneuver Training Center (CMTC) in Hohenfels. Der Stress ist dort wesentlich größer. Zum einen dauert die Übung keine drei, sondern geschlagene zehn Tage, zum anderen verläuft die Übung nicht virtuell, sondern es stehen sich zwei leibhaftige Bataillone mit vollständiger Ausrüstung, Ausstattung und Personal gegenüber. Werden die beiden Bataillone aufeinander losgelassen, dann kracht es, und zwar gewaltig. Jeder Kommandeur will die Gefechte gewinnen, gar keine Frage. Gleiches gilt für jeden einzelnen Soldaten der beiden Bataillone. Der Clou des CMTC liegt darin, dass man Sensoren an allen Fahrzeugen und an allen Soldaten anbringt, die die

[15] KFOR = Kosovo Force, d.h. der Einsatz im Kosovo

Wirkung aller möglichen zum Einsatz gekommenen Waffen darstellen, obwohl ohne Munition geübt wird. Das Prinzip beruht auf Lasertechnik. Anstelle einer Kugel wird ein Laserstrahl „verschossen", der auf einen Sensor trifft. Im Kopfhörer hört man dann eine nette weibliche Stimme, die einem nüchtern sagt, dass man gerade gestorben ist. Der Lerneffekt ist ungeheuer. Wenn man beim Gebrauch von Platzpatronen stets behaupten kann, „Ätsch, Du hast mich ja gar nicht getroffen", so geht dies im CMTC nicht. Das System ist (fast) unbestechlich, und jeder Soldat benimmt sich auf wunderbare Art und Weise auf einmal so, wie er es im Kriege auch tatsächlich täte, vorausgesetzt, er wollte überleben.[16] Dieses Umfeld war wie geschaffen, um als „Hitzkopf" so richtig aus sich herauszugehen.

Nachdem wir uns an einem Übungstag einmal mehr recht erfolgreich geschlagen hatten, konnte ich kurz vor Übungsende Rauchwolken erkennen, die nichts Gutes verhießen. Die Leitung hatte mal wieder einen Feuerdarstellungstrupp losgeschickt, der dort Knall- und Rauchkörper abwarf, wo die gegnerische Artillerie ihr Feuer hinlegen wollte. Leider musste ich feststellen, dass sich am gleichen Ort unser Bataillonsgefechtsstand befand. Und tatsächlich, die aufgeregte Stimme meines Stellvertreters drang durch den Kopfhörer: „Wir liegen unter Artilleriefeuer, führe Stellungswechsel durch, melde mich später, Ende!". Na gut, der Gute kämpft ums Überleben, das taten wir alle. Also lehnte ich mich zurück und kümmerte mich um die Dinge, auf die ich Einfluss hatte. Nach einer Stunde hörte ich meinen Stellvertreter erneut, diesmal wesentlich entspannter. Augenscheinlich hatte er das Artilleriefeuer schadlos überstanden. Er teilte mir den neuen Aufbauplatz des Gefechtsstandes mit. Da das Gefecht vorbei war, fuhr ich zu dem besagten Ort direkt hin. Ich verfügte auf meinem Panzer über eine GPS-Navigationsanlage, daher konnte ich den angegebenen Ort nicht verfehlen. Dort angekommen fand ich alles vor, nur keinen Bataillonsgefechtsstand. Ich funkte meinen Stellvertreter an, der versicherte, die Koordinaten seien korrekt, ich müsste mich irren. Bataillonskommandeure irren sich selten, dafür werden sie bezahlt. Also knurrte ich ihn über Funk an, ich stünde haargenau an dem Ort, den er mir angegeben hatte, und dort sei er nicht zu finden. Nach weiteren fünf peinlichen Minuten meldete sich mein Stellvertreter etwas kleinlaut und gab mir neue Koordinaten durch. Sofort fuhr ich

---

[16] Heute übt die Bundeswehr nicht mehr im CMTC, sondern unterhält eine eigene Übungseinrichtung, die vergleichbar der in Hohenfels ist – nur noch besser (das sogenannte Gefechtsübungszentrum/GÜZ bei Magdeburg).

dorthin. Kein Gefechtsstand war zu sehen und in mir fing das Blut an zu kochen. Das ganze Theater ging noch 15 Minuten weiter, während dessen ich zweimal mehr versuchte, den Gefechtsstand zu finden. Als nichts mehr half, befahl ich meinem Stellvertreter: „Den Gefechtsstand findet keine Sau, stellen Sie sicher, dass ich hier und sofort abgeholt werde, Ende"! Von meinem Stellvertreter hörte ich keinen Pieps mehr, dafür meldete sich mein Brigadekommandeur über Funk (er hatte den Funkkreis abgehört): „Wenn den Gefechtsstand schon keine Sau finden kann, dann möchte auch ich abgeholt werden!". Mein Gott, war das peinlich!

Bei einer anderen Gelegenheit hatte das gegnerische Bataillon das unverschämte Glück, eine Lücke in unserer Verteidigung zu finden und trachtete nun danach, mit starken Kräften durch unsere Linien durchzubrechen. Wenn in Hohenfels eines möglichst nicht passieren darf, dann genau das. Dummer Weise sah ich das Desaster nicht kommen. Ich hatte keine Ahnung, dass auf meinem linken Flügel eine komplette Panzergrenadierkompanie aufgerieben wurde. Der Kompaniechef meldete sich nicht mehr. Ich wähnte mich sicher, erkannte ich doch nicht, dass mein Gegner mich komplett getäuscht hatte. Ich wurde aus meinem Dornröschenschlaf erst aufgeweckt, als ein Zugführer auf meinem Funkkreis aufgeregt meldete, er sei der einzige Überlebende der gesamten Kompanie. Der Feind sei mit mindestens zehn Kampfpanzern durchgebrochen. Wo der Feind nunmehr sei, wisse er auch nicht. Damit war der Super-GAU eingetreten. Ich warf meine Reserve in den Raum, der es auch gelang, die Masse der durchgebrochenen Feindkompanie aufzufangen, dennoch war es offenbar dem einen oder anderen Feindpanzer gelungen, in unseren Rücken zu gelangen. Ich tat das, was man tunlichst nicht tun sollte. Ich fuhr persönlich Aufklärung und tatsächlich, dort standen die Feindpanzer. Leider wurde ich mit meinem Schützenpanzer erkannt, der gegen einen Kampfpanzer LEOPARD II nun einmal vollkommen wehrlos ist. Einige Sekunden später meldete sich die höfliche Damenstimme in meinem Kopfhörer, die mir charmant wie immer mitteilte, dass ich gerade gestorben sei. Schuld war ich selbst, aber das stachelte meine Wut nur noch mehr an. Wie konnte ich nur so dämlich sein. Mein Brigadekommandeur kam vorbei und grinste von einem Ohr zum anderen. „Na, Buske, hast den Überblick verloren?" Was sollte ich anderes machen als die Hosen herunterlassen. Ich meldete ihm, dass ich tatsächlich den Überblick über die Lage fast vollständig verloren hatte. Das Gefecht ging an den Gegner.

Bitter wurde das Ganze am Spätnachmittag beim täglichen Rückblick über das Tagesgeschehen (sogenannter „After Action Review"). Man sitzt mit seinen Führern in einem großen Lkw, in dem eine Videoanlage eingebaut ist. Am Bildschirm werden Videosequenzen vorgeführt, die minutiös nachweisen, wie das Gefecht auf beiden Seiten tatsächlich verlaufen war. Untermalt wird das Ganze mit einer Auswahl von Funksprüchen, die das tägliche Desaster zumeist ausgelöst hatten. An diesem Tage war ich der Hauptdarsteller. Mit betretener Miene musste ich mit ansehen, wie die Katastrophe durch meine Entschlüsse herbeigeführt worden war. Es gab nichts zu beschönigen. Der Kompaniechef des Abschnittes, durch den die feindlichen Panzer durchbrachen, war erst seit kurzem im Amt. Er war sichtlich niedergeschlagen, also munterte ich ihn auf. Kopf hoch, der Tag der Abrechnung kommt, so wahr ich Hitzkopf heiße. Und tatsächlich, am nächsten Tag gab es Saures. Mit unendlicher Entschlossenheit stürzten wir uns auf das gegnerische Bataillon und nahmen bittere Rache.

Bei dieser Aktion lernte der S 6 Offizier, der mich auf meinem Panzer begleitete, dass man Hitzkopf nicht unnötig reizen sollte. Im CMTC kann nicht alles durch Sensoren simuliert werden. Von der Darstellung des Artilleriefeuers habe ich schon berichtet. Die Feuerdarstellungstrupps fahren mit amerikanischen Jeeps durch die Gegend, die im Allgemeinen mit einem „D" wie „Demolition" (Zerstörung) gekennzeichnet sind. Andere Trupps sind mit einem „V" wie „Video" gekennzeichnet. Es sind dies Videotrupps, die für den täglichen After Action Review Videoaufnahmen machen. Während die Letzteren harmlos sind, bedeuten die Ersteren höchste Gefahr. Sobald man einen Jeep mit einem „D" erkennt, muss man sich schnellstens verpieseln. Gelingt dies nicht, dann ertönt wieder die bekannte Stimme im Kopfhörer „Sie wurden durch Artilleriefeuer getroffen und sind jetzt tot!". Und tatsächlich, hinter meinem Panzer, keine 250 m weit weg, fuhr ein Jeep um die Kurve. Ich rief zu meinem S 6 Offizier: „Video oder Demolition?". Keine Sorge, es sei nur ein Videotrupp. So jedenfalls antwortete mein S 6 Offizier und dies mit größter Gelassenheit. Als ich aber durch mein Fernglas schaute, erkannte ich einen Soldaten, der statt einer Videokamera kleine Feuerwerkskörper in der Hand hielt. Schemenhaft konnte ich auch das „D" auf der Fahrzeugtür des Jeeps erkennen. In diesem Augenblick war es aber bereits zu spät. Stehen bleiben hieß sterben, also nichts wie weg. Nur wohin? Nach hinten verbot sich, denn dort schmiss der besagte Soldat nach Herzenslust mit seinen Feuerwerkskörpern durch die Gegend. Zur Seite ging aufgrund der Geländebeschaffenheit nicht. Also blieb nur die Flucht nach vorne. Die nette Stimme klang im Kopfhörer mit der aufmunternden Bemerkung, dass wir um ein Haar gestorben wären. Aber hurra, wir lebten noch. Unsere Freude erstarb, als wir nach vorne schauten. Am Waldrand erkannte ich auch ohne Fernglas wenigstens fünf feindliche Panzer, die eigentlich mit uns Tontaubenschießen veranstalten konnten. Wir nebelten und flohen erneut. Wie durch ein Wunder wurden wir nicht getroffen. Beim After Action Review kamen meinem Brigadekommandeur fast die Tränen der Freude, als er die Bilder unserer Irrfahrt sah. Der S 6 Offizier versuchte danach, in einer Erdspalte zu verschwinden und möglichst für die nächsten Tage auch nicht wiederaufzutauchen. Es half ihm nichts. Ich fand ihn, und er sah mich nach Mitleid heischend an. Was soll's, schlussendlich haben wir alle herzhaft gelacht.

Dennoch musste er büßen. Wenn man im Gefecht im CMTC „virtuell" eine Verwundung erhält, dann muss man eine Verwundetenkarte ziehen, die genau das Ausmaß und die Art der Verwundung beschreibt, die man erhalten hat. Mein S 6 Offizier hatte einen glatten Armabriss und war somit außer Gefecht gesetzt. Wir versorgten ihn so, wie wir es gelernt hatten, und riefen einen Sanitätstrupp, der den Armen bergen musste, um ihn in eine sanitätsdienstliche Einrichtung zu transportieren. Der gesamte Vorgang wird komplett simuliert, und zwar live! Für meinen S 6 Offizier hieß das, er musste auf einer Trage liegend in einem engen Mannschaftstransportwagen knapp unter dem Wannendach eingezwängt fast zwei Stunden Irrfahrt über Stock und Stein ertragen. Er hat gelitten wie ein Hund und bat mich händeringend, nie wieder zuzulassen, dass er diese Tortur noch einmal durchzustehen hätte. „Hitzkopf"-Rache nannten wir das.

Ich habe nirgendwo mehr gelernt als im CMTC in Hohenfels. Die zehn Tage schlauchten mich total. Ich war am Ende fix und fertig. Mit größtem Respekt denke ich aber auch an meinen Brigadekommandeur, der mit ruhiger Hand und glasklaren Blick Schwächen aufzeigte und Hilfestellung gab. Im Gegensatz zu manch anderem Vorgesetzten, der uns an dem einen oder anderen Tag verdammt hätte, blieb er ruhig und besonnen. Er wollte eben nur sehen, dass wir aus unseren Fehlern lernten. Und das taten wir zur Genüge. Wir haben so manches Gefecht gewonnen, aber auch das eine oder andere verloren. Beim Desaster mit den durchgebrochenen Kampfpanzern hätte ein anderer Brigadekommandeur mich als den verantwortlichen Bataillonskommandeur vielleicht auf der Stelle abgelöst. Tatsächlich wurden amerikanische Kommandeure vor dem ersten Golfkrieg abgelöst, die im CMTC nicht sofort überzeugen konnten. Mein Brigadekommandeur behielt den Überblick. Verschmitzt meinte er später zu mir (mit Bezug auf die Geschichte mit den Koordinaten meines Gefechtsstandes): „Ich wusste gar nicht, dass Sie auch beißen können! Weiter so!". Man kann eben aus seinem Temperament nicht heraus. Einmal Hitzkopf, immer Hitzkopf. Vielleicht wäre etwas mehr Ruhe und Gelassenheit für mich recht hilfreich. Nichtsdestotrotz bin ich mir stets treu geblieben. Die Crew, mit der ich im CMTC gekämpft hatte, ging mit mir auch in den Kosovo. Wir waren eingespielt und kannten einander, mit all unseren Marotten. Wir waren im Kosovo genauso erfolgreich wie im CMTC. Mein Brigadekommandeur führte mich auch im Kosovo. Wir hatten unsere Basis gefunden, vertrauten und respektierten einander. Auf dieser Basis kann man gemeinsam bestehen. Es war bis dahin die schönste Zeit meiner beruflichen Laufbahn, die nur durch meinen Afghanistaneinsatz in 2008 noch getoppt werden sollte.

Die Planübung

Sie möchten ein weiteres Beispiel der Verhaltensweisen haben, lieber Leser, die mir den Namen „Hitzkopf" einbrachten? Bitte sehr, nichts leichter als das. Es stand nämlich eine Planübung an, im Zuge derer ich fast einen Herzinfarkt bekam, weil ich mich mal wieder maßlos aufgeregt hatte. Ich hatte allerdings auch reichlich Grund dafür.

Eine Planübung ist eine Übung ohne Truppe am grünen Schreibtisch. Man kann herrlich Truppe auf der Karte verschieben ohne auch nur im Geringsten sich zu sorgen, welche Konsequenzen sich hieraus tatsächlich ergeben. Da kein Panzer aufgrund der gefällten Entschlüsse tatsächlich durch die Gegend rumpelt, sind Sorgen, ob denn Kantsteine zerstört werden oder nicht, vollkommen irrelevant. So entdecken also viele der Teilnehmer in sich selbst wahre strategische Fähigkeiten. Den letztendlichen Beweis ihres Könnens brauchen sie ja nicht anzutreten. Die Planübung war auf zwei Tage angesetzt. Die Teilnehmerzahl war beachtlich. Alles, was in der Brigade Rang und Namen hatte, war anwesend. In meiner Kaserne musste ich schon den Kinosaal zweckentfremden, sonst hätte ich die Heerschar angehender Strategen nie und nimmer unterbringen können.

Der erste Tag verging ohne größere Pannen. Nach dem Abendessen legten wir noch eine kleine Arbeitssitzung ein, aber gegen 22:00 Uhr beendeten wir den Tag mit der Absicht, am nächsten Morgen um 08:00 Uhr die Arbeit fortzusetzen. In der Zwischenzeit war jeder sich selber überlassen. Unsere auswärtigen Gäste gingen zumeist in das Offiziers- oder Unteroffiziersheim, viele legten sich aber sofort ins Bett. Ich selber versammelte mich mit einigen Offizieren zu einem Abschlussbier im Offiziersheim. Bei der Gelegenheit entschlossen wir uns kurzerhand, ein kleinwenig Doppelkopf zu spielen. Dieses ist ein Kartenspiel, das ich mit Begeisterung spiele. Wir zogen uns also in einen Nebenraum zurück. Meinen Parka, mein Koppel und mein Barett legte ich im Vorraum ab. Das tat ich immer so. Niemand hat daran je Anstoß genommen. Die Ordonnanzen wussten genau, wem die Ausrüstungsgegenstände gehörten, und meine Soldaten wagten es noch nicht einmal, das Barett des Bataillonskommandeurs auch nur näher zu betrachten. Diebstahl ist für sich genommen schon ein außerordentliches Dienstvergehen. Den Bataillonskommandeur zu beklauen, und das auch noch im Offiziersheim, kommt einer Todsünde gleich.

Als ich aber gegen ein Uhr morgens das Doppelkopfspiel beendete, traute ich meinen Augen nicht. Alles war weg. Der Parka, mein Barett, das Koppel, nichts war mehr vorhanden. Besonders schlimm war jedoch, dass sich in meinem Parka alle Schlüssel befanden, die man so braucht. Mein Autoschlüssel, der Wohnungsschlüssel und auch die Schlüssel für mein Dienstzimmer, alles war weg. Von einer Sekunde auf die andere war ich unfreiwilliger Weise obdachlos. Wir durchsuchten alles – ohne Erfolg. Es half nichts; ich musste mich zumindest für die Nacht in mein Schicksal fügen. Mein technischer Stabsoffizier erbarmte sich meiner. Er hatte zumindest einen Schlüssel für unser Umkleidezimmer dabei, das wir nutzten, wenn wir uns für den dienstlichen Sport umziehen wollten. Dort stand eine Notliege, auf die ich mich legen konnte. Geschlafen habe ich so gut wie überhaupt nicht. Ich kochte vor Wut. Welcher Idiot wagte es, mich in meinen eigenen vier Wänden zu beklauen?

Am nächsten Morgen wusste das ganze Bataillon auf wunderbare Art und Weise über mein Missgeschick Bescheid. Es ist stets aufs Neue faszinierend, wie schnell sich Gerüchte herumsprechen. „Habt Ihr schon gehört, dem Bataillonskommandeur hat man seine Sachen geklaut. Ist das nicht herrlich!“. Da stand ich nun. Ungewaschen, unrasiert, in einem unvollständigen Anzug, mit Schaum vor dem Mund. Meine liebevolle Sekretärin verbiss sich die Freudentränen. So etwas Herrliches hatte auch sie noch nie erlebt. Selbst der dargebotene Kaffee konnte mich nicht besänftigen. Mein

Stellvertreter erbot sich, mir alles zu leihen. Selbst sein Rasierzeug könne ich benutzen. Ich aber war wild entschlossen, den Täter zu fassen (und danach möglichst in Stücke zu zerreißen). Etwas mehr Gleichmut und vielleicht eine Prise Humor hätten mir besser zu Gesicht gestanden. Doch mein Blut war in Wallung gekommen, und Hitzkopf war mächtig in Fahrt.

Gegen 08:00 Uhr ließ ich mir im Kinosaal für den zweiten Tag der Planübung Meldung machen. Natürlich wussten alle Anwesenden, dass sich etwas Schlimmes zusammenbraute. Man hätte eine Stecknadel fallen hören können, als ich ans Rednerpult trat. Es war mucksmäuschenstill. Ich schilderte die Lage und sagte, dass ich demjenigen, der mich beklaut hätte, 30 Minuten Zeit geben würde, um die Sachen „straffrei" zurückzugeben. Ich sagte aber auch klar und deutlich, was ich von Diebstahl im Offiziersheim hielt. Danach bat ich alle Kompaniechefs zu mir. Auch denen machte ich klar, dass diese Angelegenheit für mich todernst war. Dies war kein Kavaliersdelikt oder ein neckisches Spielchen. Alle hatten betretene Gesichter, doch keiner hatte irgendeine Ahnung, wer denn die Freveltat begangen hatte. Alle sahen und wussten nur, dass ich stocksauer war. In dem Augenblick ging die Tür auf, und ein Hauptfeldwebel eines Panzerbataillons meldete sich verspätet. Er hätte verschlafen. Über seinen Unterarm trug er einen Parka, ein Koppel und ein Barett. Mir stockte der Atem. Dann sagte der Trottel mit einer Unschuldsmiene, er hätte gegen 23:00 Uhr am Vorabend im Offiziersheim meine Sache liegen sehen und glaubte, ich hätte sie vergessen. Er hätte sie kurzerhand an sich genommen und sichergestellt, damit keiner meine Ausrüstungsgegenstände klauen konnte. Er war felsenfest davon überzeugt, eine gute Tat begangen zu haben. Aber nein, noch nicht mal im Entferntesten ist er auf die Idee gekommen, dass im Nebenraum der Bataillonskommandeur höchst selbst saß. Auch war er nicht von der Einsicht geplagt, den anwesenden Ordonnanzen vielleicht die Gegenstände zu übergeben oder ihnen wenigstens Bescheid zu sagen, dass er diese Sachen gefunden und sichergestellt hätte. Die Ordonnanzen hätten schon gewusst, wo ich war. Der Blödmann ist ganz einfach ins Bett gegangen und friedfertig mit dem Gedanken eingeschlafen, er hätte mir einen überaus kameradschaftlichen Dienst geleistet. Und dann verschläft der Idiot auch noch! Was sollte ich machen? Ich bat ihn nach vorne und machte ihm im ruhigen Ton klar, was für ein Vollidiot er war. Danach übergab ich an meinen Stellvertreter und verschwand, um mich überhaupt erst einmal zu waschen und zu rasieren. Unter der Dusche verrauchte meine Wut. Ich stieß wieder zur

Planübung, die in der Folge ohne weitere Pannen über die Bühne ging. Der Kompaniechef des Trottels hat seinen Burschen gefaltet, dass die Heide rauschte. Er entschuldigte sich hinterher bei mir mit der Bemerkung, der Hauptfeldwebel sei recht einfältig. Das hielt ich noch für maßlos untertrieben.

Der Brandbrief

Mit Dienstantritt als Bataillonskommandeur war ich die Hälfte meines Bataillons de facto schon wieder los. Ende 1997 sollten 50 Prozent meiner Soldaten unter Führung des Kommandeurs des Panzeraufklärungsbataillons 6 aus Eutin zusammen mit dessen Männern in den SFOR-Einsatz gehen[17]. Mein Stellvertreter ging mit, ich als Neuer im Bataillon blieb zu Hause und durfte das Nachkommando führen. Für einen neuen Bataillonskommandeur konnte es keinen miserableren Anfang geben. Mit großen Erwartungen tritt man seinen Dienst an, nur um festzustellen, dass man der Verwalter einer Resttruppe ist, die als Stadthalter zurückzubleiben hat. Ich durfte zwar an der Erkundung in Bosnien-Herzegowina teilnehmen, hatte aber nichts zu sagen. Natürlich, und das war mir vollkommen klar, war der Kommandeur des Panzeraufklärungsbataillons 6 in der Verantwortung, und ihm wurde alle Aufmerksamkeit zuteil. Meine Männer, die unter seinem Kommando dienten, wussten nicht recht, was sie mit mir anfangen sollten. Man spürte, dass sie mich eigentlich nicht richtig wahrnehmen konnten und wollten. Ich hatte dafür Verständnis. Dennoch bin ich, wo immer ich konnte, rausgefahren, um die Soldaten bei der vorbereitenden Ausbildung beobachten zu können. Ich wollte zumindest Flagge zeigen. Mein Stellvertreter gab sich größte Mühe, auf mich einzugehen, aber auch er hatte in dieser Situation einem anderen Herrn zu dienen. Die Erkundung wurde angeführt durch unseren Brigadekommandeur, der eine gewisse Distanz zu dem Kommandeur des Panzeraufklärungsbataillons 6 und vor allem zu dem Kommandeur des Vorgängerkontingentes, ebenfalls ein Panzeraufklärungsoffizier, aufbaute.

Panzeraufklärer leiden latent unter einem gewissen Größenwahn. Als ehemalige Kavallerieoffiziere glauben sie zuweilen, direkt vom lieben Gott geweiht zu sein. Das äußert sich in kleinen Nebensächlichkeiten. Die Farbe

---

[17] SFOR = Stabilisation Force, d.h. Einsatz im ehemaligen Jugoslawien, hier: Bosnien-Herzegowina

der Panzeraufklärer ist Gold und, wo immer möglich, wird diese Farbe auch getragen. Sei es, dass man ein Halstuch verbotener Weise trägt, das im „Panzeraufklärer Gold" funkelt, oder dass das Emblem am Barett golden glänzt. Panzeraufklärer sind Herren, keine Soldaten! Derartige Arroganz war dem Brigadekommandeur zuwider (und mir auch). Als er dann noch sah, wie sich die Panzeraufklärer des Vorgängerkontingentes benahmen, musste er sehr an sich halten, um nicht aus der Haut zu fahren. Er konnte und durfte sich hierzu nicht hinreißen lassen, weil das Vorgängerkontingent ihm nicht unterstand. Er machte aber mir und meinem Gegenpart aus Eutin unmissverständlich klar, was er hiervon hielt.

Nach der Erkundung musste das Kontingent ausgebildet werden. Ich hatte hierzu eine Reihe von Ausbildungsstationen durchzuführen. Das Ganze klappte recht ordentlich, und ich war zufrieden. Als dann schlussendlich der Tag der Verlegung ins Einsatzland kam, verabschiedete ich alle Männer persönlich. Aber selbst zu diesem Zeitpunkt war zum Greifen spürbar, dass die Männer genug Reden und Appelle gehört hatten. Nun noch flammende Worte eines Kommandeurs zu hören, der sie im Einsatzland nicht führen würde, war ihnen im Grunde genommen nur noch lästig. Ich kann und darf es ihnen nicht übelnehmen. Als ich 1999 in der Vorbereitung auf den Kosovo-Einsatz stand, ging es mir nicht anders. Ich hatte mir aber fest vorgenommen, meine Männer im Einsatz zu besuchen. Hierzu reichte ich einen Antrag beim Brigadekommandeur ein. Ich war wie vor den Kopf gestoßen, als er rundweg ablehnte. Formal gesehen war er im Recht. Führungsverantwortung ist unteilbar. Im Einsatz hatte der Kommandeur des Panzeraufklärungsbataillons 6 das Sagen, nicht ich. Meine Anwesenheit würde nur Unruhe stiften. Ich musste mich fügen. Diese Maßnahme hielt ich für wenig geeignet, um das Vertrauen derjenigen Männer zu gewinnen, die mir nach dem Einsatz wieder unterstellt werden sollten. So hatte ich also in den ersten Monaten meiner Verwendung als Bataillonskommandeur so meine liebe Not, Fuß zu fassen.

In dieser Situation kam es zu einer ungewollten Eskalation, ausgelöst durch eine Bemerkung, die ich in einer Rede anlässlich des Neujahrempfanges in der Kaserne in Hagenow gab. Ich würdigte die Leistung meiner Soldaten im Einsatz in der gebührenden Form. Hierzu nutzte ich lebendige Beispiele der Belastungen und Entbehrungen, die die Männer tagein tagaus zu ertragen hatten. Um aber die Besonderheit dieses Einsatzes plakativ zu unterstreichen, führte ich unter anderem aus, dass dieser Einsatz kein Krieg sei, in dem es darum ginge, einen Gegner zu vernichten. Es käme nicht darauf an, sich zu tarnen, sondern vielmehr bewusst Flagge zu zeigen. Es würden keine Spähtrupps gelaufen, deren Grundsatz es sei, viel zu sehen, ohne selber gesehen zu werden. Vielmehr könne man den Einsatz während einer Patrouille in Sarajevo mit einem „bewaffneten Spaziergang" vergleichen. Ich habe mir mit dieser Formulierung nichts Böses gedacht. Ich konnte noch nicht einmal im Entferntesten erahnen, was für eine Bombe ich hierdurch habe hochgehen lassen.

In der Presse wurde meine Rede in Ausschnitten abgedruckt, dabei auch die Formulierung „bewaffneter Spaziergang". Die Zeitungsausschnitte wurden auch ins Einsatzland geschickt. Dort blieb aus der gesamten Rede nur hängen, dass der neue Bataillonskommandeur des Panzergrenadierbataillons 401 den Einsatz seiner Männer offenbar als Spaziergang abgewertet hätte. Nichts lag mir ferner. Von daher war ich wie vor den Kopf gestoßen, als mich mein Stellvertreter aus dem Einsatzland in heller Aufregung anrief, die Männer würden Schaum vor dem Mund ob ihrer Wut und Enttäuschung haben. Einige wollten sich über mich beschweren und andere eine Eingabe an der Wehrbeauftragten schreiben. Er riet mir, mich sofort in aller Form bei meinen Soldaten zu entschuldigen. Natürlich lehnte ich dies ab, denn ich hatte nichts Verkehrtes getan. Ich erläuterte ihm den Gesamtzusammenhang und bat ihn, dies auch so weiterzugeben. Doch es half nichts. Keiner der Soldaten wollte anerkennen, dass die Rede in ihrer Gesamtheit einen ganz anderen Inhalt hatte. Man las nur den einen Satz und hiervon nur zwei Worte „Bewaffneter Spaziergang"!

Damit war es aber noch nicht geschehen. Ich erhielt wenige Tage später einen handschriftlichen Brief vom Kommandeur des Panzeraufklärungsbataillons 6, der sowohl in seiner Diktion als auch in seinem Inhalt an Unverschämtheit nicht mehr zu steigern war. Obwohl mehrere Tage und etliche Telefonate seitdem zwischen ihm, meinem Stellvertreter und mir in dieser Sache vergangen waren, fühlte er sich dazu berufen, mir so richtig die Leviten zu lesen. In nie dagewesener Schärfe prangerte er mich an. Das Ganze gipfelte in Bemerkungen, ich sei der Letzte, der sich ein Urteil über die Leistungen der Soldaten erlauben dürfte. Ich käme meiner Verantwortung nicht nach und sei unfähig, meine Männer zu führen. Kurzum, ich sei eines Bataillonskommandeurs unwürdig.

Gott sei Dank habe ich mit einer Reaktion einige Tage gewartet, sonst wären mit mir die Gäule durchgegangen. Meine Ehefrau, klug wie immer, gab mir den Rat, mich an meinen Brigadekommandeur zu wenden. Ich meldete ihm die Sachlage und sollte sehr schnell erfahren, aus welchem Holz er geschnitzt war. Wenn jemand einen seiner Männer angreift, und dies sowohl vom Inhalt her aber vor allem auch in der Art ungebührlich, dann stellte er sich ohne Wenn und Aber vor seine Soldaten. Er schrieb dem Eutiner Kommandeur einen Brief, der in überaus sachlichen Ton die Lage erklärte, wie sie wirklich war. Der Brief endete sinngemäß, er hoffe, dass hiermit die Aufgeregtheiten ein Ende hätten.

Offiziell war die Angelegenheit damit ausgestanden. Als mein Stellvertreter mit den Männern aus dem SFOR-Einsatz zurückkehrte, sprach kein Mensch mehr davon. Mein Verhältnis zu meinem Eutiner Gegenpart blieb aber angespannt, um es milde auszudrücken. Im gleichen Jahr führten wir ein feierliches Bataillonsbiwak durch. Dazu hatten wir auch die Eutiner Soldaten aus dem SFOR–Einsatz eingeladen. Gott sei Dank erschien deren Bataillonskommandeur nicht, sonst hätte es „diplomatische" Verwicklungen gegeben. Es half aber nichts. Zwei Jahre später stand erneut ein Auslandseinsatz (im Kosovo) an, diesmal aber unter meiner Führung. Hierzu sollten mir Eutiner Panzeraufklärer unterstellt werden, und dies erforderte, dass deren Kommandeur und ich unsere Streitigkeiten beendeten. Mein Stellvertreter redete mit Engelszungen auf mich ein. Ich solle den ersten Schritt tun. Also rief ich in Eutin an und bat um ein Gespräch. Ich kam mir vor wie ein Bittsteller, der um Vergebung fleht.

Das Gespräch fand statt und brachte das erhoffte Einverständnis zwischen uns beiden. In Eutin wurde ich zum gemeinsamen Mittagessen aller Offiziere des Panzeraufklärungsbataillons 6 eingeladen. Man führte mich in den „Regimentssaal" und zeigte mir voller Stolz das Regimentssilber desjenigen Traditionsverbandes, einem ehemaligen Kavallerieregiment aus der Kaiserzeit, für das man die Traditionspflege wahrnahm und mit dessen Tafelsilber wir nun unser Mittagessen einnehmen sollten. Das Regimentssilber nahm das Panzeraufklärungsbataillon 6 gerne mit auf Übungsplätzen oder auch in einen Auslandseinsatz wie den in Bosnien-Herzegowina. Mir wurden die Kompaniechefs vorgestellt, die der Kommandeur mit den Worten adressierte, dies seien alles seine „Rittmeister". Mir fiel die Kinnlade herunter. Derartigen Unsinn hätte ich in meinem Bataillon nie zugelassen. Es war schon ziemlich antiquiert, was mir mein Eutiner Kamerad hier präsentierte. Um meine Haltung zu dieser Selbstdarstellung zu verdeutlichen, sagte ich allen anwesenden Offizieren, dass ich mein Regimentssilber immer am

Mann tragen würde. Mit dieser Bemerkung zog ich mein Essbesteck aus der Hosentasche und legte es demonstrativ neben das edle und erlesene Silberbesteck der Eutiner. Ich wurde alleine schon wegen dieser Freveltat nie wieder in Eutin eingeladen.

Selbst nach über einem Jahr hielt der Eutiner Kommandeur trotz des klärenden Gesprächs und aller Tatsachen, die gegen ihn sprachen, an seiner grundsätzlichen Kritik an meiner Person fest. Es kam ihm zu keiner Sekunde in den Sinn, sich vielleicht bei mir zu entschuldigen. Noch heute besitze ich diesen Brief. Jedes Mal wenn ich ihn lese, kommt in mir die gleiche Wut gegen ihn hervor wie damals. Ich tat in der Folge das wohl in der angespannten Situation Vernünftigste: Ich ignorierte ihn einfach. Ich muss auch sagen, dass mein Bataillon kaum Zeit hatte, sich den Luxus dieser Privatfehde zweier Bataillonskommandeure zu leisten. Es standen derartig viele Aufträge an, die allesamt geeignet waren, das Bataillon unter meiner Führung zu einer Einheit zusammen zu schweißen. Und dennoch, dieser Brandbrief hat mich zutiefst getroffen. Während meiner drei Jahre als verantwortlicher Bataillonskommandeur war dieser Brief mit Sicherheit der absolute Tiefpunkt einer ansonsten phantastischen Zeit. Das Schicksal wollte es, dass wir beide im Zuge des Kosovo-Einsatzes 1999 als Kommandeure im Einsatz waren. Es gelang uns, den Frieden der Form wegen zu wahren. Auch hatte ich mir mittlerweile einen derart guten Namen erarbeitet, dass ich nur mit einem müden Lächeln auf meinen Eutiner Kameraden blicken konnte.

Der Pechvogel

„Manchmal verliert man, manchmal gewinnen die anderen!" So lautet das Credo eines jeden Verlierers. Solche Menschen können machen, was sie wollen. Stets schreien sie auf dem falschen Bein Hurra, stehen morgens schon mit dem falschen Fuß aus dem Bett auf, lassen keinen Fettnapf aus, der theoretisch für sie bereitsteht – kurzum, derartige Mitmenschen sind von unendlichem Pech leider nur zu gut gesegnet. Es sind dies geborene Pechvögel. Ein solch unseliger Kamerad war ein Hauptmann als Kompaniechef einer derjenigen Kompanien, die mir unterstanden. Er war von Haus aus eigentlich ein lustiger und überaus umgänglicher Geselle. Er sah blendend aus, war schlank und sehr sportlich, ledig und sehr humorvoll. Er hatte nur eine einzige unangenehme Eigenschaft: Was er auch anstellte, im alles entscheidenden Augenblick ging es in die Hose.

Das fing schon mit seinem ersten Auftreten im Bataillon an. Ich befand mich gerade mit der Masse des Panzergrenadierbataillons 401 im Combat Maneuver Training Center in Hohenfels, da wurde er uns noch im Dienstgrad Oberleutnant als neuer Kompaniechef avisiert. Mitten in der Übung reiste er in vollkommener Übereinstimmung mit den militärischen Gepflogenheiten nach Hohenfels nach, um sich bei mir und dem Brigadekommandeur zu melden und vorzustellen. Er hatte einen schlechten Zeitpunkt erwischt. Denn zum einen war ich derartig in das Übungsgeschehen eingebunden, dass ich kaum bis gar keine Zeit für ihn erübrigen konnte. Vor allem aber war unser Brigadekommandeur an diesem Tag in einer miserablen Stimmung. Da niemand mit dem neuen Kompaniechef an dem fraglichen Tage etwas anzufangen wusste, vereinnahmte ihn unser Brigadekommandeur kurzerhand und machte ihn für einen Tag zu seinem Adjutanten. Es sollte sich herausstellen, dass dies keineswegs eine Beförderung war.

Er befahl ihm, vor dem Gefechtsstand auf ihn zu warten. Dort blieb er fast eine geschlagene Stunde stehen und kam sich nicht ganz zu Unrecht veralbert vor. Als nächstes erhielt er den Auftrag, den Befehlspanzer des Generals zu einer bestimmten Zeit an einem bestimmten Ort ins Gelände zu fahren. Sein Pech war, dass er Hohenfels überhaupt nicht kannte. Der General hingegen nahm für sich in Anspruch, jeden Grashalm in Hohenfels persönlich mit dem Vornamen ansprechen zu können. Ergo führte er keine Karte mit. Wie sollte der arme Oberleutnant aber den Befehlspanzer in einem für ihn fremden Gelände ohne Karte von A nach B führen? Das Ergebnis war vorprogrammiert, und er holte sich den ersten einer unendlichen Reihe von Anschissen ab, die er während seiner Stehzeit beim Panzergrenadierbataillon 401 noch erhalten sollte.

Es ist übrigens ein Phänomen, dass so manch ein General einen neuen Mitarbeiter erst einmal bewusst vor den Kopf stößt. Er wird quasi getestet und schnell, sehr schnell aufgrund einer Augenblicksaufnahme in eine Schublade gesteckt, aus der man meist nur unter größten Kraftanstrengungen herauskommt – wenn überhaupt. Mir erging es mit unserem Brigadekommandeur anfangs ähnlich. Im Gegensatz zu dem neuen Kompaniechef konnte ich unseren General hingegen auf die Dauer überzeugen. Der Oberleutnant unterließ leider nichts, um diesen ersten Eindruck zu bestätigen. Der Befehlspanzer stand schließlich nach vielen Mühen tatsächlich am befohlenen Punkt B, nur leider war der General davon überzeugt, dass „B" nicht „B", sondern „C" war. Schuld war natürlich der blutjunge Kompaniechef, der nicht so recht wusste, was er eigentlich ausgefressen hatte. Wie sich später herausstellte, war er im Recht, doch das half ihm nicht wirklich. In der Folge reihten sich Pleiten an Pleiten für den armen Oberleutnant.

Nun hatte er auch die Neigung, ständig zu lamentieren. Gab es Probleme, und von denen hatten wir eine schier unendliche Masse, dann sah er alles schwärzer als schwarz. Seine Kameraden versuchten stets, ihn zu beruhigen. Irgendwie würden sich die Probleme doch noch lösen, was sie in der Regel auch taten. Doch er suhlte sich förmlich in Problemen und rieb sich in dem Unterfangen auf, alles, aber auch alles, wenigstens zu 100 Prozent perfekt zu machen. Dabei beging er den kapitalen Fehler, den alle unsicheren Führer machen: Er wollte alles selbst regeln. Wer alles selbst macht und nicht delegieren kann oder will, der regelt letztendlich gar nichts. Seine Mitarbeiter waren frustriert und zeigten dies auch ganz offen. „Soll er den Mist doch gleich selbst machen, wenn er denn unbedingt will", so jedenfalls kam es mir entgegen. Es ist dies ein Anfängerfehler, dem auch ich als noch junger Kompaniechef erlegen war. Von daher konnte ich gut mitempfinden, wie es in ihm aussah. Er tat mir leid, nur half das im Ergebnis nichts. Ich versuchte, ihm bei jeder nur passenden Gelegenheit zu helfen. Er wird meine fast dauerhafte Präsenz in der Kompanie sicherlich als Gängelei empfunden haben. Doch irgendwie musste diese Kompanie „aus dem Quark" kommen, wie man in Landser-Sprache sagt. Es knirschte ohne Ende zwischen ihm und seinen wichtigsten Mitarbeitern, und es knirschte gewaltig zwischen ihm und mir.

Der Kompaniechef der Stabs- und Versorgungskompanie, in der Riege der lebensälteste der sechs Kompaniechefs, nahm ihn, mittlerweile zum Hauptmann befördert, unter seine Fittiche. Da die beiden im Ledigenwohnheim Tür an Tür lebten, gedieh auf diese Weise eine echte Freundschaft, die meines Erachtens auch heute noch anhält. Der junge Hauptmann fand in seinem älteren Kameraden die Schulter vor, die ihm Halt gab und an der er sich ausweinen konnte. Ich ließ beide gewähren, konnte ich doch über den Kompaniechef der Stabs- und Versorgungskompanie Einfluss auf den Hauptmann ausüben. Dann kam der Beurteilungstermin. In der Eignungsreihenfolge meiner sechs Kompaniechefs rangierte er nun einmal nicht unter den besten drei, und das hat ihn fürchterlich getroffen. Auch hier fühlte ich mich an meine Anfangszeit erinnert, als ich mich mit meinem damaligen Bataillonskommandeur fast gänzlich überworfen hatte. Ich erhielt damals eine schlechte Beurteilung, die in mir den Entschluss gefestigt hätte, die Armee zu verlassen, wenn mein Bataillonskommandeur damals nicht überraschend versetzt worden wäre. Zum Missvergnügen meines

206

Kompaniechefs blieb diese Überraschung leider aus; ich blieb weiterhin sein Vorgesetzter. Die Beurteilung hat anscheinend den ehrgeizigen Vater von ihm reichlich erzürnt. Dieser war Oberst und bekannt mit meinem Divisionskommandeur. Der Herr Oberst rief natürlich nicht mich als direkt Verantwortlichen an, nein, ein Herr Oberst redet natürlich nicht mit einem Herrn Oberstleutnant, sondern er ließ seine Beziehungen spielen. Also erreichte mich eines Abends der Anruf meines Divisionskommandeurs, der mich nach den Hintergründen der Beurteilung fragte. Ich hatte leichtes Spiel, denn natürlich kannte auch der Herr Divisionskommandeur den jungen Hauptmann. Sein Eindruck deckte sich per se mit dem meinigen. Ich blieb standhaft, den Anruf hätte sich der Herr Divisionskommandeur sparen können.

Es folgte ein denkwürdiger Truppenübungsaufenthalt, der fast zum Eklat geführt hätte. Natürlich betrieb ich Dienstaufsicht. Dies nicht nur bei der Kompanie des Hauptmanns. Doch wann immer ich zu ihm fuhr, es standen mir die Haare zu Berge. So fiel mir auf, dass er sich aus der Verantwortung drückte. Ich hatte befohlen, dass alle Gefechtsschießen (zumindest ab Ebene eines Panzergrenadierzuges) nur von einem einzigen geführt werden: Dem Kompaniechef. Ich halte dies auch in der Rückschau für unverzichtbar. Es ist die vornehmste Aufgabe eines Kompaniechefs, seine Männer auszubilden. Dafür wird er bezahlt, dafür ist er unmittelbar verantwortlich, und Verantwortung ist nun einmal unteilbar. Alle hielten sich daran, außer ihm. Er ließ einen seiner Zugführer die Schießen leiten und begnügte sich damit, selbst Dienstaufsicht auszuführen. Soweit ich zugegen war, lief dies darauf hinaus, dass er so gut wie nichts zur Ausbildung seiner Kompanie beizusteuern vermochte. Dies blieb natürlich auch seinen Unteroffizieren nicht verborgen, die zunehmend an seiner Kompetenz zweifelten. Schlussendlich zwang ich ihn, die nächsten Schießen persönlich zu leiten.

Als ich am nächsten Tage erneut zu ihm fuhr, empfing er mich mit den Worten, er wäre bereit, mir seine Dienstgradklappen vor die Füße zu schmeißen. Kurz, er wollte aufgeben. Dies ist eine heikle Situation. Ich wäre im vollen Recht gewesen, ihn auf der Stelle von der Führung der Kompanie zu entbinden (und in einem „scharfen" Einsatz hätte ich dies sicherlich auch sofort getan), doch wir waren nicht in einem Einsatz, und meine Erinnerungen an meine Schwierigkeiten als Kompaniechef waren noch frisch genug. Ich nahm ihn beiseite und befahl ihm, diesen seinen Entschluss bis zum Nachmittag zu überdenken. Bis dorthin würde ich ihn alleine lassen. Bliebe er bei seinem Entschluss, dann wären die Würfel ein für alle Mal gegen ihn gefallen. Würde er seine Meinung überdenken, dann hätte er noch eine Chance. Zudem sagte ich ihm, dass ich trotz allem, was vorgefallen war, grundsätzlich an ihn glauben würde (etwas, was ich von meinem damaligen Bataillonskommandeur nie gehört hatte). Damit ließ ich ihn stehen. Sein Kompaniefeldwebel, einer seiner engsten Berater, hatte natürlich von der Sache Wind bekommen und bearbeitete seinen Kompaniechef. Alles durfte passieren, doch er durfte nicht aufgeben.

Als ich dann am Nachmittag kam, stand er zwar leichenblass vor mir, doch er fing an, sein „Kreuz wieder durchzudrücken". Er nahm seinen Entschluss zurück. Ich atmete tief durch. Ich bin mir auch heute noch sicher, dass er an diesem Tage einen für sein weiteres Leben entscheidenden Entschluss gefasst hatte. Wir haben uns lange unterhalten und ganz offen alle Probleme angesprochen. Ich musste mir vorhalten lassen, nicht immer mit der erforderlichen Geduld agiert zu haben. Doch das Gespräch war wichtig und richtig. Dem jungen Hauptmann verhalf es, sein Gesicht zu wahren. Er fasste wieder Mut, sein Selbstvertrauen, das fast gänzlich zerstört war, fing ganz langsam wieder an zu keimen. Auch hier fühlte ich mich an meine schwere Phase zurückerinnert. Das Zerwürfnis mit meinem Bataillonskommandeur ging damals soweit, dass ich auf einem Truppenübungsplatz förmlich zusammengebrochen war. Mein Kompaniefeldwebel fing mich seinerzeit auf und legte mich auf eine Liege. Dann rief er meinen damaligen Bataillonskommandeur an, meldete ihm, und tat etwas, wofür ich ihm auch heute noch dankbar bin: Er sagte ihm unumwunden, dass er, der Bataillonskommandeur, gut beraten wäre, sein Verhältnis zu mir zu überprüfen. So etwas nenne ich Loyalität. Es gehört Mut dazu. Geholfen hatte es mir leider nicht viel. Zwar bat ich meinen Bataillonskommandeur, mir Gelegenheit zu einem persönlichen Gespräch einzuräumen, doch verband er dies mit einem Abend, zu dem er alle Offiziere mit ihren Damen einlud. In einer derartigen Umgebung, noch dazu vor den Ehefrauen, lässt sich ein solch heikles Gespräch nie und nimmer mit Aussicht auf Erfolg führen.

Mein unerfahrener Kompaniechef und ich hatten hingegen diese Gelegenheit, und ich war ihm dankbar, dass er auspackte. Natürlich überschüttete er gerade mich mit Vorwürfen. Doch es gelang uns beiden, eine Basis zu finden, die für alle Beteiligten begehbar war. Fortan kamen wir wesentlich besser zurecht.

Doch das Pech sollte ihm treu bleiben. Noch während desselben Truppenübungsplatzaufenthaltes kündigte sich der Brigadekommandeur an, der ausgerechnet zu ihm wollte. Ich versuchte, ihn von der Idee abzubringen und redete Klartext. Nun kann man über den General denken, wie man will (und ich halte große Stücke auf ihn), doch bei aller Bärbeißigkeit, zu der er als bekennender Bayer bekannt war, er konnte Menschen führen. Bei Anbruch der Dunkelheit trafen wir den Hauptmann, der in einem Panzertreck stand und ihm Meldung machen wollte. Bei dem Versuch trat er auf die Spitze eines Kuhfußes, der verborgen im Sand lag. Der Kuhfuß schnellte hoch und bohrte sich in die empfindlichste Stelle des gepeinigten Hauptmanns. Er krümmte sich vor Schmerzen. Wenige Meter abseits stand ein weiblicher Sanitätsunteroffizier, die lauthals zu lachen anfing. Der General schmunzelte, drehte sich zu mir um und fragte, wo wir beide denn zu Abend essen könnten. Er hätte einen Mordshunger. Im Klartext hieß dies, wir sollten den armen Hauptmann am besten für den heutigen Tag in Ruhe lassen.

Am nächsten Tag nun hatte der Hauptmann sein Erfolgserlebnis, das er sich so sehnlich erhoffte. Der General kam, und er erwischte einen Glanztag. Ihm widerfuhr keine körperliche Pein, er leitete ein Zuggefechtsschießen, das ordentlich über die Bühne ging, und sein Brigadekommandeur lobte ihn. Das ist es, was ich leider zu oft versäumt hatte. Bei aller Kritik, die sachlich in jedem Detail leider nur zu berechtigt war, als Vorgesetzter kann und darf man nicht nur kritisieren, man muss auch loben! Wenn man nur und ausschließlich kritisiert wird, dann stirbt jedes Selbstvertrauen. Im Übrigen kann ein Mann nicht so schlecht sein, dass man ihn ausschließlich kritisieren muss. Hier lagen meine Fehler, und ich gab mir alle Mühe, mit ihm zukünftig fairer umzugehen. Ich nehme in Anspruch, dass mir dies auch gelang. Er und ich kamen weit besser miteinander aus, und ich glaube, er fasste über mich auch eine andere Meinung. Was aus ihm schlussendlich geworden ist, vermag ich heute nicht mehr zu sagen. Vielleicht erkannte ich in ihm tatsächlich mich selber, als ich als blutjunger Kompaniechef den Eindruck erhielt, dass mein Bataillonskommandeur mich nur und dauernd „anschiss", mich aber nie lobte. Ich wäre daran fast zerbrochen. Meinem jungen Hauptmann muss es ähnlich ergangen sein. Doch ein Pechvogel blieb er. Kurz nach seinem Erlebnis mit dem Kuhfuß knallte er mit dem Kopf an eine Dachkante bei dem erneuten Versuch, mir zu melden. Wenig später fiel er in einen Schützengraben, den er bei Nacht übersehen hatte. Und bei allen diesen Pannen war der weibliche Sanitätsunteroffizier stets zugegen. Was hat die sich kaputtgelacht!

Der Schmerzlosschinder

Zu meiner Zeit als Bataillonskommandeur des stolzen Panzergrenadierbataillons 401 in Hagenow gab es u.a. den Dienstposten eines Zahnarztes, der mir mitsamt der Zahnarztgruppe direkt unterstand. Der Zahnarzt ist ein Soldat, der während seiner Bundeswehrdienstzeit Zahnmedizin studiert und sich nun um das marode Zahnwerk der Soldaten kümmern sollte. Ihm zur Seite standen Zahnarzthelferinnen, von denen wenigstens eine weiblicher Sanitätsunteroffizierin war, während die anderen beiden Auszubildende waren und nicht der Kaste der Soldaten angehörten[18]. Innerhalb eines Kampftruppenbataillons war diese Schar so etwas wie Exoten, Sonderlinge, irgendwie etwas aus der Art Geschlagenes. Und mit der Ankunft unseres neuen Zahnarztes sollte sich dies noch verstärken, denn dieser war Ur-Bayer, der es wagte, in den hohen Norden der Republik zu reisen. Er empfand sich als Missionar bayrischer Lebensart. Verheiratet mit einer ebenso hübschen wie netten Frau, die nicht minder den bayrischen Lebensstil frönte, setzte der neue Zahnarzt alles dran, seine Landsmannschaft zu erhalten und zu verbreiten.

Zunächst weigerte er sich tapfer, seine Gebirgsjägermütze abzunehmen. In einem Panzergrenadierbataillon wird ein grünes Barett getragen, die Sanitäter tragen ein blaues Barett. Doch niemand trug eine Gebirgsjägermütze (zumal der höchste „Berg" im Hagenower Umland vielleicht gerade mal 30 m hoch war). Also befahl ich ihm, entweder das blaue Barett oder einen Stahlhelm zu tragen, nur die maledeite Gebirgsjägermütze wollte ich fortan nicht mehr sehen. Damit zog ich mir wohl das erste Mal den Unwillen des Zahnarztes zu. Da ich einen ausgeprägten Hang zum Lästern habe, ließ ich fortan keine Gelegenheit aus, mich über die Bayern lustig zu machen. Das erzürnte ihn noch mehr. Beim Offizierssport witzelte ich mit Inbrunst über seine etwas eckigen Bewegungsabläufe (als ob die meinigen auch nur ein Jota besser waren). Der liebenswerte Zahnarzt ertrug alle Witzeleien mit bewundernswertem Gleichmut. Er konnte es sich leisten, denn er durfte sich sicher sein, dass der Tag der Abrechnung auch für einen Bataillonskommandeur früher oder später kommen musste.

Meiner kam sehr früh, denn mich überfielen schlagartig grauenhafte Zahnschmerzen, und ich musste den Weg des Unvermeidbaren antreten. Meine Sekretärin besorgte mir beim Zahnarzt einen Termin. Als ich mich

---

[18] Zahnarztgruppen wie im Übrigen alle Sanitätsanteile sind heutzutage anderen Strukturelementen zugeordnet. Innerhalb eines Bataillons gibt es diese nicht mehr.

aufmachte, grinste sie mich diabolisch an. So sind sie, die liebevollen und fürsorglichen Sekretärinnen. Ansonsten ein Vorbild an Fürsorge und Mitgefühl, aber wenn es sich um Arzttermine handelt, dann kehren sie flugs die andere Seite ihres weiblichen Charakters heraus. Denn vor dem Zahnarzt sind alle gleich. Bei der Zahnarztgruppe wetzte man bereits die Messer. Es kommt eben nicht alle Tage vor, dass der oberste Boss zum Zahnarzt geht, und Feste müssen gefeiert werden wie sie fallen.

Als erstes begrüßte mich der charmante weibliche Geschäftszimmerunteroffizier, die meine Gesundheitsakte bereits gezogen hatte. In ihren Augen lagen Mitgefühl, Häme, Neugierde und Sensationslust – kurzum, alle Regungen, zu denen die weibliche Seele fähig ist. Dann bestieg ich das Schafott, in diesem Falle den Zahnarztstuhl. Beim Zahnarzt bin ich schlagartig nicht mehr Herr Oberstleutnant, Bataillonskommandeur oder sonst irgendetwas. Ich mutiere zu einem wehleidigen und erbärmlichen Nichts, das dem Zahnarzt auf Gedeih und Verderben ausgeliefert ist. Das weiß natürlich niemand besser als der Zahnarzt selbst, für den die große Stunde geschlagen hatte. Zunächst einmal nahm er eine Bestandsaufnahme vor. Was ich mir dort anhören musste, konnte ich kaum nachvollziehen. Links unten 9 fehlt, rechts oben 6 und 7 überkront, na herrlich, das fing ja gut an. In seinem diabolischen Grundwesen eröffnete mir der Zahnarzt die niederschmetternde Diagnose mit einem unschuldigen Grinsen auf den Lippen. Mir blühte eine unendliche lange Leidensstrecke, und der Zahnarzt war wild entschlossen, jede Sekunde bis zum letzten auszunutzen. So fand ich mich also in wöchentlichen Abschnitten auf dem Behandlungsstuhl wieder.

Wenn der Stuhl nach unten abgesenkt wurde, das Behandlungslicht mir ins Gesicht strahlte und sich der mit einem Mundschutz und Schutzhandschuhen ausstaffierte Zahnarzt über meinen geöffneten Mund beugte, dann überfiel mich grenzenlose Hilflosigkeit. Zeitweise platzierte er bis zu fünf Gerätschaften in meiner Mundhöhle und bedeutete mir auch noch, ich sollte mich entspannen und die Kiefermuskeln nicht so verkrampfen. Na wie denn, bitte sehr, wenn alles in mir danach schrie, dieselben Gerätschaften auf der Stelle auszuspucken. Doch es half alles nichts, schließlich wollte und musste ich die Sache so schnell es ging hinter mich bringen. In seiner Durchtriebenheit suchte sich der Zahnarzt auch noch Verbündete. Als ob es nicht reichen würde, dass die geschlossene Zahnarztgruppe mir ans Leder wollte. Zwei Offiziere des Bataillonsstabes, denen ich ansonsten sehr wohl gesonnen war, hatten nichts Besseres zu tun, als den geeigneten Augenblick abzuwarten meine absolute Hilflosigkeit auszunutzen und mir alles zurück zu zahlen, was ich ihnen vielleicht mal in grauer Vorzeit angetan hatte. Sie passten einen Augenblick ab, wo ich mal wieder mit mindestens fünf Gerätschaften in der Mundhöhle auf dem Behandlungsstuhl lag, stürmten in das Zahnarztzimmer, riefen mir freudig ein „Bitte lächeln" zu und fotografierten mich in dieser hoch peinlichen Lage. Das Foto habe ich zum Abschied von diesen „Bakaluten" erhalten. Natürlich habe ich mich fürchterlich gerächt. Denn irgendwann war die Behandlung beendet, die Schonfrist für den Zahnarzt und seine Schergen lief ab. Alles in allem kann ich aber befriedigt festhalten, dass es sehr wohl auch zwischen Vorgesetzten und Untergebenen eine herzliche Kameradschaft geben kann, die selbst einen Behandlungsstuhl überdauert. Zu dem „Schmerzlosschinder", so habe ich meinen Zahnarzt fortan getauft, und den „Bakaluten" habe ich auch heute noch ein gutes Verhältnis.

Unser Zahnarzt war nicht nur von fachlicher Qualität, er konnte auch auf anderen Gebieten glänzen. So setzte ich ihn stets als „Mehrzweckwaffe" ein. Wann immer irgendein personeller Engpass zu überwinden war, der „Schmerzlosschinder" stand auch hierfür parat. Das ging so weit, dass ich ihn kurzerhand zum Nachkommandoführer machte, als das Bataillon einmal mehr auf einem Truppenübungsplatz weilte. Es ging nicht anders, unser Zahnarzt war der einzige Stabsoffizier weit und breit, der in Hagenow noch verfügbar war. In dieser Funktion bestellte ich ihn auch zum „Vollzugsleiter", eine Funktion, die an einen Stabsoffizier gebunden ist.[19] Als der stellvertretende Brigadekommandeur von dieser Regelung Wind erhielt, rief er mich an und bedeutete mir, dass dies nun wirklich einen Schritt zu weit ginge. Doch was sollte ich machen; man kann einem nackten Mann nun einmal nicht in die Tasche greifen.

Unser „Schmerzlosschinder" zeigte sich auch in dieser Funktion voll auf der Höhe. Zusätzlich beteiligte er sich an einer Schießsportgemeinschaft des Bataillons und organisierte das Volleyball- und selbst das Beachvolleyballspielen. Hierzu verhandelte er so lange mit der Standortverwaltung, bis diese der ewigen Quengelei überdrüssig ein Beachvolleyballfeld anlegte. Sein nächster Coup ließ nicht lange auf sich warten. Er rief eine „Computerneigungsgruppe" ins Leben. Hierunter verbarg sich eine Feierabendgemeinschaft Gleichgesinnter, die allesamt wenigstens einmal im Monat nach Herzenslust Krawallspiele an vernetzten Computern spielen wollten, ungestört.

---

[19] Der Vollzugsleiter ist dafür dar, den Arrest für hierzu verdonnerte Soldaten zu befehligen, zu organisieren und zu überwachen.

Hierzu verschanzten sie sich in einem selten genutzten Gebäude der Kaserne, kappten alle Telefonleitungen und ließen es sich ganz einfach gut gehen. Der Besuch der jeweiligen Ehefrauen war verpönt, und auch der Bataillonskommandeur war gut beraten, dem Spektakel fern zu bleiben. Es ist sicherlich kein Zufall, dass die Zusammensetzung der „Computerneigungsgruppe" mit den „Bakaluten" identisch war. Alles in allem war der „Schmerzlosschinder" ein Musterbeispiel für Sanitätsoffiziere, wie sie sich die Truppe nur wünschen kann. Nur eines vermochte selbst er nicht zu richten: Ich bin und bleibe vor dem Gang zum Zahnarzt ein Feigling. Ich stehe dazu.

In Augustdorf gab es ebenfalls einen Arzt, der sich außerhalb seiner Approbation als truppendienstlicher Vorgesetzter bestens bewährt hatte. Der Brigadearzt, wie ich ein Hamburger Jung, führte zeitweise voll verantwortlich alle Brigadeeinheiten, weil ich mich in Afghanistan befand. Er leistete diese für ihn herausragende Führungsverantwortung mit größter Gelassenheit, Umsicht und einer gehörigen Portion gesundem Menschenverstand. Ich rechne es ihm auch heute noch hoch an, dass er mir vor meinem Abflug nach Afghanistan einen Besuch auf meinem Dienstzimmer abstatte, um mir auf einem Kassettenrecorder die Hamburger Hymne „Hamburg, mein Perle" vorzuspielen. Er war auch vor Ort, als ich in Köln wieder landete, nachdem das Abenteuer Afghanistan für mich vorbei war. Ich habe in meinem Buch über meine Erlebnisse in Afghanistan viel Gutes über die Sanitäter berichtet.[20] Die Sanitätsoffiziere und ihre Mitarbeiter, die ich in Hagenow und in Augustdorf erleben durfte, verdienen das gleiche Lob in uneingeschränkter Art und Weise.

SHILO / Kanada

Ich habe bereits an anderer Stelle einiges von SHILO/Kanada berichtet. SHILO stellt für mich eine der besten Ausbildungsstätte dar, die ich als Truppenoffizier je zu sehen bekam. Ich habe dort auch die aufwendigsten Gefechtsschießen angelegt und selbst durchgeführt, die so in Deutschland unmöglich gewesen wären. Ich möchte daher noch detaillierter auf SHILO eingehen.

Für ein Panzergrenadierbataillon war SHILO zur damaligen Zeit die Krönung der Ausbildung. Die Planung setzte mindestens ein halbes Jahr

---

[20] „KUNDUZ – Ein Erlebnisbericht über einen militärischen Einsatz der Bundeswehr in Afghanistan im Jahre 2008", erschienen im Miles-Verlag, Berlin ²2016.

vorher ein und war außerordentlich aufwendig. Für mich, der ich den Dienstposten des stellvertretenden Bataillonskommandeurs bekleidete, war SHILO schon deswegen eine Herausforderung, weil ich bisher noch nie dort gewesen war. Fast jeder Grenadier war irgendwann in seinem Leben in SHILO gewesen. Ich war auf wundersame Weise immer gerade nicht verfügbar, wenn die Truppe nach Kanada flog. Ich musste daher die Vorbereitung, für die ich die Federführung hatte, quasi ins Blaue hinein treffen, weil mir jede Vorstellungskraft von dem Ausmaß der Aufgabe fehlte, die ich zu bewältigen hatte. Dabei wird man von Organisationsbefehlen, Truppenübungsplatzbestimmungen, Flugunterlagen u.v.m. glatt erschlagen. Es kam natürlich wesentlich darauf an, aus den drei Wochen, die wir in SHILO verbringen sollten, das Optimale herauszuholen.

Neben der Durchführung von Schieß- und Ausbildungsvorhaben gehörte auch ein sogenanntes Betreuungswochenende zu den herausragenden Dingen, die geplant und vorbereitet werden wollten. Dieses Betreuungswochenende kostete mich einigen Schweiß. Der Truppe werden während eines Wochenendes sogenannte „geführte" Touren angeboten, um ihnen das Gastland ein wenig vorstellen zu können. Diese Touren genießen eine sehr hohe Priorität bei allen Soldaten. Als Vorgesetzter muss man höllisch aufpassen, dass im Bewusstsein der Männer die eigentlichen Schießvorhaben nicht in den Hintergrund treten. Ich flog als Vorkommandoführer des Bataillons drei Wochen früher nach Kanada ab. Mich begleiteten zwei Offiziere, die die Schießübungen der beiden Kompanien vorbereiten sollten. Ein glücklicher Umstand verhalf uns zu zwei weiteren Plätzen im Vorkommando, die durch einen Feldwebel und einen Hauptgefreiten belegt wurden. Beide waren Computer-Freaks, die auf meinem kleinen Laptop während der Erstellung von Übungsunterlagen wahre Wunderdinge vollbrachten. Zugleich hatte ich auf diese Weise einen eigenen Kraftfahrer an der Hand, der mir wirkungsvolle Unterstützung gab.

Wir fuhren an einem Samstagmorgen gegen 02:00 Uhr von Hamburg mit einem klapprigen VW-Transporter nach Köln ab. Von dort fliegen Bundeswehrmaschinen nach Winnipeg/Kanada. Der Zeitunterschied zu Kanada beträgt ca. sieben Stunden, die uns anfangs ganz schön zu schaffen machten. Wie jeder Langstreckenflug war auch dieser ereignislos. Die Maschine war bis auf den letzten Platz belegt. Es herrschte große Unruhe, an Schlaf war nicht zu denken. Die netten Stewardessen hatten es nicht leicht, eine Horde deutscher Landser zu versorgen! Winnipeg selber ist eine langweilige Stadt mit einem kleinen Flughafen. Mit Bussen fuhren wir weiter durch die Landschaft der Provinz Manitoba. Man hat ja von Kanada so seine Vorstellungen. Meist versteht man darunter eine wilde, zerklüftete und von Seen und unwegsamen Wäldern durchzogene Landschaft, in denen noch unberührte Natur vorherrscht. Manitoba ist genau das Gegenteil. Das Land ist vollkommen eben, mit Ausnahme von Weizenfeldern fast gänzlich unbedeckt, kaum besiedelt und absolut langweilig. Unsere Enttäuschung war groß. Lediglich das Werbeschild am Straßenrand für McDonalds konnte uns aufheitern: „Next McDonalds, 120 Miles!" Die Straße führte typisch amerikanisch wie an einer Perlenschnur aufgezogen fast gänzlich geradeaus. Eine Kurve glich einer Sensation! Bei so viel Eintönigkeit war es kein Wunder, dass fast jeder im Bus sofort anfing zu schlafen. Dann endlich erreichten wir GATES, das sogenannte „German Army Training Establishment" in SHILO/Kanada. Uns erwartete eine Barackensiedlung, die sehr zweckmäßig in der Walachei angelegt war. Vergleiche zu deutschen Unterkünften auf Truppenübungsplätzen drängten sich auf. Die Mannschaften werden in Gemeinschaftsunterkünften untergebracht, Unteroffiziere teilen sich 4–6 Mannstuben, Offiziere teilen sich 2–Mannstuben, einige haben auch Einzelstuben. Das Vorkommando ist in einem gesonderten Block untergebracht. Es entwickelte sich sehr schnell eine beispielhafte Kameradschaft, die sich als sehr nützlich für die Erfüllung unserer Aufgabe herausstellte. Wir verbrachten fast jeden Tag damit, die einzelnen Schießbahnen bis in das letzte Detail zu erkunden. Jedes einzelne Schießen der Kompanien wurde angelegt. Hierzu mussten umfangreiche Absprachen getroffen werden. Ich selber legte Bataillonsgefechtsschießen an, die in Gefechtsübungen eingebunden werden sollten. Ich war von den Möglichkeiten, die sich mir boten, fast erschlagen. Da ich mich nicht mehr mit meinem Bataillonskommandeur absprechen konnte, musste ich alle Schießen eigenverantwortlich anlegen. Mein Kommandeur ließ mir vollkommen freie Hand. Er hatte, nachdem er dann mit der Masse des Bataillons folgte, mir nicht in meine Arbeit hineingeredet. Bis auf marginale Änderungen hatte er alles übernommen, was ich entwickelt hatte. Selten konnte ich derart eigenverantwortlich und kreativ arbeiten. Es hat unendlichen Spaß bereitet.

An dieser Stelle erlaube ich mir, kurz abzuschweifen und einen kleinen Beitrag zu der Frage „Frauen in der Armee" zu leisten. Unser Bataillon verfügte zu der Zeit meines ersten Aufenthaltes über einen weiblichen Truppenarzt. Diese Dame hatte es sich in den Kopf gesetzt, ausgerechnet die Bundeswehr zum Gegenstand ihres feministischen Kampfes um die Gleichberechtigung der Frau zu machen. Sie begleitete uns, d.h. sie folgte mit der Masse des Bataillons. Ich hatte daher dafür Sorge zu tragen, dass sie eine Einzelunterkunft erhielt, die von den Truppenunterkünften abgesetzt lag. Ihre Unterkunft war ein wunderschönes Appartement, nur vom Feinsten. Kaum war sie eingetroffen, ging der Ärger los. Die Unterkunft lag ihr zu weit weg. Zu Fuß hätte sie glatte zehn Minuten bis zur Küche und zu ihrem Arbeitsplatz zu laufen. Daraufhin stellte ich ihr einen Wagen mit einem Soldaten als Chauffeur. Dann bemängelte sie, dass es im Dienstgebäude keine Damentoiletten gäbe. Ob ich denn nicht in der Lage wäre, hierfür Sorge zu tragen? Ich bedauerte und entschuldigte mich im Namen der kanadischen Hausherren, dass bei Erstellung der Unterkünfte in den 50ziger Jahren niemand an ihre Damentoiletten gedacht hatte. Weitere Einzelheiten erspare ich mir. Es war jedoch interessant zu beobachten, wie eine kanadische Grundausbildungseinheit, die in SHILO lag, täglich ihre Ausbildung durchführte. Ihr gehörten wie selbstverständlich männliche und weibliche Soldaten an. Die Damen wurden nicht geschont und wollten das auch nicht. Beim täglichen Morgenlauf um 06:00 Uhr liefen sie tapfer mit, oftmals in voller Kampfausrüstung. Die Ausbilder nahmen sie hart ran, und niemand klagte. Was für ein Gegensatz zu der verwöhnten Stabsärztin! Ich bin sicher, dass es viele Frauen in Deutschland gibt, die genauso klaglos wie ihre kanadische Kameradinnen Dienst in der Bundeswehr leisten. Unsere Ärztin war aber eher eine Last denn eine Bereicherung. Ich habe mit ihr nie wieder ein Wort gewechselt.

Da war die Stabsärztin des Nachbarbataillons von einem ganz anderen Kaliber. Gegen Ende meines sechswöchigen SHILO-aufenthaltes setzte sie sich eines Morgens an meinen Frühstückstisch. Ich war noch sehr verschlafen und in Gedanken sicher bereits wieder zu Hause bei meiner Ehefrau. Auf einmal sprach mich dieses weibliche Geschöpf mit einer gehauchten Stimme an, die einem glatt durch Mark und Bein geht. Ich blickte auf und sah in die katzengrünen Augen eines Fotomodells! Es grassiert zwar die Ansicht in der Armee, dass nach spätestens drei Wochen eines Truppenübungsplatzaufenthaltes auch die Küchenfrauen hübsch werden, diese Ärztin war jedoch von Natur aus eine Schönheit. Es war höchste Zeit für mich, nach Hause zu fahren!

Unserer Stabsärztin hatte übrigens ein kanadischer Landser das Fürchten gelehrt. Sie hatte nichts Besseres zu tun, als in knallengen Jeans in die örtliche Disco zu gehen. Kaum hatten ihre Stöckelschuhe den Raum betreten, da dröhnte der Kanadier ihr seine rechte Pranke auf den Hintern! Sie hat sehr pikiert aus den Augen geschaut und suchte sich nach Hilfe um. Ich habe in eine andere Richtung gesehen. Heute nun ist das Thema „Frauen in der Bundeswehr" keines mehr. Nach der anfänglichen Neugier, als die ersten weiblichen Rekruten ihren Dienst antraten, redet kein Mensch mehr über diese Problematik. Ich habe später als Bataillonskommandeur eine Vielzahl von hervorragenden Damen erlebt, die in ihrer Leistungsbereitschaft den Männern in nichts nachstanden.

Doch nun wieder zurück zu wichtigeren Dingen. Wir hatten es uns zum Ziel gesetzt, unsere beiden Kompanien wechselseitig gegen Ende des Übungszeitraumes im Rahmen eines Gefechtsschießens auf den Prüfstand zu stellen. Diese Schießen waren stets in eine Gefechtsübung eingebunden, die über 36 Stunden andauerte. Ich hatte diese Übungen und die Schießen angelegt. Es gehörte zu den schönsten Augenblicken, wenn ich erleben konnte, dass meine zum Teil hochtrabenden Ideen sich in der Wirklichkeit tatsächlich umsetzen ließen. Für die Kompanien waren sowohl die Schießen wie auch die Gefechtsübungsanteile eine extreme Herausforderung. Nie zuvor habe ich erlebt, wie eine Panzergrenadierkompanie über zehn Kilometer gefechtsmäßig anmarschiert, dabei die Kanonen bereits geladen hat, schließlich auf eine mehrere Kilometer breite Schießbahn einbiegt, um ohne anzuhalten sich zu entfalten und den Feuerkampf aufzunehmen. Der Laie wird sich nur sehr schwer eine Vorstellung von der Wucht machen können, die so eine Kompanie entwickeln kann, falls sie vernünftig geführt wird.

Die durch langanhaltende Trockenheit versandeten Pisten führten zu einer Staubentwicklung, die ich in dieser Ausprägung noch nie erlebt hatte. Mir als Leitendem stockte jedes Mal der Atem, wenn die mit Kampfpanzern und Artillerie verstärkte Panzergrenadierkompanie ihre Feuerkraft frei entfaltete. Die Soldaten konnten sich dabei ungezwungen von vorgegebenen Wegen weg im Gelände bewegen. Die Schützenpanzer konnten „frei" fahren. Sie brauchten sich nicht wie damals noch in Deutschland auf Trassen bewegen. Kurz, aus professioneller Sicht war es die Krönung der Ausbildung schlechthin. Die Verantwortung, die ich trug, war eine ungeheure. Mein Kommandeur überließ mir die Leitung des Schießens, um selbst für die Dienstaufsicht frei zu bleiben. Er bewies damit ein sehr starkes Vertrauen in meine Fähigkeiten. Das hat mich außerordentlich motiviert. Trotzdem war der Job sehr anstrengend. Da wir permanent gefordert waren, hatten wir kaum Gelegenheit zu essen. Am ersten Abend knurrten daher unsere Mägen verzweifelt. Mein Kommandeur witzelte, eine Pizza wäre jetzt genau das Richtige. Ich dachte mir nichts dabei, als mein Feldwebel darum bat, mal eben kurz meinen Jeep ausleihen zu können. Er fuhr damit die 45 Minuten zurück ins Lager, kehrte beim nächsten Pizzaservice ein, kaufte alle Pizzas auf und erschien ca. 90 Minuten später wieder auf dem Gefechtsfeld. Meinem Fahrer, dem Kommandeur und mir fielen die Augen aus dem Kopf. Selten hat uns eine Pizza besser geschmeckt. Da wir keine Tische hatten, wurde kurzer Hand auf der Motorhaube des Jeeps aufgedeckt, und wir schlugen uns gerade in dem Moment die Bäuche voll, als die ersten Panzer durch ihre Staubfahne ihre Annährung verrieten.

Solcher Hand gestärkt führten wir unser Nachtschießen durch. Dabei geschah ein Schießunglück. Schützenpanzer verfügen über ein Nachtsehgerät, das es der Besatzung ermöglicht, auch bei stockdunkler Nacht ohne Nutzung von aktiven Lichtquellen auf Höchstschussweite zu beobachten und zu treffen. Zwar sind diese Geräte sehr genau, doch sind die Konturen der aufgeklärten Gegenstände umso ungenauer zu erkennen, je weiter sie entfernt stehen. Das Gerät reagiert auf die Wärmeabstrahlung des Zieles. Daher müssen wir, um bei Nacht auf Schießbahnen zu treffen, Ziele (im Allgemeinen Holzscheiben) anheizen. Dadurch wird nicht geschummelt. Denn ein Feindpanzer hätte eine noch wesentlich größere Wärmeabstrahlung als unsere Panzerscheiben. Wir klappten auf ca. 1.200 m Entfernung eine solche Scheibe auf, die sofort aufgeklärt und von einem Schützenpanzer abgeschossen wurde. Die Scheibe klappt bei jedem Treffer automatisch ab. Zum Entsetzen des Richtschützens, der eben noch auf diese Scheibe geschossen hatte, schien das „Ziel" sich noch zu bewegen. Deutlich erkannte er die Umrisse eines großen Zieles, dass eigentlich nun leblos sein sollte (Panzerscheiben führen kein Eigenleben).

Tatsächlich hatte sich eine Tragödie abgespielt. Kaum hatten wir die Scheibe aufgeklappt, kam ein leibhaftiger Elch daher getrabt und stellte sich unmittelbar vor die Scheibe. In der Optik des Richtschützens ergaben beide Wärmequellen ein Ziel. Getroffen hatte er beide. Der Elch wurde von den hoch explosiven Geschossen, die wie Zerlegermunition wirkten, fast zerrissen. Er lebte jedoch noch. Um dem Leiden des Tieres ein Ende zu bereiten, befahl mein Kommandeur, dem Elch mit der Kanone den Gnadenschuss zu verpassen. Wenig später war er tot. Am nächsten Morgen haben wir uns die Stelle des Geschehens bei Helligkeit angesehen. Die Szene war nichts für schwache Nerven. Wir bekamen einen sehr guten Eindruck, wie gefährlich unsere Waffen sind.

Nach der Übung musste die Munition abgerechnet werden, wofür ich als Leitender verantwortlich war. Diese Aufgabe nahm mir im Wesentlichen ein Munitionsunteroffizier ab, der aufopferungsvoll jeden einzelnen zurückgegebenen Schuss zählte. Ich war dazu kaum noch in der Lage. Vollkommen übermüdet stand ich mehr neben mir. Nachdem die Verantwortung mit Beendigung des Schießens von mir abfiel, forderte der Körper sein Tribut. Ich setzte mich in meinen Jeep, um auf das Ergebnis der Munitionszählung zu warten. Im Nu war ich so tief eingeschlafen, dass mich auch eine Atombombe nicht mehr wach bekommen hätte. Als endlich alles erledigt war, mussten wir nur noch die 45 Minuten über eine Schotterstraße zurück ins Lager fahren. Mein Fahrer hatte auch mit Müdigkeit zu kämpfen, meinte aber tapfer, ich solle ruhig schlafen. Kaum hatte er das ausgesprochen, war ich in den ewigen Jagdgründen wieder verschwunden. Plötzlich rüttelte mich jemand an der Schulter. Widerwillig wachte ich auf. Mein Fahrer sagte mir, wir wären im Lager angekommen. Ich entschuldigte mich bei ihm, weil ich geschlafen hatte. Er gab knochentrocken zurück: „Machen Sie sich nichts draus, ich habe auch gepennt!". Tatsächlich war auch er kurzzeitig am Steuer eingenickt und fast in einen Graben gefahren. Davon habe ich nichts mitbekommen. Mein Fahrer kannte die Strecke wirklich wie im Schlaf!

Mein Kommandeur und ich kamen auf die hervorragende Idee, nach Schießende mit unseren Jeeps durch das Zielgelände zu fahren. Es war eine kluge Entscheidung, mit zwei Autos dieses Wagnis auf uns zu nehmen, weil wir uns selbst mit 4-Rad-/Allradantrieb fast mehrfach festgefahren hätten. Auf diese Weise konnte der eine den anderen leicht bergen. Das Gelände ist so unwirklich, dass man sich sehr schnell verorientieren kann. Dabei fordert der versandete und extrem hügelige Boden dem Fahrer einiges Können ab. Unsere Mühen wurden mehr als belohnt. Wir sahen mehrere Elche, die diesmal keine Angst vor Bordmaschinenkanonen zu haben brauchten. Neben anderen Wildsorten und einigen Dachsen lief uns auch noch ein Schwarzbär über den Weg, der offenbar zum Saufen in Richtung des nächsten Flusses verschwand. Die Tour dauerte mehrere Stunden und war einfach faszinierend!

Unser Aufenthalt in SHILO wurde durch das Betreuungswochenende abgerundet. Mein Kommandeur, unser Feldwebel, unsere jeweiligen Fahrer und ich fuhren nach Kenora. Dieses ist eine Gegend, die unseren naiven

Vorstellungen über Kanada schon eher gerecht wurde. Eine wilde Seenlandschaft, unberührte Natur, unendliche Wälder, dazu eine Holzhütte mit Motorboot und Grill; Herz, was willst Du mehr! Wie ausgelassene Kinder tobten wir uns aus. Die gesamte Anspannung fiel so langsam von uns; es war eine großartige Zeit. Hauptattraktion in der näheren Umgebung von SHILO war jedoch das Keenstone-Inn, eine berühmt berüchtigte Amüsierpinte in Brandon, ca. 30 km von SHILO entfernt. Ganze Busladungen von Landsern wurden täglich in das Keenstone-Inn chauffiert, wo Go-Go-Girls die bereits durch Unmengen von Bier angeheiterten Soldaten erst so richtig in Stimmung brachten. Mehr und mehr wurden auch Vorgesetzte gesehen, die angeblich nur gekommen waren, um „Dienstaufsicht" auszuüben. Gegen Ende unseres Aufenthaltes erschien sogar der Militärpfarrer, allerdings nicht, um seinen Segen zu spenden! Schließlich hieß es Abschied nehmen. Wir packten unsere Ausrüstung und traten den Heimflug an. Ich hatte meinen Computer in Schaumstoff eingewickelt in meine Transportkiste gepackt. Sicherheitshalber schrieb ich drauf „Vorsicht Glas, nicht herunterfallen lassen!". Beim Entladen in Hamburg nahm ein Soldat die Kiste, hob sie an und ließ sie von der Ladefläche eines Lkw einfach herunterfallen. Ich erstarrte und fuhr den Kerl an, ob er denn nicht lesen könne? Es war ihm ein wenig peinlich, denn erst jetzt wurde ihm klar, dass Zerbrechliches in der Kiste war. Die Festplatte des Computers war gerissen, eine aufwendige Reparatur notwendig geworden. Der Truppenalltag hatte mich wieder.

Jahre später hatte ich das Vergnügen, als verantwortlicher Bataillonskommandeur noch einmal nach SHILO zu fahren. Meine Eindrücke bestätigten alle Erfahrungen, die ich bislang gesammelt hatte. Am Ende dieses Aufenthaltes beabsichtigte mein Brigadekommandeur, auf der größten Schießbahn in SHILO, der Schießbahn BERLIN, ein Abschlussschießen durchzuführen. Beübt wurde ein Panzerbataillon, das auf der BERLIN mit zwei Kompanien scharf schoss. Eine dritte Kompanie übte auf der Nachbarbahn, die KÖLN. Diese Kompanie sollte in der letzten Phase des Gefechtsschießens von der KÖLN entlang eines Bewegungskorridors in die rechte Flanke der Schießbahn BERLIN stoßen, um hier als Schlussakkord in das Szenario auf der BERLIN eingebunden zu werden. Hierzu war es aber erforderlich, die Panzerkompanie auf der KÖLN fast acht Stunden lang in einem Guss zu beschäftigen, d.h. in einer fließenden und sich entwickelnden Lage. Hierzu hatte mich der Brigadekommandeur auserkoren. So leitete also ein Kommandeur eines Panzergrenadierbataillons ein Gefechts-schießen einer verstärkten Panzerkompanie.

Dem Kompaniechef schwante nichts Gutes, als er erfuhr, ich wäre der Leitende. Und tatsächlich, der Arme hatte unter meiner Leitung gelitten. Panzermänner verfügen über eine natürliche Abneigung, von ihrem Panzer abzusitzen. Der Panzer könnte schließlich später durch dreckige Schuhe auch noch schmutzig werden. Stattdessen sticheln Panzermänner nur zu gerne über die Panzergrenadiere. So manche Lästerei musste ich mir in meinem Soldatenleben von Panzermännern anhören. Sprüche wie „Der größte Feind des Panzergrenadiers ist der Rasenmäher, denn er nimmt ihm Nahrung und Deckung" waren an der Tageordnung. Nun aber an diesem Tag auf der KÖLN war Rache angesagt. Der stolze Kompaniechef klebte natürlich auch dann noch an seinem Panzer, als ich bei Übungsunterbre-chungen befahl, er möge zur Zwischenbesprechung zu mir kommen. Eini-germaßen konsterniert fuhr er mit seinem Panzer wieder davon, als ich ihm befahl, er solle abgesessen kommen. Beim nächsten Male hatte er seinen Melder vergessen. Also, zurück und noch einmal! Die Abmeldung beim Feldposten erfolgt natürlich nach Grenadiersitte, wieder abgesessen. Das Erkunden einer Minensperre wird abgesessen durchgeführt. Die Absprache zwischen dem Zugführer eines Panzergrenadierzuges und dem angreifenden Panzerzug zur Überquerung eines Gewässers erfolgt selbstverständlich mit Blick in das Gelände zwischen beiden Führern, wiederum abgesessen. Ich ließ mir in schöner Boshaftigkeit eine Einlage nach der anderen einfallen, die so gut wie ausnahmslos erforderte, von dem geliebten Panzer abzusit-zen. Am Ende des Tages war der gestresste Kompaniechef heilfroh, als er endlich über den Bewegungskorridor zur Schießbahn BERLIN durchstoßen durfte, um sich schlussendlich auch meinem Zugriff zu entziehen.

SHILO wurde im Jahre 2000 durch die Bundeswehr aufgegeben. Vie-le haben diesen Schritt ernsthaft bedauert. Doch die Anforderungen ändern sich mit der Zeit. Um Kosten zu sparen, wurden aufwendige Simulations-systeme eingeführt, die nicht minder fordernd für die Truppe waren. SHI-LO bleibt mir aber als das Highlight unauslöschbar in Erinnerung, das ich im scharfen Schuss je erleben durfte.

Der Preuße

Den verschiedenen Geschichten und Anekdoten könnte der Leser vielleicht entnehmen, ich hätte ein leicht gestörtes Verhältnis zu Generälen. Dem ist nicht so. Ich habe viele erlebt, für die ich durchs Feuer gegangen wäre. Es blieb aber natürlich nicht aus, dass der eine oder andere darunter war, mit dem ich nicht so gut konnte. Respektiert habe ich sie (fast) alle. Ein Jeder hatte so seine Marotten. Vielleicht muss das so sein. Denn wären diese Herren so glatt und stromlinienförmig wie die Masse des gemeinen Fußvolkes, dann gehörten sie ganz sicher nicht zum erlauchten Kreis der Auserwählten. Sie stellen nun einmal die Crème de la Crème des Offizierskorps dar. Manch einer handelte vielleicht nach dem Muster „Stelle Dich quer, dann bis Du wer". Diese Burschen ecken gerne an und waren nur zu oft sehr unbequem. Andere pflegten ihre Beziehungen wie manche ihre Krankheiten. Ganz wenige entwickelten aber ein derartiges Sendungsbewusstsein, dass man nur noch staunen konnte. Ein solcher war ein besonderer General, den ich in Munster kennen- und schätzen gelernt habe. Dennoch, seine Marotten waren einzigartig. Daher komme ich nicht daran vorbei, über ihn zu schreiben, auch wenn er keineswegs ein typischer deutscher General war. Er war in jeder Hinsicht etwas Besonderes und für jede Geschichte gut.

Das fing schon bei seiner Kleidung an oder besser gesagt, bei seiner Uniform und die Art, wie er sie trug. Er hatte ein besonderes Faible für angelsächsische Kultur und insbesondere für die britische Armee. Seine Vorliebe drückte er durch die Trageweise seines Baretts aus, das er wie seine britischen Kameraden mit den Emblemen mittig genau über der Nasenwurzel trug. Sein Hals war mit einem britischen Schal umschlungen, und das Koppel war eher britisch als deutsch. Diese Art der Trageweise verstieß natürlich gegen die einschlägigen Vorschriften, aber genau das hätte dieser General mit einem schelmischen Lächeln eher als Ritterschlag denn als Verstoß gewürdigt. Er trug Knobelbecher, die natürlich auch verboten waren. Aber selbige, beschlagen mit eisernen Hacken, klingen so herrlich martialisch. Alleine deswegen ging aus seiner Sicht kein Weg an diesen Schuhen vorbei. Seine Haltung war durch und durch preußisch. Er hielt sich kerzengerade. Es fehlte eigentlich nur noch ein Monokel, und schon hätten wir rein äußerlich einen preußischen Gardeoffizier vor uns. So sehr er auch mit seinem Aussehen kokettierte, eine Spur Wahrheit lag doch in seinem Benehmen. Er vertrat wie selbstverständlich und sicherlich auch bewusst ein stückweit gegen den Zeitgeist traditionelle und vor allem soldatische Werte. Tapferkeit, Ehrlichkeit, Mut, Geradlinigkeit, Standhaftigkeit auch bei „Gegenwind", das alles sind nur einige der vielen Tugenden, an denen ich beim besten Willen auch in der heutigen modernen Zeit keinerlei Anstoß nehmen. Er kleidete seine Haltung und seinen Führungswillen in „Zehn Geboten", die alle Ausbilder auswendig können mussten, wollten sie Unheil verhindern.

Dieser General war laut. Es gab ihn nicht leise. Hatte er sein Publikum, dann war er in Hochform. Bei jeder Art von Menschenansammlung, militärisch oder zivil, schaltete er in Overdrive. Immer den Schalk in den Augen dominierte er jede Unterhaltung mit witzigen Bemerkungen. Zuweilen ließ er sich in seinem Schwung von seiner eigenen Begeisterung tragen und zu Äußerungen hinreißen, die manchmal grenzwertig waren. In jedem Falle aber war es ein Hochgenuss, ihm zuzuhören. Mit Vorliebe wetterte er gegen jede Form von Zeitgeist und vor allem gegen „die da oben", womit alle Papiertiger im Ministerium, in den verschiedenen Ämtern und Kommandobehörden gemeint waren. Also diejenigen Oberstleutnante und Oberste, die genau das Gegenteil von ihm waren, Schreibtischtäter halt, Referenten und Stabsabteilungsleiter. Er hingegen war der Prototyp des Troupiers, des Kampfschweins, der nichts mehr hasste, als Papier schwarz zu machen.

Natürlich verfügte er über Sendungsbewusstsein, und das nicht zu knapp. Er konnte einen mit seiner Überzeugung förmlich überwalzen. Dessen ungeachtet vermochte er zuzuhören. Wenn man ihn kannte, dann wusste man, dass man unter vier Augen einen gänzlich anderen General und sein Ohr geschenkt bekam als vor seiner persönlichen Bühne inmitten von Publikum. Seine Schwerpunkte waren glasklar: als Kampftruppenmann der Panzertruppe war die Ausbildung sein Schwerpunkt und sonst nichts. Anträge an vorgesetzte Dienststellen, Stellungnahmen zu Anfragen, Beiträge zu Strukturfragen, allesamt Papierkram, war ihm zutiefst zuwider. Öffentlichkeitsarbeit war ja noch schön und gut, aber was ihn wirklich umtrieb, war die Ausbildung der Truppe in all ihren Facetten. Und innerhalb der Ausbildung galt der Aus- und Weiterbildung des Offiziersnachwuchses sein ganzes Interesse. Das war der absolute Schwerpunkt schlechthin. Unnachgiebig und wild entschlossen verfolgte er die Offiziersanwärter erbarmungslos, die in Munster ausgebildet wurden und auch heute noch werden.

Die Offiziersanwärter durchliefen in Munster ihre militärische Grundausbildung und später ihre fachliche Ausbildung zum Zugführer und zum Kompaniechef. Zur Grundausbildung gehören selbstverständlich handwerkliche Fertigkeiten, die jeder Soldat können muss. Einem zukünftigen Offizier verlangte er jedoch noch weit mehr ab. Seine Haltung und sein

Auftreten, kurz seine charakterliche Prägung, das waren die Ziele, auf die er ein besonderes Augenmerk legte. Die Offiziersanwärter hingen an seinen Lippen, wenn er denn einmal mehr in seiner mitreißenden und berühmten Art Anekdoten zum Besten gab oder von seinen Zielvorstellungen redete. Er verfolgte seine Offiziersanwärter mit Dienstaufsicht zu jeder Tages- und Nachtzeit, sehr zum Leidwesen der Ausbilder, die sich sicherlich etwas mehr Ruhe vor ihrem General gewünscht hätten. Bei Lehrgangsende honorierten die Offiziersanwärter ihren General, indem sie eine Vielzahl von Sketchen aufführten, an deren Ende einer der Anwärter stets den General spielte, mit seinem obligatorischen Adjutanten in Schlepptau. Stets erklang dazu preußische Marschmusik, und jeder „Darsteller" überbot sich in den Versuchen, diesen General preußischer als preußisch darzustellen. Wir haben uns gebogen vor Lachen.

Eines Tages sah ich den Dienstwagen des Generals in der Kaserne herumfahren und anhalten. Er kehrte gerade von einer Dienstreise von dem von ihm verachteten Führungsstab des Heeres zurück und hatte sich einmal mehr fürchterlich „über die da oben" aufgeregt. Der General sprang aus dem Auto heraus, weil er einen Offiziersanwärter erspäht hatte. Er brüllte aus vielleicht 100 m Entfernung den Offiziersanwärter wie folgt an: „Sie!!!!!" Der Offiziersanwärter schaute sich verlegen um, hoffte er doch, dass hinter ihm noch jemand stehen würde, der vielleicht gemeint war. Doch außer ihm und dem General gab es sonst niemanden weit und breit. Einmal in Fahrt legte der General nach: „Ja, Sie, schauen Sie nicht so blöde, wissen Sie eigentlich, was der Führungsstab des Heeres heute von sich gegeben hat?" Der Offiziersanwärter hatte zu seinem eigenen Schutz Grundstellung angenommen und stotterte voller Ehrfurcht und Angst: „Nein, Herr General!", denn er wusste noch nicht einmal, was ein „Führungsstab des Heeres" genau war. Darauf der General: „Das ist auch gut so! Weitermachen!" Ein vollkommen verdatterter Offiziersanwärter sah schleunigst zu, dass er verschwand, und der General war glücklich und zufrieden, dass der Führungsstab des Heeres mit seinen aberwitzigen Entscheidungen den heiß geliebten Offiziersanwärtern keinen Schaden zugefügt hatte.

An einem anderen Tag führte unser General Dienstaufsicht bei einer computergestützten Ausbildung durch, im Zuge dessen der übende Bataillonskommandeur unter anderem auf Englisch einem englischen General einen Lagevortrag halten sollte. Den englischen General „spielte" der britische Verbindungsoffizier, der in Munster akkreditiert war, und der sich hierfür in seine beste Fest- und Gala-Uniform gesteckt hatte. Er ließ sich melden und nahm Platz. Kaum fing der Bataillonskommandeur auf Englisch an, hörte man unseren General witzige Bemerkungen über den britischen Verbindungsoffizier reihenweise so laut sagen, dass alle es verstehen konnten. Der „englische General", ganz britischer Snob, fragte den deutschen Bataillonskommandeur: „Does this officer belong to your staff? If this is the case, please make sure, he remains quiet!" Wir haben gebrüllt vor Lachen, weil jedem klar war, dass man unseren General so einfach nicht zum Schweigen brachte. Doch das Wunder geschah! Fortan störte niemand mehr, auch wenn es dem General sichtbar schwerfiel.

Schlimm wurde es aber, wenn eine Lichtgestalt auf eine andere, nicht minder von sich überzeugte Person trifft. Dann ist der Cocktail angereichert, der ausreicht, mittelschwere Erdbeben auszulösen. Eine solche war einer meiner besten Zugführer, und mit dem traf der General zusammen. Mein Zugführer, ein Hauptfeldwebel, war derart bescheiden und meinte, dass er der Beste aller Guten sei, der Härteste aller Harten, der Erfahrenste aller Erfahrenen und der Ausdauerndste aller Ausdauernden. Vor allem kannte er die für ihn relevanten Vorschriften wie sein Gebetsbuch. Er hatte nur vor sich selbst Respekt. Glaubte er sich im Recht, so gab es nichts und niemanden, der ihn von seiner Meinung abbringen konnte. Ich hatte so meine Erlebnisse hinter mir mit diesem Mann. Aber seine Männer fraßen ihm aus der Hand, denn natürlich setzte er sich für sie rückhaltlos ein. Kompromisse waren hingegen nicht seine Stärke.

Während unserer KFOR-Ausbildung hatte er noch ein wenig Zeit, bevor er mit seinen Mannen zur Abendverpflegung gehen konnte. Also improvisierte er kurzerhand eine halbe Stunde Formalausbildung. Ich konnte und wollte daran keinen Anstoß nehmen. Männer, die Tatendrang haben, sind mir allemal lieber als solche, die nur auf Befehle warten. Er ließ also in einer sogenannten „geschlossenen Ordnung" marschieren, d.h. seine Männer formierten sich zu einer kleinen Marschformation und marschierten stramm auf einer der zentralen Straßen in unserem Lager. Da die Straße relativ schmal war, konnte es nicht ausbleiben, dass Fahrzeuge die Marschkolonne nicht so ohne weiteres passieren konnten. Noch schlimmer, die Marschkolonne hatte auch noch gemäß der einschlägigen Vorschrift das Wegerecht. Es kam, wie es kommen musste. Alphatier 1 und Alphatier 2 kollidierten.

Der General kam in seinem Jeep angebraust und wollte an der Marschkolonne vorbei, und zwar sofort! Mein Zugführer dachte überhaupt nicht daran, Platz zu machen. Wer immer auch hinter der Marschkolonne wild hupte, musste sich eben ein kleinwenig gedulden. Geduld ist aber eine Tugend, für die unser General nun nicht gerade berühmt war. Er stieg aus und versuchte, meinem Zugführer eine Gardinenpredigt zu halten. Diese platzte an ihm vollkommen ab. In Seelenruhe zitierte mein Zugführer Vorschriftennummern und weigerte sich rundweg, auch nur ein Jota nachzugeben. Was kommen musste, war klar. Wenig später hatte ich mich beim General zu melden. Er verlangte die umgehende Bestrafung dieses renitenten Zugführers. Ich lehnte ab, denn mein Zugführer war im Recht. Natürlich wäre er klug beraten gewesen, den General durchzulassen. Dies hätte weder für ihn noch für seine Soldaten irgendeine Schwierigkeit mit sich gebracht. Ich habe ihn für seine Ungeschicktheit auch gehörig zusammengestaucht (wofür er wenig bis gar kein Verständnis zeigte). Aber der General musste sich nun einmal damit abfinden, dass er und nicht der Zugführer im Unrecht war. Ich atmete tief durch und war froh, dass es nicht zu weiteren Verwicklungen kam.

Diese Geschichte steht stellvertretend für viele Erlebnisse, die wohl ein jeder hat, der jemals in der Bundeswehr diente. Vorgesetzte dürfen Marotten haben, dadurch werden sie authentisch. Ich selbst habe sicherlich eine Vielzahl von Macken und Marotten, über die von meinen Untergebenen zumeist hinter vorgehaltener Hand gelästert wurde. Derartige Eigentümlichkeiten bleiben in Erinnerung. Ich persönlich hatte später in meiner Karriere und vielfach auch danach noch viele Begegnungen mit diesem Mann, dem preußischen General, den ich wie viele andere auch außerordentlich verehrt habe.

Entwicklung von neuem Wehrmaterial (Der neue Schützenpanzer PUMA)

Meine zweieinhalb Jahre als Dezernatsleiter 3 (Panzergrenadiertruppe) in der Gruppe Weiterentwicklung an der Panzertruppenschule waren untrennbar mit der Entwicklung des neuen Schützenpanzers PUMA verbunden. Dieses Projekt war mein Baby. Zugleich ist der PUMA ein Musterbeispiel dafür, wie ein derartiges Rüstungsprojekt entsteht, welche politischen Einflussgrößen es zu bedenken gilt und in welche Fallstricke man sich verheddern kann.

226

Als ich zur Panzertruppenschule stieß, konnte ich hiervon noch so gut wie gar nichts ahnen. Ich war ja noch vor kurzem Bataillonskommandeur gewesen und argwöhnte, dass die Verwendung in Munster eher langweilig sein würde. Ich sollte mich gravierend täuschen. Tatsächlich war die Verwendung aufgrund der ungeheuren Dynamik, die das Projekt PUMA entwickelte, überaus interessant und wirklich fordernd. Ich lernte auf einmal Dienststellen und Zusammenhänge kennen, von denen ich bislang nicht im Ansatz geträumt hatte. Vor allem aber fing ich an zu begreifen, wie politische Entscheidungsprozesse wirklich laufen. Solange man in der Truppe ist, bleibt man von derartigen Dingen gottlob verschont. Nun aber veränderte sich die Perspektive. Auf einmal waren Haushaltsansätze, rüstungspolitische Aspekte und andere Winkelzüge entscheidend, nicht aber so sehr die Bedürfnisse der Truppe. Für Letzteres stand ich aber gerade. Ich hatte es mir zum Ziel gesetzt, diesen Schützenpanzer so zu konzipieren, wie ich es aus meiner Truppensicht für richtig hielt. Schlussendlich hatte ich noch sehr frisch die Erfahrungen als Bataillonskommandeur in den Knochen, der mit dem veralteten Schützenpanzer MARDER groß geworden war. Es sollte sich aber sehr schnell bewahrheiten, dass ich zusehends Verteidigungskämpfe zu führen hatte, um meine Ideen durchzusetzen. Denn Anforderungen, die aus Truppensicht für notwendig gehalten werden, sind zumeist auch sehr teuer. Auf der anderen Seite ist das zur Verfügung stehende Geld für ein derartiges Projekt eines der entscheidenden und begrenzenden Faktoren. Zwischen diesen Extremen einen Ausgleich herbeizuführen, war in jeder Phase schwierig, spannend, aber auch grundsätzlich möglich. So gesehen fand ich ein Betätigungsfeld vor, das mir alle Möglichkeiten gab, mich einzubringen und auszuwirken. Wenn Sie so wollen, handelte es sich um eine Traumverwendung.

Von all dem ahnte ich so gut wie nichts, als ich mich in Munster meldete. Mein Vorgänger übergab mir die Dienstgeschäfte in professioneller Manier, und alle Mitarbeiter waren eifrig bemüht, mich in die Materie einzuweisen. Dabei fiel mir von Anfang an auf, dass ich „gebabysittet" wurde. Man war bemüht, mich zu keiner Zeit mit Vertretern der Rüstungsindustrie oder dem für die Entwicklung von Wehrmaterial damals zuständigem Bundesamt für Entwicklung und Beschaffung von Wehrmaterial (BWB) alleine konferieren zu lassen. Ich könnte Unheil ob meiner Ahnungslosigkeit anstellen, so befürchtete man. Ich mag keinen Babysitter an meiner Seite, musste aber schnell einsehen, dass dies zumindest in der Anfangszeit dringend nötig war. Ich wurde mit Dingen konfrontiert, deren Namen ich noch nicht einmal flüssig aussprechen konnte. Mehr noch – ich sollte hierüber auch noch entscheiden. Mit der Zeit wurde ich natürlich sattelfest, und der Babysitter durfte zuhause bleiben (was dem Offizier, der dies anfänglich tat, sichtbar zuwider war, denn er musste flugs ins zweite Glied zurücktreten. Das stank ihm gewaltig). Das Projekt, so hieß es bei meiner Übernahme, wäre auf der Zielgeraden. Der neue Schützenpanzer sei so gut wie in trockenen Tüchern. Es bedurfte eigentlich nur noch einiger administrativer Entscheidungen, ich solle mir keine Sorgen machen. Alles, was von mir noch verlangt wurde, war mein gesunder Menschenverstand und sonst nichts.

Tatsächlich sah die Realität komplett anders aus. Hierzu erlaube ich mir, Ihnen, lieber Leser, einen kurzen Exkurs über die Entwicklung eines neuen Schützenpanzers vorzutragen. Es ist dies zugleich ein gutes Beispiel dafür, wie gut gemeinte Projekte und Entwicklungen scheitern, weil sich entweder die politischen Rahmenbedingungen ändern, oder weil der Bedarfsträger (in diesem Falle das Heer) seine Meinung ändert. In jedem Falle werden auf diese Art und Weise Haushaltsmittel verschwendet, dass einem schon Angst und Bange werden kann.

Hier nun die zugegeben unvollständige Chronologie der Entwicklung „Neuer Schützenpanzer":

1. Der Schützenpanzer MARDER wurde 1973 in die Truppe eingeführt. Seitdem hatte er über 30 Jahre Nutzungszeit auf dem Buckel. Er war trotz einiger Anpassungen veraltet, nicht mehr bedrohungsgerecht und logistisch nur noch schwer zu versorgen. Kurz: er war obsolet.

2. Neben einigen anderen Zwischenprojekten, die allesamt eine horrende Summe an Entwicklungsmitteln verschlangen, wurde der MARDER 2 entwickelt. Dieses war ein hochmoderner, überaus leistungsstarker Schützenpanzer, der Ende der 80ziger Jahre alles in den Schatten stellte, was es vergleichsweise auf dem Weltmarkt gab. Sein Nachteil war sein Gewicht und seine Kosten. Er wog glatte 50 Tonnen, einem Urviech gleich, fast so schwer wie ein Kampfpanzer. Er war konzipiert worden, um die russischen Horden an der innerdeutschen Grenze zu stoppen. Die Entwicklung wurde bis zum Prototyp vorangetrieben. Da kam die deutsche Wiedervereinigung, und schlagartig gab es keine russischen Horden mehr, die es galt, an der innerdeutschen Grenze aufzuhalten. Das Projekt MARDER 2 hatte sich selbst überlebt. Die

mit seiner Entwicklung ausgegebenen Haushaltsmittel verdampften ungenutzt.

3. Dann kam man auf die Idee, ein Basisfahrzeug zu entwickeln, das sowohl für einen Kampfpanzer als auch für einen Schützenpanzer geeignet war. Man nannte dies „Neue gepanzerte Plattform". Auch dieser Gedanke war revolutionär und Unsummen von Haushaltsmitteln wurden investiert. Mein Vorgänger im Amt hat geschlagene fünf Jahre aufopferungsvoll für diese Idee gedient. Schlussendlich musste man sich aber eingestehen, dass dieses Projekt schlichtweg zu teuer war. Auch passte ein ca. 60 t schwerer neuer Kampfpanzer, der mit diesem Projekt verbunden war, genauso wenig in die neue politische Landschaft wie sein kleinerer Bruder, der Schützenpanzer, der immer noch weit über 40 t gewogen hätte. Das Projekt starb 1998, und alle weinten bitterlich.

4. Doch es gab noch Licht am Horizont der Panzergrenadiertruppe, die seit unzähligen Jahren verzweifelt versuchte, einen neuen Schützenpanzer zu entwickeln. Wenn auch die „Neue gepanzerte Plattform" gestorben war, so erhielt die Panzergrenadiertruppe dennoch den Auftrag, aus der Variante „Schützenpanzer" der „Neuen gepanzerten Plattform" einen tauglichen Schützenpanzer weiterzuentwickeln, der zwar etwas leichter sein sollte, aber wenigstens die technologischen Erkenntnisse in sich aufnahm, die man bei der Entwicklung der „Neuen gepanzerten Plattform" für teures Geld erworben hatte. Dieses Fahrzeug wurde mir übergeben. Es war immer noch fast 50 t schwer und ähnelte dem bereits einen unrühmlichen Tod gestorbenen MARDER 2 in frappierender Weise. Dieses Ungetüm stand angeblich auf der Zielgerade, und ich war drauf und dran, eine weitere Haushaltsleiche zu konstruieren.

5. Dem setzte der Staatssekretär für Rüstungsangelegenheiten ein Ende, ohne dass wir es zunächst merkten. Er entwickelte ganz einfach ein neues System, wie denn in Zukunft neues Wehrmaterial in der bürokratischen Mühle des Ministeriums zu behandeln sei. Man nannte dies CPM oder neudeutsch: Costumer Product Management. Da jeder englische Begriff von Haus aus die Aura des Modernen und Zukunftsträchtigen in sich trägt, schien eine Epoche modernster Beschaffungsplanung in die Bundeswehr einzuziehen. Und hierfür wurde das Projekt „Neuer Schützenpanzer" als Pilotprojekt auserkoren. Wun-

derbar, glaubte mein Vorgänger, damit ist der neue Schützenpanzer in trockenen Tüchern, denn als Pilotprojekt würde er natürlich allerhöchste Priorität genießen. Dies war ein fataler Irrtum. Denn ein neues Beschaffungssystem lädt geradezu dazu ein, das Projekt auf Herz und Nieren zu prüfen und alles, wirklich alles erneut in Frage zu stellen. Und so kam es. Der Schützenpanzer wurde als zu schwer und zwangsläufig als Relikt vergangener Zeit geoutet. Wir brauchen kein 50 t Schlachtross mehr, sondern ein multifunktionales Fahrzeug, das vor allem in modernen Flugzeugen zu verladen sein soll. Mit der Hilfe des Schützenpanzers sollten nicht mehr russische Horden aufgehalten werden, sondern es sollten auf allen Punkten der Erde vor allem Peacekeeping Operations durchgeführt werden. Dies sind Einsätze vom Typ SFOR oder KFOR. Und dort, auf dem Balkan, braucht man leichte, hoch mobile, dennoch aber gut geschützte Einsatzfahrzeuge. Kurz und gut, der Schützenpanzer war genauso mausetot wie seine Vorgänger MARDER 2 oder die „Neue gepanzerte Plattform".

6. Die Rettung erschien im Debakel von Rudolf Scharping als Verteidigungsminister. Er wurde kurzerhand wegen anderer „Vergehen" rausgeschmissen. Mit ihm ging genau der Staatssekretär, der das Projekt „Neuer Schützenpanzer" in den Papierkorb hat verschwinden lassen. Es kam Peter Struck als neuer Verteidigungsminister und mit ihm ein neuer Staatssekretär. Und oh Wunder, beide hatten nichts Besseres zu tun, als dem „Neuen Schützenpanzer" quasi als erste Amtshandlung wieder Leben einzuhauchen. Nun auf einmal galt es, dieses Wunderauto in einer leichten und luftverlastbaren Version innerhalb von nur drei Jahren zu planen, zu entwickeln und zu bauen.

Wenn man so will, bedurfte es schon des politischen Selbstmordes eines Verteidigungsministers, um das Projekt nach vorne zu bringen. Dieses Beispiel zeigt aber auch, wie sehr der Erfolg oder Misserfolg eines Projektes von Zufällen abhängen kann. Dem damaligen stellvertretenden Inspekteur des Heeres war dies vollkommen egal. Er nutzte die Gunst der Stunde und entwickelte mörderischen Druck, um das Projekt durch alle bürokratischen Mühlen und ministeriellen Hemmnisse durchzupeitschen. Er setzte eine Arbeitsgruppe ein, die das weitere Procedere entscheidungsreif zu planen hatte. Vor allem galt es, den noch nicht existierenden neuen Schützenpanzer gegen ausländische Konkurrenz in Form bereits bestehender Schützenpanzer positiv abzugrenzen. Denn diese konnten gekauft werden, quasi von der Stange. Sie brauchten nicht mehr entwickelt zu werden und drohten daher, wesentlich billiger zu werden als der ehrgeizige und zwangsläufig teure neue Schützenpanzer. In der Arbeitsgruppe saß alles vom Führungsstab des Heeres, der Abteilung Rüstung, des BWB und weiterer Dienststellen, was Rang und Namen hatte. Die Truppe als zukünftiger Bedarfsträger war hingegen nicht vorgesehen. Da griff der stellvertretende Inspekteur ein und befahl mich kurzerhand nach Bonn. Ich war wohl der einzige Panzergrenadier-stabsoffizier, den er kannte und der mit dem Projekt bis ins Detail vertraut war. Also packte ich meine Koffer und reiste nach Bonn. Dort angekommen meldete ich mich im Besprechungsraum des Führungsstabes des Heeres bei dessen Stellvertreter, der mich der staunenden Schar hoher und höchster Offiziere in etwa mit den Worten vorstellte, ich sei der Vorzeigepanzergrenadier schlechthin, und was ich zum Projekt aus der Praxis heraus zu sagen hätte, hätte Gewicht. Es darf nicht verwundern, dass mir nicht nur Liebe entgegengebracht wurde. Da erschien ein wildfremder ehemaliger Bataillonskommandeur, den niemand kannte, der nie im Ministerium Dienst geleistet hatte und wurde durch den Boss allen anderen de facto vorangestellt. Futterneid in besonderer Form ist auf diesen Ebenen gang und gäbe, und ich war einer, der in fremden Revieren das Futter stahl. Mir war es vollkommen egal, wie andere über mich urteilten. Ich erhielt durch glückliche Umstände die einmalige Gelegenheit, mein Projekt auf höchster Ebene entscheidend nach vorne zu bringen. Das gelang zumindest in groben Zügen. Ich sollte in der Folge aber spüren, dass man meinen Rat und meine Meinung nur noch zögerlich hören wollte. Wann immer ich mich meldete, um aus meiner Sicht technische Details am neuen Schützenpanzer zu begründen und durchzufechten, hatte ich Abwehrkämpfe durchzuführen. Denn alle Ideen, die wir technisch vor Augen hatten, waren mit einem entscheidenden Nachteil behaftet: sie kosteten Geld, sehr viel Geld, und das hatte niemand.

Erstaunlicher Weise hatten wir mit den Vertretern der Rüstungsindustrie keine derartigen Probleme, obwohl auch die aufgrund des Kostendrucks uns immer wieder zu Entscheidungen zwingen wollten, auf technisch aufwendige Lösungsansätze zu verzichten. Meine Mitarbeiter und ich mutierten auf diese Weise zu Gralshütern der Idee eines neuen Schützenpanzers, der beileibe noch nicht auf der Zielgeraden war, wie mein Vorgänger so euphorisch mutmaßte. Streng genommen war der neue Schützenpanzer noch nicht einmal in den Startlöchern.

Gerne erinnere ich mich noch an die erste Planungskonferenz, an der ich zu diesem Projekt teilnehmen durfte. Ich fuhr zum Bundesamt für Wehrtechnik und Beschaffung nach Koblenz und saß Vertretern des Amtes und der Rüstungsindustrie gegenüber. Man nannte dies „Critical Design Review". Als ob man so etwas nicht auch in einem normalen Deutsch ausdrücken konnte. Es ging darum, von mir Konstruktionsentscheidungen zu erzwingen, obwohl ich gerade mal vier Wochen mit dem Projekt beauftragt war. Wie sollte ich in dieser so kurzen Zeit über lebenswichtige Parameter im Alleingang entscheiden können? Man fragte mich, ob ich mit einer 35 mm Kanone einverstanden sei. Man wollte von mir Entscheidungen, wie viele Soldaten schlussendlich in diesem Fahrzeug zu transportieren seien, wie stark die Panzerung auszulegen sei, welches Antriebskonzept ich favorisieren würde und ähnliches mehr. Das Ganze wurde gewürzt mit so netten Begriffen wie „man in the loop" oder „MMI", was nichts anders heißen sollte als „Mensch–Maschine–Interface". Klingt doch toll und wichtig, doch verstanden habe ich es nicht (Sie wahrscheinlich auch nicht, lieber Leser). Ich tat wohl das einzig Richtige. Ich nahm alle Begehrlichkeiten auf, erklärte mich für nicht auskunftsfähig und versprach, alles in Ruhe zu prüfen. Der Versuch, mich mit hochtrabenden Fachausdrücken über den Tisch zu ziehen, war gescheitert. Später, als ich voll im Saft stand, konnte ich derartige Anfragen in Sekundenschnelle beantworten.

Wie sehr aber die Politik und die Lobby der Rüstungsindustrie dieses Projekt dominierten, soll folgendes Beispiel erläutern. Es drehte sich um die Hauptbewaffnung des neuen Schützenpanzers, seine Bordmaschinenkanone. Die Waffe am veralteten Schützenpanzer MARDER verfügte über ein Kaliber von 20 mm, das anerkannter Maßen als obsolet angesehen wurde. Wir, die Vertreter der Panzertruppenschule, hatten bereits in den 80er Jahren eine hochmoderne 35 mm Bordmaschinenkanone entwickelt, die ursprünglich für den MARDER 2 vorgesehen war. Für die Entwicklung dieser Waffe waren abenteuerliche Haushaltsmittel ausgegeben worden, die nunmehr im neuen Schützenpanzer nutzbringend Verwendung finden sollten. Diese Waffe wurde von der Firma Rheinmetall Landsysteme entwickelt. In Konkurrenz hierzu stand die Firma Mauser, die eine 30 mm Waffe anbot. Obwohl der Kaliberunterschied nur 5 mm beträgt, votierten wir vehement für die 35 mm Bordmaschinenkanone, die ganz einfach moderner und weit durchschlagsstärker war. Die Firmenlobbyisten von Mauser taktierten derart geschickt, dass sämtliche Argumente, so begründet sie auch sein mochten, zugunsten der Rheinmetall Waffe platzten wie eine aufgeblasene Melone. Die 35 mm Waffe hatte einen entscheidenden Nachteil: sie war zu schwer, ein Umstand der später noch zu einer ganz anderen kritischen Entscheidung führen sollte, von deren Ausmaße ich damals nichts ahnen konnte. Auch muss ich aus heutiger Sicht zugeben, dass die im PUMA verwendete 30 mm Kanone von Mauser erstklassig ist. Aber das alles konnte ich damals nicht wissen.

Ähnlich verlief die Frage der Luftverlastbarkeit des neuen Schützenpanzers in einem Transportflugzeug der Luftwaffe. Die Bundeswehr entwickelte seit Jahren einen neuen Transporter für die Luftwaffe. Als europäisches Rüstungsprojekt ersten Ranges kam hierfür nur AIRBUS in Frage. So entstand der Airbus A 400 M, ein Transportflugzeug, das für viel Geld beschafft wurde und über eine Nutzlast von knapp über 30 t verfügte. Unser Projekt, der neue Schützenpanzer, wurde auf einmal an den A 400 M gekoppelt. Dies ist ein klassisches Beispiel für das Schicksal vieler Rüstungsprojekte, wo sich sicherheitspolitische Vorgaben während der Entwicklungszeit schlagartig ändern und ein Projekt zum jähen Stillstand zwingen können. Ein 50 t Schlachtross, das russische Horden an der innerdeutschen Grenze aufhalten sollte, passte nicht in den A 400 M. Ebenso musste angezweifelt werden, ob für ein Gefecht gegen russische Streitkräfte überhaupt der Lufttransport eines 50 t Schützenpanzers nötig wäre. Schließlich sind die Entfernungen innerhalb Deutschlands eher gering und können daher überwiegend im Straßenmarsch erfolgen. Ganz anders sieht dies aber aus, wenn die Sicherheitspolitik auf einmal fordert, dass die Bundesrepublik Deutschland auch am Hindukusch verteidigt werden soll. So jedenfalls wurde das deutsche Engagement in Afghanistan begründet. In der Konsequenz muss deutsches Wehrmaterial in der Lage sein, weltweit eingesetzt zu werden, und dies schnell. Das setzt aber grundsätzlich die Luftverlastbarkeit des Wehrmaterials voraus, und hierfür wurde der A 400 M gebaut. Daher ist es nur logisch, dass die Bundeswehr ein 50 t Schlachtross gar nicht mehr benötigt, womit das Konzept meines Vorgängers trotz aller Entwicklungsmittel stillschweigend zu den Akten gelegt wurde. Der neue Schützenpanzer musste in den A 400 M passen, koste es, was es wolle.

So erfand man die Eierlegendewollmilchsau. In der Grundkonfiguration plante man einen leichten Schützenpanzer, der eigentlich nichts weiter können sollte, als in einem Airbus 400 M mitzufliegen, um vor Ort ein wenig Peacekeeping durchzuführen. Wirklich kämpfen sollte er nicht. Ein solcher Ansatz für sich allein genommen reichte aber noch nicht, denn ein derartiges Fahrzeug ließe sich für billiges Geld der Einfachheit halber auf dem Weltmarkt kaufen. Damit der neue Schützenpanzer für den unwahrscheinlichen Fall, dass doch russische Horden (oder vergleichbare Ganoven) zu bekämpfen waren, gerüstet war, musste er bei Bedarf bestens geschützt und mit hoher Feuerkraft ausgestattet werden. Konzeptionell plante man daher einen Aufwuchs in der Tonnage auf gut 40 t. Dieser Aufwuchs war vor allem verbunden mit einem deutlich verbesserten Panzerschutz. Technologisch gesehen stellte dieser Ansatz uns alle vor höchste Probleme und verteuerte das Projekt zusehends. In jedem Falle sollte der neue Schützenpanzer zweierlei können, also sowohl in Peacekeeping Operations bestehen als auch in heißen Gefechten überleben und sich durchsetzen können. Von diesen Funktionen wurde zunächst aber nur eine tatsächlich verwirklicht, nämlich die leichtere Variante innerhalb einer Gewichtsklasse von gut 30 t, die auf den A 400 M zugeschnitten war. Derartige konstruktive Einschnitte erzwingen natürlich Abstriche bei den militärischen Forderungen, die wir an das Fahrzeug anlegten. So bröckelte also still und leise die Forderungsliste in sich zusammen, die wir erstellt hatten.

Selbst die Minimaltonnage von ca. 30 t stellte uns vor gravierende Herausforderungen. So gut wie alle auf dem Weltmarkt befindlichen Schützenpanzer verfügen samt und sonders über einen Turm, in dem der Schütze und nicht selten auch der Kommandant ihren Platz finden. Ein- und Zweimanntürme sind die Regel, und die sind nicht selten relativ groß und damit schwer. Ein Zweimannturm, der mit einer 30 mm Kanone bestückt ist, sprengt aber die Gewichtsvorgabe des A 400 M, es sei denn, man nimmt Abstriche bei anderen Parametern wie den Schutz vor. Der Schutzfaktor war aber genauso gesetzt und nicht mehr zu diskutieren wie die Verknüpfung des Projekts mit dem A 400 M. Daher waren die 30 t taktische Nutzlast des Airbus für uns bindend. Die Lösung war genauso einfach wie revolutionär. Es gab zwar unverändert einen Turm, der die 30 mm Kanone und die Munitionszuführung in sich aufnahm, jedoch blieb der Turm besatzungslos und musste daher auch nicht so schwer geschützt werden, was Gewicht einsparte. Die Besatzung, also der Richtschütze und der Kommandant, sitzen tief in der Wanne des Schützenpanzers und verfügen nicht mehr über die Fähigkeit, über Luke mit ihren Augen das Gefechtsfeld zu beobachten. Sie sind hierzu nahezu vollständig auf hervorragende Sensoren und elektronische Optiken angewiesen und führen den Feuerkampf des Schützenpanzers quasi virtuell. Dieses Konstruktionsprinzip erzwingt einen Paradigmenwechsel in der Führungsphilosophie der Panzergrenadiertruppe. Ich bin mir sicher, dass dieses Prinzip am Ende funktionieren wird. Anfang 2000 jedoch war das noch nahezu unvorstellbar. Und doch stellte mich die Industrie gleich am Anfang meiner Verwendung in Munster vor die alles entscheidende Frage: Entweder ich akzeptiere den sogenannten „besatzungslosen Turm" oder aber der Schützenpanzer wird nicht gebaut. So habe ich die Unterschrift unter ein Konstruktionsprinzip setzen müssen, dessen Konsequenzen damals noch nicht einmal ansatzweise abzusehen waren. Es blieb also spannend.

Wie es tatsächlich in der politischen Wahrnehmung mit diesem Projekt zur damaligen Zeit stand, sollte ich erfahren, als mich ein Redakteur der bundeswehreigenen Zeitschrift „Y" anrief. Er wollte einen großen Artikel über den neuen Schützenpanzer lancieren. Er benötigte von mir Details und vor allem Bilder. Aber, so sagte er mir, die Kanone des neuen Schützenpanzers dürfe auf den Bildern nicht zu sehen sein. Das würde die Parlamentarier nur verschrecken und die falsche Botschaft ausstrahlen! Keine Kanone suggeriert Friedfertigkeit oder sogar Wehrlosigkeit. Ein Bild mit Kanone würde dagegen den Eindruck erwecken, dass die böse Panzergrenadiertruppe erneut ein blutrünstiges Monster entwickelt, das niemand wirklich gebrauchen würde. So war der damalige Zeitgeist, Anfang des neuen Jahrtausends. Afghanistan gab es noch nicht, und innerhalb der Bundeswehr orientierte sich alles an den Erfahrungen, die wir im Kosovo sammelten. Dort wurde nicht geschossen und gekämpft. Dort wurde klassisches Peacekeeping vollzogen. Wenn überhaupt, dann war der Warnschuss vorgesehen, aber kämpfen, schießen und töten? Niemals! Manch ein Bataillonskommandeur prahlte zu der Zeit, dass er seine Ausbildung komplett „balkanisiert" hätte. Angriff, Verteidigung und Verzögerung, das wären doch Relikte einer untergegangenen Zeit und Vertreter wie wir an der Panzertruppenschule, die immer noch kämpfen wollten, kämen Dinosauriern gleich, zum Aussterben verurteilt. Mit Afghanistan änderte sich das zum Glück.

In die gleiche Kerbe schlägt die unendliche Geschichte der Namensgebung für den neuen Schützenpanzer. Für uns war die Sache einfach. Der MARDER 1 war veraltet, der MARDER 2 wurde zwar bis zum Prototyp entwickelt aber kurz vor Einführung eingestellt und ins Panzermuseum gestellt, also musste der neue Schützenpanzer MARDER 3 heißen. Um Gottes willen, alles, nur das nicht! Der Name MARDER 3 suggeriert ja, dass dieses Fahrzeug nur die Fortsetzung der leidigen Philosophie des bewaffneten Kampfes ist. Das wäre ja grässlich und so ziemlich das Letzte gewesen, was in der Politik zur damaligen Zeit (Anfang 2000) gefragt war. Also wurden wir aufgefordert, nach alternativen und phantasievollen Namen zu suchen. So entstand der Begriff MARK–M, ein Begriff, der so idiotisch in seiner vollen Schreibweise ist, dass ich Ihnen die Übersetzung der Abkürzung nur als Fußnote zukommen lasse[21]. Kein Mensch hätte derartige Sätze unfallfrei über die Lippen bekommen. MARK–M wurde ersetzt durch die Abkürzung MMWS PANTHER, ein Begriff, der zwischenzeitlich genutzt wurde, nichtsdestoweniger unmöglich zu behalten geschweige denn auszusprechen ist.[22] Allerdings versprach der Zusatz „PANTHER" die Absicht, dem Fahrzeug doch glatt einen brauchbaren Tiernamen zu verpassen. Dann kam N-SPz, was so viel wie „Neuer Schützenpanzer" heißen sollte. Die Fülle der vollkommen abstrusen Abkürzungen und Namensgebungen war nicht mehr so überblicken. Kurzzeitig hieß das Projekt auch einmal SPz 3 (wie Schützenpanzer 3, nicht zu verwechseln mit MARDER 3). Ich hatte mittlerweile aufgegeben, diesen Unsinn weiter zu verfolgen. Und dennoch mussten wir offiziell drei Namensvorschläge einreichen, die allesamt einen Bezug zu irgendwelchen Tieren haben sollten. MARDER war verboten, das war klar. Also schlugen wir LÖWE vor. Doch dies scheiterte am geballten Widerstand der Panzertruppe. Denn deren Fahrzeug, der Kampfpanzer LEOPARD, durfte aufgrund seines Namens nicht „leichter" sein als sein kleiner Bruder, der Schützenpanzer. Namen, die auf Kampffahrzeuge der deutschen Wehrmacht zurückgingen, sollten ebenso vermieden werden, zumindest galt dies für den Namen TIGER. Auch hatte die Heeresfliegertruppe sich diesen Namen bereits reserviert für den neuen Kampfhubschrauber. Dann schlugen wir PUMA vor, doch so hieß ein weiteres deutsches Kampffahrzeug im II. Weltkrieg. Darüber hinaus verwaltete die Firma Krauss Maffei als Rüstungsindustrie die Rechte an diesen Namen (tatsächlich, so etwas gab es auch). Nach verzweifelter Suche in dem Buch „Brehms Tierleben" fanden wir doch tatsächlich ein possierliches Wüstenkätzchen namens SERVAL. Das schien politisch unbelastet und Erfolg versprechend

---

[21] MARK-M = Mehrrollenfähiges Modulares Waffensystem mit konfigurierbarer Missionsausstattung.
[22] MMWS = Modernes Modulares Waffensystem

zu sein. Doch es kam viel fürchterlicher. Verteidigungsminister Struck wollte eine Pressekonferenz zum Projekt des neuen Schützenpanzers geben und fragte offenbar verzweifelt innerhalb seiner unmittelbaren Umgebung, ob denn nicht irgendeiner seiner Referenten einen geeigneten Namen aus dem Ärmel ziehen könnte. Der Name sollte den besonderen Schutzcharakter des Fahrzeuges hervorheben. Da muss einem der Referenten die glorreiche Idee befallen haben, den neuen Schützenpanzer IGEL zu nennen. Ein IGEL droht nicht aktiv. Er kämpft nicht wie ein Raubtier. Wird er angegriffen, dann rollt er sich zusammen und droht; er schreckt ab. Genau, das ist es doch, IGEL soll der neue Schützenpanzer heißen. Als ich dies dem General der Panzertruppenschule meldete, wollte er mich wegen erwiesener Schwachsinnigkeit auf der Stelle ablösen. Ein gepanzertes Fahrzeug der deutschen Kampftruppen kann unmöglich IGEL heißen. Damit macht man sich nur lächerlich. Tatsächlich ergoss sich Hohn und Spott über mich und mein Dezernat. Wie niedlich, IGEL fressen Regenwürmer, verkriechen sich zum Winterschlaf in einem Blätterhaufen im Garten, rollen sich bei Gefahr zusammen und lassen sich von Autos auf der Straße plattfahren. Das sollte unser stolzer neuer Schützenpanzer sein – unmöglich!

Da kündigte sich die Rettung in Form des Besuches des damals verantwortlichen Verteidigungsministers, Peter Struck, bei der Panzertruppenschule an. Wir waren fest entschlossen, Herrn Struck von dem Namen IGEL abzubringen – nur wie? Wenn sich ein Minister erst einmal in aller Öffentlichkeit für eine Sache festgelegt hat, dann ist er im Regelfall durch nichts von der einmal eingenommenen Position abzubringen. Wir haben ihm ein wunderschönes Bild eines leibhaftigen Pumas geschenkt. Das Viech thronte in der Mitte des Bildes umrahmt von der gesamten Tierwelt aller Namen für irgendwelche Gefechtsfahrzeuge des deutschen Heeres, als da waren: Biber (Brückenlegepanzer), Dachs (Pionierpanzer), LEOPARD (Kampfpanzer), MARDER (Schützenpanzer), GEPARD (Flugabwehrpanzer), SKORPION (Minenwerfer), FUCHS (Transportpanzer), FENNEK (Aufklärungspanzer), LUCHS (Aufklärungspanzer), WIESEL (Luftlandepanzer), OZELOT (Flugabwehrpanzer) und ähnliches mehr. Unser Puma schmiss sich wirklich eindrucksvoll ins Zeug. Der Leiter der Gruppe Weiterentwicklung, mein unmittelbarer Vorgesetzter, überreichte Peter Struck das Bild mit der Bemerkung: „Haben Sie jemals einen Puma gesehen, der von Autos auf der Landstraße platt gefahren wurde?" Das leuchtete selbst Peter Struck ein, und er revidierte auf der Stelle seine Entscheidung. Kurzerhand wurden die Namensrechte am PUMA von Krauss Maffei abgekauft (für den symbolischen Preis von 1 Euro), und fortan führte das Projekt neuer Schützenpanzer einen Namen, der passte. Sie erkennen aber auch, lieber Leser, mit was für Lappalien und Zufällen man sich im Zuge eines derartigen Projektes herumschlagen muss.

Ein Beispiel, wie sehr Kleinigkeiten so ein Projekt an den Rand des Scheiterns bringen können, ist das 95er Perceptil. Machen Sie sich keine Sorge, ich kannte den Begriff „Perceptil" früher genauso wenig wie Sie. Das änderte sich schlagartig, als sich ein Ergonom über das Projekt beugte. Der Ergonom vertritt in seiner fachlichen Zuständigkeit Forderungen, wie der Innenraum des Schützenpanzers konfiguriert sein muss. Erfüllt der Schützenpanzer diese Forderungen nicht, erhält er keine Zulassung. Daher waren wir gut beraten, den Ergonom ernst zu nehmen. Das fiel mir unendlich schwer. Wir führten mehrere Versuche durch, die Ausrüstung, die eine Panzergrenadiergruppe mitführt, in dem Innenraum des neuen Schützenpanzers unterzubringen. Hierbei ließen wir uns natürlich von der Ausrüstung leiten, die in den MARDER passte. Die Außenabmessungen des PUMA waren uns ja bekannt. Davon leiteten wir ein Holzmodell ab, das den zukünftigen Innenraum des PUMA abbildete, und der war im Verhältnis zum MARDER geradezu lächerlich klein. Die Tonnage des PUMA steckte in seiner Panzerrung, und die setzte den Außen- und Innenmaßen erschreckend kleine Grenzen. Sehr schnell erkannten wir, dass wir erhebliche Abstriche machen mussten, denn der Innenraum war endlich, die Ausrüstung hingegen nicht. So blieben liebgewonnene und wünschenswerte Ausrüstungsgegenstände auf der Strecke, die nun einmal in dem knappen Raum des PUMA nicht unterzubringen waren. Das 95er Perceptil hingegen verlangt, dass die Sitze des PUMA so geformt sein müssen, dass ein Durchschnittsmensch von sagen wir mal 185 cm Körpergröße mit vielleicht 90 kg Gewicht mitsamt seiner Uniform und militärischen Ausrüstung, die er am Mann trägt, so in den PUMA und in die Sitze passen muss, dass zwischen dem behelmten Kopf und der Wannendecke noch ein Mindestabstand besteht von vielleicht ca. 10 cm. Warum ist das so? Ganz einfach. Der Soldat sitzt angeschnallt in seinem Sitz. Detoniert eine Panzermine unter dem Schützenpanzer, dann beschleunigt der Explosionsdruck den Soldaten trotz der Sicherheitsgurte knapp 10 cm nach oben. Er würde daher mit seinem Kopf gegen das Wannendach knallen und sich das Genick brechen unabhängig von dem Umstand, dass er einen Helm trägt. Das leuchtete uns ein,

238

erzwang aber weitere Kompromisse, die wir stolz dem Ergonomen vorstellten. Der beäugte neugierig unseren Lösungsansatz, nur um uns mit seiner nächsten Forderung an den Rand des Wahnsinns zu treiben: „Und wo ist das Damenklo?"

Sie, lieber Leser, vermuten, dass ich Sie veralbern will? Weit gefehlt! Diese Forderung wurde tatsächlich erhoben. Mit gewichtiger Miene erklärte der Ergonom dem aus fassungslosen Augen ihn anstarrenden Projektteam, dass natürlich die Bedürfnisse der Frauen zu berücksichtigen seien. Wenn denn die Bundeswehr Frauen auch in der Kampftruppe zuließe, dann müsste man hieraus auch die Konsequenzen ziehen. Es wäre Frauen nicht zuzumuten, wenn sie denn 24 Stunden auf dem Schützenpanzer kämpfen müssten und das ggf. auch noch unter geschlossenen Luken, in Gegenwart der Männer einfach in eine Cola Dose zu pinkeln, wie es Männer ungeniert gerne tun. Also müsste in dem knappen Innenraum des PUMA ein Damenklo eingebaut werden, sonst gäbe es keine Zulassung. Mit Wut im Bauch und einer ganzen Menge wilder Entschlossenheit zogen wir uns in unsere Diensträume zurück und brüteten über dieses neue Problem. Die Lösung wuchs so langsam in unseren Köpfen, als wir uns in einer Dienstpause über einen Campingurlaub unterhielten. Natürlich, das ist es doch! Camping! Es gibt eine kleine Pinkelflasche, eigentlich keine Flasche als vielmehr eine Plastiktüte, deren Öffnung so geformt ist, dass eine Frau problemlos hineinpinkeln kann. Diese Produkte sind auf dem freien Markt käuflich erhältlich. Wir orderten ein Muster, das innerhalb weniger Tage auf meinem Schreibtisch lag. Es war sehr klein und schmal und wog so gut wie gar nichts. Also ideal geeignet für unsere Zwecke. Es hatte nur wenig Sinn, dieses Instrument durch einen Mann ausprobieren zu lassen. Also ging ich zu meiner Sekretärin und bat sie, dieses Teil doch einmal auf Truppentauglichkeit auszuprobieren. Ich weiß nicht mehr genau, was meine Sekretärin mir als Antwort an den Kopf schmiss, aber freundlich war das sicherlich nicht. Der Test entfiel wie am Ende auch die Forderung nach einem Damenklo. Aufregend war das allerdings schon, wenngleich nicht zu realisieren.

Den Industrievertretern haben wir in einer Lehrvorführung in Munster dann bei einer passenden Gelegenheit den MARDER und vor allem die Kampfweise der Panzergrenadiere vorgeführt, damit sie einen Eindruck davon erhielten, worüber wir eigentlich diskutierten. Wir haben einen MARDER vollständig aufgerüstet mit allem, was hineingehörte. Die Industrievertreter trauten ihren Augen nicht, als sie das gesamte Gelumpe sahen, das zunächst vor dem MARDER ausgelegt worden war, nur um dann Zug um Zug in dem Innenraum des MARDER zu verschwinden. Und das soll alles im PUMA Platz finden? – Unvorstellbar! Dann haben wir die Herren in den aufgerüsteten MARDER hineingesetzt, die Luken verschlossen, den Motor angelassen und sind mit ihnen ins Gelände gefahren. Wer Platzangst hat und während einer holprigen Fahrt unter Übelkeit leidet, sollte einen großen Bogen um den MARDER machen. Freude machte sich breit, als der MARDER anhielt, die Heckklappe aufging und der Befehl durch den Kopfhörer kam, „Absitzen nach links". Einer nach dem anderen torkelte unter größten Anstrengungen und sich an allen Ecken und Kanten stoßend aus dem unfassbar engen MARDER. Wie soll das erst beim PUMA werden? Ein Ingenieur hatte seine nagelneue NIKON-Kamera mitgeführt. Leider kam er beim Absitzen ins Straucheln. Mit seiner NIKON in Vorhalte verschwand er bäuchlings im Modder des Panzertrecks. Die NIKON war unbrauchbar geworden und unser Ingenieur um eine Erfahrung reicher.

Wenn ich zurückblicke, dann bleiben für mich zwei wirklich entscheidende Dinge übrig:

1. Es bedurfte schon den Wechsel an der Spitze des Verteidigungsministeriums, um das Projekt neuer Schützenpanzer überhaupt weiterzuführen.

2. Nebensächlichkeiten wie die Namensgebung sind oftmals wichtiger als Details in der Konstruktion.

Der Schützenpanzer PUMA war mein Baby; ich habe sehr viel Herzblut in dieses Projekt investiert. Durch ihn habe ich Einblicke nehmen dürfen in Entscheidungsprozesse, die ich sonst niemals hätte gewinnen können. So gesehen war die Verwendung an der Panzertruppenschule, in der Gruppe Weiterentwicklung, eine der spannendsten Verwendungen, die ich jemals bekleidet habe.

Es sollte für mich jedoch noch ein Wiedersehen mit dem PUMA geben. Meine allerletzte Verwendung als aktiver Soldat brachte mich erneut nach Munster und wieder in die alte Panzertruppenschule, jetzt allerdings mit dem Namen Ausbildungszentrum Munster ausgestattet. Ich bekleidete dort den Dienstposten des Chefs des Stabes. Der PUMA war immer noch nicht fertig entwickelt worden. Wir befinden uns im Jahre 2011, d.h. genau elf Jahre nachdem mein damaliger Vorgänger bei der Gruppe Weiterentwicklung meinte, das Projekt neuer Schützenpanzer befände sich auf der

Zielgeraden. Diese Zielgerade erwies sich als äußerst lang. Es gab noch nicht einmal einen Prototyp. Und dann wurde mir auch noch eine Dienststelle unterstellt, die für die Einführung des PUMA in die Truppe verantwortlich zeichnete. Drei Jahre blieb ich Chef des Stabes im Ausbildungszentrum Munster. Als ich am 31.05.2014 schlussendlich pensioniert wurde, besaß das deutsche Heer einige Prototypen, und die Fertigung des PUMA nahm ihren Anfang. Ich sah den PUMA leibhaftig das erste Mal im Frühjahr 2014. Es ist ein imposantes Fahrzeug und gut gelungen. Viele, sehr viele Konstruktionsdetails, die ich aus meiner damaligen Zeit nur als Vision kannte, trägt der PUMA mittlerweile in sich. Der PUMA wird nach derzeitigem Stand sicherlich nicht vor 2020 vollständig einsetzbar sein. Es sind immer noch Nachrüstungen erforderlich, weil die technologischen Voraussetzungen noch nicht gegeben sind oder Haushaltsmittel fehlen. Die ersten Ideen zur Entwicklung eines neuen Schützenpanzers starteten irgendwann in den 80-ziger Jahren des letzten Jahrhunderts. Nun endlich, nach über 30 Jahren Entwicklungszeit, läuft das Produkt der Truppe zur Nutzung zu. Wenn das kein Wunder ist, dann weiß ich auch nicht mehr weiter.

Die deutsche Wiedervereinigung

1989 war nicht nur für alle Deutschen ein besonderes Jahr. Wie für die meisten, so kam die deutsche Wiedervereinigung auch für uns Soldaten so über uns, als ob eine Jungfrau ein Kind erhielte. Niemand hatte die Entwicklung voraussehen geschweige denn sich darauf einstellen können. Bis in das Jahr 1989 hinein glaubten wir alle noch, Vorbereitungen im Rahmen des Kalten Krieges treffen zu müssen. Die Leipziger Montagsdemonstrationen rissen uns aus allen Träumen. Wer hätte das alles für möglich gehalten und welche Konsequenzen ergaben sich daraus? Auf einmal wurde uns klar, dass unser ehemaliger Gegner jetzt unser Freund wurde. Das alles spielte jedoch für mich noch gar keine Rolle. Zu der Zeit war ich im Divisionsstab der 3. Panzerdivision eingesetzt, die in Buxtehude lag. Nach und nach erhielten wir Befehle, wie wir uns gegenüber der Nationalen Volksarmee der dahinsiechenden DDR zu verhalten hatten. Da es noch keine parlamentarische Entscheidung gab, ob und wann die DDR der Bundesrepublik Deutschland beitreten würde, wurden uns sämtliche offiziellen Kontakte zum (noch) Gegner von einst untersagt. Natürlich hat sich die 3. Panzerdivision daran gehalten, deren Chef des Stabes selbstverständlich alle Telefonate oder gar Besuche von Truppenteilen der DDR verbot. Ich konnte meinen Oberst gut verstehen. Wir unterlagen und unterliegen dem Primat der Politik. Das heißt, solange die Politiker nicht entschieden haben, können und dürfen wir nicht handeln. Politische Entscheidungen standen jedoch noch aus.

Nicht alle haben sich daran gehalten. Regional wurden erste Kontakte geknüpft. Langsam sickerten Informationen durch, wonach Offiziere der 6. Panzergrenadierdivision mit damaligen Sitz in Neumünster klammheimlich Kontakte zu der 6. Division der NVA mit Sitz in Schwerin aufnahmen. Die Begründung will ich gleich mitliefern. Die im Norden der Bundesrepublik Deutschland stationierten Verbände konnten sich ausrechnen, dass sie irgendwann eine Art von Couleur-Beziehung zu im Norden der DDR stationierten Verbänden aufnehmen mussten. Eine deutsche Wiedervereinigung musste automatisch auch eine Vereinigung der jeweiligen Streitkräfte nach regionalen Kriterien mit sich bringen. Da Beziehungen nur demjenigen schaden, der über keine verfügt, versprach schnelles Handeln Erfolg. Neben Schwerin gab es nur noch einen Standort im Norden der DDR, nämlich Eggesin an der polnischen Grenze, wo die 9. Panzerdivision der NVA lag. Eggesin hatte aber den Ruf, so ziemlich das Miserabelste zu sein, was die DDR zu bieten hatte. Hingegen bot Schwerin neben der größeren Nähe auch eine wesentlich bessere Infrastruktur. Der Kluge baut natürlich vor. In diesem Falle trafen unsere Freunde aus Neumünster den Nagel auf den Kopf. Kaum wurde seitens des BMVg offiziell verkündet, dass die NVA durch die Bundeswehr zu übernehmen sei, wurde die Bildung von Couleur-Beziehungen befohlen. Der 3. Panzerdivision in Buxtehude wurde die 9. Panzerdivision in Eggesin als Couleur-Verband zugewiesen. Damit hatten wir den Salat.

An dieser Stelle sei ein Einschub zu Eggesin erlaubt. Eggesin liegt einen Steinwurf weit von Stettin (polnisch) entfernt am Ueckermünder Haff. Die Gegend war 1989 derart trostlos, dass Einheimische die Redewendung erfanden, man könnte sich dort nur besaufen oder vermehren. Augenscheinlich wurde beides vollzogen. Außer dem Ueckermünder Haff mit seinen Bademöglichkeiten im Sommer gibt es kaum etwas, das nach westlichem Standard Lebensqualität versprach. Die Arbeitslosigkeit war erschreckend hoch. Industrie wollte oder konnte sich nicht ansiedeln. Frauen fanden sowieso keinen Job. Es gab praktisch nur die NVA, die Beschäftigung versprach, und die drohte nun auch noch im Zuge der Wiedervereinigung aufgelöst zu werden.

Ich werde nie vergessen, wie mein G 3 im Auftrage des Chefs des Stabes in meiner Gegenwart das erste Telefongespräch mit der 9. Panzerdivision in Eggesin führte. Es dauerte endlos lange, bis eine stark sächselnde Stimme einer Telefonistin sein Gespräch annahm. Als diese Dame dann noch merkte, dass ein Westoffizier den Chef des Stabes Ost sprechen wollte, erhielt sie beinahe einen Ohnmachtsanfall. Vollkommen aufgeregt rief sie ständig „Herr Oberst, Herr Oberst, der Westen, es ist der Westen!". Schließlich kam ein NVA-Oberst an den Hörer, der sofort sagte, dass er eigentlich überhaupt nichts zu sagen hätte, da er offiziell mit der Führung der 9. Panzerdivision nicht beauftragt sei. Auf die Frage, wer denn die Führungsverantwortung hätte, konnte er nicht antworten. Alle höheren Führer hätten sich bereits aus dem Staube gemacht. Wir bekamen auf diese Weise einen kleinen Vorgeschmack auf das, was wir noch erleben sollten! Kurze Zeit später trafen erste Organisationsbefehle des BMVg ein. Danach sollte jede Division im Rahmen ihrer Couleur-Beziehungen sogenannte Ausbildungsunterstützungsgruppen bilden, die die Ausbildung „drüben" übernehmen und noch vorhandenes Ausbildungspersonal Ost in westliche Methoden einweisen sollten. Solche Ausbildungsunterstützungsgruppen umfassten in der Regel pro Kompanie Ost einen Kompaniechef, einen Kompaniefeldwebel, zwei Zugführer und mehrere Gruppenführer West, also die Masse des für eine Kompanie erforderlichen Führungskaders. Darüber hinaus wurden auch Soldaten gesucht, die bereit waren, in höhere Stäbe zu gehen, z.B. in das Divisionskommando der 9. Panzerdivision (NVA) oder in einige ihrer Regimentsstäbe. Die Führer aller Ebenen sollten auf der Stelle durch Westoffiziere ausgewechselt werden, weil man von den Ost-Komman-deuren außer einer strammen kommunistischen Haltung wenig erwartet werden durfte. Also wurden auch Bataillonskommandeure, Regimentskommandeure etc. West gesucht, die sich dem Abenteuer Übernahme Ost stellen wollten, denn alle Abstellungen erfolgten nach dem Prinzip der Freiwilligkeit.

Nie werde ich den Augenblick vergessen, als unser Oberst alle seine Offiziere im Besprechungsraum der 3. Panzerdivision zusammenzog und Freiwilligenmeldungen abverlangte. Es meldeten sich auch einige. Ich allerdings zog es vor, vom Westen her die Dinge zu beeinflussen. Ich will den Männern, die in der ersten Stunde in den Osten gingen und wirkliche Pionierarbeit unter denkbar ungünstigen Bedingungen geleistet haben, kein Unrecht antun. Die Masse von ihnen war bestimmt überdurchschnittlich gut qualifiziert. Es gab aber auch einige, die auf diese Weise meinten, quasi „Karriere auf dem zweiten Bildungsweg" machen zu können. Leute, für die der Karrierezug augenscheinlich bereits abgefahren war, witterten nun die einmalige Gelegenheit, Versäumtes nachzuholen. Nicht immer hat die Bundeswehr ihre stärksten Leute geschickt. Manche Wessis haben sich im Osten derart arrogant und selbstherrlich aufgeführt, dass es nicht verwundern darf, wenn der Ossi dagegen aufbegehrte. Dennoch müssen sich unbeschreibliche Dinge abgespielt haben, die von allen Offizieren ein unvorstellbares Maß an Improvisationsvermögen und Charakterstärke verlangten. Die einfachsten Dinge stellten ungeheure Aufgaben dar. Selbst die Bewachung der Liegenschaften, die Verwendung von Ostpersonal mit den damit verbundenen menschlichen Schicksalen, Verbleib und Verwendung des NVA-Wehrmaterials und der NVA-Munition (von den Bundeswehroffizieren in schier unglaublichen Mengen, unbewacht und in einem erbarmungswürdigen Zustand vorgefunden), Umweltverschmutzung, Aufrechterhaltung des Dienstbetriebes, Versorgung der Ost-Soldaten mit Strom, Wasser und Verpflegung, all das ist nur ein kurzer und unvollständiger Auszug aus der Flut der Probleme, die sich den Wessis stellten. Um überhaupt genügend Leute für diese Mammutaufgabe zu gewinnen, wurden die finanziellen Anreize unglaublich erhöht. Manch einer ist nur rübergegangen, um sich finanziell gesund zu stoßen. Es war einfach unbeschreiblich.

Von Ost-Seite aus stellte sich das Ganze vollkommen anders dar. Fast alle Offiziere waren stramme SED-Anhänger. Viele, sehr viele, waren Mitarbeiter der Stasi, offiziell oder inoffiziell (sogenannte IM). Kein Wunder, dass die Bundeswehrführung auf der Stelle beabsichtigte, d.h. mit Stichtag der Wiedervereinigung, alle Offiziere ab Dienstgrad Oberstleutnant zu entlassen und den Rest um mindestens einen Dienstgrad herabzusetzen. Dieser Personenkreis war aber genau derjenige, der die Reste der NVA noch befehligte. Diese Offiziere waren auch die gleichen, die an Westoffiziere spätestens drei Tage vor Wiedervereinigung das Kommando zu übergeben hatten. Was Wunder, wenn diese Männer in Anbetracht ihrer Schicksale verbittert waren und sich mehr um ihre zivile Zukunft sorgten als um das ihnen anvertraute Personal und Material. Noch weit nach der Wiedervereinigung wurden fast täglich irgendwelche Offiziere entlassen, die man zunächst als unbedenklich eingestuft hatte, die aber durch die Gauck-Behörde geoutet wurden. Hier haben sich menschliche Tragödien abgespielt.

Ich erhielt den Auftrag, noch 1989 im Rahmen meiner Aufgabe als für die Ausbildung verantwortlicher Offizier der 3. Panzerdivision nach Eggesin zu fahren, um mit meinem Counterpart der noch existierenden 9. Panzerdivision der NVA erste Kontakte zu knüpfen. Darüber hinaus war ich Projektoffizier der 3. Panzerdivision im Rahmen der Couleur-Beziehung zur 9. Panzerdivision. Das alles waren hinreichende Gründe für mich, in Eggesin vorstellig zu werden. Nicht jeder Offizier (oder Journalist) West hatte einen guten Grund, um den Osten zu besuchen. Sehr viele fuhren aus purer Neugierde und Sensationslust. Es entwickelte sich ein Besichtigungstourismus nach Osten, als ob es dort so etwas wie Marsmenschen zu begutachten gäbe. Offenbar galt es, diese Sensation unbedingt mitzunehmen, bevor der Spuk vorbei war. Die Stäbe im Osten, allen voran das sogenannte „Territorialkommando Ost", der höchste im Osten vorhandene Stab der Bundeswehr, fingen an, sich über die fortschreitende Belästigung von Wessis zu beschweren, die als Gaffer ankamen und ihnen zunehmend die Zeit stahlen. Mein Fahrgrund war vernünftiger Natur. Ich hatte mich mit einem Major verabredet, der in der 9. Panzerdivision für die Ausbildung verantwortlich war. Die Fahrt durch Mecklenburg-Vorpommern war ein einmaliges Erlebnis. Die Trostlosigkeit der Landschaft hatte mich sichtlich beeindruckt (heute hat sich die Lage bemerkenswert verbessert). Damals war davon noch nichts zu sehen. Die Bauten waren durchweg dunkel und in einem unglaublich schlechten Zustand. Die Straßen stellten eine Belastung auch für den widerstandsfähigsten Stoßdämpfer dar. Bemerkenswert war jedoch die Präsenz von Autohändlern und Versicherungsagenten, die fleißig dabei waren, den Ossis den Schrott des Westens anzudrehen. Ich bin sicher, dass damals bereits viel Porzellan zerschlagen wurde aufgrund der Habgier einzelner Wessis, die den großen Reibach machen wollten und konnten.

Vor dem Kasernentor der 9. Panzerdivision fiel mir sofort ein Panzer der sowjetischen Bauart T 34 auf, der augenscheinlich an den II. Weltkrieg und den Sieg der russischen Truppen erinnern sollte. Die Wachsoldaten liefen in einer Mischung aus Uniformgegenständen Ost und West herum und machten einen reichlich unsoldatischen Eindruck. Im Stabsgebäude der 9. Panzerdivision waren Auflösungserscheinungen unübersehbar. Die Türrahmen waren teilweise herausgebrochen oder beschädigt. Deutlich erkennbar war noch, dass jede Tür zu einem Dienstzimmer zu NVA-Zeiten nach Dienst versiegelt worden war – ein zarter Hinweis auf die teilweise schizophrene Angst der DDR vor Spionage. Es roch überall modrig. Die Dienstzimmer waren noch liebloser eingerichtet als die im Westen (das konnte ich damals kaum glauben), überall saßen weibliche Mitarbeiter und Soldaten herum, die augenscheinlich nichts zu tun hatten. Mein Major stellte mich allen Damen und Herren vor. Fast jeder Ossi versicherte mir sofort, dass er keinen Verantwortungsbereich bekleidete, eigentlich überflüssig und arbeitslos sei und sowieso demnächst verschwinden würde. Deutlich war unterschwellige Ablehnung zu spüren. Ich konnte es den Männern und Frauen noch nicht einmal übelnehmen. Der Major war ein typischer Vertreter dieser Haltung. Er war nur 35 Jahre alt (damit gleichaltrig mit mir), führte jedoch noch vor kurzem den Dienstgrad Oberstleutnant und befehligte ein Regiment. Für Bundeswehrverhältnisse war das unvorstellbar. Bataillonskommandeure sind einem Regimentskommandeur vergleichbar und in der Bundeswehr selten jünger als 40 Jahre. Der Major bekannte sich ganz offen zum Kommunismus, verehrte unverdrossen Erich Honecker, wurde daher sofort um einen Dienstgrad auf nunmehr Major herabgesetzt und sah seiner Entlassung nach dem 03.10.1990 entgegen (so kam es dann auch).

Bei einem Glas Bier, das er mir am ersten Abend ausgab, erklärte er mir stolz, dass er noch vor kurzem Anmarschwege in Richtung Hamburg erkundet hätte. Entgeistert fragte ich ihn, was denn sein Angriffsziel gewesen sei. Vollkommen unbefangen sagte er mir, dass dies der Fährübergang über den Elbe-Lübeck-Kanal bei Siebeneichen gewesen sei. Ich hatte Schwierigkeiten, die Fassung zu waren, war doch Siebeneichen vor einigen Jahren der Raum gewesen, den ich zu verteidigen gehabt hätte. Der Major und ich hätten durchaus Gegner sein können; so änderten sich die Zeiten! Auch hielt der Major nicht mit seiner Meinung hinter dem Berg zurück über seine russischen und polnischen Kameraden. Insbesondere auf die Russen war er nicht besonders gut zu sprechen. Offenbar hatte er bereits alle Brücken hinter sich abgebrochen. Von ihm erfuhr ich auch, dass die 9. Panzerdivision in Eggesin einen Vorbefehl erhalten hatte, die Montagsdemonstrationen in Leipzig mit Waffengewalt niederzuschlagen. Ausdrücklich erwähnte er vergleichbare Einsätze der Chinesen auf dem Platz des himmlischen Friedens gegen Dissidenten. Wenn einem so etwas widerfährt, dann kann sich schon eine Gänsehaut einstellen. Ich jedenfalls hatte eine.

Am nächsten Tag fuhren wir zur Besichtigung eines Kompaniegebäudes durch die Kasernenanlage, die sich noch trostloser darbot als am Vortage. Ganz offenbar hatte man das Kompaniegebäude so gut hergerichtet, wie es für dortige Verhältnisse möglich war. Alles war peinlich ordentlich und blitz blank hergerichtet worden. Bei allem Fleiß waren doch die baulichen Mängel unübersehbar. Westliche Rekruten sollten sich das einmal angeschaut haben. Im Vergleich dazu leben die Westsoldaten in paradiesischen Verhältnissen! Ein Kamerad von mir war als stellvertretender Bataillonskommandeur rübergefahren und verweilte im Osten sechs Monate in dieser Funktion. Seine Schilderungen wollte ich zunächst nicht glauben, bis ich mir selbst ein Bild von den unvorstellbaren Verhältnissen machen konnte. Man zeigte mir auch eine Grundausbildungseinheit, die Waffenausbildung durchführte. Der Ausbildungsverantwortliche war ein Offizier der ehemaligen NVA, der mich mit blankem Hass empfing. Mir fällt zu dieser Begegnung wirklich kein besserer Begriff ein, ich nehme es ihm noch nicht einmal übel (auch er wurde wenige Tage später kurzfristig entlassen und stand vor dem existenziellen Nichts). Beeindruckt war ich von den Ausbildungsmöglichkeiten. Die NVA verstand es offenbar, mit wenigen, aber höchst effizienten Mitteln Ausbildungsstätten und Methoden zu entwickeln, von denen sich die Bundeswehr eine Scheibe hätte abschneiden können. Leider wurden viele Dinge im Zuge der Auflösung der NVA entweder durch Arroganz oder Unvermögen einfach entsorgt. Nach solchen Dingen hätten wir uns damals die Finger geleckt. Ich jedenfalls fuhr zum einen mit einem gewissen Entsetzen über das Ausmaß unserer Aufgabe, aber auch mit einer Achtung für die Männer und Frauen in Eggesin zurück nach Buxtehude.

Die Dinge begangen sich nun zu entwickeln. Um die Auflösung der 9. Panzerdivision oder deren möglichst reibungslose Übernahme besser bewerkstelligen zu können, wurden die noch im Dienst befindlichen Offiziere der 9. Panzerdivision nach Buxtehude eingeladen, um organisatorische Dinge vor Ort zu besprechen. Unser Oberst und Chef des Stabes beabsichtige, den Eggesinern eine gute Wegebeschreibung nach Buxtehude zu übermitteln, damit ihre Fahrt zu uns nicht durch Umwege unnötig verlängert würde. Die schroffe Antwort auf dieses Angebot verdeutlicht den unterschwelligen Hass, den diese Männer gegen uns hatten. „Wir sind Soldaten und können Karten lesen, wir brauchen Ihre Hilfe nicht!", war die Antwort. Ca. 30 Offiziere Ost kamen schließlich mit einem Bus bei uns pünktlich an. An den Fenstern des Divisionskommandos drückten sich diejenigen die Nase platt, die an der Veranstaltung nicht teilnehmen durften. Ich jedoch nahm teil. Getreu des alten Frontdenkens zu Zeiten des Kalten Krieges hatten die Offiziere der 3. Panzerdivision auf einer Seite des Tagungssaales Aufstellung genommen, während die Kameraden aus Eggesin uns genau gegenüber Aufstellung nahmen. Alle waren sehr beklommen, wie sollten wir uns verhalten, wussten doch alle Beteiligten im Raum, dass die Herren aus Eggesin nicht mehr lange im Dienst verbleiben würden? Wir taten unser Möglichstes, keine Sieger - Besiegte - Mentalität aufkommen zu lassen. Sachlich wurde den Ost-Kameraden vorgetragen, welche Probleme anstanden und wie wir sie zu lösen versuchten. Ich hielt dabei einen Vortrag über Ausbildungsgrundsätze, der zwar sachlich richtig, jedoch für unsere Kameraden aus dem Osten mit Sicherheit nicht verständlich war. Umso länger die Veranstaltung andauerte, umso gelöster wurden nicht nur wir, sondern auch unsere Kameraden aus Eggesin.

Die größte Blamage sollte aber noch kommen. Es stand noch der Vortrag des Divisionsarztes aus, der über die gesundheitlichen Rahmenbedingungen für die Ausbildungsunterstützungsgruppen referieren sollte, die demnächst in den Osten gehen würden. Zu unser aller Entsetzen trug er vor, dass alle Soldaten der Ausbildungsunterstützungsgruppen, die einen Herzschrittmacher trugen, darauf zu achten hätten, dass dieser in ihren Personalunterlagen eingetragen wäre. Der Oberstarzt meinte es wohl nicht so. Wir erfuhren aber, dass offenbar alle Soldaten der Ausbildungsunterstützungsgruppen herzleidend waren und einen Herzschrittmacher brauchten — was für eine Blamage vor den Augen der hartgesottenen Ost-Offiziere!

So erlebte ich die Wiedervereinigung beider deutschen Armeen. Heute nun sind die Unterschiede zwischen Ost und West in der Bundeswehr vollkommen überwunden. Das ist auch gut so. Es gibt keine qualitativen Unterschiede mehr. Aus meiner Sicht ist die Vereinigung der damals verfeindeten Armeen zu einer Bundeswehr eine absolute Erfolgsgeschichte, die ohne einen einzigen Schuss friedlich vollzogen wurde. Natürlich gab es menschliche Tragödien und viele Härten zu überwinden, aber am Ende kann sich die Bundeswehr in der heutigen Form zu Recht freuen, einen ganz erheblichen Anteil am Gelingen der deutschen Wiedervereinigung gehabt zu haben. Ich war ein bescheidenes Rad im Gesamtwerk zu der damaligen Zeit. Dennoch zählt diese Epoche für mich zu den absoluten Highlights meiner Karriere.

Normandie

Die Normandie liegt im Westen Frankreichs und ist ein äußerst beliebtes Urlaubsziel. Am 06. Juni 1944 fand dort die alliierte Landung statt, die als

D-Day in die Geschichte eingegangen ist. An den Stränden von Omaha-Beach, Utah, Sword und Gold griffen Amerikaner, Briten und Kanadier mit Landungsschiffen an, um der deutschen Besatzung in Frankreich und dem II. Weltkrieg ein Ende zu bereiten (andere Nationen waren mit kleineren Kontingenten am D-Day natürlich auch beteiligt).

Als Chef des Stabes des Ausbildungszentrums Munster hatte ich mit der Normandie an sich nichts zu tun. Ich interessiere mich aber schon seit Jahren für Militärgeschichte und bin unverändert fest davon überzeugt, dass gerade wir deutschen Soldaten aus der Geschichte lernen müssen. Daher hatte ich mir vorgenommen, mit meinen Unteroffizieren und Offizieren militärhistorische Weiterbildungen durchzuführen. Hierzu fuhren wir mit ca. 40 Mann zunächst zu den Seelower Höhen, einen Höhenzug nahe Küstrin, der alten Festungsstadt an der Oder (heute in Polen gelegen mit der Oder als Deutsch-Polnische Grenze). Im Frühjahr 1945 brachen russische Streitkräfte aus ihrem Brückenkopf an der Oder nahe Küstrin aus und griffen die deutsche Verteidigung an den Seelower Höhen an, die letzte deutsche Verteidigungslinie vor Berlin. Der Angriff gelang, allerdings erlitten sowohl die Russen als auch die Deutschen entsetzliche Verluste. Ein ortskundiger Historiker führte uns über die Schlachtfelder von der Oder angefangen bis hinauf auf die Seelower Höhen, einem alles beherrschenden Höhenzug. Überaus plastisch schilderte der Historiker, was damals wirklich geschah. Einzelschicksale auf beiden Seiten waren genauso dabei wie der große Wurf der Schlachtenfolge. Er tat das so intensiv und authentisch, dass er uns allen das beklemmende Gefühl vermittelte, mitten in der Schlacht zu stehen. Es ist für mich aus heutiger Sicht nahezu unvorstellbar, warum die russischen Streitkräfte gegen Ende des Krieges, den sicheren Sieg vor Augen, frontal auf diese beherrschende Stellung anrannten und sehenden Auges eine unverhältnismäßig hohe, geradezu entsetzliche Zahl von eigenen Verlusten in Kauf nahmen. Warum wurde diese Stellung nicht einfach umgangen, um den schwachen deutschen Abwehrkräften den Weg nach Berlin abzuschneiden? So starben auf beiden Seiten sinnloser Weise zigtausend Soldaten (auf russischen Seite alleine in drei Tagen ca. 30.000 Mann). Was für ein Irrsinn!

Die zweite militärhistorische Exkursion brachte uns in den Huettgen-Wald bei Aachen. Hier verblutete eine US-Division bei dem Versuch, den unwegsamen Wald zu durchzustoßen. Ähnlich wie bei den Seelower Höhen vermochte eine vergleichsweise kleine Anzahl deutscher Soldaten aufgrund der Geländevorteile eine weit überlegene Zahl gegnerische Kräfte in Schach zu halten, wenngleich zum Preis ihrer eigenen Vernichtung. Auch hier blieb uns der Atem weg, weil die Unsinnigkeit des Krieges an derart exemplarischen Stätten nicht besser hätte geschildert werden können.

Die Normandie sollte jedoch alles in den Schatten stellen. Militärhistorische Weiterbildungen lassen sich relativ einfach innerhalb Deutschlands organisieren. Das verhält sich vollkommen anders, wenn man wie wir ins Ausland will. Die bürokratischen Hürden sind ganz einfach erdrückend. So muss die Weiterbildung einen Anlass der staatsbürgerlichen Weiterbildung haben. Zum Beispiel führt man eine Weiterbildung beim europäischen Parlament in Strasbourg durch, um bei der Gelegenheit quasi auf dem Rückweg noch einen Abstecher in die Ardennen zu machen, denn dort fand die Operation Sichelschnitt anno 1941 statt, im Zuge derer deutsche gepanzerte Kräfte durch das unwegsame Gelände der Ardennen stießen und die französische Verteidigung bei Sedan an der Maas überraschten. Der Antrag für ein derartiges Unterfangen muss aber das europäische Parlament zum Ziel haben, welches uns eigentlich nicht besonders interessierte. So platzte schlussendlich der Versuch, eine militärhistorische Weiterbildung über die Ardennenoffensive durchzuführen. Wie soll man dann aber etwas Vergleichbares in der Normandie hinbekommen?

Da half es beträchtlich, dass die deutsche Botschaft in Paris an den jährlichen Feierlichkeiten zum D-Day eine deutsche Abordnung schickte, um zusammen mit den ehemaligen Kriegsgegnern der Männer zu gedenken, die an den Stränden der Normandie auf beiden Seiten verbluteten. Unser Vorhaben passte punktgenau in den Zeitplan der Feierlichkeiten. Also beantragten wir bei der deutschen Botschaft, offiziell in die Delegation aufgenommen zu werden. Die Botschaft bestätigte unseren Antrag, und nur auf dieser Grundlage genehmigte der Inspekteur des Heeres unser Vorhaben. Wir stellten unsere Truppe zusammen, der auch zwei Damen angehörten, die ich zuweilen aufgrund ihrer schrillen Sportklamotten „Kanarienvogel und Wellensittich" nannte. Beide nahmen mir das nie übel. Wir fuhren zunächst nach Koblenz, um dort zu übernachten. In Koblenz nahmen wir einen Historiker mit an Bord, der uns durch die Normandie führen sollte. Wie sich später noch herausstellen sollte, wären wir besser beraten gewesen, auf den Historiker zu verzichten. In unseren Reihen befanden sich zwei Stabsoffiziere, die sich auf die Normandie vorzüglich vorbereitet hatten. Am Ende glänzten beide durch absolut profundes Wissen. Am zweiten Tag erreichten wir unser Ziel. Kaum angekommen, nahm der Vertreter der deutschen Botschaft mit uns vor Ort Verbindung auf und erläuterte das weitere Prozedere. Als deutscher Soldat, in Uniform, wird man natürlich durch die Bevölkerung in Frankreichs, noch mehr aber von Kriegsveteranen der ehemaligen Kriegsgegner, argwöhnisch beobachtet. Deutschland beteiligte sich erst seit wenigen Jahren an den Trauerfeierlichkeiten. Unser Auftritt war schon deswegen etwas Besonderes, weil wir in einer Kleinstadt als deutsche Delegation zur Kranzniederlegung nicht nur mit aufmarschierten, sondern auch noch einen Kranz ablegten. Der französische Priester, der die Gedenkansprache hielt, wählte traditionell neben der französischen auch die englische Sprache, um den Opfern zu gedenken. An diesem Tag fügte er zum ersten Mal die deutsche Sprache uns zu Ehren mit an. Es wurden alle Nationalhymnen gesungen, auch die deutsche, die wir natürlich aus ca. 40 Kehlen mit Inbrunst schmetterten. Wir wurden dann vom Bürgermeister zu einem Umtrunk eingeladen, an dem wir als einzige militärische Abordnung teilnahmen. Die Bevölkerung des Ortes verhielt sich uns gegenüber absolut aufgeschlossen und ohne jede Feindseligkeit – ganz im Gegenteil!

Die Gegend um die Landungsstrände ist auch heute noch einzigartig. Relikte des Atlantikwalles mit seinen Geschütztürmen und Schützengräben sind noch vorhanden. Reste der künstlichen Häfen, die durch die Alliierten gebaut wurden, sind noch existent. Im Zuge der Feierlichkeiten kommen Heerscharen von Kriegsveteranen aller beteiligten Nationen, alle mit Orden geschmückt. Der eine oder andere britische Veteran schnauzte uns an, wir sollten verschwinden. Aber im Großen und Ganzen nahm sonst niemand Anstoß an unserer Uniform. Viele Hobby-Soldaten paradierten in abenteuerlichen Uniformen und mit historischen Fahrzeugen durch die Gegend. Man sah die wildesten Uniformen. Ein Mann hatte sich in einen amerikanischen Jeep Typ II. Weltkrieg gesetzt, natürlich abgeplant. Auf dem Kotflügel wehte die Standarte des US-Divisionskommandeurs Patton, der in Hollywoodfilmen gerne von John Wayne dargestellt wurde, mit einer dicken Zigarre lässig im Mundwinkel hängend, den Stahlhelm schief auf dem Kopf und der Kinnriemen geöffnet. Ganz so, wie man sich Patton im Kino wohl vorzustellen hat. Ganze Familien campierten in nachgebauten Zeltstädten und spielten für ein Wochenende Soldat. Originalfahrzeuge der Zeit wurden liebevoll und kostspielig gepflegt und instandgesetzt, um an diesem Tage vorgeführt zu werden. Ramschläden, die sich als Antiquariat ausgaben, hatten Hochkonjunktur. Es war schon abenteuerlich. Den Vogel schossen jedoch ca. 20 Soldaten ab, die am Strand von Omaha-Beach in Original-US-Uniform des D-Day, mit Originalgewehren der damaligen Zeit ausgestattet, die Anlandung der US-GI's nachspielten. „Re-Enactment" nennt man das wohl. Wir sahen diese Männer vom Bus aus, hielten an und gingen auf diese verwegene Truppe zu. Ich sprach die Männer auf Englisch an und staunte nicht schlecht, als mir auf Italienisch geantwortet wurde. Es waren Italiener, die für einen einzigen Tag die Rolle der US- GI's nachspielten wollten, ohne offenbar deren Tragik zu verstehen.

Mich hatte schon immer die Geschichte des deutschen Soldaten Hein Severloh fasziniert, der als einer der ganz wenigen Überlebenden am Omaha-Beach ganz alleine mit seinem Maschinengewehr bis zu 2.000 US-Amerikaner erschossen hatte und hierdurch den Amerikanern die schlimmsten Verluste des Tages zugefügte. Meine beiden Stabsoffiziere fuhren los und erkundeten die Stellung von Severloh. Und tatsächlich, die Stellung ist auch heute noch auszumachen. Oben, auf dem Hügel unweit des Strandes, standen wir genau dort, wo Severloh einst kämpfte. Wir konnten den Strand bei Ebbe sehen, 600 m absolut offenes Gelände, wie am D-Day. Die Amerikaner mussten frontal ohne jeden Schutz durch dieses sandige und schwere Gelände in das MG-Feuer von Severloh anrennen. Es muss ein Gemetzel gewesen sein. Wieder wurde uns die Sinnlosigkeit des Krieges plastisch vor Augen geführt. Ich wunderte mich aber, dass sich unsere Gruppe augenscheinlich immer mehr vergrößerte. Holländische, schweizerische und österreichische Touristen, alle der deutschen Sprache mächtig, fanden größtes Interesse an unseren Schilderungen und lauschten andächtig. Der Tag am Omaha-Beach war sicherlich der Höhepunkt dieser Reise. Wir besuchten dann noch den amerikanischen und den deutschen Soldatenfriedhof. Die unendlichen Reihen an Kreuzen und Gräbern, allesamt liebevoll gepflegt, haben eine tiefe Betroffenheit ausgelöst. So liegt auf dem deutschen Soldatenfriedhof auch einer der erfolgreichsten Panzerkommandanten der Wehrmacht begraben. Er gehörte der Waffen-SS an. Ich empfand es aber schon als beklemmend, dass sein Grab als einziges der zigtausend Gräber mit Fotos und besonderen Blumengestecken durch ehemalige SS-Angehörige fast in eine Wallfahrtstätte umgewandelt worden war.

Wir besuchten noch ausgewählte Museen und führten zahlreichen Geländebesprechungen an ausgesuchten Orten durch. Der Trip in die Normandie war einzigartig und ein absolutes Highlight, das so nicht wiederholt werden konnte. Ich hatte mir vorgenommen, im Folgejahr in die

Ardennen zu fahren, um die Operation Sichelschnitt 1941 im Gelände zu verfolgen und dabei auch den Abschnitt aus dem deutsch-französischen Krieg 1881 anzuschauen, in dem die Franzosen ihre entscheidende Niederlage erlitten. Der Antrag zur Durchführung dieser militärhistorischen Weiterbildung scheiterte an bürokratischen Widerständen. Vor diesem Hintergrund versuchte ich erst gar nicht, im letzten Jahr meiner aktiven Dienstzeit eine Weiterbildung in Stalingrad zu beantragen. Ich bedaure diese Entwicklung schon deswegen, weil ich es für wichtig erachte, jüngeren Menschen Erkenntnisse weiterzugeben, die für unsere Prägung und unser Selbstverständnis als deutscher Staatsbürger in einer modernen Welt wichtig sind. Als ich als Pensionär mit meinem Fahrrad an der Elbe in Hitzacker auf dem nördlichsten Weinberg in Deutschland stand, da konnte ich mit geschultem Augen über die Elbe weit nach Osten blickend die Grenzsicherungssysteme der ehemaligen DDR noch gut erkennen. Obwohl die Grenzsicherungstürme, die Stacheldrahtsysteme, die Selbstschussanlagen, der Patrouillenweg und der Minengürtel längst geräumt worden sind, erkennt man deren Lage auch heute noch. Ich bin sehr wohl in der Lage, als Kind der Zeit und ehemaliger Soldat des Kalten Krieges meinen Nichten das menschenverachtende System der DDR an diesem Ort haarklein zu erzählen. Nur, wer macht das denn noch heutzutage? Militärhistorische Weiterbildungen haben ihren tiefen Sinn dahingehend, dass derjenige, der nicht bereit ist, aus der Geschichte zu lernen, die Fehler der Geschichte wiederholen wird. Schon alleine deswegen erfüllt es mich mit Zufriedenheit, während meiner Dienstzeit viel Zeit und Energie in diese Art von Weiterbildungen investiert zu haben. Es hat sich ganz sicher gelohnt.

FC Bayern München versus HSV

Was hat diese banale Freizeitbeschäftigung und liebster Gesprächsgegenstand von Männern mit meiner Bundeswehrkarriere zu tun? Eine ganze Menge, doch das bedarf einiger Erläuterung.

Ich bin leidenschaftlicher Fußballfan. Geboren, aufgewachsen und auch heute in Hamburg lebend liegt daher nichts näher, als dass der HSV mein Lieblingsverein wäre. Doch weit gefehlt. Mein Lieblingsverein ist und war immer und ausschließlich der FC Bayern München. Mehr noch – ich kann am HSV nichts Gutes finden und artikuliere das auch noch höchst offiziell. Meinetwegen könnte der HSV glatt absteigen. Was habe ich mir deswegen schon alles anhören müssen. „Vaterlandsverräter" ist noch eine der harmlosesten Beschimpfungen. Schuld daran bin ich selbst. Ich habe keine einzige Gelegenheit ausgelassen, meinen mir unterstellten Soldaten immer wieder den FC Bayern München als glorreiches Beispiel deutscher Fußballkunst vorzuhalten, so dass gleich zwei Dinge passierten: Ich zog mir deren unverhohlenen Hass und zugleich Spott zu, und gleichzeitig durfte ich tapfer die eine oder andere Rachemaßnahme ertragen. Hier nun einige Beispiele:

Ich bin wohl der erste Bayern München Edelfan, der es jemals in Uniform mit einem originalen Bayern-Trikot in die Vereinszeitschrift des FCB geschafft hat. Mein Schaffen als subversiver Fußballfan einer Mannschaft, die sich als Stern des Südens ausgibt, erreichte in Kunduz einen gewissen Höhepunkt. Während meiner Zeit als Kommandeur in Kunduz/Afghanistan bin ich aufgrund einer verlorenen Wette eines Tages mit meinem Bayern-Trikot zur Morgenlage gegangen. Mein Bild des Soldaten, der seine Liebe zu diesem Verein dadurch zum Ausdruck bringt, dass er das Bayern-Trikot über seiner Uniform trägt, wurde tatsächlich in der Vereinszeitschrift veröffentlicht. Das ist in der Geschichte dieses glorreichen Vereins ein Novum und wurde nie wiederholt. Es ist einmalig in jeder Hinsicht.

In Kunduz geschah auf diesem Feld sehr viel. Einer meiner Zugführer war auch fanatischer Fußballfan. Leider fieberte er in seiner Verblendung für den falschen Verein, in diesem Falle für Schalke 04 (oder, wie ich zu sagen pflege – Schlacke 08). Er war und ist in dieser Hinsicht noch verrückter als ich. Er schlief auch im Einsatz in Kunduz nur in S 04 – Bettwäsche. Mehr noch, er suchte sich seine Soldaten streng nach einem einzigen Kriterium aus: Sie müssen Schalke-Anhänger sein. Bayern-Fans wie ich gingen gar nicht. Noch schlimmer aber sind Zecken. Das sind in der Fußballersprache Anhänger vom Hauptfeind Nr. 1 aller Schalker-Fans: Dortmunder! Es kam, wie es kommen musste. Bayern musste gegen Schalke antreten, und schon gingen die Neckereien los. Ich bot dem Zugführer eine verwegene Wette an. Ich würde mir mit seinen Soldaten zusammen das Match anschauen. Wenn Schalke gewinnen sollte (was zumindest anno 2008 anzunehmen war), dann würde ich allen Soldaten des Zuges ein Bier ausgeben. Wenn aber Bayern gewinnt, dann müssten alle Schalker abknien und dem Bayern-Trikot huldigen, das ich selbstverständlich während der Fernsehübertragung tragen würde. So geschah es. Das Spiel lief keine zwei Minuten als ich eintraf. Vor der Unterkunft des Zuges stand der Zugführer, ganz und gar in Schalke-Klamotten gekleidet. Er war am Rande eines Nervenzusammenbruches, denn nach nur zwei Minuten stand das Spiel bereits 1:1! Ich

254

setzte mich zu der Horde der Schalker-Fans und wartete ab. Und siehe da, zur Halbzeit führte Bayern 2:1. Am Ende blieb es bei diesem Sieg, der vielleicht glücklich war, aber ein Sieg ist ein Sieg. Also, alle Schalker – Fans abknien, mein Bayern-Trikot anbeten und der Siegermannschaft huldigen. Was soll ich sagen, weg waren sie, die Schalker-Fans. Was für eine Looser-Truppe! Ich habe mich beim Zugführer gerächt. Als er nachts auf Patrouille war, habe ich mein Bayern-Trikot auf seine Schalke-Bettwäsche gelegt. Er kam gegen 2 Uhr morgens ins Lager zurück und hat bei der Entweihung seiner Bettwäsche fast einen Herzinfarkt erhalten.

Die Sache mit dem Zugführer hatte ein Vorspiel. Vor dem Einsatz in Kunduz kam ich zur Dienstaufsicht raus, als sein Zug auf dem Truppenübungsplatz in Bergen eine Übung durchführte, deren Ziel es war, einen Radarträger auf einen Reflektor einzupegeln, der an einem Wetterballon hing. Als ich ankam, meldete er mir vor lauter Schadenfreude mit einem breiten Grinsen auf dem Gesicht. Er meinte, er hätte eine besondere Überraschung für mich. Ein Soldat seines Zuges stand abseits und hielt einen Wetterballon fest in seiner Hand. Anstelle des Reflektors (der die Radarstrahlen zum Empfänger reflektieren sollte) hing ein Trikot des FC Bayern München am Seil. Auf ein Zeichen des Zugführers ließ der Soldat den Wetterballon los, der nun mitsamt Trikot meines geliebten Fußballvereins in die Stratosphäre entschwebte. Ja, Männer können so verrückt sein (Obersten der Bundeswehr offenbar auch).

Es gab aber noch andere Fans, die mir ans Leder wollten. Damals, während des Einsatzes in Afghanistan, war der SV Werder Bremen doch tatsächlich noch ein ernst zu nehmender Gegner meiner Lieblingstruppe (was sich bekanntlich heute grundlegend geändert hat). Es spielte der FCB zuhause gegen Werder. Was sollte da schon schiefgehen? Es gibt im Fußball aber leider solche Tage wie diesen. Ich saß mit meinen engsten Mitarbeitern spät abends noch vor dem Gefechtsstand im Freien und diskutierte mit ihnen irgendein taktisches Problem. Gestört wurden wir immer wieder von lautem Gegröle aus dem Gefechtsstand. Gefechtsstände grölen nicht, sie arbeiten und führen leise und beharrlich. Also schickte ich den Chef des Stabes in den Gefechtsstand, damit er endlich für Ruhe sorgt. Grinsend kam er zurück und empfahl mir, selbst hinzugehen. Wütend tat ich wie empfohlen. Ich traf die Gefechtsstandbesatzung in Feierlaue an. Irgendjemand hatte im Internet verfolgt, dass der FC Bayern München zuhause sage und schreibe 2:5 verloren hatte. Es war dies eine meiner größten Demütigungen.

Diese Enttäuschung wurde allerdings 1999 noch getoppt. Ich befand mich mit meinem Bataillon zur Vorbereitung auf den KFOR-Einsatz im Truppenlager Trauen des Übungsplatzes in Munster. Als ich nachts von der Dienstaufsicht reinkam, schallte mir aus dem Betreuungszelt wilder Jubel entgegen. Ich wusste, dass der FC Bayern München im Endspiel der Champions-League in Barcelona gegen Manchester United spielte. Als ich ins Zelt ging, lief gerade die Live-Übertragung. Alle Soldaten jubelten. Es stand 1:0 für Bayern und das zwei Minuten vor Schluss. Glücklich strahlend rief ich meinen Männern und Frauen zu, ich müsste nur mal kurz austreten, aber dann käme ich sofort zu ihnen zurück. Ich war vielleicht 90 Sekunden weg. Als ich ins Betreuungszelt zurückkehrte, herrschte Totenstille und absolute Katerstimmung. Bayern, mein geliebtes Bayern, hatte innerhalb von 90 Sekunden 1:2 verloren. Unfassbar, bis heute.

Doch ein Edelfan hält auch in der schrecklichsten aller schrecklichen Niederlagen zu seinem Verein. Als ich 2011 aus England kommend zum Ausbildungszentrum nach Munster versetzt wurde, da nahm ich telefonisch Verbindung mit meinem Vorgänger auf. Wir einigten uns auf die wesentlichen Dinge der Übergabe. Das ist im Leben eines Soldaten mittlerweile Routine. Am Ende des Telefonates sagte ich meinem Vorgänger sinngemäß: „Sie können allen ihren Soldaten mitteilen, dass ich, obwohl Hamburger, glühender Fan des FC Bayern München bin und dem HSV die Krätze an den Hals wünsche." Als ich dann in Munster eintraf, war die Neugierde auf mich groß. Wie sieht der Idiot wohl aus, der derart dämlich ist? Ich habe meine Fantreue zum FCB in meiner letzten Verwendung auf ungeahnte Höhe getrieben. Nun war und ist das eher einfach, denn der FCB gewinnt fast immer. So war es für mich eine besondere Freude, am Montagmorgen meine Mitarbeiter zu begrüßen und sie zu necken. „Na, wie sind denn die Bundesligaspiele ausgegangen" war noch der mildeste Versuch, wusste ich doch, dass der FCB mal wieder alles in Grund und Boden gespielt hatte. Still und leise haben mich alle verflucht, aber keiner wagte offen zu rebellieren. Den Höhepunkt meines Schaffens stellte aber sicherlich die Flaggenparade dar. Ich befahl meine engsten Mitarbeiter zu mir, ging mit ihnen zum Flaggenmast und anstelle der Deutschlandflagge hisste ich die Flagge des FCB.

Soldaten verzeihen ihren Vorgesetzten so manche Marotte. Das geschieht aber nur, wenn der Vorgesetzte das Vertrauen seiner Männer und Frauen gewonnen hat und fürsorglich, ehrlich und verantwortungsvoll mit ihnen umgeht. Dann verzeihen sie ihm sogar derartige Extreme, wie ich sie mit meiner Affenliebe zum FC Bayern München vorgelebt hatte. Als ich schlussendlich pensioniert wurde, haben mir meine Soldaten einen fulminanten Abschied beschert. Das Offiziersanwärterbataillon in Munster, das mir zu der Zeit unterstand, hatte zum Beispiel die Eingebung, mich auf einem Truppenübungsplatz in Putlos noch einmal mit dem Schützenpanzer MARDER schießen zu lassen. Es war nicht irgendein MARDER, der dort auf der Schießbahn stand, sondern der MARDER des Bataillonskommandeurs des Panzergrenadierbataillons 401 aus Hagenow, meinem alten Bataillon, das ich von 1997 – 2000 geführt hatte. Und dann hing sie dort, die Flagge des FC Bayern München. Sie wehte an der Antennenstange, die auf meinem alten Kommandeurspanzer angebracht war. Und genau dort gehört sie auch hin!

So halte ich es also wie ein anderer Edelfan des FC Bayern München, der über seine Fanliebe ein Buch geschrieben hatte:

„Nicht die Bekloppten sind das Problem, sondern die Normalen"

Körperliche Leistungsfähigkeit

Die Geschichte der Bundeswehr ist gespickt mit stets den gleichen Versuchen der militärischen Führung, die körperliche Leistungsfähigkeit auf ein Niveau zu heben, dass von den Erfahrungen an psychischen und physischen Stress im Krieg abgeleitet wurde. Altgediente kannten die Strapazen, die Soldaten im II. Weltkrieg durchlitten hatten. Wer nicht fit war, der ging vor die Hunde. So einfach war das. Ergo wurde großer Wert auf die körperliche Fitness gelegt. Doch mit der Zeit verblassten die Kriegserfahrungen, und Sport geriet zur Nebensache. Flugs wurden Sportprogramme aufgelegt, die allesamt ein gemeinsames Merkmal hatten: sie scheiterten.

Zunächst gab es GAT, das gemeinsame Ausdauertraining. Jede Kompanie musste geschlossen mindestens zweimal die Woche in Uniform 3000 m im Gelände laufen. Anfangs kontrollierte unser Divisionskommandeur die Durchsetzung dieses Befehls akribisch. Er ließ sich Auswertelisten vorlegen und drohte, Faulheit in der nächsten Beurteilung des Delinquenten abzustrafen. Die Sache schlief nach spätestens sechs Monaten ein, ohne dass auch nur ein einziger Faulpelz deswegen eine schlechtere Beurteilung erhalten hätte. Dann kam MILKO auf, das militärische Lauf- und Konditionstraining. Dieses Programm war knüppelhart. Es gab eine Vielzahl von Disziplinen, die abgeleitet wurden von Anforderungen, denen sich ein Soldat im Gefecht würde stellen müssen. Ein Geländelauf wurde dadurch simuliert, dass man einen Hindernisparcours widerlichster Art zu überwinden hatte. Das Tragen großer Lasten wurde dadurch abgeprüft, indem es galt, Baumstämme von A nach B unter Zeitdruck zu transportieren. Man ging nicht einfach schwimmen, um sich 200 m in gemütlicher Zeit treiben zu lassen, sondern hatte in voller Uniform und unter immensen Zeitdruck einen Wasserhindernisparcours zu überwinden. Danach musste man einen Kameraden über 50 m im Wasser bergen, wohlgemerkt auch in voller Uniform. Alle Disziplinen wurden an einem Tag abgeprüft. Ich war hinterher fix und fertig, aber ich war fit. MILKO scheiterte nicht zuletzt, weil es fast ausschließlich Versager produzierte. Die Bedingungen waren zu hart, und die Soldaten wurde immer zarter und verweichlichter. Die Turnschuhgeneration ließ grüßen, Männer und Jugendliche, die am liebsten vorm Computer hockten, oder wenn sie sich bewegten dann in einer Disco zu aberwitzigen Rhythmen (den Begriff „Musik" möchte ich angesichts der Techno-Welle lieber nicht verwenden). Und dann kamen Frauen zur Bundeswehr, von denen so manch männlicher Chauvinist in Uniform glaubte, die armen Mädels müssten besonders verhätschelt werden. Meine Erkenntnis dagegen war, dass die Masse der Mädels nichts Anderes wollte, als genauso behandelt zu werden wie die Männer.

Gott Lob gab es einen General im deutschen Heer, der diesem Grauen ein Ende bereiten wollte. Der damalige Inspekteur des Heeres, kurz „Tiger-Willi", war wild entschlossen, seine Soldaten fit und robust zu machen. Also wurde AMiLa erfunden, das „Allgemeine militärische Ausdauer- und Lauftraining". Mit gnadenloser Härte und ebenso absolut humorlos verfolgte Tiger-Willi alle, die seinem Ideal von einem fitten Soldaten nicht entsprachen. Schlappe und träge Menschen verursachten ihm körperliche Qualen. Dicke verabscheute er. Menschen mit Brille und obendrein noch Vollbart symbolisierten alles, nur nichts Militärisches. Er selber lebte diesen Anspruch persönlich vor. Er nahm ausschließlich Salate zu sich und strafte jeden normal essenden Menschen mit strengen Blicken. Robustheit verlangte er. Dazu gehörte gesundes Essen. Wer ein Eisbein gerne zu sich nimmt, der verstößt gegen elementare Prinzipien der körperlichen Fitness! Kam Tiger-Willi zur Dienstaufsicht vorbei, dann wurde der Speiseplan selbstverständlich geändert. Alle Soldaten knapperten für diesen einen Tag an Mohrrüben und Salatblättern. Es konnte so kalt sein wie in der sibirischen Tundra, aber Tiger-Willi erschien immer ohne Parka oder Nässe-/Wärmeschutz.

Vielmehr sprang er aus seinem Dienstwagen, die Ärmel seines Uniformhemdes genau drei Schlag hochgekrempelt, um sogleich alle anwesenden und vor sich hinbibbernden Soldaten zu belehren, dass sie nicht robust und widerstandsfähig gegen profane Kälte seien. So etwas motiviert ungeheuerlich vor allem dann, wenn man weiß, dass Tiger-Willi die Innentemperatur seines Dienstwagens auf volle Pulle hielt und sich gegen Frostbeulen die entblößten Unterarme mit Finalgon eingeschmiert hatte. Auch konnte man darauf zählen, dass er meist nie länger als zehn Minuten bei der Truppe blieb, denn dann fing er genauso an zu frieren. Er verabschiedete sich dann meist schnell in Richtung seines Fahrzeuges.

Als noch jung im Amt stehender Bataillonskommandeur traf ich Tiger-Willi bei eisigen Temperaturen auf dem Truppenübungsplatz Klietz. Er sprang aus dem Wagen, Ärmel hochgeschlagen, und konnte mit mir nichts anfangen. Ich meldete ihm sinngemäß, ich sei der neue Kommandeur des Panzergrenadierbataillons 401 aus Hagenow. Er beäugte mich misstrauisch, denn ich bin Brillenträger. Ansonsten schien ich aber einen relativ fitten Eindruck zu hinterlassen. Dennoch fragte er mich, ob denn alle Soldaten meines Bataillons die AMiLa-Bedingungen erfüllt hätten. Ich verneinte, denn dies war schlichtweg nicht zu realisieren. Aber die knapp 80 Prozent Erfüllungsquote empfand ich als nicht zu schlecht. Das sah Tiger-Willi vollkommen anders. Er ließ mich stehen mit dem Hinweis, 90 Prozent sei das Mindeste, was er von mir erwarten dürfte und verschwand mit dieser Aussage in einer Baracke, um sich eine Lageeinweisung für ein Schießen anzuhören. Dort, in der Baracke, verbreitete ein Behelfsofen angenehme Temperaturen, und einer meiner Obergefreiten hielt seine Hände wärmend über den Ofen. Schon erhielt er einen Rüffel, er sei gegen Kälte nicht abgehärtet genug. Er solle sich mal ein Beispiel an ihm selber, an Tiger-Willi, nehmen. Mein Obergefreiter gab gelassen zurück, der Herr General solle sich mal nicht so aufregen, er persönlich freue sich nur, sich wenigstens einmal am Übungstag kurz aufwärmen zu können.

Bei einer derart hohen Messlatte blieb es nicht aus, dass Tiger-Willi hin und wieder gewisse Frustrationsmomente durchlebte. Doch AMiLa war für sich genommen ein gutes Programm. Man musste abhängig von der Truppengattung, der man angehörte, bis zu fünf Stunden Sport pro Woche absolvieren (Kampftruppe am meisten, andere weniger). Dann verlangte er, dass man wenigstens zweimal im Jahr 3000 m auf Zeit nach den Bedingungen des Deutschen Sportabzeichens zu absolvieren hatte. Damit nicht genug, ein Soldat muss nicht nur rennen können, sondern er soll auch marschieren. Also hatten wir eine erkleckliche Anzahl von Leistungsmärschen mit Gepäck pro Jahr abzuspulen, von denen zwei Märsche als Testmärsche Prüfungscharakter hatten. Die Distanzen variierten je nach Truppengattung zwischen 20 und 30 km. Das hörte sich schon weit mehr nach der Professionalität an, die Tiger-Willi von allen Soldaten verlangte. Er erließ Erlasse, wonach diese sportlichen Anforderungen Gegenstand jeder Beurteilung zu sein hatten und verkündete, dass niemand, der nicht fit sei, in seinem Leben noch mit Förderung rechnen könnte.

Seitdem hat sich sicherlich eine Menge gebessert. Jedoch sind wir in der Bundeswehr noch ein gutes Stück von der amerikanischen Selbstverständlichkeit entfernt, dass alle Soldaten ungeachtet des Geschlechts oder des Dienstgrades ihr „Physical Training" tagtäglich durchführen. Der allgemeine Fitnessstand deutscher Soldaten hat sich verbessert. Das gilt vor allem für den Führernachwuchs, der mit Blick auf seine Fitness direkt gefördert und gefordert wird. Aber ebenso sicher ist leider immer noch, dass es viel zu viele Drückeberger gibt, die keine unmittelbaren Folgen für ihr Handeln bzw. Nichthandeln befürchten müssen. Körperliche Fitness ist ein Kriterium für personelle Auswahlentscheidungen und kann zuweilen bei der Vielzahl von gleichermaßen gut geeigneten Kandidaten den Ausschlag geben. Aber in der Masse fällt in einer Beurteilung das Kriterium „körperliche und geistige Belastbarkeit" eher unten durch, wenngleich die Auslandseinsätze so langsam gerade in diesem Bereich ein Umdenken initiiert haben.

Ich persönlich benötigte keine Sportbefehle. Ich rannte freiwillig und aus Leidenschaft. Sport brachte mir Freude und meist immer auch seelischen und nervlichen Ausgleich für die Härten des Alltages. Im zarten Alter von 50 Jahren absolvierte ich meinen ersten Marathon. Derartige Spitzenleistungen gehören nun in meinem Pensionärsleben nicht mehr zu meinem Alltag, aber auf meine Fitness lege ich auch im Unruhestand noch Wert. Zuweilen habe ich allerdings so meinen Schabernack mit Mitarbeitern getrieben, die für Sport und körperliche Leistungsfähigkeit empfänglich waren oder aus dienstlichen Gründen sein mussten.

Beim Sanitätsamt der Bundeswehr gab es eine Beamtin, die mir unterstellt war. Wir beide joggten gerne im Rahmen des Dienstsports. Wenn ich denn morgens auf die Dienststelle kam, war sie bereits längst anwesend. Statt einer freundlichen Begrüßung erteilte ich manchmal nur den „Befehl": „09:00 Uhr, verstanden?" Das war vollkommen ausreichend. Gehorsam wie sie war, stand sie um Punkt 09:00 Uhr im Laufdress auf dem Flur, und wir joggten los. Zudem nahm ich als Crossläufer an einem Wettkampf der Sanitätsakademie als Teil der Mannschaft des Sanitätsamtes teil. Vergebens versuchte ich, meine Joggingpartnerin für die Mannschaft zu begeistern. So klein und zierlich sie auch war, so sehr konnte sie einen ziemlich dicken Kopf haben, wenn sie sich einmal etwas vorgenommen hatte. Und in diesem Fall wollte sie partout nicht an der Mannschaft teilnehmen, koste es was es wolle.

Kurz vor dem Tag des Wettkampfes war meine Beamtin auf einer Weiterbildung und weilte daher nicht im Hause. Also fingierten wir einen Befehl, fälschten die Unterschrift des Chefs des Stabes, wiesen dessen Vorzimmerlöwen in unsere Untat ein und warteten gelassen ab. Der Befehl, obwohl ein Fake, musste authentisch wirken. Daher haben wir ihn mit einem offiziellen Eingangsstempel unserer Abteilung versehen inklusive eines Bearbeitungskreuzes für unser Dezernat. Als Krönung und besonderer Hinterlist habe ich den „Befehl" mit einem persönlichen Kommentar an die Beamtin versehen, wonach ich schon sehr enttäuscht sei, dass sie quasi hinter meinem Rücken Aktivitäten unternahm, von denen ich nichts wusste. Den Befehl gab es nur in einem einzigen Exemplar, in dem meine Beamtin als Mannschaftsführerin des Sanitätsamtes eingeteilt war. Dieses Exemplar legten wir in das Postfach der Dame, nicht gleich an erste Stelle, sondern irgendwo mittendrin. Wir wussten, sie würde pflichtbewusst sofort nach Rückkehr die gesamte Post lesen.

Am nächsten Morgen erschien sie, nahm die gesamte Post aus ihrem Postfach und verschwand auf ihrem Dienstzimmer. Keine zehn Minuten später zeigte der Befehl seine gewünschte Wirkung. Sie rauschte wutschnaubend in mein Dienstzimmer und beteuerte, sie hätte nie und nimmer hinter meinem Rücken irgendwelche Aktivitäten mit Ziel Teilnahme an der Cross-Meisterschaft der Sanitätsakadamie unternommen. Sie könne sich überhaupt keinen Reim darauf machen, wieso sie überhaupt eingeteilt worden war, und das auch noch als Mannschaftsführerin! Wäre sie ein Rauchmelder gewesen, sie hätte vor Wut aus allen Öffnungen gedampft. Ich spielte den Unschuldsknaben, denn schließlich hinterfrage ich nicht, warum der Chef des Stabes ausgerechnet sie als Mannschaftsführerin eingeteilt hatte. Die Antwort auf diese zentrale Frage hätte ich schon gern von ihr selber erfahren. Dann fegte sie durch alle Dienstzimmer der Abteilung und bestürmte jeden Mitarbeiter, ihr eine Erklärung abzugeben. Da alle von mir eingewiesen worden waren, sah sie nur in die Augen einer Herde von Unschuldslämmern. Da platzte ihr der Kragen. Sie verschwand eiligen Schrittes in Richtung des Vorzimmerlöwens des Chefs des Stabes mit der festen Absicht, ihm gehörig die Meinung zu geigen. Dort angekommen erhielt sie von ihm den hoch verlegenen Rat, noch einmal mit mir zu sprechen. Da fiel der Groschen, und wenig später stand sie in der Tür zu meinem Dienstzimmer mit Schaum vor dem Mund. Die gesamte Abteilung kam angelaufen und hat sich fast totgelacht. Es erstaunt schon ein kleinwenig, dass wir auch heute noch gut befreundet sind.

Leistungsmarsch

Soldaten marschieren, das gehört zu ihrem Selbstverständnis und zu ihrem Erscheinungsbild. Vor allem aber marschieren Infanteristen und Panzergrenadiere. Während die ersten eigentlich fast ausnahmslos nur zu Fuß unterwegs sind, gilt das für die Panzergrenadiere immerhin in ausgesuchten Lagen immer dann, wenn sie die Entscheidung erzwingen wollen. Panzermänner hassen Märsche, denn das hieße, von ihrem heiß geliebten Kampfpanzer abzusitzen. Das machen Panzermänner im Prinzip nur, wenn ihnen der Sprit ausgeht, das Fahrzeug kaputt ist oder sie abgeschossen wurden. Doch alles lamentieren hilft nichts. Die Truppe, d.h. alle Soldaten, marschieren, auch die Sanitäter, die Luftwaffe oder die Marine. Denn es gilt das Gebot der körperlichen Fitness, und hierzu gehört auch die Fähigkeit zu marschieren. So kann es nicht wundern, dass alle Soldaten mehrmals im Jahr Leistungsmärsche durchzuführen haben. Die Masse muss 20 km mit 10 kg Gepäck marschieren, während die Kampftruppe 30 km mit gleichem Gepäck zu marschieren hat. Panzergrenadiere gehören der Kampftruppe an. Davon ahnte ich bei meiner Grundausbildung noch herzlich wenig, als auf dem Dienstplan ein Gewöhnungsmarsch stand. Wir latschten mal so gerade 5 km in voller Montur bei Dunkelheit durch die Gegend. Immerzu sah ich den beleuchteten Fernmeldemast als Zeichen der Heimkehr, denn der stand mitten in der Kaserne, die wir erreichen sollten. Doch so sehr wir uns auch abmühten, wir schienen diesem verdammten Mast kein Stück näher zu kommen. Am Ende hatte ich Blasen an den Füßen und die Schnauze einigermaßen voll. Dabei mag ich eigentlich ganz gerne marschieren. Ich bin groß gewachsen, habe lange Beine und daher auch eine ordentliche Schrittlänge. Die vorgegebenen Zeiten von 3 Stunden und 20 Minuten auf 20 km bzw. 5 Stunden auf 30 Kilometer entsprachen einem Kilometerschnitt von 6 km/h. Kein Problem also, wenn da nicht die Schuhe gewesen wären.

Es gibt zwei Schwachstellen am menschlichen Körper, die einem das Marschieren glatt verderben können. Das eine sind die Füße und das andere der Hintern. Wenn der Hintern sich einmal wund gescheuert hat, weil man falsche Unterwäsche trägt, die nicht atmungsaktiv ist, obwohl man auch am Po schwitzt wie ein Blöder, dann erfährt man das gleiche Leid wie ein Baby, das sich ständig in die Windel macht. Der Hintern sieht über kurz oder lang aus wie der eines Pavians und tut höllisch weh. „Sich einen Wolf laufen" nennt man das, und dann ist meistens Übungsende. Nicht ganz so schlimm sind Blasen an den Füßen. Ich konnte machen, was ich wollte, ich bekam in all den Jahren meiner Dienstzeit immerzu Blasen beim Marschieren. Dabei habe ich doch alles versucht, was man so an Tricks auf Lager hat, um die verdammten Blasen zu vermeiden. Ich kann einen Marathon mit Sportschuhen laufen und komme mit gesunden Füßen durch das Ziel. Aber spätestens nach läppischen 10 km eines Marsches mit Bundeswehrstiefeln an meinen Füßen spüre ich die erste Druckstelle. Nach 15 km wird aus der Druckstelle eine grässliche Blase, und fortan heißt es auf die Zähne beißen. Zusätzlich bildete sich in schöner Regelmäßigkeit ein kleiner Bluterguss sowohl unter meinem linken wie auch unter meinem rechten kleinen Zehennagel. Drei Wochen nach dem Marsch sind dann meistens alle Blasen verheilt, aber die Nägel meiner kleinen Zehen lösen sich ab. Macht nichts, die Biester wachsen ja nach.

Meine besondere Fähigkeit zu marschieren, brachte mir den Ruf ein, für eine Auswahlmannschaft der Brigade geeignet zu sein, die sich bei einem Infanteriewettkampf bewähren sollte. Neben dem Überwinden der Hindernisbahn, Handgranatenzielwerfen, Schießen mit dem Gewehr und dem Maschinengewehr gehörte auch ein Leistungsmarsch auf Zeit über 20 km dazu. Die Masse aller Teilnehmer joggte die 20 km trotz voller Montur und 10 kg Gepäck wenigstens in großen Teilen. Ich war damals noch jung und fitter als heute. Immerhin blieb ich mit 2 Stunden und 10 Minuten im vorderen Drittel aller Teilnehmer. Solche Zeiten sind natürlich heute für mich außerhalb jeder Vorstellungskraft, aber die 3 Stunden und 20 Minuten schaffe ich auch heute noch locker. Marschieren liegt mir. Daher stellte ich mich immer bereitwillig und gerne der Herausforderung und marschierte brav mit, wenn meine Männer und Frauen einen Leistungsmarsch absolvierten. Ich trabte dann stets als Letzter los mit dem Hinweis, wer vor mir drin ist, hat sofort

Dienstschluss. Viele Kameraden kamen zu ihrem Leidwesen nicht in diesen Genuss. Ich überholte einen nach dem anderen. Wenn man so von hinten kommend an die Soldaten ran läuft, dann erfährt man Erstaunliches. Nicht selten meckerten die Männer vor sich hin. „Der spinnt doch, der Alte" (womit ich gemeint war). Das waren noch die harmlosesten Aussprüche frustrierter Soldaten. Dann konnte ich natürlich mit Herzenslust Dienstaufsicht durchführen. Die Anzugsordnung ließ zu wünschen übrig, oder es zeigten sich bei zunehmender Erschöpfung Auflösungserscheinungen. Das ging für die betroffenen Soldaten selten gut aus. Ich erwischte auch viele beim Schummeln. Einige meinten, abkürzen zu müssen und liefen mir an Geländepunkten aus einer Richtung kommend in die Arme, die nicht zu der passte, die ich vor meinen Augen hatte. Da hilft nur eines: Zurück und noch einmal und das vorzugsweise am Freitagnachmittag. Das ist überaus heilsam. Manche Schlaumeier nahmen lieber das Taxi. Wurden sie erwischt, dann war eine Disziplinarstrafe fällig. Man kannte nun einmal seine Pappenheimer. Aber auch beim Gepäck wurde gerne großzügig die Gewichtskategorie interpretiert. Es fällt halt doch auf, wenn statt des befohlenen Gepäcks ein Kopfkissen im Rucksack steckt. Das bläht den Rucksack zwar ein bisschen auf, sieht aber irgendwie verdächtig aus. Ein mir bestens bekannter Kamerad war zu faul zum packen und stopfte sich statt der befohlenen Ausrüstung einen Feuerlöschkübel in den Rucksack. Er bestrafte sich gleich mehrfach selber, denn der Feuerlöschkübel verlor bei fast jedem Schritt ein bisschen Wasser, so dass er bei der Hälfte des Marsches durchnässt war. Dann scheuerte der Metallrand des Kübels auf seiner Wirbelsäule. Zurück im Standort nahm er seinen Rucksack ab. Sein Rücken und die Wirbelsäule sahen wirklich nicht schön aus und müssen höllisch geschmerzt haben. Wir haben daher nicht selten den Rucksack bei Marschbeginn gewogen. Und weil es bekanntlich immer irgendwelche Menschen gibt, die meinen, schlauer als schlau zu sein, haben wir die Rucksäcke auch bei Marschende noch einmal gewogen. Man weiß ja nie, was während eines derartigen Marsches so alles mit dem Gepäck passieren kann.

Ein guter Freund von mir musste dann fürchterliches Lehrgeld zahlen. Der Bursche war zur damaligen Zeit mein S3 Offizier und ich der stellvertretende Bataillonskommandeur. Mein Freund war ein sehr guter Tennisspieler. Er schlug mich zu meinem Verdruss öfter, als es mir lieb war (später setzte er diese tragische Serie beim Golf fort). Doch er war lauf faul und traf mit mir auf jemanden, der zu gerne Frühsport trieb. Jeden Mittwochmorgen trat der gesamte Stab zum Dauerlauf an. An einem besonders schlechten Mittwoch fehlte hingegen mein S3 Offizier. Er hatte den Abend vorher kräftig gesoffen und alle meine Warnungen in den Wind geschossen. Ob nun besoffen oder nicht, wir laufen! Ich habe ihn persönlich aus dem Bett geholt. Er flehte mich an, ihn zu verschonen, aber ich hatte Blut geleckt. Wir liefen und liefen und hörten nicht auf zu laufen, bis sich mein Kamerad im Unterholz verdrückte und dort übergeben musste. Das erweichte dann irgendwann auch mein Herz, aber an einem Dienstagabend hat er nie wieder einen Schluck Alkohol zu sich genommen.

Dann stand ein Leistungsmarsch über 30 km an, und begeistert sagte ich ihm, wir marschieren zusammen. Leider ist mein Freund von eher kleiner Statur. Seine kurzen Beine hatten so ihre Schwierigkeiten, mit mir mitzuhalten. Er keuchte und kämpfte, aber um aufzuschließen, musste er immer wieder Joggingeinlagen hinlegen. Dann ging er dazu über, einen Vorsprung von 100 m heraus zu joggen in der Hoffnung, vor mir wenigstens ein paar Minuten Ruhe zu haben. Schnell schloss ich jedoch wieder auf. Die Abstände zwischen Joggen und Marschieren verkleinerten sich in bedrohlicher Weise, und mein Freund war sichtbar gezeichnet von den Anstrengungen. Dabei waren mal gerade 15 km rum, also Halbzeit. Dann ging ich dazu über, mit meinem Freund und Kamerad ganz einfach immer dann mit zu joggen, wenn er es tat. Ich hatte eine diebische Freude dran, denn er hatte mich zu oft beim Tennis gedemütigt. Für jedes Ass, das er mir um die Ohren geschlagen hatte, sollte er nun leiden. Dann kamen wir an den Fußpunkt einer Anhöhe an, die nichts Gutes verhieß. Trotz aller Qualen und Mühen, wir mussten dort hoch. Ich joggte der Einfachheit halber den Berg rauf und konnte mir oben angekommen glatte fünf Minuten Pause gönnen, derweil mein Freund sich mit dem letzten Funken Kraft, der noch in seinem ausgemergelten Körper steckte, die Anhöhe hochquälte. Er war nur noch 20 m von mir entfernt, da zog ich eine Banane aus meiner Tasche, pellte die Schale ab und hielt sie ihm mit den Worten hin: „Lecker, lecker, eine Banane, gib Gas, das hilft!" Mit Mordlust in den Augen nutzte er das letzte Quäntchen Kraft, das noch in seinem Körper steckte zu einem Wutausbruch: „Ich hasse Dich! Ich hasse Dich!" Ich muss mir wohl doch eingestehen, dass ich ein kleinwenig zur Schadenfreude neige und ganz schön ablästern kann. Erstaunlicher Weise sind wir heute immer noch befreundet. Ich habe seitdem sicherlich kein einziges Match mehr gegen meinen Freund gewonnen, denn immer ging es ihm um Leben oder Tod und vor allem um eines: Rache! Aber diesen Triumph beim Leistungsmarsch, den kann er mir nie mehr nehmen. Herrlich!

Eishockey

Mein damaliger Bataillonskommandeur in Fischbek kam auf die glorreiche Idee, den Offizierssport aufzufrischen. Offiziere spielen meistens Fußball oder Volleyball, wobei ich letztere Sportart für vergleichsweise langweilig halte. Beim Volleyball, oder auch kurz „Affentennis" genannt, gibt es keinen Körperkontakt. Man kann seinem Gegenüber nicht so herrlich in die Waden treten oder ihn mittels Bodycheck aufs Kreuz legen. Beim Eishockey aber, da funktioniert das ganz wunderbar. In Harsefeld gab es eine Eissporthalle, und einer unserer Offiziere hatte nach Harsefeld gute Beziehungen. Wir konnten uns Schlittschuhe und die Eishockeyausstattung leihen, die sich allerdings nur auf die Schläger und den Puck reduzierte. Die Schutzkleidung gab man an uns nicht aus. Das sollte sich rächen. Wir spielten daher in Uniform, und das mit wahrer Begeisterung.

„Spielen" ist vielleicht nicht ganz korrekt, um das Geschehen auf dem Eis wiederzugeben. Denn so gut wie keiner von uns konnte Schlittschuhlaufen. Abenteuerliche Verrenkungen waren zu beobachten, und ein jeder gab sich größte Mühe, mit dem Stock den Puck auf dem Eis zu treffen. Und genau da fingen die Probleme an. Um den Puck zu schlagen, muss man den Schläger vom Eis hochheben, ausholen und gegen den Puck schlagen. Dadurch verliert ein ungeübter Schlittschuhfahrer aber augenblicklich jede Balance. Vielmehr wurde der Eishockeyschläger benötigt, um zusätzlich zu den beiden in Schlittschuhen steckenden Füßen eine dritte Dimension zu kreieren, die Stabilität versprach. „Dreipunktauflage" würde man das beim Schießen nennen. Drei Punkte auf dem Eis, linker Fuß, rechter Fuß und Eishockeyschläger, so lässt es sich schon einigermaßen aushalten. Bis, ja bis einer der Mitspieler die unheilvolle Entscheidung trifft und den Puck zuspielt. Dann muss der Puck mit dem Schläger geschlagen werden, und sofort wird aus einer Dreipunktauflage eine Zweipunktauflage, und die ist instabil. Einer meiner Kameraden holte stets mächtig aus, als ob er mit einem wilden Schwinger seinen Gegner ausknocken wollte. Die Schwungkraft seiner Bewegung katapultierte ihn um seine Hochachse, und schon landete er krachend auf dem Rücken, derweil der Puck ungerührt und vor allem unberührt liegen blieb. Außenstehende hätten Lachkrämpfe bekommen, wenn sie uns beobachtet hätten, aber Gott sei Dank hatten wir die Halle für uns alleine. Das alles reichte uns aber noch nicht. Um das Treiben so richtig anzuheizen, wurde eine große Therme mit Glühwein mitgeführt, aus der immer dann gezapft wurde, wenn ein Tor fiel. Es fielen viele Tore, sehr viele sogar. Und mit jedem Glühwein wurden wir mutiger. Als reine Prophylaxe hatten wir dann noch einen Sanitätstrupp dabei, man weiß ja nie.

Zwei Mannschaften wurden gebildet, und ich spielte direkt gegen meinen Bataillonskommandeur. Der narrte mich ein um das andere Mal, so dass ich mich gezwungen sah, ihn an der Bande mit einem wunderschönen Bodycheck nachhaltig auf das Eis zu schicken. In der gegnerischen Mannschaft war ein Kompaniechef, der zum ersten Mal in seinem Leben auf Kufen stand. Er nahm „Anlauf", schlidderte in Richtung Tor, hielt seine Kelle hin und wartete ab, ob der Puck nach dem mathematischen Gesetz des Einfallwinkels gleich dem Ausfallwinkel maßgeschneidert serviert wurde. Diese mathematisch eher kurz bemessene Phase zeigte er stets mit dem Ruf „Jetzt, jetzt" an. Glitt er erfolglos am Tor vorbei, folgte ein „zu spät". In meiner Mannschaft befand sich unser bester und schnellster Läufer. Er hatte nur das Pech, dass er auf Schlittschuhen nicht von der Stelle kam. Verzweifelt ruderte er mit Händen, Armen und Beinen, aber die verdammten Schlittschuhe ließen sich nicht zu einer Vorwärtsbewegung überreden. Und dann war da noch unsere Stabsärztin. Die wollte und durfte nicht mitspielen, denn wenigstens ein Mensch musste für Notoperationen im Zuge des Spieles noch verfügbar bleiben. Sie bot sich hingegen an, den Bully beim Anstoß durchzuführen. Für Nicht-Eishockeyspieler, ein Bully erfolgt stets auf die gleiche Weise. Je ein Spieler jeder Mannschaft steht am Punkt, wo der Bully stattfindet, der Schiedsrichter hat den Puck in der Hand und lässt ihn fallen. Daraufhin kämpfen beide Spieler um Puck-Besitz. Die Rolle des Schiedsrichters oblag unserer Stabsärztin, die tapfer zum Bully schritt und den Puck fallen ließ. Wie die Wilden droschen meine Kameraden auf den Puck oder auf alles ein, was sich der Kelle ihres Eishockeyschlägers entgegenstellte. Mit dem lauten Aufschrei „Ich bin kein Puck" verschwand die Stabsärztin mit einem Hechtsprung über die rettende Bande.

Natürlich gab es reichlich blaue Flecken. Wir hatten aber eine ganze Horde von Schutzengeln, denn niemand kam so wirklich zu Schaden. Allerdings machte der Kompaniechef der 1. Kompanie hiervon eine Ausnahme. In klarer Erkenntnis seiner eher limitierten Fähigkeiten auf Kufen hatte er sich die Thermohose übergezogen. So gepolstert konnte er hinfallen, und den Schweiß nahm er gerne in Kauf, der sich bei der anstrengenden Tätigkeit zwangsläufig einstellen musste. Dennoch lag er nach wenigen Minuten mit Schmerz verzerrtem Gesicht auf dem Eis. Ich fuhr zu ihm hin und sagte sinngemäß: „Steh auf, Du Weichei, Du hast doch eine Thermohose an. Kann doch gar nicht so schlimm sein". Doch, es konnte, denn mein Kamerad hatte vergessen, sein Portemonnaie aus der Hosentasche zu ziehen. In diesem hatte sich ein 10 Cent Stück hochkant verkeilt, das sich nun überaus schmerzhaft in den Hintern meines Kameraden bohrte. Was haben wir für einen Spaß gehabt.

Die Stabsärztin hatte dann unfreiwillig wenige Jahre später die einmalige Gelegenheit, sich an mir für jeden Bully zu rächen. Ich litt unter der Soldatenkrankheit Nr. 2: Hämorriden (Nr. 1 ist der Fußpilz). So langsam fingen die Dinger an, mir ernsthafte Probleme zu bereiten. Es half alles nichts, ich musste zum Arzt. Der schaute sich meinen Hintern mit größter Neugierde an und meinte, so herrliche Hämorriden hätte er noch nie gesehen. Die Dinger müssten operativ entfernt werden. Dies konnte nur im Bundeswehrkrankenhaus geschehen. Ich bekam sofort einen Termin, der nichts Gutes erahnen ließ. Tapfer ging ich zur zuständigen Station im Bundeswehrkrankenhaus Hamburg. Als ich dran war, rief man mich auf „Herr Buske, Kabine 2, bitte". Das klingt noch einigermaßen unverfänglich. Dort angekommen hörte ich eine weibliche Stimme, die mir befahl, mich unten herum komplett auszuziehen. So stand ich also halbnackt und verlegen in meiner Kabine, als unsere Stabsärztin die Tür öffnete. Ich werde nie in meinem Leben die vor Glück strahlenden Augen sehen, die aus ihrem freudigem Gesicht mich mit größter Neugierde und Erwartungshaltung anfunkelten. „Na, Herr Buske, das ist ja mal ein nettes Wiedersehen. Was haben wir denn heute wieder für ein Problem?" Und mit dieser so harmlos klingenden Fragestellung durfte ich mich auf einem Untersuchungstisch so vor ihr hinknien, dass sie sich in größter Ruhe ausgiebig meinen Allerwertesten anschauen konnte. Es gibt im Leben meistens immer eine zweite Gelegenheit, sich zu treffen. Daher sollte ich mal so langsam anfangen, bei der ersten Gelegenheit etwas zurückhaltender zu werden.

Die Schwebfliege

Kennen Sie dieses Gefühl? Man ist in einem Raum, hat den Rücken zur Tür gekehrt und ist tief in Gedanken versunken. Aber irgendetwas stimmt nicht. Die Aura ändert sich fast unmerklich, aber doch spürbar. Vielleicht handelt es sich nur um einen Luftzug. Vielleicht nimmt man aber auch ein Geräusch wahr, das für Außenstehende nicht hörbar ist. Es ist wie ein Bauchgefühl, ein Impuls, der da lautet: Hier stimmt etwas nicht. Das ist der Augenblick der Schwebfliege! Sie ist da, unmerklich kam sie angeflogen, ohne jedes Geräusch, nun schwebt sie lautlos im Eingang meines Dienstzimmers und wartet bis man ihr die ungeteilte Aufmerksamkeit schenkt. Und dann endlich ist ihre Zeit gekommen. Sie kann das tun, was sie sowieso im Sinne hatte. Und in jedem Einzelfall stört die Schwebfliege, denn sie reißt mich aus meiner Konzentration, weil ich todsicher mit anderen Dingen beschäftigt bin und mich daher von der Schwebfliege gestört fühle. Solche Mitarbeiter kosten Nerven.

Dabei unterscheidet jede Bürokratie bekannter Weise in solche Mitarbeiter, die Unheil anrichten können und solche, die kein Unheil anrichten. Faule, aber hoch intelligente Mitarbeiter sind für sich gesehen zumindest theoretisch die effizientesten Kameraden. Sie produzieren tolle Ideen am Fließband (gleich den „Kreativen" in Werbebüros), delegieren souverän, legen selbst keine einzige Hand an und überwachen bestenfalls die Durchführung. Vor allem begehen sie keine Fehler, denn Fehler macht ja nur der, der tatsächlich auch arbeitet. Dicht auf deren Fersen sind die fleißigen und intelligenten Mitarbeiter, quasi der Prototyp des Erfolgreichen. Solche Menschen muss man um sich scharen, wenngleich man aufpassen sollte, dass diese Typen bei ihrem wilden Arbeitseifer nicht überziehen, was eigentlich immer in Stress ausartet. Vollkommen unschädlich sind die faulen und dummen Mitarbeiter. Sie reißen zwar keine Bäume aus, aber da sie nichts anfassen, können sie auch keine Fehler machen. Sie sind anwesend und verbrauchen die gemeinsame Luft, die wir atmen. Ansonsten sind sie zwar ärgerlich, weil faul, nichtsdestotrotz aber unschädlich. Gemeingefährlich sind hingegen die fleißigen und strunz dummen Mitarbeiter. Die produzieren unendlich viel Müll und Ärger, der von den fleißigen und intelligenten Kameraden zumeist ausgebügelt werden muss. Solche Mitarbeiter gilt es auszumerzen, soll die Bürokratie erfolgreich funktionieren. Schwebfliegen sind zumeist faul und dumm, eigentlich zu nichts zu gebrauchen. Und doch gibt es sie.

Eine besonders schlimme Vertreterin ihrer Art war ein Pressestabsoffizier, den ich in Kunduz hatte. Mein Vorzimmerfeldwebel wusste bereits von meiner Aversion, die ich immer dann entwickelte, wenn der Pressestabsoffizier überaus hektisch in Richtung meines Dienstzimmers eilte. Er sah ihn kommen und warnte mich. Kurz vor der Tür meines Dienstzimmers verharrte der Pressestabsoffizier und fing an zu schweben. Er wusste nicht so recht, ob er mich stören konnte oder nicht. Er sah mich arbeiten, tief in meinen Gedanken versunken. Ein schlechtes Gewissen überkam ihn, aber er konnte nicht anders. Er musste seine Meldung oder was immer er auch auf dem Herzen hatte loswerden und zwar jetzt, sofort. Es duldete keinen Aufschub. Ich ließ ihn zappeln. Natürlich hatte ich ihn längst bemerkt. Aber ich wusste nur zu gut, was nun unweigerlich kommen würde. Er würde mich mal wieder mit irgendeiner Banalität belästigen. Aber es half nichts. Er hörte nicht auf zu schweben, also blickte ich auf und signalisierte ihm auf diese Weise, dass ich für ihn Zeit hatte. Mit Eifer und Pflichtbewusstsein in seinem Gesicht schwebte er zu meinem Schreibtisch herüber, nahm Platz, atmete tief durch und schaute mich fragend an. Wer wollte nun etwas von wem? Wollte er etwas von mir oder ich etwas von ihm? Nein, es war ganz eindeutig, er kam hereingeschwebt, weil er mir etwas mitzuteilen hatte, aber er schwieg verlegen. Vielleicht wusste und spürte er instinktiv, dass ich schlecht drauf war und er mich per se störte. Erst meine Aufmunterung „Nun, was gibt es denn?" ließ ihn aus seiner Lethargie erwachen. Meistens brachte er unwesentliche Dinge hervor, die genauso gut bis zum Briefing am Abend warten konnten.

Furchtbar wurde es eigentlich für ihn nur dann, wenn er mir ein Problem schilderte in der Erwartung, ich hätte für ihn sofort die Lösung parat. Meist fragte ich ihn stattdessen, da ich das Problem nun kennen würde, welche Lösungsansätze er denn parat hätte. Auf eine derartige Frage war er zumeist überhaupt nicht eingestellt. Er fing zu stammeln an, denn die Lösung erhoffte er sich doch von mir. Es kam ihm überhaupt nicht in den Sinn, Lösungsvorschläge zu entwickeln, vielleicht zwei oder besser noch drei Alternativen, diese vorzutragen und zu bewerten. Am Ende verlangte ich doch glatt, dass er mir einen Vorschlag machte, welche der Alternativen nach seinem Fachverstand, für den er zuständig war, die beste war. Und auch nur dann würde ich eine Entscheidung treffen. Vollkommen ernüchtert musste er leider feststellen, dass ich von einem Stabsoffizier schon erwarte, mir eben diese Alternativen vorzutragen. Ich wollte seine Meinung zu Fragen und Lösungsvorschläge. Denn sicherlich wollte er doch wohl nicht, dass ich seinen Job übernähme. Er wäre doch ganz bestimmt nicht gekommen, meinen Job zu machen? Ganz schnell schwebte er wieder davon.

In Kunduz trug sich ein ähnlicher Fall zu. Ich bat meinen Chef des Stabes, mir zu einem taktischen Problem drei Entschlussvorschläge zu unterbreiten. Hierzu zog er die für die Operationsplanung zuständigen Stabsoffiziere zusammen, die mir dann drei Vorschläge vortrugen, deren Inhalt mein lieber Chef des Stabes sträflicher Weise vorher nicht kontrolliert hatte. Ich fragte einen von ihnen, wie er denn zu Vorschlag A stünde. Er trug mit Vehemenz vor, dass dieser Vorschlag nie funktionieren könnte und daher zu verwerfen sei. Also B oder C. Doch wieder trug mein oberster Bedenkenträger vor, dass die Variante B aus naheliegenden Gründen auch nicht zu wählen sei. Nun denn, dann sei die Sache doch klar. Es kam also nur noch die Variante C in Frage. Leichenblass bedeutete mir mein Stabsoffizier, dass auch diese Variante nicht in Frage käme. Mein Chef des Stabes bekam einen knallroten Kopf, entweder aus Wut oder aus Verlegenheit. Und dann setzte es ein Donnerwetter. Ich wollte von meinen Mitarbeitern nicht hören, warum irgendetwas nicht geht. Ich möchte hören, wie es geht. Ich möchte keine Varianten vorgetragen bekommen, die nicht funktionieren, sondern solche, die machbar sind. Ich denke lösungsorientiert und nicht problemorientiert. Mit dieser Auflage durften die Kameraden in ihre Dienstzimmer verschwinden und mir innerhalb von dreißig Minuten endlich Lösungsvorschläge unterbreiten. Zu meiner größten Überraschung blieb ich innerlich und äußerlich ruhig – ein für mein Wesen in derartigen Situationen eher seltenes Verhaltensmuster. Aber so funktionieren Schwebfliegen. Produktive Beiträge erbringen sie selten. Sie erwarten vielmehr, dass ihnen der Vorgesetzte Lösungen aufzeigt, zu denen sie von sich aus nie gekommen wären. Und genau solche Mitarbeiter sollte man schleunigst identifizieren und aussortieren.

So geschah es auch mit einem Reservestabsoffizier, der im Einsatz in der G 2-Abteilung (u.a. zuständig für die Feindlagebeurteilung) seinen Dienst verrichtete. Anerkanntermaßen war er schlichtweg unfähig und überfordert. Und genau das schrieb ich ihm auch in seine Beurteilung hinein verbunden mit dem Hinweis an die Personalabteilung, dass der Arme nicht noch einmal für einen derart sensiblen Dienstposten auszuwählen sei. Bei Reserveoffizieren gibt es keine Schulnoten, die eine Beurteilung abrunden. Vielmehr verwendet man Buchstaben von A bis E. „A" bedeutet im Kern, Auftrag nicht erfüllt, zu dämlich! Doch ein „A" durfte ich nicht vergeben, weil er doch Stabsoffizier war. Und Stabsoffiziere können nicht so dämlich sein, dass sie ein „A" verdienen. Ich sah das vollkommen anders. Stabsoffiziere können sehr wohl so dämlich sein, wenngleich ich der Ehrlichkeit halber zugestehen muss, dass 99 Prozent aller Stabsoffiziere nicht dämlich sind. Doch dieser eine, der war es – glasklar! Es half jedoch nichts, ich musste die Beurteilung ändern. Aus einem „A" wurde ein „B", was immer noch schlecht war, eigentlich sogar grottenschlecht. Aber ein „A" wurde umgangen, und er konnte sein Gesicht waren. Was war das Ende vom Lied? Ein Jahr später diente der gleiche Reservestabsoffizier wieder in einem Auslandseinsatz in einer G2-Abteilung. Denn er hatte ja ein „B" von mir in seiner letzten Einsatzbeurteilung erhalten. So schlecht konnte er daher nicht sein. Ich fürchte, diese Schwebfliege schwebt heute noch irgendwo in einem Stab in einem fernen Einsatzland. Das eine ist Theorie, das andere Realität.

Von Kraftfahrern und Vorzimmerdamen

Hier nun ein Loblied auf ausgesuchte Menschen, die mir die treuesten der Treuen waren: meine Kraftfahrer und meine Vorzimmerdamen. Verständlicher Weise kam ich erst später in meiner Karriere in den Genuss, über einen Kraftfahrer und eine Vorzimmerdame zu verfügen. In meinem Falle musste ich erst Hauptmann und Kompaniechef werden, ab dann war es soweit.

Zu den Fahrzeugen, die in meiner Kompanie anzufinden waren, gehörte u.a. auch ein geländegängiger Jeep. Das war damals der ILTIS und später der WOLF 0,9 t, alles Fahrzeuge mit Allradantrieb und Differentialsperre. Später, bei wachsendem Dienstgrad, stand mir als Oberstleutnant neben einem Jeep auch noch eine Limousine zu. Als Oberst war das dann schon ein Mercedes Benz der C-Klasse mit Klimaanlage und allem Komfort. Allerdings sparte die Bundeswehr an einem Navigationsgerät, weil man wohl irrtümlicher Weise annahm, dass Obristen auch dann noch navigieren und orientieren können, wenn sie schlafen und der Kraftfahrer auf sich alleingestellt war. Ich schlief hingegen zu gerne während der vielfachen Fahrten. Dies vielleicht auch, um Schlaf nachzuholen, den ich nachts aufgrund der dienstlichen Belange zu oft nicht fand. So beherrsche ich heute die hohe Kunst des Combat Naps, d.h. ein kleines Nickerchen in den unmöglichsten Lebenslagen. Ich kann de facto auf jedem Untergrund und in jeder Körperhaltung pennen, das ist mir vollkommen egal. Schlafende Vorgesetzte bergen für Kraftfahrer so ihre Tücken. Zum einen erwarte ich natürlich, dass mein Kraftfahrer fehlerfrei orientieren kann. Noch mehr erwarte ich aber, dass er auch bei größter Anspannung und eigener Müdigkeit unfallfrei fahren kann. Früher, d.h. in den 70er und 80er Jahren, da führte die Bundeswehr noch Großübungen im freien Gelände durch. Was haben wir bei diesen Anlässen Kilometer geschrubbt. Ein guter Kraftfahrer zeichnet sich dadurch aus, dass er bei jeder sich bietenden Gelegenheit schläft, um im entscheidenden Moment hellwach zu sein. Wie oft musste ich in tiefer Nacht zu einem Gefechtsstand fahren, um an einer Befehlsausgabe teilzunehmen, während mein Kraftfahrer tief und fest schlief. Kam ich zurück zum Fahrzeug, schlief ich, und er war hellwach. Dabei ist es ganz schön schwer, im unbekannten Gelände nur mit einer Karte ausgestattet und bei Dunkelheit einen Gefechtsstand zu finden. Diese liegen nicht selten in der Walachei und sind auch noch getarnt. Schwierig ist es darüber hinaus, den eigenen Wagen bei stockdunkler Nacht wieder zu finden. Der Kraftfahrer setzt mich in der Regel am Wagenhalteplatz ab, der ca. 100 m vom Gefechtsstand entfernt angelegt ist. Ich marschiere dann schnurstracks die 100 m zum Gefechtsstand, derweil sich mein Kraftfahrer einen Stellplatz sucht. „Stellplatz" meint hier nicht einen Parkplatz in einem Einkaufzentrum, vielmehr setzt er seinen Wagen rückwärts irgendwo in der Pampa unter einen Baum und tarnt sein Fahrzeug. Finden Sie mal ein getarntes Fahrzeug bei Nacht, wenn Sie aus einem Gefechtsstand herauskommen, Ihre Augen sich noch nicht an die Dunkelheit gewöhnt haben und Sie keine Ahnung haben, wo Ihr Kraftfahrer sich verkrochen hat. Der pennt todsicher in dem Fahrzeug, macht sich daher für Sie auch nicht bemerkbar. Ich habe daher darauf gedrungen, dass mein Fahrzeug immer besonders für die Nacht gekennzeichnet war. In diesem Falle haben wir ein kleines blaues Knicklicht an der Antenne angebracht, das ich bei Dunkelheit erkennen konnte. Wenn der Fahrer mich sah, sprang er aus dem Fahrzeug, und wir beide enttarnten den Wagen. Dann ging es weiter. Fünf Minuten später war ich dann meistens eingeschlafen. Leider gehöre ich zu den Menschen, denen bei Autofahrten gerne mal schlecht wird. Vor allem kann ich nur schwer Aktenstudium betreiben, wenn ich in einem Auto sitze. Der Kraftfahrer muss in jedem Fall überaus vorsichtig und gleichmäßig fahren, damit mir nicht übel wird. Im Gelände geht das überhaupt nicht. Schon das Orientieren mit der Karte setzt mir Grenzen. Das ewige Hoch- und Runterschauen zwischen Karte und Gelände malträtiert meinen Gleichgewichtssinn. Auf Autobahnfahrten oder weniger befahrenen Landstraßen kann ich hingegen sehr wohl lesen, was bei der Akten- und Papierflut, die es in der Bundeswehr gibt, unerlässlich ist, weil Vorgesetzte ganz einfach zu viel Zeit in Fahrzeugen verbringen.

Meine Kraftfahrer versorgten mich nach Leibeskräften wie eine Amme. Als Kompaniechef waren es meistens noch Grundwehrdienstleistende, die mich fuhren. Viel später, als die Wehrpflicht abgeschafft wurde, hat die Bundeswehr im größeren Stil Zivilangestellte als Kraftfahrer genutzt. Ich kann in der Rückschau keinen Qualitätsunterschied zwischen Grundwehrdienstleistenden und Zivilangestellten erkennen. Ohne hierzu verpflichtet zu sein, hatten sie immer eine Kanne Kaffee dabei, weil sie wussten, ich trinke Kaffee nicht nur gerne, sondern bei wachsender Müdigkeit in großen Mengen. Meist hatten sie auch noch einen Verpflegungsbeutel dabei, denn sie wussten, dass ich Hunger bekam. Hungrige und nicht ausgeschlafene Vorgesetzte können einen den Tag versauen, das dürfen Sie mir glauben. Vielleicht war das auch Ausdruck von Selbstschutz. Ich aber habe diesen Service gerne genossen. In meinem Fahrzeug befanden sich auch immer zwei Wolldecken, eine für den Kraftfahrer und eine für mich. Das hilft beim Nickerchen. Und weil ich eine bekennende Naschkatze bin, fand ich in meinem Wagen meistens auch noch eine kleine Aufmerksamkeit, die für mein Gewicht weniger zuträglich sein sollte. Alles in allem entstand fast immer eine Art Schicksalsgemeinschaft zwischen meinem Kraftfahrer und mir.

Die Kraftfahrer mussten verschwiegen sein. Es war unvermeidbar, dass die Kraftfahrer dienstliche Gespräche mitbekamen, die ich am Telefon/Handy oder über Funk führte. Sie erfuhren vertrauliche Details, die nicht nach außen dringen durften. Ich habe in keinem einzigen Fall den Eindruck gewonnen, dass diese Details durch einen meiner Kraftfahrer an Dritte weitergegeben wurden. Natürlich tauschten wir auch Privates aus. Mein Kraftfahrer bei der Panzerbrigade 21, ein wahrer Filou, hörte zu gerne Musik der Band „Böhse Onkelz". Die Musik klingt in meinen Ohren wie eine Mischung aus Presslufthammer und Gegröle. „Musik", dieser Titel passt für diese Krawallband eigentlich überhaupt nicht. Ich habe in den drei Jahren, in denen ich mit ihm zusammengearbeitet hatte, so ziemlich alle Lieder der Böhsen Onkelz hören müssen. Das war ein echter Härtetest für meine Ohren. Ich hätte es dem Filou natürlich untersagen können, aber wir fachsimpelten zu gerne über Rockmusik oder andere Dinge des menschlichen Allerlei, so dass ich an den Onkelz nicht vorbeikam.

Ein anderer Kraftfahrer blieb tapfer standhaft, als er von meinem Bataillonskommandeur bedrängt wurde, mich zu wecken. Es geschah mal wieder auf einer Übung. Wie immer wurde die Nacht zum Tag, und ich war bleiern müde. Im Verfügungsraum zog mein Kraftfahrer unter, tarnte den Wagen und „befahl" mir, nun endlich mal ein oder besser noch zwei Stunden zu schlafen. Todmüde und leichenblass kam ich diesem „Befehl" nach. Ich drehte die Rücklehne so weit zurück, wie es nur irgend ging. Dann wickelte ich meine Wolldecke eng um meine Beine und meinen Oberkörper. Keine zehn Sekunden später war ich in der dritten Tiefschlafebene angekommen. Ich konnte vielleicht nicht mehr als 20 Minuten geschlafen haben, als ich die Stimme meines Bataillonskommandeurs wage wahrnahm. Er fragte meinen Kraftfahrer, der treu vor dem Fahrzeug Wache stand, wo denn der Kompaniechef sei (also ich). Auf die Antwort „Der Kompaniechef schläft im Fahrzeug" verlangte der Bataillonskommandeur, dass ich geweckt wurde. Da hörte ich meinen Kraftfahrer ungerührt antworten: „Nein, Herr Oberstleutnant, das werde ich nicht tun. Der Hauptmann ist total übermüdet und muss dringend schlafen. Wenn er aufwacht, melde ich ihm, dass er mit Ihnen Verbindung aufnehmen soll!" Aus diesem Holz waren diese Kerle geschnitzt. Mein Bataillonskommandeur hatte ein Einsehen, ließ mich schlafen und den Kraftfahrer gewähren.

Und nun zu den Vorzimmerdamen. Das sind wahre Engel im dienstlichen Alltag. Ich hatte immer Glück mit der Auswahl an Vorzimmerdamen, die ich auf den verschiedensten Dienststellen kennenlernte. Die Chemie zwischen Vorzimmerdame und dem Kommandeur muss stimmen, sonst funktioniert das nicht. Vorzimmerdamen sind in der Regel bereits seit Jahrzehnten am Standort in den verschiedensten Funktionen eingesetzt gewesen. Sie dienen sich quasi bis in das Vorzimmer des Kommandeurs hoch und wurden von einem der Vorgänger im Amt sicherlich irgendwann wegen ihrer Kompetenz aus einer Vielzahl von Bewerberinnen ausgewählt. Vorzimmerdamen sind weit mehr als „nur" Sekretärinnen. Sie sind Assistentinnen, Schreibkraft und Beraterin in einer Person. Aufgrund ihrer Stehzeit am Standort kennen sie Gott und Lotte. Sie wissen genauestens über alle handelnden Persönlichkeiten Bescheid. Sie kennen alle wichtigen Politiker, die es gilt einzuladen. Sie kennen die Pressevertreter. Sie können Auskunft geben über die informellen und formellen Persönlichkeiten des gesellschaftlichen Lebens, ohne die ein Kommandeur heutzutage kaum auskommen kann. Sie sind Zeitzeugen der Historie des Verbandes und aller Vorgesetzten, die es im Universum nur geben kann. Sie kennen natürlich im Detail alle noch so kleinen Banalitäten über alle Soldaten und zivilen Angestellten am Standort. Mit dieser Wissensfülle und Nähe zum Kommandeur bekleiden sie eine enorme Machtstellung. Dessen sind sie sich genauso bewusst wie sie sich klug zurücknehmen. Bescheidenheit in Auftreten, Kompetenz,

Verantwortungsbewusstsein, absolute Verschwiegenheit und Loyalität, das sind allesamt Kriterien einer Aufgabenbeschreibung, die zu erfüllen sicherlich anspruchsvoll ist. Dabei müssen sich Vorzimmerdamen stets aufs Neue auf die Eigenarten, Schrulligkeit und Macken der Kommandeure einstellen, denn diese werden zumeist in weniger als drei Jahren versetzt, während die Vorzimmerdame auf ihrem Dienstposten verbleibt. Vorzimmerdamen müssen sich auch gut mit den Ehefrauen der Kommandeure verstehen. Das ist zuweilen eine besondere Herausforderung! Bei all diesen Facetten hatte ich stets sehr viel Glück gehabt. Mich haben meine Vorzimmerdamen vor so mancher Dummheit bewahrt, indem sie mich klug warnten. Sie haben zwischen meinen Mitarbeitern und mir nicht selten ausgleichend agiert und Unstimmigkeiten im Keim erstickt. Sie haben mir Fallstricke auf dem diplomatischen Parkett aufgezeigt und hinter den Kulissen klug die Fäden gezogen. Sie haben mich alle schon fast wie eine Amme versorgt und nicht selten rundweg bemuttert. Manch eine zog mich mahnend beiseite und wies mich an, nun endlich loszugehen, um meiner Ehefrau zum Valentinstag oder zum Geburtstag ein Geschenk zu kaufen. Solcherart kann es nicht verwundern, dass sich Freundschaften in den Jahren herausgebildet haben, die auch heute noch zwischen mir, meiner Ehefrau und der einen oder anderen Vorzimmerdame bestehen.

Von allen Damen, die mich auf diese Weise durch meine Karriere begleiteten, sei hier namentlich Frau Elisabet Lindenberg genannt, meine Vorzimmerdame beim Panzergrenadierbataillon 401 in Hagenow. „Lindi", wie wir sie immer nannten, war ein Schatz und Engel in Personalunion. Als ich im Kosovo stand, hielt sie engste Verbindung zu meiner Ehefrau. Sie organisierte Veranstaltungen am Standort mit den Ehefrauen, während wir Männer im Kosovo kämpften. Sie kümmerte sich rührend um mich, wenn ich mal wieder todmüde und klitschnass aus dem Gelände zurückkehrte. Sie lächelte dann nur milde und wissend, verschwand lautlos in der Teeküche und kam mit einer dampfenden heißen Tasse Kaffee zurück. Sie wusste genau, wann ich ansprechbar war und wann nicht. Eisern konnte sie jeden Bittsteller abweisen, wenn ich meine Ruhe brauchte. Genauso konsequent wachte sie aber auch über meinen Terminkalender und sorgte dafür, dass jeder zu seinem Recht kam. Nichts entging ihr. Sie war die ungekrönte Königin des Kaffeeraumes. Kamen wir Männer, gegen sieben Uhr morgens zum Dienst, dann war sie längst schon vor Ort und versorgte alle mit wunderbarem Kaffee und der einen oder anderen Süßigkeit. Wenn es stürmisch wurde, blieb sie ruhig. Sie kannte jeden und alles, blieb selbst aber immer bescheiden und arbeitete ruhig und souverän im Hintergrund. Lindi verkörperte den Typus Vorzimmerdame geradezu in Perfektion.

Wenn ich denn die Zeit Revue passieren lasse, dann habe ich sicherlich in meinen gut 40 Dienstjahren mit den verschiedensten Kraftfahrern und Vorzimmerdamen mehr Zeit gemeinsam verbracht als mit meiner Ehefrau – sowohl bei Tag als auch bei Nacht. Das sagt eigentlich schon alles aus über persönliche Kontakte und Beziehungen, die kein Kommandeur je vergessen wird.

Der Elbe-Seitenkanal

Als Chef des Stabes des Ausbildungszentrums Munster unterstand mir für gut zwei Jahre auch eines der Offiziersanwärterbataillone des Heeres. In derartigen Bataillonen führen alle Offiziersanwärter des Heeres ihre Grundausbildung durch, ergänzt durch weitere Ausbildungsanteile, die für Offiziersanwärter entscheidend sind. So durchlaufen die Anwärter ihren Offiziersanwärterlehrgang im Regelfall vom Juli bis zum Dezember eines Jahres.

Für mich als Chef des Stabes des Ausbildungszentrums in Munster führte diese zusätzliche Aufgabe zu einer erheblichen Mehrbelastung meines sowieso schon vollgefüllten Terminkalenders. Eigentlich war dieses Unterstellungsverhältnis ein Anachronismus. Als Chef des Stabes hatte ich die gesamte Stabsarbeit zu organisieren. Zusätzlich unterstanden mir auch ohne Offiziersanwärterbataillon bereits nennenswerte Teile des Ausbildungszentrums unmittelbar. Im Ergebnis erlangte ich den zweifelhaften Ruhm, die weitaus größte Anzahl von Männern und Frauen am Ausbildungszentrum direkt zu führen. Was sich anfangs als vergleichsweise entspannter Job am Ende meiner aktiven Dienstzeit darstellte, entpuppte sich bald als Stressjob, der zwar überaus spannend und interessant verlief, nichtsdestotrotz aber meine gesamte Kraft erforderte. Doch dieser Auftrag entsprach meinem Naturell. Ich konnte erneut Truppe führen und ausbilden, wenn auch nicht direkt (denn dies oblag dem zuständigen Bataillonskommandeur), so doch indirekt, quasi aus der Hinterhand.

Der Bataillonskommandeur und ich traten unsere Aufgaben nahezu gleichzeitig an. Das half insofern, als dass es ihm und mir ermöglicht wurde, ein halbes Jahr vor Beginn des Offiziersanwärterlehrgangs die Ausbilder selbst auszubilden und vor allem sich kennenzulernen. Da der Bataillonskommandeur seine Führungsaufgabe überaus ernst nahm, führte er nahezu

lückenlose Dienstaufsicht durch. Ich vertrat die gleiche Führungsphilosophie, so dass sich die Ausbilder über die Dauerpräsenz von zwei hochrangi-
gen Vorgesetzten „freuen" durften. Das erforderte von unserer Seite viel
Fingerspitzengefühl und von der Seite der Ausbilder die Fähigkeit, zu lernen
und Ratschläge als das aufzunehmen, was sie waren: Hilfe zur Selbsthilfe.
Ich stand am Ende meiner beruflichen Laufbahn und hatte natürlich unendlich viel Erfahrung zu vermitteln, die ich bei einer Vielzahl von Übungen,
Schießvorhaben, Ausbildungen, aber auch bei Auslandseinsätzen gesammelt
hatte. Mit der Zeit gewöhnten sich die Ausbilder an meinen Stil, und der
Bataillonskommandeur und ich kamen sehr gut miteinander klar. Das war in
der Historie dieses Offiziersanwärterbataillons nicht immer so. Aber wir
setzten Maßstäbe, ganz besonders durch unser Vorbild und Verhalten. Ich
habe die Zeit genossen, auch wenn die Zusatzbelastung mich zuweilen an
die Grenze der Belastbarkeit brachte.

Im Zuge des Offiziersanwärterlehrganges führen die Anwärter in der
Regel eine Durchschlageübung durch, die sich über zwei Tage und zwei
Nächte erstreckt. Sinn derartiger Übungen ist es, dass sich der Offiziersanwärter bereits sehr früh in seiner Laufbahn in einfachen Führungsaufgaben
üben kann. Trupps, die vielleicht sechs bis sieben Mann umfassen, werden
bereits durch Anwärter geführt. Andere werden als stellvertretende Truppführer eingeteilt. Zu den Aufgaben gehört es, die Gruppe zu organisieren,
sich zu orientieren, die Gruppe sicher von A nach B zu bringen, einfache
Gefechtsaufgaben zu lösen und vor allem die Gruppe zu motivieren, körperliche Entbehrungen zu ertragen. Persönlich sollen die Offiziersanwärter
ihre eigenen Grenzen kennenlernen, physisch wie psychisch.

Diese Übungen fanden in der Regel immer im Raum zwischen Ame-
linghausen und Lüneburg statt. Ziel war der Elbe-Seitenkanal in der Nähe
von Lüneburg. Marschiert wurde grundsätzlich nur nachts. Die Gruppen
sollten sich durchschlagen, d.h. es wurde simuliert, dass das Gelände feind-
besetzt war, durch das die Gruppen marschierten. Sie hatten sich gefechtsmäßig zu verhalten, mieden daher Ortschaften und befahrene Straßen,
suchten vielmehr Wälder und andere bei Nacht nur schwer einsehbare Ge-
ländeabschnitte. Das erforderte eine gute Kondition, denn bei über 10 kg
Gepäck in Form des Rucksackes und bei Mitnahme der Waffe geht diese
Übung an die Substanz vor allem dann, wenn pro Nacht fast 30 km zu marschieren sind. Zudem kann man sich in dem oftmals unwegsamen Gelände
sehr schnell verlaufen, denn außer einer Karte und einem Kompass führten

die Gruppen nichts mit, was der Orientierung helfen könnte. Die Ausfall-quote war daher beträchtlich. Vor allem die zum Teil zierlichen Mädchen hatten zu kämpfen, körperlich die Übung durchzustehen. Zuweilen wog der Rucksack glatt ein Drittel des Körpergewichtes, und diese Belastung will erst einmal bewältigt werden.

Neben vielen kleineren Stationen, die angelaufen werden mussten, stachen zwei Stationen besonders hervor, weil sie einzigartig waren. In der ersten Nacht galt es, einen kleinen Fluss zu durchwaten. Wir hatten Siche-rungsseile über den Fluss gespannt, weil die Gesundheit der Soldaten natür-lich absoluten Vorrang hatte. Die Außentemperatur betrug 2 Grad plus, das Wasser war nur wenig „wärmer". So gegen zwei Uhr morgens traf die erste Gruppe an der Übergangsstelle ein, und der eingeteilte Gruppenführer hatte alle Hände voll zu tun, den Übergang zu organisieren. Dies musste mög-lichst lautlos und ohne Lichteinsatz erfolgen, weil die Gruppe natürlich nicht durch den Feind beim Übergang aufgeklärt werden sollte. Die Männer und Frauen der Gruppe waren bereits ganz schön erschöpft, mussten sich jetzt aber Stiefel, Strümpfe und Hosen ausziehen. Anstelle der Stiefel wur-den Turnschuhe angezogen. Die ausgezogenen Kleidungsstücke wurden im Rucksack verstaut. Dann trat der erste Offiziersanwärter an die Uferbö-schung und stieg ins Wasser. Der Rest warteten nur mit einer Unterhose bekleidet ab, bis einer nach dem anderen dran war. Als letzte war eine Offi-ziersanwärterin dran, die zitternd neben mir stand. Ich fragte sie, ob sie denn die Nase von dieser Übung voll hätte? Sie widersprach mir resolut. Genau deswegen sei sie doch zur Bundeswehr gekommen. Derartige Her-ausforderungen hätte sie doch gesucht, und nun würde sie jede Sekunde genießen. Mir persönlich kamen so meine Zweifel. Ich erinnerte mich noch sehr gut an meinen Einzelkämpferlehrgang. Ich hatte damals geflucht ohne Ende. Freude konnte ich an der Quälerei nicht empfinden. Doch dieses junge Mädchen ertrug die Entbehrungen mit einer bewundernswerten Ge-lassenheit. Sie murrte nicht, stieg in das Wasser, kletterte auf der anderen Seite bibbernd wieder heraus und zog sich wieder an. Und schon ging es weiter. Dieses ist vielleicht auch ein guter Beitrag zum Thema „Frauen in der Bundeswehr".

Am Ende der zweiten Nacht lag das Marschziel bereits in greifbarer Nähe, wenn da nicht der Elbe-Seitenkanal gewesen wäre, der überwunden werden musste. Schwimmen wäre eine Möglichkeit gewesen, allerdings auch eine nicht ungefährliche. Bei den Temperaturen nahe dem Gefrierpunkt fiel diese Möglichkeit aus. Es gibt aber mehrere Entwässerungsröhren, die unter dem Elbe-Seitenkanal hindurchlaufen. Diese sind vielleicht einen Meter im Durchmesser groß. Durch die mussten die Anwärter durch. Also entkleideten sie sich erneut bis auf die Unterhosen, zogen ihre nassen Turnschuhe wieder an und bauten sich ein Zeltbahnpaket. In ihre Zeltplane legten sie ihren Rucksack und den Schlafsack. Die Waffen legten sie obendrauf. Die Zeltplane verhinderte (meistens) die Durchnässung der Klamotten im Rucksack, auch der Schlafsack musste trocken bleiben, denn im Versteck, das es zu beziehen galt, wollte und musste man ja in seinem Schlafsack ruhen. Die Männer und Frauen kamen zumeist in einem bedenklichen Zustand am Kanal an. Sie waren von den zwei Nächten sichtbar gezeichnet. Und nun noch diese Aufgabe, so kurz vor Schluss? Genau darum ging es aber. Die Leistungsgrenzen sollte ausgelotet werden, hier nun schied sich die Spreu vom Weizen. Ich ließ es mir natürlich nicht nehmen und schaute mir diese Episode genau an. Es gibt sicherlich schönere Augenblicke im Leben als morgens um vier Uhr durchgefroren und übermüdet am Elbe-Seitenkanal zu stehen, aber ich hatte es noch weit besser getroffen als alle Offiziersanwärter. Die bereiteten sich fluchend und murrend auf die Herausforderung vor. Einer nach dem anderen stieg in das Wasser, das in der Röhre bis zu den Knien reichte. Aufrecht gehen konnte keiner, denn die Röhre war nur einen Meter hoch, dafür aber gut 100 m lang. Wer unter Klaustrophobie leidet, bekommt hier seine Probleme. Ich fuhr auf die andere Seite des Kanals rüber und wartete auf die ersten Soldaten. Die Röhre transportiert jedes Geräusch wie ein Lautsprecher. Man konnte das Platschen der Füße und jedes einzelne noch so leise geflüsterte Wort glasklar hören. So überraschte es mich vergleichsweise eher weniger, als ich die vordersten Soldaten laut fluchen hörte: „So eine Scheiße! Was soll das alles hier? Ich habe die Schnauze gestrichen voll. Und zu allem Überfluss steht auch noch dieser Scheiß-Oberst da!" Als der erste Soldat seinen Kopf aus der Röhre steckte, begrüßte ich ihn aufmunternd mit den Worten: „Hallo, hier ist der Scheiß-Oberst!" Es war nicht der Zeitpunkt, Stil und Form einzuhalten. Die Männer und Frauen, die den Kanal überwunden hatten, haben einen Sieg über sich selber errungen. Also gebührte ihnen Lob. Und genau das haben sie auch erhalten.

Verabschiedung und Entlassung

Diejenigen, die meinten, mich zu kennen, prophezeiten mir, dass ich nach Pensionierung in ein großes mentales Loch fallen würde. Sie sollten sich allesamt täuschen. Ich kannte solche Fälle nur zu gut. Ein Hauptmann aus der Panzerbrigade 21 in Augustdorf hatte in seinem letzten Jahr auf jeden Urlaub verzichtet, weil er jede einzelne Minute seiner Dienstzeit bis zur Unendlichkeit ausnutzen wollte. Er hatte schlichtweg Angst, nach Hause zu gehen. Doch irgendwann haben ihn seine Männer und Frauen mit allen militärischen Ehren aus der Kaserne rausgefahren. Von einer Sekunde auf die andere saß er mutterseelenallein zuhause. Seine Ehefrau war auf der Arbeit, und außer seinen beiden Hunden war niemand vor Ort, der ihn auffangen konnte. Er weinte bitterlich. Ich rief ihn an und fragte besorgt, was denn mit ihm los sei. Er beteuerte immer wieder, er müsste unbedingt die nächsten sechs Monate überstehen, denn dann könne er wieder Wehrübungen machen und Soldat spielen. Genau das hat er später auch so umgesetzt.

Zu meiner aktiven Zeit war ich hundertprozentiger Soldat und durchdrungen von meiner Tätigkeit. Ich hatte mich aber auf meinen nächsten Lebensabschnitt frühzeitig vorbereitet. Einer meiner früheren Vorgesetzten, nunmehr selbst Pensionär, sagte stets mit großer Weisheit: „Ich wusste doch über 40 Jahre lang, dass dieser Tag kommen würde. Dann kann es mich doch nicht überraschen!" Recht hatte er. Also besuchte ich ein Seminar des Deutschen Bundeswehrverbandes, das sogenannte „Helm ab – Hut auf Seminar". Hier lernte ich alle Verwaltungs- und Rechtsvorschriften kennen, die mich auf dem Weg in die Pensionierung begleiten sollten. Vieles wusste ich bereits, aber ebenso vieles war wertvolle Information für mich. Ich kann jedem nur empfehlen, derartige Lehrgänge zu besuchen. Denn meistens dreht es sich am Ende um das liebe Geld, das will man nicht unnötig verschenken.

Als nächstes machte ich mir Gedanken, wie ich meinen Ruhestand aktiv ausfüllen wollte. Als besondere Schwierigkeit stellte ich mir vor, neue soziale Kontakte zuhause zu knüpfen. Meine Ehefrau hatte zumeist alle Kontakte gepflegt, und die waren überwiegend weiblich. Nun habe ich nichts gegen weibliche Kontakte, aber irgendwie verspürte ich schon den Wunsch in mir, auch zu meinen Geschlechtsgenossen Kontakte aufzubauen und zu pflegen. Während meiner aktiven Dienstzeit trugen so gut wie alle männlichen Kontakte, die ich hatte, Uniform. Es waren Soldaten wie ich, die nun nicht mehr mir, sondern anderen Vorgesetzten dienten. Es ist daher das Natürlichste der Welt, dass trotz aller Beteuerungen alte Verbindungen versanden. Mein Fokus sollte sowieso nicht mehr auf der Bundeswehr liegen. Ich wollte nicht zum sogenannten „Lodenmantelgeschwader" gehören von Offizieren aller Couleur, die einst im aktiven Dienst viel zu sagen hatten, nun aber „nur noch" Pensionäre waren. Wobei die Hackordnung beibehalten wurde. Das Vorgesetzten-Untergebenenverhältnis setzte sich in subtiler Art und Weise auch mit Zuruhesetzung fort, und daran hatte ich bis auf wenige Ausnahmen kein Interesse. Neue Betätigungsfelder mussten her, die möglichst nichts mit der Bundeswehr zu tun haben sollten. Ich fand diese Felder in vergleichsweise kürzester Zeit über den Sport und meine Leidenschaft für Musik in meiner Heimatstadt vor und nutzte die Chancen, die sich mir boten. In ein tiefes mentales Loch bin ich bis heute nicht gefallen und werde es aller Wahrscheinlichkeit auch nicht.

Meine mir in Munster unterstehenden Männer und Frauen bereiteten mir einen denkwürdigen Abschied. In einem Lokal trat eine irische Folkband auf, die eigens für mich engagiert worden war. Man wusste um meine Leidenschaft, wenngleich mein Können auf der Gitarre eher überschaubar ist. Der Abend wird mir immer in Erinnerung bleiben. Ich wurde dazu verdonnert, ein paar Stücke mit der Folkband zusammen zu spielen. Der Bassist raunte mir hinterher zu, ich müsse auf die Bühne und aktiv Musik machen. Dieses Kompliment spornte mich zusätzlich an. Heute bin ich Gitarrist in einer lokalen Rockband, habe hierdurch neue Menschen kennenlernen dürfen und bin glücklich, wenn wir auf der Bühne stehen. An meinem letzten Tag fuhr ich auf eine Schießbahn des Truppenübungsplatzes Bergen, auf der ein Kampfpanzer LEOPARD, ein Schützenpanzer MARDER und ein Aufklärungspanzer FENNEK standen. Mit allen Waffensystemen durfte ich noch einmal, ein letztes Mal, schießen. Und damit endeten 40 Jahre und 5 Monate aktiver Bundeswehrdienstzeit.

Bei meinem letzten Appell, den ich persönlich vornahm, um mich von meinen Soldaten und zivilen Mitarbeitern zu verabschieden, habe ich mir ein ganz besonderes Musikstück ausgewählt: „It's all over now, Baby Blue". Dieses Musikstück hörte ich in der Kantine der Kaserne in Flensburg-Weiche, als ich am 02.01.1974 zur Grundausbildung eingezogen worden war. Es war zu der Zeit der große Hit einer Band, die heute niemand mehr kennt („Them"). Dieses Lied ist unverrückbar mit dem Beginn meiner Dienstzeit verbunden. Nun, an meinem letzten Tag, passte es perfekt zu diesem emotionalen Augenblick. It's all over, es war vorbei. Ich war ergriffen, aber auch stolz. Ich war 60 Jahre alt, immer noch fit, Gott sei Dank gesund. Der neue Lebensabschnitt konnte kommen. Ich bereue nichts. Ich habe der Bundeswehr sehr viel zu verdanken. Ich blicke mit Stolz und großer Dankbarkeit zurück, lasse aber das Vergangene von mir fallen. Ich bin verdammt neugierig auf die Zukunft und freue mich auf alles, was noch im Verborgenen vor mir liegt.

Carola Hartmann Miles-Verlag

Einsatzerfahrungen

Kay Kuhlen, *Um des lieben Friedens willen. Als Peacekeeper im Kosovo,* Eschede 2009.

Sascha Brinkmann, Joachim Hoppe (Hrsg.), *Generation Einsatz, Fallschirmjäger berichten ihre Erfahrungen aus Afghanistan,* Berlin 2010.

Artur Schwitalla, *Afghanistan, jetzt weiß ich erst... Gedanken aus meiner Zeit als Kommandeur des Provincial Reconstruction Team FEYZABAD,* Berlin 2010.

Uwe Hartmann, *War without Fighting? The Reintegration of Former Combatants in Afghanistan seen through the Lens of Strategic Thought,* Berlin 2014.

Rainer Buske, *KUNDUZ. Ein Erlebnisbericht über einen militärischen Einsatz der Bundeswehr in Afghanistan im Jahre 2008,* Berlin 2015.

Erinnerungen

Blue Braun, *Erinnerungen an die Marine 1956–1996,* Berlin 2012.

Harald Volkmar Schlieder, *Kommando zurück!,* Berlin 2012.

Reinhart Lunderstädt, *Aus dem Leben eines Hochschullehrers. Persönlicher Bericht,* Berlin 2012.

Wulf Beeck, *Mit Überschall durch den Kalten Krieg. Mein Leben für die Marine,* Berlin 2013.

Jan Becker, *Aufgewühltes Wasser,* 3 Bde., Berlin 2014.

Klaus Grot, *So war's, damals. Dienstchronik eines Pionieroffiziers im Kalten Krieg 1954–1991,* Berlin 2014.

Rainer Buske, *Mein Vater. Vom Vorbild zum Despoten. Eine innere Abkehr,* Berlin 2015.

Gustav Lünenborg, *Bürger und Soldat. Innere Führung hautnah 1956–1993, 1993–2015,* Berlin 2015.

Romane

Christoph Karich, *Bewährung im Grünen Meer,* Berlin 2009.

Robert B. Thiele, *Die Treuhänderin,* Berlin 2012 (als Taschenbuch 2013 erschienen mit dem Titel "Der General").

B. Canth, Bleckwedel und die Schwester des Mädchens, das unter der Planierraupe starb, Berlin 2015.